商务印书馆文库
THE COMMERCIAL PRESS LIBRARY

汉语语法论文集

（增订本）

吕叔湘 著

商务印书馆
2014年·北京

图书在版编目(CIP)数据

汉语语法论文集/吕叔湘著.—增订本.—北京：商务印书馆,1984.4(2014.12 重印)
(商务印书馆文库)
ISBN 978-7-100-02643-7

Ⅰ.①汉… Ⅱ.①吕… Ⅲ.①汉语—语法—文集
Ⅳ.①H14-53

中国版本图书馆 CIP 数据核字(2014)第 205745 号

商务印书馆文库
汉语语法论文集
(增订本)
吕叔湘 著

商 务 印 书 馆 出 版
(北京王府井大街36号 邮政编码 100710)
商 务 印 书 馆 发 行
北 京 冠 中 印 刷 厂 印 刷
ISBN 978-7-100-02643-7

1984年4月增订第1版　　开本 880×1230 1/32
2014年12月北京第4次印刷　　印张 19⅝

定价：48.00元

《商务印书馆文库》编纂大意

本馆自 1897 年始创，即着意译介西学，编纂课本，以昌明教育、开启民智为务。

迨五四新文化运动起，学界亟需高等书籍，本馆张元济、高梦旦诸先生乃与蔡元培、梁启超等学界前辈擘画宏图，组编诸科新著，以应时需。是为本馆出版学术著作之始。

尔后数十年，幸赖海内外学人伐山开辟，林林总总，斐然可观。若文学，若语学，若史学，若哲学，若政治学，若经济学，若心理学，若社会学以及其他诸科学门类，多有我国现代学术史上开山之著、扛鼎之作。学术著作的出版使本馆进一步服务于中国现代教育事业的培植和民族新文化的构筑，而分享中国学界的历史光荣。

五十年代以后，本馆出书虽以移译世界名著、编纂中外辞书为先，而学术著作的出版亦未曾终止。近年来已先后有多种问世，今后拟更扩大规模，广征佳作，以求有为于未来中国文化的建树。

转瞬百年。同人等因念本馆素有辑印各种丛书的传统，乃议无论旧著新书，凡足以反映某一时期学术思潮、某一流派学术观点、某一学科新的建树、某一问题新的方法以及其他足资长期参阅的作品，均拟陆续选汇为《商务印书馆文库》而存录之，俾有益于文化积累而取便学林。顾兹事体大，难免力不从心，深望各界读者、学界通人共襄助之。

商务印书馆编辑部

1997年10月

初 版 序

收在这本集子里的是我在1940年到1949年间写的十一篇论文和十二篇札记,都是已经发表过的——头两篇在华西协合大学中国文化研究所集刊,说主语宾语的一篇在开明书店二十周年纪念文集,说们、说家两篇在国文月刊,札记一部分在国文杂志,一部分在国文月刊,其余各篇都在金陵、齐鲁、华西三校合编的中国文化研究汇刊。这些刊物的印数都很小,因此这些文章见到的人不多,现在集起来印成一册,以就正于研究汉语语法的学者。我在这方面写的文章,只有最早的两篇没有收进来。一篇是释您,俺,咱,喒,附论们字,后来已经补充了一些材料,改写成说们和说代词语尾家两篇,收在本书里。另一篇说汉语第三身代词,现在还没有来得及改写。

在1940年前后,我发愿要写一部近代汉语历史语法——现在看来,在当时的条件下,这是很不量力的一种想法。积聚的材料还很不够,而为职务所迫,不得不写些文章,也就很难顾到成熟与否。写这些文章的时候,从事语法专题研究的人还不多,在观点、方法、材料各方面都很少观摩学习的机会,必然存在很多缺点。拿自己知道的来说,在语言发展的过程中起作用的不但有时间的因素,也还有地域的因素,应该先就每一种材料作一番分析,然后才能进行综合,我在文章里引用历史材料,并没有能按照这个程序来做。另一方面,像说主语宾语和说把字用法这些篇,并不准备作历史的分析，本来没有必要引用早期的例子，可是就着手头材料的方便，又用上了一些，反而有损于主旨的明确。我诚恳地希望得到读者的指教。

这些文章写作的时间有先有后，文体和术语都不很一致，此次重印也只略作整理，大体上还是原来的面貌。战时得书不易，版本优劣难于计较，甚至同一种书在不同时间用了不同的本子，整理时尽可能使它划一，附录书目以供校核。本子不一定都可靠，引例难免有讹误，如读者有所发现，请告诉我，以便更正。

吕 叔 湘

1954 年 11 月 18 日

增订本序

这个集子初版所收论文都是1949年以前写的。建国以来陆陆续续又写了若干篇，朋友们说可以出个续编了。我想，分成两本，篇幅都不很大，而初版本最后一次印刷是1962年，也需要重印了，不如重行编订，加些篇进去，也拿些篇出来。加进去的有十七篇，其中有三篇是用吴之翰的笔名发表的。十七篇里边有四篇是近似札记的短篇，也有一篇很长，曾经作为一个单行本出版。不妨一提的是，写得最早的两篇，释您，俺，咱，喒，附论们字和说汉语第三身代词，1954年编集子的时候，因为手边没有文本，没能收进去，现在补收了。删去的是说们和说代词语尾家两篇，语法札记十二篇。前者与释您，俺，咱，喒，附论们字的内容相同，准备加以压缩，跟现在还没有完稿的几篇讲指代词的合印一本小书，后者将要跟近年来已写和待写的若干短文合成一册。这样，这个增订本就共有论文二十六篇，大致分成三组：一组是论述古今虚词和有关的句式的，一组是论述现代词类的，一组是论述现代句法的。

初版的序言里有一句话，‘这些文章写作的时间有先有后，文体和术语都不很一致，’说得比较含蓄。实情是，1944年以前的几篇都是用文言写的，说汉语第三身代词是用英文写的，这都是我在那里工作的研究所的主持人的主张。他的理由是，这个研究所设在一所教会大学里，这所教会大学座落在气氛不同于北京、上海的成都地方，不这样就要被人瞧不起。对于这个理由我是怀疑的，但是我没法子独行其是。（事实上，释您，俺，咱，喒，附论们字的初稿是用白话写的。）现在都不去改动，存此一宗公案。术语前后分歧，也没有去改归一致，因为工程不小，而且容易有改之未尽的毛病。因此而加于读者的不便，估计也不很大，但还是不能不抱歉。

1949年以前写的论文，引例几乎全都注明出处，1949年以后的论文中的例句多数也有出处，一般不注明，只有特殊的才加注。英文撮要里边的注音，除涉及古音的以外，一概用汉语拼音方案。

集子里有两篇论文，助词说略和试论非谓形容词，写作的时候分别得到我的同事孙德宣同志和饶长溶同志的合作，新加进去的论文的英文摘要有一部分是我的学生王菊泉同志代作，并全部由我的学生周焕常同志打字，一并在此致谢。最后，感谢周祖谟教授为本书题写书名。

吕叔湘

1982年5月15日

目　　录

释您，俺，咱，喒，附论们字

一 引言

金元俗语中常见您，俺，咱，喒四字；俺与咱亦见于宋人作品。以今世北平语观之，您为你之敬称；咱不独用，合们以表‘尔我’；俺与喒则北平语屏而不用，惟于河北，河南，山东之一部分方言中见之，其用例各地不尽一致，泛言之则俺用如我而亦用如我们，喒用如咱们而亦用如我。金元用例与此相较，颇有异同，可资研讨。[①] 王静如先生于就元秘史译文所见之中国人称代名词[②] 一文中指陈其例：

(a) 蒙古文第二身复数 ta（你们），汉文字译为‘您’；

(b) 蒙古文第一身复数 ba（我们——指我和他），汉文字译为‘俺’；

(c) 蒙古文第一身复数 bida（咱们——指我和你），汉文字译为‘咱’。

三者皆无单数之例。

然秘史所代表者，为极严格之用例，试以元人曲词与此相较，其用例不若是整齐也；即以秘史本身言，分段总译之文亦远逊字译之谨严。爰就若干金元人作品检讨此三字之用例，复就宋人俗语试探三字之来源，草为此文，就正博雅。

金元俗文学之为检阅所及者，有(1)刘知远传诸宫调；(2)董解元西厢记。二书写作年次相若，皆十二世纪末作品也。(3)五代史平话。曹君直跋推为宋刊，并云'或出南渡小说家所为，'然观其用语，显出北方，时代当为金元之际；使此假设近于事实，则曹跋所云，'每于宋讳，不能尽避，'亦即更易为说矣。(4)全相平话三国志。书刊于至治年(1321-23)，而文字朴拙更在五代史平话之上，颇疑书之写定更在其前。(5)朝野新声太平乐府；(6)覆元刊古今杂剧；(7)臧晋叔元曲选。元曲作家，上起金末，下迄明兴，前后百数十年(约 1230-1360)，今取太平乐府代表散曲，古今杂剧代表剧曲。元剧用例，各篇颇有异同，本文后附统计，亦分列拜月亭，气英布，汗衫记以为代表。晋叔曲选刊于万历 44 年，曲文多经润色，似不足依据，然细检其中代名词用例，各剧颇有出入，又似臧氏于此等处初无窜易，今亦取供参考。(8)臧晋叔元曲选宾白。'元剧宾白，演剧时伶人自为之，'斯语也可信而亦未可尽信。宾白不同曲文，无须协律，伶人自有较大之自由；但既有剧情为之限制，临场道说亦须纯熟自然，故伶人底本必有成词，非如坊本尽从刊削。臧书宾白，虽未必全系元人面目，亦必有所依承，且剧曲用语，率趋守旧，取为元末明初白话资料，或不致大谬。(9)元秘史总译。秘史之译在洪武初年，而字译因逐字相对，颇存古例，总译志在达意，较为自由，亦即较近当时口语。今为引例易解计，采用总译文句；有字译用字不同可供参考者，随时注出。统计表内，以字译校正后之次数，记于括号之内。

宋人俗语，散见于(1)词，(2)语录，以及(3)诸家笔记，而通体以俗语为之者为(4)平话。传世平话，皆刊于明代，[3]然京本通俗小说之大部与清平山堂话本之一部，其原本可信其出于宋人之手。

篇末附以统计表，语文现象有非计数所能阐发者，大雅之士或因而鄙薄其事；然'大势所趋'，亦有仅引例句不足说明，而唯计数方能阐发者。本文讨论诸字用例多寡，即依表列次数为言，不复一一注明。

二　您与俺之用例

金元俗语中您字常用为第二身复数，例如：

(1) 三翁曰：'若您弟兄送他，我却官中共您理会。'(刘知远 8)

(2) 不索打官防，教您夫妻尽百年欢偶。(董西厢 297)

(3) 问众官：'您怎生料敌?'(三国志平话下 4 上)

(4) 捉将李洪信洪义两兄弟，跪于阶下，骂之曰：'咱这三娘子是您同胞的兄弟，不把半眼觑他，迫令他受尽了万万千千的磨难，……您是不顾恩义的贼。'(五代，汉上 14)

(5) 唱一本多愁多绪多情话，教您听一遍风流浪子煞。(太平 9.45)

(6) 济困的众街坊，您是救苦的观自在。(元杂 10.4 下)

(7) 你将他恶语喷，他将你来死记恨。恩共仇您两个人，是和非俺三处分。(元 8.1.5)

(8) 您一行望阙跪者，听老夫下断。(元 8.4.9 白)

(9) 帖木真说：'我的马被人劫去了，'说了。别勒古台说：'我赶去。'合撒儿说：'你不能，我赶去。'帖木真又说：'您都不能，我去。'(元秘 2.31 上)

您又作恁，例如：

(10) 恁子母说话整一日，直到了不辨个尊卑。(刘知远 16)

(11) 隔着山门厉声叫:'满寺里僧人听呵,随俺后抽兵便回去,不随后恁须识我。'(董西厢 85)

(12) 您送的我荒荒有国难投,恁便做下那肉面山,也压不下我心头火。(元杂 12.4 上)

例(12)一句之内,您恁并见,元曲中屡见其例。④

然金元俗语中之您(或恁)固非尽表复数者,亦有单数之例,如:

(13) 指彦威:'听吾语,……存仁义交您归去。'(刘知远 22)

(14) 喜色满腮,知远从头一一开解,'您儿见在,三娘且请放怀。'(刘知远 15)

(15) 相国夫人恁但去,把莺莺留下胜如汤药。(董西厢 180)

(16) 张生闻语速开门,连问:'管是恁姐姐使来吵。'(董西厢 150)

(17) 周瑜本帐内邀诸葛瑾侍坐,言曰:'您知诸葛不仁?众官举火,他言祭风。'(三国,中 20 上)

(18) 知远闻言,只见眼泪汪汪向承义道:'您不须去;您若去时,两个舅舅必用计谋陷害您。'(五代,汉上 12)

(19) 所有成保年小,叔叔若可收留,望觑您哥哥面皮特为收录(五代,汉上 2)

(20) 五逆贼!俺子是个开店的者波,您去呵也合交我知道;休道俺是亲耶亲娘。(元杂 10.2 上)

(21) 惹大个东大岳耶耶,它闲管您肚皮里娃娃!(元杂 10.3 上)

(22) 却不见客如为客,您做的个轻人还自轻。(元杂 12.3 下)

(23) 限三日穿新的,您休说谎,俺不催逼。(太平 9.46)

(24) 休,休,休,我劝您这得时人可便休笑恰才那失时人。(元 8.1.7;元杂 10 作'我劝你个得时人休笑失时人')

仅观上引例句,殊无以判别您之主用为单为复。即比较二者所见次数多寡,亦仍难为定论,盖单数之您惟元秘史不见其例,余书莫不单复并见，且往往单多于复，尤以五代史平话为然。

欲为比较，当别求途径。今试以第二身单数之您与你相较，其所见次数为您一而你六，可证即在您字盛用之时，第二身单数仍以你为主。唯一之例外为五代史平话，其中您之次数远在你上；然此适足证明五代史平话作者所用方言之特异，[⑤]证明其余各书用例之正常（除去五代史平话，则您与你约为一与十之比）。其次，以第二身复数之您与其他形式您每及你每相较，则后者之总和仅当前者五分之一；如以元秘史字译校正总译之你每等例（见注⑥）而减去之，则约当前者二十分之一。此又可见第二身复数之以您为主式也。[⑥]

俺字在金元俗语中，亦有单有复。复数之俺常与你相映对，盖屏对语者于其外，所谓排除式之第一身复数（exclusive ‘we’）也。其例：

(25) 知远临行，怒叫夫妻四口：‘异日得志，终不舍汝辈。’弟兄笑曰：‘你发迹后，俺向鼻内呷三斗三升酽醋。’两个妯娌也道：‘俺吃三斗三升盐。’（刘知远 12）

(26) 不图酒食不图茶，夫人请我别无话，孩儿，管教俺两口儿就亲吵。（董西厢 113，张生对红娘云云，谓己及莺）

(27) 俺众人商量来，……你好献三十万贯金珠与俺。（三国，上 11 下）

(28) 风调雨顺民安乐，都不似俺庄家快活。（太平 9.1）

(29) 儿呵，俺从那水胡花抬举的你惹来大，交俺两个老业人色排门儿教化。（元杂 10.4 上）

(30) 天那，天那，则俺两口儿受冰雪堂地狱灾。（元 8.3.4）

(31) 小大哥在这看街楼上安排果桌，请俺两口儿赏雪饮酒。（元 8.1.0 白）

(32) 众人共商量着,对帖木真说:'立你做皇帝。你若做皇帝呵,多敌行俺做前哨,但掳的美人妇女并好马,都将来与你;野兽行打围呵,俺首先出去围将野兽来与你。'(元秘 3.44 下)

但俺字亦常用于第一身单数,与我无别。刘知远已有其例,董西厢尤多,元曲亦常见。

(33) 俺是个没鉴愚迷汉,枉为人怎不羞惭。(刘知远 25)

(34) 辞了俺三娘入太原,文了面再团圆。(刘知远 9)

(35) 浑如俺为你俺为你心坚固,你曾惜俺如珍,今日看如粪土。(董西厢 261)

(36) 俺父亲居廊庙。(董西厢 147)

(37) 张飞高声叫曰:'…… 俺武艺粗钝,看军师应当。'(三国,中 12 上)

(38) 俺兄关公刺颜良,追文丑,斩蔡阳,袭车胄,当时也无先生来。(三国,中 11 上)

(39) 见它人两口儿家携着手看灯夜,交俺怎生不感叹伤嗟。(太平 8.57)

(40) 竹林寺里无俺兄弟,桃源洞有俺故交。(太平 8.44)

(41) 从今后休从俺耶娘家根脚排,只做俺儿夫家亲眷者。(元杂 29.6 下)

(42) 俺也曾湿浸浸卧雪眠霜,…… 俺也曾缉林林劫寨偷营。(元杂 12.3 上)

此其为例,一如您字,仅比较单复两者所见次数,实无以判断孰为本用孰为变用。如刘知远及三国志平话则复多于单,而元曲则单多于复;元秘史固全用于复数,而董西厢则几于全为单数(74 次中复数仅两见),殊难据此以为轩轾。⑦

然试以单数之俺与我相较,则俺一而我五。以排除式第一身复数所用代词相较,则俺居十之九,而我每,咱,咱每合居十之一;

元秘史总译用字译校正（见注⑧）后，则两者之比为十四与一。依此为断，则俺之本用为排除式第一身复数，而单数实为变例，其事例与您字无异。

三 您与俺之演变

观于上述用例，有可讨论之问题凡三：(1)您，俺与今语你们，我们之关系；(2)您，俺之来源；(3)金元时代之单数您，俺与现代用法之比较。

现代之们在金元时代率作每，故与今语之你们我们相当者，在当时为你每与我每，例如：

(1) 今天子赦你每招义军之罪。（三国，上 8 上）

(2) 你每白日里失了人，如今黑夜里如何寻得。（元秘 2.21 上）⑧

(3) 我每同将军归投黄大王。今未蒙赏赐，便要行刑。（五代，梁上 24）

(4) 锁儿罕失剌再经过，对帖木真说：'我每只这一遍排寻回去了，明日再来寻。如今我每散了后，你自寻你母亲兄弟去。'（元秘 2.21 下）⑧

您之与你每，俺之与我每，其间关系，可得而言。上引王君文中有云：

> 北平话在单数加们就作成多数，而元秘史所表现的有些-m尾的倾向。不过这一点不是本文所必须讨论的。

王君所谓-m 尾指您，俺两字之尾音，在元人韵书（例如中原音韵）中，您属寻侵，俺属监咸。王君此语似已暗示们字与您，俺之-m 尾有关。然而王君复于页下为注，曰：

> 关于们字的来源，或是由于他每加了人字，作成他每人

> 的意思，由 t'amə-žen'简约'成为 t'a-mən。而第一第二身起而'仿效'，由单数加们作成今日北平话的我们，咱们，你们。他们的仿效法，是先作成我每，你每，然后再我们，你们。

此注包含两点：(1)们字由每加人而成，此姑留待下文讨论。(2)我每，你每由仿效他每而成；易言之，我每，你每与俺，您无直接关系。

此则殊难置信。以二者之应用时代言，当您，俺之全盛时代，你每，我每殊少见。金人两种诸宫调中固绝无此式，元曲曲词中本文作者亦未见及；三国及五代两平话以及臧选道白中有其例而不多。见例较多者为元秘史之总译，而在较富保守性之字译中又复不见。明以后你们，我们盛行，而您与俺之复数用法亦即废止。[⑨]两者之间显有递嬗之迹。而以字音言，则您与俺皆有-m 尾，而每与们均为 m-头，此正可为递嬗之关键，如王君原文之所暗示也。

前于王君此文，胡适之先生亦已论及此事，且明认此-m 尾即每与们之所从出。其言曰：

> 北部语言之中，古声随（案即字末辅音）的保存，全靠他们的变成复音会字的尾音。例如……俺的-m 音变成俺们。复数代名词我们，你们等的尾音们都是一个时代的尾音，先变成每，再变为们（高元国音学序）。[⑩]

文中虽未确言我们与俺之关系，亦未涉及您字，但已认定我们，你们之们，为早一时代的尾音-m。然则此附有-m 尾之代名词——你-m，我-m——果仅存于口语，抑并见于文记？见于文记，复作何字？作者以为即您与俺也。

您字不见于元以前韵书及字书，但如参照现代语音 nin，再按所属韵部，其音大致为 nim。又金元作品既有以恁代您之例，字音应相同。恁字广韵‘如甚切’ȵʑĭəm，在金元时代之口语中，可能变为 nim，正为‘你’ni 加-m 尾。

俺字略有问题。广韵作‘于验切’，古音应是 ʔĭɐm；我字广韵作‘五可切’，古音应是 ŋa. 二字声母与元音都不同。但宋元时代俺字大致已经过 ʔam 之阶段（变为与庵，唵同音，15 页例 40 作唵可以为证）而变为 am；‘我’字之 ŋ- 头或亦已脱落而元音则犹未合口化。如此则俺字亦正可与我 a 加-m 尾相当。[11]

若你每，我每果出于您与俺，则或将以二字之-m 尾何为终于独立为问，是固不难索解。盖-m 收声，两宋以来，已见摇动，宋词元曲，不乏-m，-n 通押之例。[12] 元明之际，事态推移，当已略同今日，闽海岭南而外，不复有-m 之收声。然而因变之势，不独以地而殊，亦复因辞为异；而文字音读与口头言语又未可一概论之。您，俺既为极常用之字，其由-m 改读-n，必在最后时期；且文字之音读虽从众而变，口语中之-m 尾则以有文法作用——表复数——故，非可轻易抛弃，于是独立成一音缀，仿他每，小人每之例而为你每，我每，此固事理之至顺者也。过渡之际，时见糅杂之式，您每与俺每是已，其例如：

(5) 知远向五个后生道：‘您每一人将一贯钱借我出注’。（五代，汉上 5）

(6) 您兄弟如何那般做？……您每休那般做。（元秘 2.9 上）[13]

(7) 俺每都打死人堆上骑着马跑，方才脱的性命。（元 74.4.0 白）

(8) 他的亲・俺每行来呵・正面坐着。（元秘，字译 5.39 上）

以上明你每，我每即俺，您衍音而成，以下将进而究讨您，俺二字之所由来。

您，如上所述，不见于广韵等书，龙龛手鉴颇收俗字，亦未见录。恁，说文'念也'（依诸家所定）；玉篇'信也，念也'；手鉴转录玉篇亦云尔。俺字手鉴作'大也'，此亦说文旧义。是二字本无代名之用，殆以本义已废，遂假借以表 nim，ʔam 二音；而又以恁字早经借为'如此'义故，惧其混同，别为您字，渐取恁而代之。

您与俺既为表音之字，而 nim 与（ʔ）am 又如上所陈，可析为你，我加-m 尾，是则问题所在即此尾音。笔者之愚，以为此-m 尾即们或每之缩音也。上既假设每出于您，俺之-m 尾，今又谓您，俺之-m 出于每或们，二者回环无端，似难于为说，然而其理实至平常。以语音转变言，nim 既可衍而为 ni m-，ni m-亦即可合而为 nim（am 准此）。列之为式，

ni m-⇌nim，

a m-⇌am，

乃可逆反应也。在-m 尾稳固之时，则分者可合；在-m 尾动摇乃至脱落之时，则合者可分。苟了然于时代之不同，则虽趋向正相反背，亦无害其同为事实。此中关键在于究明每与们之时代：若你每，我每或你们，我们之出现在您与俺之先，则合音变化固已具备其客观条件矣。

四 们之历史

今试探索们与每之历史。每字系于你，我之后，如上所述，为时颇后；但系于他字及名词之后，则可回溯至董西厢，即约与您，俺同时。例如

（1）怕曲儿捻到风流处，教普天下颠不剌的浪儿每许。（董西厢 7）

(2) 也不枉了健儿每辛苦。（五代，梁上 32）

(3) 他每孤恩，适来倒埋怨人。（董西厢 169）

(4) 须索去寻他每来共图大事。（五代，梁上 33）

清平山堂话本有每字二例：

(5) 秀才每也有两般，……有君子儒，……有那小人儒，……（风月瑞仙亭 5）

(6) 你每是东京人。（拦路虎杨温传 5，此每用于单数）

风月瑞仙亭大体为通俗文言，不易觇其时代。杨温传颇类宋人作品，此每字若非传钞之误，[14]则其时代当与董西厢相若。

们字之广泛应用，固为明以后事，但五代史平话已有其例：

(7) 孩儿们今日遭遇圣恩。（晋上 22，此们用于单数）

(8) 若他们父子能却契丹，便要禅代我位，咱亦甘心。（晋上 20）

此外晋史平话尚有咱们一例（晋上 22）。五代史平话固以每为主者，元人曲词时代略同而几于尽作每字，[15]元秘史译文更在其后，亦更无例外，则此寥寥数们字，至可玩味，与其谓为得风气之先，无宁谓为存前代之旧也。

京本通俗小说七篇，大体可信为宋人传本，其中通用'们'字，不独系于名词及他字之后，亦见于你，我之后：

(9) 但随官人们尊便。（拗相公 10）

(10) 府尹听他们言言有理。（错斩崔宁 16）

(11) 只取沸汤一瓯来，你们自去吃饭。（拗相公 9）

(12) 吴教授，我们等你多时。（一窟鬼 13）

清平山堂话本中可信为宋人所作者，亦俱以们为主（上举例 6 为例外）。

话本之时代，容或犹有可议，则且以宋人语录笔记与宋词为例：

(13) 荷公们远来,亦欲有所补助。(朱语 159)

(14) 只看濂溪,二程,横渠们说话,无不斩截有力。(朱语 205)

(15) 尽他们劣心肠,偏有你。(金谷遗音 14)

们又作门,其式较古,南渡以前殆有门而无们也。其例如:

(16) 始初内臣宫嫔门皆携笔在后抄录。(河南程氏遗书 290)

(17) 今反谓他门亦尝谤讪。(龟山语录 3.13)

(18) 明道门摆脱得开,为他所过者化。(上蔡语录,卷上 9)

(19) 公门都被陆子静误教莫要读书,误公一生。(朱语 222)

(20) 我门生人如死人,老了不作一件事。(程史 14.5)

(21) 这里甚去处,你秀才门要斫了驴头。(四朝闻见录,甲集 15;齐东野语卷三记同一事,门作们)

上引们与门之例,[16]已足证明其由来甚旧,而们字复有一更早之形式。董西厢全书用每,而其中有下列一例:

(22) 那时吓杀贼阵里儿郎懑眼不扎,道'这秃厮好交加。'(董西厢 76)

此懑字大可注意。在约略同时之刘知远传,即全用懑字,如:

(23) 那三翁听说话,叱喝道:'畜生懑悄地。'(页 8)

(24) 早是两个粗卤,更怎禁妯娌懑言语。(页 11)

(25) 曾想把劣缺名目,向这懑眉尖眼角上存住。(页 10)

(26) 他懑虽勇跃,这三个福气邹搜。(页 19)

清平山堂话本中简帖和尚可信为时代最早诸篇之一,其中亦用懑字:

(27) 你懑不敢领他? 这件事干人命。(页 7)

(28) 皇甫殿直和行者尾着他两人来到门首,见他懑入去。(页 12)

宋人词中亦有懑字,或作满,又作瞒:

(29) 对酒当歌浑冷淡,一任他懑嗔恶。(惜香乐府 45)

(30) 被那懑引得滴溜地一似蛾儿转。(克斋词 5)

（31）琴心传密意，唯有相如，失笑他满恁撩乱。（克斋词 4）

（32）说与贤瞒，这躯壳安能久仗凭。（沈瀛词补遗 9）

其见于宋人笔记者，如：

（33）孩儿懑切记之，是年且莫教我吃冷汤水。（涵芬楼说郛 32 默记）

（34）元祐大婚，吕正献公当国，执议不用乐。宣仁云：'寻常人家娶个新妇，尚点几个乐人，如何官家却不得用？'钦圣云：'更休与他懑宰执理会，但自安排著。'（清波杂志，1.6）

（35）朝廷又不曾有文字教我管他懑。（挥麈录，余话 2.23）

而楼钥于跋姜氏上梁文稿一文中更论及此字音读：

（36）上梁文必言儿郎伟，旧不晓其义，或以为唯诺之唯，或以为奇伟之伟，皆所未安。在敕局时，见元丰中获盗推赏，刑部例皆节元案，不改俗语。有陈棘云：'我部领你懑厮逐去。'深州边吉云：'我随你懑去。'懑本音闷，俗音门，犹言辈也。独秦州李德一案云：'自家伟不如今夜去'云。余哑然笑曰：'得之矣，所谓儿郎伟者，犹言儿郎懑，盖呼而告之，此关中方言也。'（攻媿集 72.8）

案懑字，广韵作'莫困切'，集韵同，皆云：'烦也'，乃说文旧义，即闷之古字；用以表复数，出于假借。字本去声（广韵二十六慁，集韵二十七恨），而楼文已云'俗音门'，可见口语已作平声，与今同。们字见集韵，亦'莫困切'，云，'们浑，肥满貌'，借为表复数之词尾，殆亦已转平声。诸字之音，从其反切，当为 muən，然此特隋唐旧读，宋人口语中或以作 mən 为近于实际。

上引诸例，明示宋人通用者为懑，门诸字，'每'字始见于董西厢，实为晚出。然'儿郎伟'之伟或即每字之音变。[17] 唐人说部中亦有一例，似正可为每字张目者：

（37）卢尚书弘宣与弟卢衢州简辞同在京。一日衢州早出，尚书问有何除改，答曰：'无大除改，惟皮遐叔蜀中刺史。'尚书不知皮是遐叔姓，谓是宗人，低头久之，曰：'我弭当家没处得卢皮遐来。'衢州为

辨之，皆大笑。（因话录 4.10）

唐语林卷六引此条，弭作弥。广韵‘弭，绵婢切，’高氏作 mjwiĕ；‘弥，武移切，’高氏作 mjiĕ。我弭二字，除我们外实无他义可通，而推弭之音，则们，每之间，似尤于每为近，或即每所从出耶？

们与每之二系，孰为先出，且置不论，所可断言者，远在您，俺之先，已有表复数之词‘m-’存在。盖您字始见于金人曲文，俺字金人曲文外亦仅见于南宋小词，如：

(38) 好恨这风儿，催俺分离。（金谷遗音 13）

(39) 惟有俺咱真分浅，往事成空。（惜香乐府 56）

而你 m-有例(36)之明著为元丰，我 m-有例(37)之远征于唐世，是可证‘你们＞您；我们＞俺’之假设，以时代言之，固无不可通之处。且你们，我们既已通行于宋代，金元白话中忽极罕见，若您，俺二字别有来源，则二者又何必参商若是乎？[18]

上引懑，门诸例，旨在证明您，俺二字之由来，然就上所陈，已可知今语之们自有渊源，历世悠久，非金元白话中‘每’字所滋生。于此或将有以‘何以宋元之际们变为每，元明之际每又变为们？’为问者。此即涉及二字之语源问题，目前事例未容遽有论断。[19]但就已知事象而言，似亦可为如次之推定：唐宋之际口语中已有表复数之词‘m-’，又以鼻韵之有无别为两系：有鼻韵者，两宋之懑，瞒，门，们与明以后之们是也；无鼻韵者，因话录所记之弭，金元白话之每，乃至关中方言之伟是也。此二系似通行于不同之方言中，是以金元之每非必为北宋懑，门之变形，明以后之们亦不必为每字所衍变；们与每之消长，无非由于两种方言之伸绌而已。且二者之更迭似亦局限于北方，当北方盛用每字之际，南方固依然用们，南宋话本可为代表。[20]抑尔时南北通语之分，不独们，每之别，您与俺二合音字似亦限于北方。南宋词中虽有俺字之例，殆终于未能成为通语，不独宋人话本无您，俺之例，[21]南宋人著作中尚有其他事例可供参考：

(40) 唵送尔灯，唵送小番随着不妨事。（文山集，指南录，‘出巷难’序）

(41) 林附祖，福州秀才，去年三月四日在无锡道中忽为数酋擒去，指为文丞相，云，‘你门年四十，头戴笠，身著袍，脚穿黑靴，文书上载了，你门如何不是？’（同上，‘林附祖’序）

此二例，出语者俱为北人，时在宋季，上距董西厢刘知远传已近百年，则实际语音当为 am 与 nim，文山一则记以唵字，一则记以你门，是可徵俺，您二字殆非南中文士所谙知。又徐霆作黑鞑事略疏，[22]有云：

(42) 楚材说与大使，‘你懑只恃着大江；我朝马蹄所至，天上天上去，海里海里去。’（页 21）

此你懑当亦记 nim 之音也。

五 您与俺用于单数

以上论您，俺二字来源讫，次当略述金元时代用于单数之您，俺与现代用法之同异。元明之际，您，俺二字既已由-m 韵转入-n 韵，各地方言之反应初非一律。或即以此 nin，an 二字为‘你们’，‘我们’之用，间亦施之于单数，其事态可云一仍元人之旧贯。[23]或则以复数之您，俺还原为你们，我们，而于单数之您，俺则亦有袭用以为你与我之异式者。北平语盖属于后者，而所保留者乃有您而无俺。

今方言之犹保有您与俺者，多藉您以示恭敬，藉俺以示卑逊；

持以衡量金元用例，乃未见其然。因'俺'之词气卑逊也，故今日方言中道其字者妇人多于男子，小儿多于长者；而金元白话中则未见有此区别，且往往一语之中俺与我杂见，如：

(1) 把如休教请俺去；乃至请得我这里来，却教我眼受苦。（董西厢 123）

(2) 俺再不想巡案去奸猾，御史台开除我，尧民图添上咱。（太平 8.14）

皆可徵两者在语气上初无差异也。㉔

至若您字之为敬辞，则如第二节所引例句中，例(2.18)，(2.20)为父与子语，(2.21)为翁与媳语，(2.14)为夫与妻语，(2.16)与使女语，(2.13)与敌人语，依现代语例皆不适用您字。反之，有依现代语例应用您字或身分称谓词而当时用你者，如：

(3) 四叔，你也休见罪。（刘知远 14）

(4) 耶耶，你存活咱每，他日厚报恩德。（五代，梁上 6）

足徵当时单数之您其用与你无别，有类近代英语之 you，所不同者，you 字终于取 thou 而代之，而您则自金元以后转由滥返约耳。㉕

金元时代之您与俺施于单数，有一特点可述者，乃其与'领格'之关系。前引例(2.14)(2.16)(2.19)(2.21)皆单数您之用于领格者，例(2.34)(2.36)(2.38)(2.40)(2.41)皆单数俺之用于领格者。以各书用例计之，两种金人作品中，单数您十之八九为领格，元曲以一般而论，领格与非领格约略相当，而拜月亭一剧及臧选合汗衫宾白皆全部为领格。单数俺之事态亦复与此平行：拜月亭中几全为领格，臧选宾白中比率亦高，惟金人作品中非领格略多，与单数您小异。最可注意者为一句之内你与您，我与俺互见而异用，其例如：

(5) 您妻子交来打听消息，你却这里又做女婿。(刘知远 14)

(6) 你须身姓刘，您妻须姓吕。(太平 9.22)

(7) 你也枉把您这不自由的姐姐来埋怨。(元杂 29.7 上)

(8) 则被你抛闪杀您这爷爷和您奶奶。(元 8.3.9)

(9) 哥哥，您兄弟有四句诗，还是先念了开门，是开了门念诗你听？(元 7.3.0 白)

(10) 对我曾说道‘俺娘乖。’(刘知远 15)

(11) 只愿的南京有俺亲娘，我宁可独自孤孀。(元杂 29.4 下)

(12) 我不曾有片时忘的下俺那染病的男儿。(元杂 29.5 上)

(13) 如还我不坏了他，则俺那楚王知，到做了咱的罪过。(元杂 12.1 下)

(14) 我如今趁着这个机会，辞了俺哥哥，别处寻一拳儿买卖，可不好？(8.2.0 白)

援复入单，何以独盛于领格？其故尚有待于解说。且不独金元白话为然，今日方言中，无你们，我们而只有您，俺者，方其用如单数，亦多施于领格，盖即此一端固已历数百年而未尝或变。乃至明清方言小说，如金瓶梅词话，如醒世姻缘，如警世通言第二十四卷玉堂春，凡以俺字入文者，亦莫不以领格居其大半也。

六 咱与喒之用例

金元白话中常以咱字表‘尔我’，所谓包容式第一身复数 inclusive ‘we’也。[26]其例：

(1) 舅舅妗子休忧，有一事须管随某，吃尽那盐，呷尽那醋，也不打骂不诛戮，咱解割了冤仇做亲故。(刘知远 25)

(2) 你好好承当，咱好好的商量，我管不错。(董西厢 217)

(3) 张飞言曰：'此处不是咱坐处，二公不弃，就敝宅聊饮一杯。'(三国，上 7 上)

(4) 朱温与刘文政商量：'咱若久留此处，必定带累刘崇打官司，不如落草闪避。'(五代，梁上 19)

(5) 指望咱弟兄情如陈雷胶漆。(元杂 13.8 上)

(6) 咱须是一父母，又不是两爷娘。(元 7.0.2)

(7) 咱两人可以分，你要多少。(元秘 2.34 上)

然亦有以咱表第一身单数者，如：

(8) 邓将军你敢早行么？咱供养的不曾亏了半恰。(董西厢 158)

(9) 苏氏曰：'咱有服制，谁人敢为做媒？须是叔叔为我主盟始得。'(五代，汉上 2)

(10) 你不肯遮盖咱，咱须当遮盖你。(太平 9.37)

(11) 这别离，一半儿因咱，一半儿你。(太平 5.49)

(12) 咱醉眼宽似沧海中，咱醉眼竟高似青霄上，咱醉眼不识个宇宙洪荒。(元杂 2.1 下)

(13) 我如今唤你来从头儿问，隋何，看你支吾咱说个甚末？(元杂 12.2 上，与'我'互见)

(14) 夜深也，咱独坐。谁想道，人瞧破。(元 5.3.5)

而包容式第一身复数亦有合咱与每(或们)以为称代者，其例不见于金人曲词，而三国志平话以次皆有之，如：

(15) 张飞见玄德言曰，'孙坚言咱门是猫狗之徒，饭囊衣架。'(三国，上 17 下)

(16) 曹公曰：'咱门急之'。张辽告曰：'此诸葛计也……。'(三国，下 12 上；急之二字疑有误)

(17) 唐主欲从之，刘后曰：'咱每既得天命，则人怨其如我何。'(五代，唐下 18)

(18) 我这里拜辞在堦下，知咱每相见在何年。(元 57.2.13)

(19) 小哥，咱每来迟，那前面早下的满了也。(元 91.3.2 白 74)

而元秘史之咱每且不限于总译，字译中亦常见之，其事例与我每，你每乃不相侔：

(20) 帖木真当夜便使人对王罕，札木合两个说：'我寻的人已自得了，咱每夜里且休行，可就这里下营？'(元秘 3.17 上)

(21) 寻的·用自的·得了·我|夜·休·兼行咱|这里·下咱·咱每（上句之字译）

元人语中又有喒字（亦作昝），亦包容式第一身复数称代之词。其字晚出，不独金人所未用，三国志平话与五代史平话中亦所未见，独盛用于元人曲词，其频繁在咱字之上。其例如：

(22) 婆婆，喒出酸枣门边，着黄河岸上赶去来。(元杂 10.2 下)

(23) 隋何，喒是绾角儿弟兄。(元杂 12.3 上)

(24) 哥哥，您兄弟有句话对哥哥题，喒便似陈雷胶漆。(元杂 13.1 上；比较例 5)

(25) 那时我坐香车你乘马，喒两个稳稳安安兀的不快活杀。(元 4.2.10)

(26) 则为喒行军数载不相离，曾与你刎颈为交契。(元 5.2.5)

(27) (小末)母亲，他和喒是甚么亲眷？(旦儿)孩儿，你休问他，他和喒是老亲。(元 8.4.0 白)

又有于喒字之后附以每者，不常见，如：

(28) 喒每看风子要子去来。(元 5.3.0 白)

喒亦有用于单数者，其例至少，不足与咱(例 8—14)相提并论也。如：

(29) 此身有似舟无缆，恣意教旁人笑喒。(太平 7.23)

(30) 你将那舌尖儿扛，喒则将剑刃儿磨，喒心头早发起无名火。(元 74.1.7)

(31) 小的，喒和你到佛堂中烧香去来。(元 65.2.0 白)

且不独喒字为然，咱每显为复数形式，亦有用于单数者（以五代史平话为最甚）：

（32）黄巢思量：咱每今番下了第，是咱的学问短浅。（五代，梁上 8）

（33）只这月俸钱，做咱每人情不够。（元 3.2.2）

总观所引文句，可知包容式第一身复数代词之事例实较您或俺为繁杂。以单字言，有咱与喒二字；以形式言，有咱，咱每，喒，喒每之四式，皆用为包容式复数，而其中咱，咱每，喒又皆可用于第一身单数。

试为厘别，则喒与咱每之用于单数，为例至少；咱每固显为复数形式，喒字之为复数形式，亦无疑问。何则，以喒即咱每之合音字也。咱字不见于广韵，高氏字典作 tsât，疑从篇海'子葛切'，但以宋词元曲用例观，应是平声 tsa。喒字集韵作'子感切'tsam，本义'喒喒，味也'，借为咱每之合音字，吻合无间，高氏字典亦明著其为咱们合音也。[27]

今将进而推论咱字之本用。就咱加-m 而为喒之一事实言，则咱应以单数为其本质；若然，则您，俺，咱之三系皆可有平行之形式分别比对，如

你，你每，您，您每；

我，我每，俺，俺每；

咱，咱每，喒，喒每。

事例之惬当将无有过于此者。然咱之用为单数，仅盛行于元曲；董西厢中为例无多，刘知远传，三国志平话，元秘史皆绝无其例。刘传之文词最早亦最可信（因刊于金代）；秘史时代虽后，而以用例谨严为其特色，皆未可蔑视者。而其中咱字有复无单，殊难索解。

反之，如以咱为元来复数，亦未尝不可以为说。单数之咱，犹

之单数之您与俺，循援复入单之通例也。喒与咱每，自不免叠床架屋之嫌，然您与俺皆有-m 尾，咱既表复数，则亦无妨赘一-m 尾成喒，复由此而析为咱每，皆类推作用也。然而此可以解释元曲之喒与秘史之咱每，而不能解说三国志平话之咱门与五代史平话之咱每，因此二书犹无喒字，自无-m 尾可转变为门与每也。

以此种种，颇疑咱字元来可单而亦可复：咱为俗字，所表之 tsa 其由来固有待于研讨也。于此，宋金人白话中'咱'字别有一种用例可供参考：㉘

(34) 兀的般言语，怎敢着我咱左右。(董西厢 155)

(35) 思量都为我咱呵，肌肤消瘦，瘦得浑似削。(董西厢 205)

(36) 自入舍做女婿，覷俺咱似儿戏。(刘知远 8)

(37) 几个髯头的行者……道，'俺咱情愿苦战沙场。'(董西厢 64)

(38) 骂薄情，听道破，你咱实话没些个。(刘知远 16)

(39) 妾守空闺把门儿紧闭……你咱是必把音书频寄。(董西厢 229)

(40) 您咱两口儿夫妻似水如鱼，这壁四口儿心生狠劣。(刘知远 6)

(41) 国家又不曾把贤每亏负，……衣粮俸禄是吾皇物，恁咱有福。(董西厢 70)

(42) 外边闲事无心覷，直自我咱怕你恶肠肚。(晁元礼词补遗 4 下)

元人作品中此例渐废。

关于此种用法之咱字，有可注意者二事：(1)咱字附丽于你，我，您，俺之后，于意义初无增损；(2)咱字惟附于第一二身代词之后，无他咱之例。此咱字与前述之咱字为一字欤，二字欤？若二者同出一源，则咱之本质不独须可单可复，且应可第一身可第二身。

七　咱与喒之演变

合乎此二条件之咱字前身，窃谓即自家二字。自字广韵‘疾二切’dz‘i，家字‘古牙切’ka.但自字今音已清化为 ts-，或宋世已然，与 ka 相切，正可得 tsa.

宋人白话中自家一语，细为分析，有三种不同之涵义：

(a)自家之原义。与文言自一字相当，别于他而言。此义不始于宋，宋人之例如：

(1) 都是要将去附合人，都是为别人，全不为自家身已。(朱语 162)

(2) 你也自家宁耐，我也自家将息。(金谷遗音 10)

此义之自家可附于我，亦可附于你。我自家合音为我咱，你自家合音为你咱。迄乎我咱，你咱已成熟语，‘自家’之本义遂减杀至于不复可辨。其意义既与单纯之你或我无别，而音缀则为两个，正合协律之用，此你咱，我咱之所以多见于词曲也。

他咱之不见应用，亦于焉可解。他与自家非不可合，然如所须者非‘自家’之意义，而为衍声之音缀，则无需别为他咱之式，因旧有他家，伊家可供应用也。如：

(3) 莫怪邵南书判好，他家自有景监亲。(摭言 13.6 引无名子诗)

(4) 闻道伊家终日眉儿皱。(山谷词 29)

金人诸宫调中亦不乏其例：

(5) 俺兄弟忍不过，着言语相戏弄，厮辱厮抹。是他家骋穷性气，便生嗔恶。(刘知远 20)

(6) 料来他一种芳心，尽知琴意；非不多情，自僝自僽，争奈他家不自由。(董西厢 151)

(b)自家等于我。白话既借用文言中作‘其他’解之他以代第三身，则借用与他对立之自以表第一身，自亦不违情理。（今人亦常用自己或本人代我，皆源于同一心理，不欲径言我字近乎倨傲也。）此义之自家，亦起于宋以前。如：

(7) 夸道自家能走马，团中横过觅人看。（王建宫词）

宋人之例如：

(8) 表上……阿舅大官家：你前时要者玉，自家甚是用心，只为难得似你尺寸底。自家已令人两河寻访，才得似你尺寸底便奉上也。（云麓漫抄 15.14）[29]

(9) 得过口儿嘛？直勾得风魔了自家。是即好意也毒害？你还甜杀人了怎生申报，孩儿。（山谷词 11）

(10) 去则是？住则是？烦恼自家烦恼你。（龙洲词 5）

(11) 相逢樽酒何时？征衫容易，君去也，自家须住。（龙川词 4）

(12) 况某人事母如此，临财如此，居乡曲事长上如此，教自家举荐他甚么得？（朱语 142）

(13) 今之论学者，只务添人底；自家只是减他底，此所以不同。（陆语 35.13）

董西厢中尚多此例，五代史平话中亦有之。[30] 如：

(14) 他家肯方便觑个缘由，知自家果有相如才调，肯学文君随我走。（董西厢 152）

(15) 欲问自家心头事，愿听我说似，这心头横倓个海猴儿。（董西厢 173）

(16) 你旧时欺负自家，赶将出去投军。（五代，汉上 14）

元曲中亦间有此种用法，而登场报名之自家尤为后世道白所袭用。

(17) 分明见刘沛公濯双足，慢自家有四星。（元杂 12.3 上）

(18) 自家韩信的便是，……想自家空学的满腹兵书战策，奈满眼儿曹，谁识英雄之辈？（元杂 9.1 上）

自家合音为咱，即上节例 8—14 之单数咱。宋词中亦已出现，如：

(19) 你若无意向咱行，为甚梦中频相见？(乐章集 34)

(20) 你待更瞒咱，咱也今知晓。(竹斋词 8)

(c)自家等于活用之我，如庄子养生主‘吾生也有涯而知也无涯’之吾。意谓‘尔或我，或任何人’，其意味约略等于英语之 one，或法语之 on。例如：

(21) 人生天地间，都有许多道理。不是自家硬把与他，又不是自家凿开他肚肠，白放在里面。(朱语 25)

(22) 又如说，‘非礼勿视’，自是天理付与自家双眼，不曾教自家视非礼；才视非礼，便不是天理。(朱语 162)

由‘尔或我’转而为‘尔与我’，其事甚易，其辨甚微。上列二例，如改从今语，易自家为咱们，亦无不可。至如下列二例，其为‘尔与我’之义更彰彰明甚，此即上节所论之复数咱字也。

(23) 自家好家门，各为好事，以光祖宗。(范文正公集 225)

(24) 世之人所以攻道学者，亦未可全责他。盖自家骄其声色，立门户与之为敌，哓哓胜口，实有所未孚，自然起人不平之心。(陆语 35)

(25) 此是契丹男妇媳，且教与自家劝酒，要见自家两国欢好。(燕云奉使录 4.7)

用为此义之自家，有时加一懑字以明示其为复数。前引楼钥文中因关中方言自家伟而悟及‘儿郎伟者犹言儿郎懑’，足见当时已有一自家懑一词可供比较。此外之例如：

(26) 且教子由伏事娘娘，我小使头出来，自家门打一解。(随手杂录 4)

(27) 今自家懑都出岳相公门下。(挥麈录，余话 2.23)

(28) 你莫掴就假随人，便却骑墙两下。自家懑都望有前程，背地里莫教人咒骂。(晁元礼词补遗 5)

(29) 恰如自家们讲究义理到熟处，悟得为人父确然是止于慈，为人子确然是止于孝。(朱语 170)

及自家合音为咱，自家懑亦即合为咱们，此即三国志平话之咱们，五代史平话之咱每，乃至元曲之喒之先例也。

咱字既行，自家遂不复有复数之用，元人作品中仅见一二例：

(30) 张昭，吴危再言：'令名将引军各把渡口，……使操军不能得渡。汉皇叔自家莫管。'(三国中 17 上)

(31) 成吉斯说：'自家一族里商量大事，因别勒古台泄漏了，所以军马被伤死者甚多。'(元秘 5.22 上；字译作咱)

亦有于咱字之后复缀以家字者，此乃变式，正如你们合为您而又有您每也。其例如：

(32) 不来后是咱家众僧采，来后怎当待？(董西厢 58)

(33) 貂蝉哭而告曰：'奉先不记……咱家两口儿失散，前后三年不能相见？'(三国上 23 上)(以上复数)

(34) 咱家乾志诚，不忘(望?)他家恁地孤恩短命。(董西厢 175)

(35) 见一人请相会，道咱家必高贵。(太平 8.8)(以上单数)

以上证明宋人白话中之自家，已具备后来咱字之三种用法，实即咱字之前身，而自家懑亦旧来所有，元人之喒不为无据。包容式第一身复数之表达，金人似以咱字为已足，其后一方以咱字本有单数之用，一方以您，俺两字之类推，喒字乃渐占优势。迨后-m 尾不能保持，则各地方言或归还咱们之旧形式，或接受 tsan 之新音读，而后者亦以之施于单数，其事态之进展，莫不与您，俺相平行。

咱与喒之行使，似亦限于北方。话本所代表之南方系白话，通例不用咱字，[31] 遇包容式第一身复数径以我和你表之，[32] 如：

(36) 比似只管等待，何不今夜我和你先做夫妻。(京，碾玉观音 7)

(37) 锦儿，我和你推开门儿叫你爹爹。(京，一窟鬼 12)

(38) 明日是个相合日，我同你先到张宅，讲定财礼，随到王招宣府，一说便成。(京，张主管 3)

或即用我们，如：

(39) 早间看坟的人来说道，桃花发杜醞又熟，我们去那里吃三杯。(京，一窟鬼 9)

(40) 吴教授，这里也不是人去处，我们走休。(京，一窟鬼 13)

易言之，南方系白话之于第一身复数，初不辨别'包容'与'排除'之二式，与今日长江官话正相同也。[33]

八 结论

综合以上各节，得为概要如次：

(1)白话中附于我，你，他及表人物之名词之后，表达复数之意义，与文言辈字相当者，北宋时通用懣，亦用门，南宋始有们。其后南方通语沿用不变。金人始用每，元人因之。明以后们字复申其势力于北方，取每而代之。

(2)我懣(每)合音为俺，你懣(每)合音为您，金元白话中通用之。南宋人词与话本有少数俺字，您则未见，似可假定此二字之通行区域限于北方。

(3)宋人自家一语，有(a)自己，(b)我，(c)你我三义。自家合音为咱。宋人用咱之例甚少。金人白话中，(a)义之咱流为衬音，(b)(c)两义中以(c)义为主；元人反之，以(b)义为多。宋人于(c)义之自家亦有附懣(门)者，在元人白话中合为咱每，又合为喒。咱与喒之通用亦限于北方。

(4)您与俺在金元白话中又引申用于单数，其辞气似与你，我无别，而多用于领格。喒亦有用于单数者，而为例较少。

(5)元明之际，-m 韵尾不克保持，您，俺，喒三字在一部分方言中变入-n韵，继续元人用例，表复数外亦引申于单数。在其他方言中则还原为你每，我每，咱每，又随同每与们之更迭而变为你们，我们，咱们；然亦有同时采纳-n韵尾之形式以应特殊用途者，如北平语之以您为恭敬式是也。

注：

① 请看篇末补记三。

② 中央研究院历史语言研究所集刊第五本，页545—549。

③ 京本通俗小说缪跋云是影元人写本，但近人或谓原本当为明代隆万间闽中坊贾所刻。

④ 以恁为您之趋势，以董西厢为最甚，全书您字只四见，而恁字凡十七见。刘知远恁仅一见。五代史平话（梁上，晋上，汉上）亦只一见（汉上12）。古今杂剧虽有若干恁字，但远不及您字之多。其余诸书未见。您和恁之混用，甚至有转一方向以您为恁者，如'乐意开怀虽您地，也省可里不记东西'（元杂29.2下）。

⑤ 五代史平话之滥用复数于单数，不独您及您每之于第二身，咱及咱每之于第一身为然，名词亦有其例。如'有那同州是个要害田地，须索个好伴当每去据守'（五代，梁上26）。

⑥ 代名词后继以同位的复数名词，往往仅用你字已足（此种用例源出文言，文言代名词不分单复，故必须表示复数时辄加复数名词）。如：

你夫妻团聚，老汉死也快活。（刘知远5）

若迟到，必交使命来请你三人也。（三国，上16上）

你两个年小的，常相顾盼，明后休相弃。（元秘2.36上）

此诸你字，严格言之，得认为复数式。且即在此等处所，金元人亦常用您字，如本节(1)(2)(7)(8)诸例。又如上举元秘史一例，字译即用您：'两个少年每有·您·相顾您·明后休相弃您。'在臧选合汗衫一剧宾白中，你加同位复数名词凡七见；商务本页34（你两口），38（你两口儿），60（你这老两口儿），

70(你老两口儿,两见),78(你两个老的),80(你那两口儿);但曲文中同位凡四见,而皆用您;页21(您两个人),31(您两个),64(您两个,两见)。

⑦ 五代史平话之于第一身复数根本不分排除式与包容式,概用咱字(此为本书代名词用例之另一特点),故全书不见俺字,独梁史平话上两见,而皆单数(页33,34)。

⑧ 元秘史总译作你每,我每处,字译多作您及俺,或不用代名词。如此处例(2),字译作'您白日全人脱了,今黑夜怎生得?'例(4)之两我每,字译第一处未用代词,第二处作'如今,俺行散了着。'总之,字译(前五卷)中绝无你每,我每之式。

⑨ 此就书面语而言,当代表北平语及北方一部分方言,另有一部分方言仍保存复数用法。

⑩ 胡适文存二集,卷四,页237。

⑪ 若宋代我字的ŋ-尚未脱落,俺字亦有由影母转成舌根鼻声之可能,读如*ŋam,如现代若干方言中读庵,暗,安,案及欧,呕等字之例。

⑫ 关于宋代乃至宋以前-m,-n,-ŋ三者之混用,可参阅商务印书馆标点本樵歌钱,黎,林诸跋。

⑬ 您每不见于元秘史字译,例(6)字译作您;俺每则总译不见,转于字译中得例(8),甚可怪;但细案此句,'俺每行'对音译'必丹突儿',殆译者之误,或传钞之讹,应为'咱每行'。

⑭ 此每字疑为传钞之误,因平话系白话通例用们,杨温传本篇亦通用们,凡四见。

⑮ 臧选中有们字,如东堂老(商务本页50)之这厮们,救风尘(商务本页32)之喒们,但所见次数极少。古今杂剧不见们字。

⑯ 门字亦见于三国志平话(下第六节例15,16之咱门)。又见于雨窗集(鄞县马氏影印本)之花灯轿一篇:'若是不见你时,交我门回去怎的见你爹娘?'(页7)

⑰ '儿郎伟'之见于宋人上梁文者,如小畜集(四部丛刊,外集8.10)之成武县行宫上梁文,临川集(四部丛刊,38.6)之景灵宫英宗神御殿上梁文。

唐司空图作障车文(司空表圣文集，四部丛刊，10.9)亦数用'儿郎伟'，知此语由来已久。楼文云，'或以为唯诺之唯或以为奇伟之伟，'可见二字当时音读已同，既非伟之切韵音 jwei，亦非唯之切韵音 wi，大致已读如今日之 uei，或更唇化而为 vei(如今西安音)，v-既多为 m-所蜕变，则此 vei 字原来可能为 mei。

⑱ 章太炎先生新方言(浙江图书馆章氏丛书本，卷二，页 38)谓俺即卬：

说文：'我，施身自谓也，'…我转为吾，…吾亦音牙，…又转为卬。尔雅：'卬，我也。'…俗用俺字为之。

此说有可议者三：一，卬与俺之韵尾有-ŋ 与-m 之别；二，诗，书中卬字无以表复数为主之特征；三，诗，书以后卬或其同音字即不见记录，俺后出几二千年，时距太长。

⑲ 颇疑懑(mən＜muən)即辈(pei＜puai)之音转。就其用例观之，白话之们与文言之辈吻合无间，皆可系于三身称代词及表人物名词之后，但不用于表其他生物及无生物名词之后(异于印欧语之复数变化)，上引楼钥文中亦云'犹言辈也。'又早期白话中有这懑，那懑二词，如上引例(25)之这懑，例(30)之那懑，以及

我去后将必共这懑一处。(挥麈录余话 2.24)

那法师忙贺喜道：'那每殷勤的请你，待对面商议。'(董西厢 109)

律以今世语例，颇嫌不词，而适与文言之此辈，若辈相当，或即从彼出。又观于如下之例：

你辈见侬底欢喜，别是一般滋味子。(湘山野录，中 23)

疑当懑，每诸字未立之时，有沿用辈字表此 m-之习惯，换言之，即辈字音读有文语与口语之歧异，如今日吴语之于万，五等字也(类此者，五代史平话中有咱辈之例，见唐下 19，晋下 15)。

以语音言之，帮母(p-)与明母(m-)通转，古来不乏其例，如陌，貊(m-)从百(p-)；宓(m-)从必(p-)；秘从必，而方音中亦多作 m-；边(p-)从臱(m-)；脈(m-)从𠂢，滂母(p'-)。準此则辈字之声首虽至今保持 p-母，而口语中或久

已转入 m-母。以韵母言，辈与每合，固可勿论，即与懑亦自有其连系。辈所从之非在上古亦当有声尾，故周礼冢宰假匪为分，易林以悲协门也。详情参阅高本汉，Word Families in Chinese.

⑳　此所云南北方言之分，实皆官话系统。所云南方语，约与今长江官话相当，既非吴语，更非闽粤方言。

㉑　话本系白话，通例不用您，俺两字。您字无例外。俺字在清平山堂话本中惟见于合同文字记及风月瑞仙亭两篇，皆不类宋人所作；在京本通俗小说中惟见于错斩崔宁篇之入话，此外宣和遗事亦有俺字，但遗事颇多元人俗语，不仅一俺字也。

㉒　黑鞑事略笺证，王忠慤公遗书三集。问影楼舆地丛书本已改懑作们。

㉓　韩儒林先生云，其故乡河南舞阳之方言即属此类，有您 nen，俺 an，喒 tsan，而无你们，我们，咱们；有为此语者则目为'官腔'。

㉔　金元白话中，单数俺固已不见有何谦卑之涵义，然在以身分词代我（亦表卑逊）时，却往往可见复数形式，尤以孩儿每一语为然，如上引(4.7)，又如：

(正末)张千，你说甚么哩？(张千)孩儿每不曾说甚么。(元 3.3.0 白)

(王翛然)放了那小厮，你自营生去。(杂当)谢了爷爷，不要孩儿每当了军，我也无甚事，卖葱菜儿去也。(元 44.1.5 白)

现代的我们，有时亦用于少数，表示谦卑，如：

袭人推他，说：'我们一个丫头，姑娘只是混说。'(红楼梦第三十一回)

我贱姓王——呸！我们死鬼当家儿的姓王。(儿女英雄传第七回)

㉕　元以后您 nin 字仍保存于多数北方口语中，殆无疑问，惟罕见纪录为可怪。红楼梦，儿女英雄传皆未著此字，刘鹗作老残游记乃写为儜。

㉖　五代史平话中，咱亦用如俺，表排除式复数，如：

那黄巢……向朱全昱兄弟道：'是咱孤单一身，流落外里，愿与哥哥结义为弟兄，他时富贵无相忘。'那朱全昱道：'咱每也有这般意思。'(梁 10)

但五代史平话根本不用俺，故其中咱字之排除式用法不足为训。此外罕见其例。

至于相反之例，俺用如咱，则元曲中时亦一见，如：

哎，蛾儿，俺两个有比喻。（元杂 7.4 上；比较同页‘咱两个堪为比并’）臧选宾白其中例尤多，如：

老的，眼见一家儿烧的光光儿了也，教俺怎生过活咱。（元 8.2.8 白）

（小末）既是老亲，你老两口儿跟我去来。（正末）婆婆，他要带将俺去哩，喒去不去。（元 8.3.11 白；俺，喒同句互见）

元秘史中亦有数例，但以字译及音译互校，可信其皆为误译。

两个儿子背处共说，‘俺这母亲…’（元秘 1.11 上；字译作‘咱每的’）

勃端察儿回说：‘恰才统格黎河边那一丛百姓无个头脑管束，…俺可以掳他。’（元秘 1.21 下；字译作‘咱每’）

桑昆自去与他父亲说，‘你如今见存，他俺行不当数。…’（元秘 5.45 上字译亦误作‘俺行’，但音译作‘必答泥’＝‘咱行’）。

桑昆自尊大着说，‘俺的女子到他家呵，专一门后向北立地；他的女子到俺家呵，正面向南坐么道。’（元秘 5.39 下；‘俺的女子’字译作‘咱的亲’；‘俺家’字译亦误作‘俺每行’，但音译却作‘必丹突耳’，应为‘咱行’）。

㉗ 章太炎先生新方言（卷二，页 38）云：‘尔雅，“朕，我也”，今北方音转如簪，俗作偺，偺即曶字，本朕字耳。自秦以来，文字无敢称朕者，而语言不能禁也。’此亦不失为一种说法，然喒字显从咱字衍生，章先生于咱字无说，殊无以餍人意。

㉘ 除称代词外，金元白话中另有语助词咱，如：相国夫人教邀足下，是必休教推避咱（董西厢 112）；告长老写个名牌儿咱（元杂 10.6 下）。

㉙ 按此大观中求玉于于阗，其王奉表，译文云云。宋人笔记多记此事。清波杂志，游宦纪闻所载表文并同漫钞，惟铁围山丛谈所载第二自家作我。

㉚ 董西厢中自家 26 见，而单数咱只 9 见，五代史平话梁上，晋上，汉上三卷中单数咱 23 见，而自家仅一见，此中似亦可略窥递嬗之迹。

㉛ 京本通俗小说七卷皆无咱字。清平山堂话本有咱字者三篇：李翠

莲，陈巡检，刎颈鸳鸯，皆用于单数。此三篇之时代尚难确定。若出宋人，则合宋词之例（例 19，20）观之，似宋人用咱以单数为常。

㉜ 我和你一语之三个成分皆富独立性，犹未凝结为一浑成之词。今吴语中以一般而论，无我们与咱们之别，而有三数地方加以分别者，如武进有我家与哈你 ha ȵi，此哈你当即我和你省去我字，而吴江有吾伲与吾搭 ŋtʻa，此吾搭当即吾搭（＝同）你省去你字，则皆已固结为一单纯之词矣。

㉝ 包容排除二式之分，疑非汉语所固有。文言之表‘咱们’或以我，如‘我能往，寇亦能往’（左，文十六），‘彼众我寡，及其未济也，请击之’（左，僖二十二）；或以吾与汝，如‘吾与女同好弃恶，复修旧德，以追念前勋’（左，成十三），其事例与后世之南方通语相符。二式之分，为时则在五季以后，为地则限于大河南北，颇疑缘于北方外族语言之影响。

（原载华西协合大学中国文化研究所集刊一卷二期，1940）

【补记一】 本文付印之后，偶于史通卷十七北齐书条见有‘渠们底个，江左彼此之辞；乃若君卿，中朝汝我之义。斯并因地而变，随时而革，布在方册，无假推寻’之语。若此言信然，则们字起于南朝，较本文所假定者为尤古。然于此不能无疑。宋代以前著录们字之例，作者尚未见及。而刘氏明谓为‘布在方册，无假推寻，’一也。渠们与底个（＝他们与这个）非恰当之对语，更揆以乃，若，君，卿之例，则渠，们，底，个亦应为四字离立而们字独用无可为义，此又一也。颇疑史通们字为伊字传写之讹，伊字诚江左所盛用（如世说中），而渠，伊与底，个亦恰与‘彼’及‘此’分别相当。然诸家校本，均无异文，姑识以存疑。

1941 年 2 月 15 日

【补记二】 四部丛刊影印明刊李文饶文集卷十九谢恩不许让官表状：‘卿太尉官是朕意与，不是他们侥求而得，不要更引故事辞让者。’按：此字北宋犹以作‘懑’为多，不应唐代已写作‘门’，此为后人改写无疑。但唐代已有发音与‘门’相近之表复数词尾，则可以断言矣。

1979 年 3 月 9 日

【补记三】 本文头上讲到北京话里咱和喒的读音和用法，与实际不尽相符。这里是假定咱和喒的音和义都还保持早先的区别，事实不是如此。按照国语词典（1947），咱，喒，偺只是一个字的三种写法，这个字有两种读音，tsan 是第一读，tsa 是第二读。在用法上，单用或者加们，意思一样，都是‘你我’之意。分别在于带们的形式比较正式，算是普通话，光说 tsan 比较‘土’，在农村流行，虽然城里也说。

又，本文假定现代表尊敬的‘您’源出于宋、元时代表复数的‘您’，甚为可疑，因为中间几百年没有书证。倒是源出‘你老’之说较为可信。

1982 年 5 月 10 日

们您俺咱喒流变简表

表一 m-

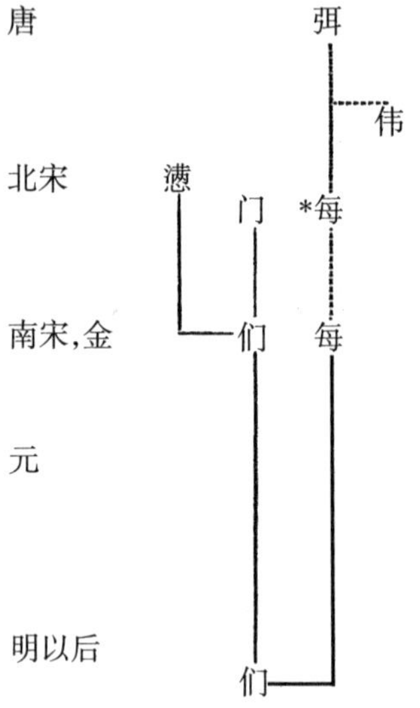

表二 **您**(俺仿此)

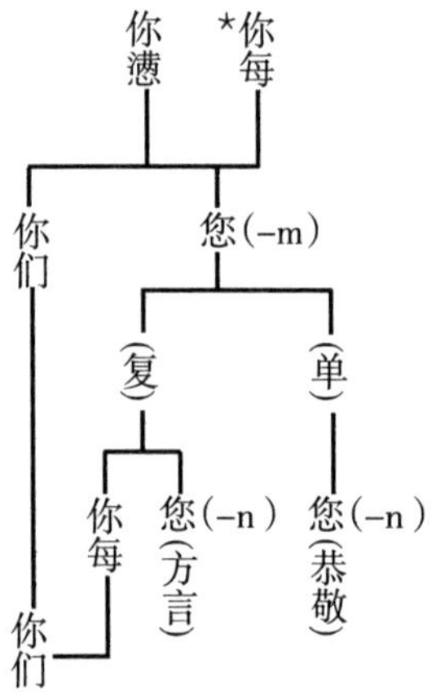

表三 咱,喒

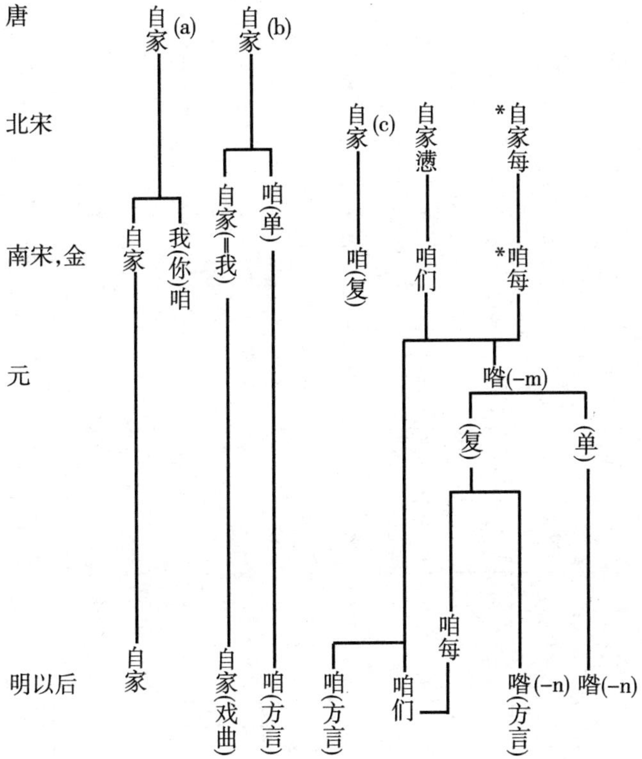
唐
北宋
南宋,金
元
明以后
自家(a)
自家(b)
自家(c)
自家懑
*自家每
自家
我(你)咱
自家(=我)
咱(单)
咱(复)
咱们
*咱每
喒(-m)
(复)
(单)
咱每
自家
自家(戏曲)
咱(方言)
咱(方言)
咱们
喒(-n)
(方言)
喒(-n)

各书用例计数

三身分别	代词形式＼书名＼次数	刘知远传	董西厢	三国志平话	五代史平话[a]	太平乐府[b]	古今杂剧			元曲选[c]		元朝秘史[d]	
							拜月	英布	汗衫	曲	白	总译	（总译校以字译）
第一身单数	我	39	118	154	28	101	70	49	31	58	293	73	（75）
	我每											2	（一）
	俺	8	72	8	2	35	25	6	17	15	11		
	（俺用于领位）	（4）	（未计）	（6）		（27）	（24）	（3）	（10）	（10）	（8）		
	咱		9[e]		69	21	1	9		1			
	咱每				14					（有）f			
	喒					（有）				（有）	（有）		
第一身复数（排除式）	俺	22	2	13		4	15		21	16	23	（10）	（12）
	俺每										（有）		
	我每				1						（有）	3	（一）
	咱											1	（一）
	咱每				9								

第一身复数(包括式)	咱	10	11	21	8	(有)	1			(有)	(有)	10	(14)
	咱每			2[g]	1						(有)	15	(17)
	喒					1	8	5	11	4	23		
	俺										6	6	(2)[h]
	我每				1						(有)	4	(一)
第二身单数	你	45	128	104	11	51	58	63	49	32	273	62	(62)
	您	6	13	3	64	6	14	5	12	10	15		
	(您用于领位)	(5)	(11)		(未计)	(3)	(14)	(3)	(4)	(5)	(15)		
第二身复数	您	13	8	6	3	2	5	7	1	5	8	21	(33)
	您每				1			1				4	(一)
	你每			2								9	(一)

(注) a. 晋上,梁上,汉上三卷。
b. 八九两卷。
c. 合汗衫。
d. 卷一至卷五。
e. 董西厢单数咱虽不多,自家见 26 次。
f. 统计范围以外之篇卷有此用例。
g. 咱门。
h. 字译亦误,见本文注 23。

The Third Person Pronouns And Related Matters In Classical And Modern Chinese

Students of the Chinese language cannot fail to notice that, for the third person pronoun, the Mandarin dialects make employment of a word which is not used as such in classical Chinese. The word ta(他)is in origin a pronoun of discrimination (‘other’).When it is applied to things, it may be used either adjectively, as in

[去齐,接淅而行,]去他国之道也。(孟,尽心下)

…This is the way to leave a state other than one's own (Mencius).

[制,岩邑也,虢叔死焉,]他邑惟命。(左,隐元)

…But in regard to any other place, you may command me (Tso Chuen*)①.

Or substantively, as in

人知其一,莫知其他。(诗小雅,小旻)

They know one thing, but they know no other (She King).

王顾左右而言他。(孟,梁惠王下)

The king looked to the right and left, and spoke of other matters (Mencius*).

不足,又顾而之他。(孟,离娄下)

Not being satisfied, he looked about, and went to another party (Mencius*).

When applied to persons, it is frequently combined with 人 (man). Examples:

子不我思，岂无他人。（诗，郑风，褰裳）

If you do not think of me, is there no other person [to do so]? (She King*).

在他人，则诛之；在弟，则封之。（孟，万章上）

In the case of other men, he cut them off; in the case of his brother, he raised him to be a prince (Mencius*).

And much less often does it stand alone:

萧同叔子非他，寡君之母也。（左，成二）

The daughter of T'ung-shuh of Seaou is no other than the mother of our ruler (Tso Chuen*).

且夫兄弟之怨，不征于它；征于它，利乃外矣。（国语，周语）

A quarrel between brothers should not invoke interference from other people; so doing would only profit the outsider (Kuo Yü).

The transition to its modern usage begins with an example from 后汉书 (The History of the Later Han Dynasty, early fifth century):

还他马，赦汝罪。（后汉书，方术传）

Return other people's horse, and I shall forgive you.

Here no distinct term of comparison is stated and only 'oneself' is implied, consequently the discriminative force is much weakened. Similar examples abound in the popular Buddhist literature from the fifth century on, for it was the only literature that did not disdain to approach the colloquial speech for its expressions. For example:

如彼愚人，代他捉熊，反自被害。（百喻经）

This is like the fool who lost his life in trying to catch the bear for other people (The Sutra of 100 Parables, end of 5th century).

昔边国人,不识于驴,闻他说言,驴乳甚美。(同)

Once there was a man from some remote part of the country who, being ignorant of the donkey, heard people say that donkey milk was very sweet (ibid.).

他贫不得笑,他弱不得欺。(王梵志)

Though others are poor, do not laugh at them; though others are weak, do not maltreat them (Wang Fan-Chih, c. 590-660).

理短被他欺,理长不奈你。(寒山)

If you are wrong, others will not be indulgent; if you are right, they can not do you any harm (Han Shan, c. 720-800).

A further stage is seen in the following examples, in which 他 does not denote the vague general 'other people', but points to a specific 'somebody'.

往有商人,贷他半钱,久不得偿。(百喻经)

Once there was a merchant who had lent a farthing to somebody and was waiting for its refund (The Sutra of 100 Parables).

昔有一人,共他相瞋,愁忧不乐。(同)

Once there was a man who remained unhappy because he had quarreled with somebody (ibid.).

When this 他 occurs successively in connected speech, all except the first one become representative, and we may be justified in regarding them as personal pronouns. Examples:

如彼愚人,被他打头,不知避去,乃至伤破,反谓他痴。(百喻经)

This is like the fool who, when somebody beat him, did not run away, and when seriously hurt, believed he was crazy (The Sutra of 100 Parables).

他 becomes an unequivocal personal pronoun when the antecedent is no longer the indefinite 'somebody', but refers definitely to somebody. Examples:

此二小儿诤之不已，诣彼仙所，决其所疑，——而此仙人不答他问。（百喻经）

After a hot dispute, the two children went to a wise man and asked his opinion … But the wise man did not answer their question (The Sutra of 100 Parables).

雄鸽见巳，方生悔恨。'彼实不食，我妄杀他。'（同）

When the male pigeon saw this, he repented, saying, 'She did not eat it, and I was wrong to have killed her' (ibid.)

From the 7th century on, 他 has been definitely established and examples appear from all sides. For instance:

且我辈无故远来，他又不与我战。（大唐创业起居注）

We have come here from far away and he does not come out to have a fight with us (Ta T'ang Ch'uang Yeh Ch'i Chü Chu, early 7th century).

汝不知，他父实嫌天子不作。（因话录）

You do not know, it is actually because his father does not like the throne that he is not on it (*Yin Hua Lu*, 9th century).

你情知此汉狞，何须犯他百姓？（隋唐嘉话）

You knew this man is severe. Why should you have quarrels with his people? (Sui T'ang Chia Hua, 9th century)

泥他沽酒拔金钗。（元稹）

She was coaxed to part with her golden hairpin for a bottle of wine (Yüan Chen, 779-831).

So much for the history of 他. It is thus shown to be a usurper, neither a rightful heir of 彼 (pi<pjwiĕ) nor of 其 (tɕʻi,<gʻji), nor of 之 (tʂʅ<tɕi<ȶ-), all of which are generally admitted to be third person pronouns in classical Chinese. That a language in the process of its evolution should have relinquished such a fundamental element as a personal pronoun in favour of a new word is a thing quite unusual, and it is all the more noteworthy when we compare this with the unbroken history of the first and second persons 我 (uo<ŋa) and 你 (ni<ȵʑiĕ). A plausible reason would be that there was something faulty with the system of third person pronouns in classical Chinese. And this can be proved.

To begin with, while the first and second person pronouns are homogeneous in that though represented by numerous written characters, they are merely different forms that have proceeded from the same stems, 吾 and 我 from ŋ-,② and 尔,汝,而 and 若 from ȵʑ-, not any two of the three third person pronouns can be traced to a common source.

The second point to be noticed is that none of the three words can be used in all cases. Disregarding the very few exceptions, their usage may be tabulated as follows:

Nominative	彼	—	—
Genitive	—	其	—
Objective	彼	—	之

Examples:

彼丈夫也,我丈夫也,吾何畏彼哉?(孟,滕文公上)

They were men. I am a man. Why should I stand in awe of them? (Mencius*) (彼 nom. and obj.)

子谓公冶长可妻也……以其子妻之。(论,公冶)

The Master said of Kung-yê Ch'ang that he might be wived … Accordingly, he gave him his own daughter to wife (Conf. Anal.*). (之 obj. and 其 gen.)

This state of affairs does not seem to contribute to ease and simplicity. (Compare the history of the development of 我 and 尔 into all-case forms.) Indeed, grammarians disagree with regared to the status of these words. Though most of his followers treat them indiscriminately as personal pronouns, Ma Chien-chung (马建忠) shows not a little hesitation when he distinguishes 其 and 之 from 彼, stating that while the latter directly denotes somebody (and less frequently something), the former two can only be employed when the person or thing has been previously mentioned.③ (In Brunot's parlance, 彼 would be a *nominal* and 其 and 之 *représentans*.)

Yang Shu-ta (杨树达) goes a step further and includes 其 and 之 among the demonstratives, leaving only 彼 in the class of personal pronouns.④ Obviously he has followed up Ma's significant distinction, but his own disposition seems to be in the wrong direction. For when we examine the usage of these words a little more closely, we at once find that it is exactly where Ma and Yang agree that they both are mistaken. For 彼 can by no means be regarded as a true personal pronoun. First, it should be observed that the use of 彼 as an objective is quite limited.

Take the two quotations above. While we may substitute 之 for 彼 in the first and read 吾何畏之哉，the converse may not be practised on the second, and 以其子妻彼 would be a gross outrage on idiom.

彼 is indeed undisputed in the nominative, but it is not made use of to the extent a personal pronoun should be. For it is a very common practice in classical Chinese to have the same noun immediately repeated. For example：

京叛太叔段，段入于鄢。（左，隐元）

The people of King revolted against Tuan; Tuan then went into Yen (Tso Chuen). ('who' in Legge's tr.)

宋人以兵车百乘文马百驷以赎华元于郑，半入，华元逃归。（左，宣二）。

The people of Sung ransomed Hwa Yuan from Cheng with 100 chariots with 400 horses. When half of them had been sent, Hwa Yuan made his escape back to Sung (Tso Chuen). ('he' in Legge's tr.)

昔者有馈生鱼于郑子产，子产使校人畜之池。（孟，万章上）

Formerly, someone sent a present of a live fish to Tsze-ch'an of Ch'eng. Tsze-ch'an ordered his pond-keeper to keep it in the pond (Mencius*).

In all these examples the nouns repeated are in the nominative case. Now, if 彼 were a genuine personal pronoun, it could step in to save all the trouble in the same way as 其 and 之 save us from repeating nouns in the genitive and objective cases.

The underlying cause of all this is that 彼 is a demonstrative paramount. It is often used adjectively, of persons as well as of things. Examples：

嘒彼小星，三五在东。(诗，召南，小星)

Small are those starlets, three or five of them in the east (She King*).

彼人之心，于何其臻。(诗，小雅，菀柳)

The heart of that man — to what will it proceed? (She King*)

Even when it is used substantively, it can seldom throw off entirely its demonstrative force and become a pure *représentant*. This is the reason why 彼 may not be used on every occasion where a modern 他 may. And this is the reason why 'that (those)' is preferred to 'he (they)' in translating 彼, even when there is an antecedent. For instance,

彼夺其民时……彼陷溺其民。(孟，梁惠王上)

The rulers of those states rob their people of their time …. Those rulers, as it were, drive their people into pitfalls, or drown them (Mencius*).

Vacillation is also seen in Legge's translation of the verse 彼何人斯. In the Ode 巧言, it is redered as 'Who are they?' But in the Ode 何人斯, it is rendered as 'What man was that?'

It may be objected that 其 and 之, no less than 彼, are demonstrative in origin and that the triplet should stand of fall together. Examples will be ready to hand, as,

之子于归，远送于野。(诗，邶风，燕燕)

The lady was returning [to her native state], and I escorted her far into the country (She King*).

之二虫又何知？(庄，逍遥游)

What do these two creatures know? (Chuang Tzŭ, Fung's tr.)

子贡欲去告朔之饩羊，子曰：'赐也尔爱其羊，我爱其礼。'(论，八佾)

Tsze-kung wished to do away with the offering of a sheep at the inauguration of the first day of each month. The Master said, 'T'sze, you love the sheep; I love the ceremony' (Conf. Anal.*).

非其君不事，非其民不使。(孟，万章下)

If a ruler is not the ruler, he will not serve him; if a people is not the people, he will not command (Mencius).

But we can not be so sweeping. Each word must be judged on its own merit. For one thing, 之 and 其 as demonstratives are never used substantively. The connections between the demonstrative adjectives and the personal pronouns are thus in a measure severed. Then the demonstrative function of 之 has been all but universally taken over by the kindred words 兹 (tsi), 此 (ts'iě), 是 (ʑiě < ȡ-) and 斯 (siě). And in the case of 其, its demonstrative force has been so weakened that its counterpart should be sought in the English article *the* rather than in the full demonstrative *that* (a closer resemblance would be with the French. *ce*).⑤ Anyway, in their respective provinces, 其 and 之 are made as full use of as personal pronouns can be. And this cannot be said of 彼.

From the above we have perceived the third person pronouns, genuine or otherwise, are all demonstrative in origin. Now it is quite natural to have third person pronouns developed from the demonstratives. Examples abound in the history of languages (e.g. English *he* and *it* from the originally demonstrative stem *hi-*, and *they* originally plural of *that*). What is the trouble with the classical Chinese system is that no one of the demonstrative stems, nor all of them coming together, have supplied a series of personal forms covering all cases. The candidates put forth by the gutteral and dental stems have been specialized, the former restricted to the genitive case, and the latter to the objective. The labial stem, the last one that came into the field and also the only one that aspired to the nominative case, has been arrested in its development, and remains more or less a demonstrative. So the system is a defective one, the lack of a true nominative being especially grievous.

It is this defective system that Modern Chinese (Mandarin) has abandoned. It wants a form that may be used in the nominative and, if possible, a form that covers all cases so as to parallel with the simplified first and second persons. The promising stuff is found in 他,which is accordingly developed.

But the old system did not retreat without a struggle. Efforts were made to spread the gutteral stem to the nominative and objective cases. The orthographic representation is 渠 (g'ǐwo). Examples:

无奈人心复有忆,今暝将渠共不眠。(庾信)

Thinking of each other, both she and I shall to-night be deserted by sleep (Yü Hsin, 513-581).

蚊子叮铁牛,无渠下嘴处。(寒山)

This is like a mosquito biting an iron cow, there being no place for him to thrust in his proboscis (Han Shan).

渠是弓弩手,名在飞骑籍。(杜甫)

He is trained for archery and his name has been included among the Dragoons (Tu Fu, 712-770).

勿呼之,渠方宗会矣。(玉泉子)

Do not wake him, he is feasting with his clansmen (Yü Ch'uan

Tzŭ, 9th cent.).

Another word belonging to the gutteral group is 伊(i) (尹 its phonetic sign according to many scholars, is also phonetic in 君,群, etc., all gutteral words). In classical Chinese it was a weak demonstrative, chiefly occurring in the She King, as in 所谓伊人,在水一方,'The man of whom I think is somewhere about the water', but was never in wide use. Beginning with the fifth century, it came to denote the third person. Examples:

我就伊无所求……我实亦无可与伊者。(世说)

I have nothing to ask of him … nor have I anything to give him (Shih Shuo, 5th cent.).

[我]又常唤伊作陆九。(唐语林)

And I have always called him Lu the Ninth (c. 8th cent., cited in T'ang Yü Lin).

三十六峰犹不见,况伊如燕这身材。(才调集卷二,无名氏诗)

Not even the thirty-six peaks come into my vision, let alone her swallow-like figure (Anonymous, 9th cent.).

But 渠 and 伊 were finally submerged by reason of the ascendancy of the other candidate 他, so that nowadays they have entirely disappeared in Mandarin, while they were never admitted to the literary style. They are now leading a precarious life in the easy Wen-li style ('vulgate' literary Chinese), such as is sometimes used in letter-writing, court reports, and the like. In this respect, 伊 is more fortunate in having gained also a foothold in poetry, especially in the class of ts'ï (词).

Yet their failure in the Mandarin dialects did not prevent

their success elsewhere. The dialects of the Southern coast have in many respects a hoary tradition, and we find k'œy in Cantonese, ki in Hakka, and i in Swatow and Amoy, all used as the all-case third person pronoun, to the exclusion of ta (他). The phenomena found in the Wu dialects, spoken in the southern part of Kiangsu and the greater part of Chekiang, are very instructive. With regard to the third person pronoun, the thirty-three dialects and sub-dialects surveyed by Dr. Yuen-Ren Chao⑥ fall into four groups, and fully two-thirds of the total number cling to the ancient gutteral stem.

(i) Those which have followed the trend to palatalize the ancient gutterals before close front vowels:

dji	dial. nos.	24,28.
(zyh)dji		17.

(ii) Those which retain the initial but substitute a more open vowel:

ghé	dial. nos.	11,27,29.
ghoq		32.
ghou		33.

Only two dialects keep the closest resemblance to the ancient stem by retaining the close vowel:

ghi	dial. nos.	30,31.

(iii) Those which have inherited i (伊):

i	dial. nos.	18,19,20.
yi		12,13,14,15,16,23,25,26.
li⑦		10.

The addition of y is used by Dr. Chao as a means of tonic differentiation.

(iv) Those which have accepted the Mandarin ta:

ta	dial. nos.	3,4,5,6,7,22.
to		1,2.
dha		8.
dho		9.

All of these have succumbed before the powerful invader because they lie on the border of the Mandarin region. The only exception is dial. no. 22 (Hangchow), the speakers of which are largely the descendants of immigrants from the Mandarin region who flocked hither when the city became the capital of the Southern Sung dynasty (1127—1276). (The dialect seems to be a queer mixture of Mandarin and Wu features).

Thus we have seen that both Mandarin and the more southerly dialects have succeeded in developing a form that is not only accepted in the nominative but also supplants the old dental objectives. Yet, in completing and simplifying the third person pronominal system, they have paid a considerable price. Whereas the old 其 and 之 may be applied to things as well as to persons, the modern pronouns are almost entirely limited to persons. When we speak of things, we have either to repeat their names, or, as is more often the case, we have to leave them understood. To take one example, we have in the She King the following passage:

经始灵台,经之营之,庶民攻之,不日成之。(诗,大雅,灵台)

When he planned the commencement of the marvellous tower, he planned it and defined it; And the people undertook the work, and in no time completed it (She King*). (The third verse as quoted in Mencius* is rendered as 'The people addressed themselves to it.')

Not one of the four 之's could be retained when the passage is translated into any of the modern colloquials. The Mandarin version would probably run like this: 文王打算造座高台，自己设计了一番，众百姓抢着来做，没几天工夫就造成了。No equivalent of the ancient 之 appears. Thus, the gain in one direction is partly cancelled by the loss in another.

Now let us return to the demonstratives. The demonstrative force of the gutteral stem having been weakened, classical Chinese makes full use of the labial stem (彼 and 夫 piu) as an away-demonstrative, standing against the dental stem (此 and 是) as a neardemonstrative. But the tenancy of that position by p- seems to be as flimsy as its use as a personal pronoun, for neither Mandarin nor the Wu dialects (nor, for that matter, the dialects farther to the South) have accepted it as such. The former has developed an away-demonstrative in 那 (na), from classical Chinese 若 (nʑĭak) and 尔 (nʑĭě),⑧ while the latter have retained the ancient gutteral stem. So far, the developments are analogous to those undergone by the third person pronouns in the respective dialectal regions. But whereas Mandarin retains the dental stem (now affricative) as the neardemonstrative, 这 from the mediaeval 者 and 遮 (tʂe＜tɕĭa＜t-), a great many of the Wu dialects have extended the gutteral stem to this side also. The following grouping will give a rough idea of the rather complicated usage obtaining among these dialects.

Group I. Those which make the gutteral stem (with its phonetic irregularities) serve both ways, relying on the vowel or some additional element to make the distinction.

Near('this')	Away('that')	Dial. Nos.
geq	gow	4,5.
geq	giq	18,19.
giq	gé	20.
gaq	gaa	29.
gé,é	gué	10.
ih	gow	9.
geq	hé	30.
giq	ghánq (=there)	27.
géq	hánq (=there)	23.
gäh (=here)	géq	12.
dhòng (=here)	giq	28.

It is questionable whether dial. no. 11, with li for 'this' and gow for 'that' should be regarded as belonging to this group or to the next.

Group II. Those which keep the gutteral only for 'that' and employ the dental stem (with its modern affricative variety) for 'this'.

dhih	geq	13,14.
dhiq	i	15,16.
dhiq	(zyh) - dji	17.
tzyh	gow	6,8.
jih	gow	7.

Group III. Those which employ the gutteral stem for 'this'

only.

geq (also jiq)	laa	22.
geq	laq	3.
geq	bheq	31.
geq	mei	24.
geq	meq	32.
geq	dohgo (=there)	1.

The forms laa and laq are obviously variants of the Mandarin na, while bheq, mei and meq are most probably derived from p-.

For the sake of comparison we may cite the forms employed in the dialects farther south.

Near	Away	Dialect
ni	kɔ	Cantonese
li	kɛ	Hakka
tɕi	ku	Swatow

Aside from their development in the direction of the third person pronoun, the two demonstrative stems have also close connections with the genitive sign and the adjective ending, which two are really one thing, the attributive joiner. The word that assumes these functions in classical Chinese is almost invariably 之, the same as the third person objective. Examples:

三年无改于父之道。(论，学而)

If for three years he does not alter from the way of his father, etc. (Conf. Dial.*). (Genitive sign)

千乘之国|八口之家。

A state of one thousand chariots|a household of eight mouths.

(Joiner of attributive substantive)

谬悠之说，荒唐之言。（庄，天下）

In extravagant and mystic terms (Chuang Tzŭ, tr. by F. H. Balfour). (Joiner of simple adjective)

宋人有善为不龟手之药者。（庄，逍遥游）

There was a man of Sung who had a recipe for salve for chapped hands (Chuang Tzŭ, tr. by H.A. Giles). (Joiner of adj. clause)

That a demonstrative stem should have been employed to express the genitive and attributive relations, though unusual, is not entirely unconceivable, and the ancient usage still finds a faint echo in the modern colloquial, e.g., 你这双眼睛可真了不得, literally, 'You this pair of eyes are truly penetrating'. (It is to be understood that this applies to the genitive relation only.)

The word (or rather the element) that serves these purposes in Mandarin is a genuine descendant of 之 and, unlike the demonstrative, has not become affricative. In early Mandarin literature it appears as 底 (ti<tiei) and later as 的 (ti<tiek), when the latter had dropped its final stop.⑨

It is otherwise with the Wu dialects, all of which make use of the gutteral stem (geq, gheq, gé, etc.), with the sole exception of the semi-Mandarin dialect of Hangchow (No.22), which has the form diq 的. The South Coast dialects use ke, again agreeing with the Wu dialects.

This clinging to the guttural stem, an apparent deviation from classical Chinese, becomes less puzzling when we have learned that 其 is also employed in classical Chinese to express the genitive relation in place of 之, though far from frequent indeed[10].The often cited example is one from the *Shu King*:朕其弟(书,康诰),'My brother.' Besides this, we have examples of 其 after demonstrative pronouns 此,是 and 彼:

非此其身,在其子孙。(左,庄二十二)

Or is the thing foretold not of his own person, but of his descendants? (Tso Chuen). (His own person, literally, the person of this [boy]).

凡是其属,太师之任也。(大戴礼,保傅)

To prevent faults like these is the responsibility of the senior tutor (Ta Tai Li). (Like these, literally, the like of these).

是其尘垢粃糠将犹陶铸尧舜者也。(庄,逍遥游)

Out of his very dust and siftings you might fashion two such men as Yao and Shun (Chuang Tzŭ, tr. by H.A. Giles). (His, literally, of this [man]).

且也,彼其所保与众异。(庄,人间世)

Moreover, the means of safety adopted by that tree were different from those adopted by the others (Chuang Tzŭ).

To sum up, in the linguistic history of Chinese, the third person pronouns, the demonstratives and the attributive joiner are all three closely inter-connected. Three stems have been employed for these purposes: one gutteral, one dental, and the other labial. Of these, the last named is of the least consequence, while of the remaining pair, the gutteral is probably the more pervasive and tenacious.

NOTES

① Quotations with asterisks are all from J. Legge's translation of the Chinese Classics.

② Another series of first person pronouns from the stem d- (予，余)seem to have fallen into disuse not long after the classical age.

③ 马氏文通(1898)，卷二之三。

④ 高等国文法(1920)，第三章，甲，一，二。

⑤ The modern form of this demonstrative is 该 (kai, 'the said'), which is much used in legal writings, though it is seldom found on the lips of the man in the street.

⑥ Studies in the Wu Dialects(1928). Dr. Chao's system of Romanization is retained in the quotations, but the following should be noted: his d=t (I.P.A.), dh=d', g=k, gh=g', j=tɕ, dj=dʑ, t=t', q is the mark of the abrupt tone.

⑦ It is perhaps a bit doubtful whether li should be included in this group.

⑧ Examples: 君子哉若人(论，宪问). A superior man indeed is this! (Conf. Anal.*). 当尔时觉一坐无人(世说). At that time I felt as if no one were present (Shih Shuo).

⑨ For the author's later view on this matter, see his paper On the Distinction Between 底 and 地, included in the present volume.

⑩ As has been pointed out by 王引之 in 经传释词, and 章炳麟 in 新方言。

说汉语第三身代词(中文摘要)

现代汉语之第三身代词为'他'。在文言中，'他'为别择之词，齐梁而后始有第三身代词之用，其事例盖与第一第二身之显为因袭者不相侔。推原其故，则文言中第三身代词自有阙陷。通常认为第三身代词者为'彼'，'其'，'之'三字，其中'之'限于宾格，'其'限于领格，通于主宾两格者惟一'彼'字，而此'彼'字实非纯真之三身代词。其证:(1)'彼'之用于宾格者可以'之'字代之,而'之'字不可以'彼'代之;(2)上下文句相接,同一名词两见,若在下句为主格,则不惮复牒而不以'彼'字为代。此其故,盖由于'彼'字原为指示之词,虽援入称代,仍有指示意味也。'其'、'之'二字元来固亦为指示之词,然方其用为指示时,只能指别名物而不能称代名物,与三身称代遂厘然有间,不致相混。

现代之北方汉语固已舍'彼','其','之'诸字而以'他'字代第三身。东南方言则别循途径以为发展,推衍'其'字语根,普及诸格:或保留舌根声母,或腭化而为 dʑ-,或脱落而为 i,此可近征于吴语,粤语,与客家语,而中世以降亦间有文字纪录,则'渠'与'伊'是也。

文言指示之词,最古之形式,远者为'厥',近者为'兹',一出舌根,一出舌尖。以远指之词言,舌根系之字日渐削弱('其'字已为中性,后世流而为'该'),唇音系之字起而代之,为'彼'为'夫'。然此一系终不见容于近代汉语。北方之'那',系出'若'、'尔',南方则仍以舌根系之字为之。近指之词,北方保留舌尖系统,中世为'者'与'遮',近代为'这',南方则有保留舌尖系者,亦有援舌根系为之者。

古代指示之词,一方发展为三身称代,一方又用为领格标记及加词与名词间之介系。古文中,'之'为习见,'其'为例外。近世北方之'底'与'的'犹存'之'之古读,而南方例以舌根系之字为之,又'其'之遗风也。(作者后来考订,'底'出于'者',与'之'无涉,请看本书 122 页论底、地之辨及底字的由来。)

(原载华西协合大学中国文化研究所集刊一卷二期,1940)

释景德传灯录中在、著二助词

一　在

传灯录中常用在字为语助之词。其犹保留若干实义者如：

(A) 若要商量，堂头自有一千五百人老师在。(23.13)

十年后要个人下茶也无在。(8.14)

和尚恁么语话，诸方大有人不肯在。(9.4)

然如下列诸例，则在字仅表达一种语气，不复可径以存在之义解之矣。

(B) 大德正闹在，且去，别时来。(8.1)

几人于此茫然在。(8.9)

去佛法大远在。(15.5)

(C) 犹要别人点检在。(9.12)

牙根犹带生涩在。(14.14)

先师迁化，肉犹暖在。(21.6)

(D) 舌头未曾点著在。(14.18)

师云，'会得即无生。'归宗云，'未会在。'(8.14)

道是安乐未在。(8.5)

(E) 长老若恁么为人，瞎却镇州一城人眼在。(12.12)

此子向后走杀天下人在。(17.12)

三日若来，即受救在。(9.15)

'某甲不看经，争得会?'——'汝已后会去在。'(11.5)

遮无礼仪老汉！待我一一举向明眼人在。(8.12)

就此诸例观之，其所表语气大致与今语之呢字相当。分析言之，B组之例，缀于容状之词，表事象之的为如此，今语率于呢前加一着字，如‘闹(＝忙)着呢’(例1)，‘远着呢’(例3)；C组之例与犹字相联系，表某种事象之依然存在，今语作‘还……呢’；D组之例与未字相联系，表某种事象之犹未产生，今语作‘还没……呢’；E组之例，皆语涉当来，悬言事象之必为如此，今语或作呢(例1,2)，或作了(例3)，或作的(例4)，或不用助词(例5)。即A组三例，翻为今语，亦皆用呢，赵元任氏谓之‘申明有’之语气①，实则上引诸例，皆申言之辞，以祛疑树信为用，不仅A组为然也。

在字之此种用法，在唐代口语中当颇普遍，而以纪载之未备，禅家语录而外，其例正自寥寥。如：

诗酒尚堪驱使在，未须料理白头人。(杜甫：江畔独步寻花七绝句)

德宗……尤工诗句，臣下莫可及，每御制奉和，退而笑曰：‘排公在。’②(国史补，中7)

上(宣宗)闭目摇首曰：‘总未，总未，依前怕他在。’(幽闲鼓吹1)

李花结子可怜在，不似杨花没了期。(钓矶立谈5)

宋儒语录中亦常以‘在’字为语助，其例如：

苟如此为，则是为己，尚有私意在。(程语29)

是则是有此理，贤却发得太早在。(上蔡，上21)

先生须更被大任用在。(朱语140)

如此等文字，方其说起头时，自未知后面说甚么在。(又277)

子贡曰，‘赐也，何敢望回？回也，闻一以知十；赐也，闻一以知二。’……故夫子复语之曰，‘弗如也。’时有姓吴者在坐，遽曰，‘为是尚嫌少在？’(陆语34.259)

宋人诗词说部中亦时复见之，如：

唐人更无籍在，浪比红儿。(后村长短句1.2，红梅)

端明要作好人在，直如何不作好人？（贵耳集，上21）

此处空在，但宿何妨。（京14.13）

皮革底钉住一碗泡灯，照着门上一张手榜贴在。（京13.9）

公公害些病，未起在。（古今36.5）

我曾见风魔九伯，不曾见这般个神狗乾郎在。（董西厢192）

上云在字之为语助，约与今语呢字相当，此不仅古今用语之偶合，其间固有推衍之迹，可得而寻者。唐宋俗语中，有于在字之后更缀一裏字者。此一语中，在、裏二字，原来当皆具有几分实义（裏即'这裏，那裏'之裏），此可于下列觇之：

及重试退黜，嗤者甚众，而此僧独贺曰，'富贵在裏。'（摭言7.1）

若说道，'我只是定，更无所为'，然物之好恶亦自在裏。（程语223）

岂有虑君子太多，须留几个小人在裏？（朱语142）

此裏字不独与在合用，亦与来、去及其他动词合用，有如：

然其所执情理有出于禅学之下者，一日做身主不得，为人驱过去裏。（程语25）

这浅情薄幸，千山万水，也须来裏。（张子野词1.5）

及胡安定出，又教人作治事斋，理会政事，渐渐挪得近裏。（朱语196）

浸假而裏之本义渐没，在裏一词之用遂渐趋于空灵，不复有'于此'之义矣。如：

他不是摆脱得开，只为立不住，便放却，忒早在裏。（上蔡，上9）

下列诸句中，裏字虽与在等相继，而实不相属。

李缪公（程）贞元中试'日五色赋'及第，……闻浩虚舟应弘辞复试此题，颇虑浩赋逾己，……及睹浩破题，……喜曰，'李程在裏。'（摭言13.4）

后明皇帝幸蜀，至中路，曰，'崽郎亦一遍到此来裏。'及德宗幸梁是也。（嘉话录5）

若尽为佛，则是无伦类，天下却都没人去裏。（程25）

温公初起时，欲用伊川。伊川曰，'带累人去裹。'（上蔡，上 6）

例 1 之在谓未为人所掩，为一自足之动词；例 2 既著到此二字，即裹字仅助语气之证；例 3 与 4 之去表事象之将然，不复可循去字本义为解。

观上 1,2 两例，可知裹之独立为用，唐人已启其端，宋人用裹，其例甚多，下所引唯例 1 犹略有'于此'之义，馀皆单纯之语助词也。

尧夫诗云，'圣人吃紧些儿事'，其言太急迫，此道理平铺地放著裹，何必如此。（程语 34）

'天之将丧斯文也。……'丧乃我丧，未丧乃我未丧，我自做著天裹。（又 72）

温公……曾作中庸解，不晓处阙之。或语明道。曰，'阙甚处?'曰，'如"强哉矫"之类。'明道笑曰，'由自得裹，将谓从"天命之谓性"处便阙却。'（上蔡，上 6）

枢密在上前且承当取，商量也商量得十来年裹，不要相拗官家。（邓洵武家传 1.7）

丽水宰宣德郎陈缙辄慢之，指老君像曰，'老子卖乌髭药裹。'（随手杂录 12）

若还替得你，可知好裹。（同话录 23）

莫嫌白发不思量，也须有思量去裹。（稼轩词，四部丛刊三编，乙集 28）

因甚无个阿鹊地，没工夫说裹。（稼轩词补遗 5）

嫩绿与残红，又是一般春意:春意，春意，只怕杜鹃催裹。（履斋诗余 20）

随分杯筵称家计，从今数去，尚有五十八生朝裹。（彝斋诗余 2）

犬……乃误中其鹰，毙焉。……犬亦如前摇尾而自喜，顾艾子以待食。艾子乃顾犬而骂曰，'这神狗犹自道"我是"裹。'（艾子杂说 13）

由上可知，此一语助词，当以在裹为最完具之形式，唐人多单言在，以在概裹；宋人多单言裹，以裹概在。裹字俗书多简作里。本义既湮，遂更著口。传世宋代话本，率已作哩，或宋世已然，或后人改写，殆未易定。宋以后之俗文学中，哩字之例甚多，而归纳其用，大致不出前论在字所列五组。各举数例如次：

(A) 未要去，还有人哩。（清平 2.7）

我弟子却没缘法哩。（西 28.9）

(B) 若嫁得这个官人，可知好哩。（京 12.7）

这厮倒聪明着哩。（元 9.2 白）

(C) 老爷方才睡，你要偷我衣裳也早些哩。（水 31.40）

老者道：'我痴长一百三十岁了。'行者道，'还是我的重子重孙哩。'（西 14.9）

(D) '你这酒怎地卖？'——'未（没）有汤（烫）哩。'（京 12.13）

早哩，早哩，十万八千里十停中还不曾走了一停哩。（西 24.3）

(E) 将去锁在大牢裹，求生不得生，求死不得死……也要过哩。（水 28.8）

他是个妖精，要来骗你哩。（西 27.6）

此哩字今仍留存于北方多处方言之中，而北京语及其他若干方言则不曰 li 而曰 nə，字作呢。赵氏区别北京语呢字之用为七，其 A，B 两项皆施于问询之辞，C 项用于假设逗，非本文所论。其 D，E，F，G 四项为一类，与本文五组大致相合。可知此呢即哩之变形，而哩又源于在裹。章太炎谓呢即古尔字，又谓哩为矣字之遗③，皆未可谓为谛当也。

在裹一词由处所副词变而为纯语助词，方言中亦有事象可相比勘者。蜀语与北京语同属官话系统，迄今仍以在字为语尾助词，其音作 tsai 或作 tai，如云'睡到在'，'放到在'，'忙到在'；惟为用殊窄，仅限于与到（＝着）相连（B 组之一部分），此外皆已用哩

(l-或 n-)，与北京之呢大体相符。

最足资为印证者为吴语。今以苏州语为例。赵氏谓与北京语‘申明有’之语气(赵 E＝本文 A,B,E)相当者苏语用 to(笃)，与‘还不……呢’(赵 F＝本文 D)相当者用 lə(勒)，与‘还……呢’(赵 G＝本文 C)相当者用 to(后于现代吴语的研究[4]中修正为 lə)，与带感叹之语气(赵 D，本文未列专项)相当者用 ȵia(𠴂；后于现代吴语的研究中修正为 ȵiã 娘)。以作者所知，则苏语表达此类语气者，此三单词外，更有 ləli(勒裏)，ləlaŋ(勒浪)两复词。此两复词亦用为处所副词(位动词前，与语助词之位于语尾者异)，勒裏＝在这儿，勒浪＝在那儿；又可用如单个之‘在’字，勒裏该搭＝在这儿。又有 ləto(勒笃)一词，则以用如‘在’字为常，间亦用如‘在那儿’。是则事态之繁复，固远出于北京语之上也。然试为剖析，则虽繁复而绝非凌乱。lə 者，苏语谓‘在’。li 与 laŋ 与 to 为指示地方之词，远近三分，与指物之词 ke,kə,kue 分别相当。若稽考其源，则 li 即‘裏’字，laŋ 则苏语谓‘上’，二者平时皆只缀于名物之后(如‘家裏’为‘屋裏向’，‘街上’为‘街浪’)，鲜联‘这、那’为词；to 殆即 ta(通常写作‘搭’)之音变。此三者皆抛去‘这、那’而径与 lə 字相联，其例盖同于唐宋之‘在裏’。ȵiã 字疑为 ȵi 加 a 合成(此字之鼻化程度甚微，故通常皆作‘𠴂’，昆曲已然)，其所示语气带感叹成分，或即由于 a 之附加也。兹列为简表，以示诸词之关系。

	处所名词	处所副词	动词	语助词			
	(这/那儿)	(在这/那儿)	(在…)	全式（在裏）	舍前留后（裏）	舍后留前（在）	别…式（呢）
近指	keta[5]	ləli	ləli…	ləli	阙		
中指	kəta	ləlaŋ	ləlaŋ…	ləlaŋ	阙	lə（不分远近）	ȵia（不分远近）
远指	kueta	ləto	ləto…	阙	to		

观于此表，语助词之由处所词蜕化，实甚明显。而比较表中语助词之前两列，又有一事不难假定者，to 字原来或亦为 ləto 是也。表中用为语助词者凡五式，lə 与 ȵiā 之用法，大致如赵氏所论，而赵氏一概归之于 to 者，则应分配于 ləli，ləlaŋ 与 to 之间，大率本文 E 项（悬断当来者）用 to 为常，A，B 两项则或 ləli 或 ləlaŋ 或 to，犹隐然视近指远指以为别焉。酌陈数例，明之如次：

[ləli] 耐转去罢，该搭有倪勒裏。(A)（耐＝你；倪＝我们）
早勒裏，坐歇末哉。(B)（歇＝一会儿）

[ləlaŋ] 俚倷肚皮裏向蛮明白勒浪。(B)（俚倷＝他；蛮＝很）
覅要吵，小妹困着勒浪。(B)

[to] 俚倷屋裏向着实有两贯铜笃。(A)（铜＝钱）
耐该歇勿吃，晏歇要饿笃。(E)（勿 fə＝不；晏歇＝待会儿）

[lə] 俚倷去仔再要来勒。(C)
我夜饭还朆吃勒。(D)

[ȵia] 倒勿容易嗻。(B＋赞叹)
实梗勿局嗻！(B＋警告)（实梗＝这么样；勿局＝不行）
耐该歇勿吃，晏歇要饿个嗻！(E＋警告；比较上列用 to 句)
俚倷去仔再要来个嗻。（莫谓可以从此无事；E＋提醒）

吴语区中表示此类语气，用 lə，le 或 lei 者最多，又有用 zai 者，皆即在字，有用 ləho，ləhe 或 ləe 者即在许；用 tə，tai 者，当皆等于苏州之 to，而绍兴之 tai，toŋ，haŋ，宁波之 dʻaŋ，toŋ，kə，又皆远近三分，与苏州相似，而为用之广，辨析之微，犹有过之。是则北京语之呢，殆旧时在裏一词衍生诸系之最为简浑者矣。

二 著

以著字辅助动词，初以表动作之有所著，继以表事态之持续，此今语所盛用，而唐人诗中亦已有之，如白居易恻恻吟之'道著姓名人不识'，王建北邙行之'堆著黄金无买处'皆是也。传灯录中尤不乏其例，如'诸上坐即今簇著老僧，是相见是不相见?'(26.12)，'闲著七间僧堂不宿，阿谁教汝孤峰独宿?'(20.7)。此非本文所欲论列。今所论者为殿句之著，其用在助全句之语气者。灯录之例，有如下陈：

> 退后著，退后著。(17.17)
>
> 卷上帘子著。(20.11)
>
> 扶出遮病僧著。(17.13)
>
> 因与僧斫树，雪峰曰，'斫到心且住。'师曰，'斫却著。'(18.15)
>
> 遮跛脚沙弥不任僧务，安排向后庵著。(14.17)
>
> 何不高声问著?(13.10)
>
> 且留口吃饭著。(19.2)

诸例之中，著字与动词相继者唯例6，馀皆有其他成分相间阻，显不与动词相属。就前五例观之，著者祈使之辞，今语遇此等处率不用助词，例6为问句，然实有促令之意。例7则自剖己意，无所加于彼方，与馀例略异其趣。

灯录而外，唐人用例之可见者，如：

> 裴尚书休为谏议大夫，形质短小，诸舍人戏之曰，'如此短何得向上立?'裴对曰，'若怪即曳向下著。'(因话录5.5)
>
> 试留青黛著，回日画眉看。(本事诗3)
>
> 井中水满钱尽，遣我出著。(敦琐11.73)

君畏[我]去时，你急捉我著。（勾道兴搜神记 13）

鬼使曰，'你头手已入镬中煮损，无由可得，且与你别头手著。'（又 10）

亦皆以著助命令语气，只最后一例同于灯录例 7，与馀例不相侔。然二者之间非无共同之基础，即出语者意志之表达是也。故如欲以一语通概著字之语气，可曰，宣达发言者之意志，而尤以加诸彼方，以影响其行为为其主要作用。

著字从'者'得声，二者之音当相近似，而促舒有间（详下）。官府文移，有所晓告，率用者字。唐代之例⑥，有如：

右奉宣旨：'思忠请前件马军合势，今商量奏来者。'（李卫公文集 14.9）

奉宣旨：'不欲令及第进士呼有司为座主，趋附其门，兼题名局席等，条疏进来者。'（摭言 3.4）

须差充行营都指挥使，赴寿州西面备御讨逐黄巢徒党者。（桂苑笔耕集 14.9）

都押衙王文通（另行）右奉判付文通勘寻陈□□□□□取地侄索佛奴据状词理细与寻问申上者；问得……（判词）其义成地□□□更不回戈，其地便□阿龙及义成男女为主者。（敦琐 60'寡妇阿龙诉状并其连带各件'）

宋承唐例，亦皆用者，多见载籍。如三朝北盟会编 4.11 引枢密院札付出使金国使臣事目，末云，'准此缴申，无致留滞者。'又 73.5 引尚书省奉旨许百官乘轿札子，末云，'右札付开封府出榜晓示者。'政和中李元弼撰作邑自箴，拟举诸种榜式，38 页有知县到任榜式，云：

勘会今月日到任，并无亲戚并门客秀才及医术僧道人力之类随行。窃虑有妄作上件名目之人在外作过，须至晓示者。

41 页又有夏秋税起催榜，末云'须至告示者'；次页，税到中限更出一榜，末云'须至别有告示者'。后世沿用，遂为定式。

至于一般告语，则宋人参用者、著二字，而以著为多；金元者字转胜，又别增咱字。今就出语之小异，分析告之辞为三类：(A)主词为第二身(多从略)者；(B)主词为第一身，继以告、请等字者；(C)主词兼包一二两身，要为共同之行动者；以自白之辞，表本人之意旨与愿望者别为(D)类。分别系于著、者、咱三字，录以为例如次：

〔著〕　如说妄说幻为不好底性，则请别寻一个好底性来换了此不好底性著。(程语1)　(B)

明仲从旁见其破题两句云，'大礼必简，圜丘自然，'因低语曰，'乙起著，乙起著。'(曲洧旧闻3.2)　(A)

王统制，你后面粗重物事转换了著。(挥麈录余话2.24)　(A)

功名浑是错，更莫□思著。(稼轩词补遗1)　(D)

便无情山海会相逢，坚心著。(渭川居士词9)　(A)

放下著，须弥山，分明北斗南面看。(竹斋词8)　(A)

凡好城子多住几日，有好酒与吃，好茶饭与吃，好笛儿鼓儿吹著打著。(蒙鞑备录22)　(A)

众孩儿曹听我教著。(董西厢71)　(A)

这短命，等得我苦也！老娘先打两个耳刮子著。(水21.71)　(D)

〔者〕　余尝见周梦窗家藏徽宗在五国城写归御批数十纸，中间有云，'可付与体己人者。'(山居新语47)　(A)

宜人新年怎生呵，百事大吉那般者。(癸辛杂识，续下30)　(D)

道与梢工且慢者。(元杂27.6)　(A)

好去者，望前程万里。(白雪，前3.14)　(A)

喒负心的教天识者。(又，前4.20)　(D)

剔秃圞一轮天外月，拜了低低说，'是必常团圆，休教些儿缺，愿天下有情都似你者。'(太平2.69)　(D)

人问我，顽童记者：便北海探吾来，道'东篱醉了也。'(新声，上4)　(A)

多谢你把一双幼女痴儿好觑者，我待信拖拖去也。(元20.3.9)　(B)

官人，你坐么，我说与你，休心困者。（宣和 2.14） (A)

想着在前姻亲呵，投降来者；若不肯投降呵，便斯杀者。（元秘 6.20） (A)

若退了军时，咱那时再做商量也者。（又 11.7） (C)

〔咱〕 来朝去也，莫因别个，忘了人咱。（稼轩词补遗 4） (A)

相国夫人教邀足下，'是必休教推避咱。'（董西厢 112） (A)

君瑞问是谁家，'是红娘啰，待与先生相见咱。'（又 150） (D)

父亲年纪高大，鞍马上小心咱。（元杂 29.1） (A)

梅香，安排桌儿去，我要去烧炷夜香咱。（又 6） (D)

见他，问咱，'怎忘了当初话？'（群玉 5.21） (A)

闲时节笑咱，醉时节睡咱。（太平 8.14） (D)

综观上引诸例，可知著，者，咱三字之为用尽同；更列数例，互为比较：

{我这里听者。（元杂 27.6） (D)
{我这里蹑足潜踪悄地听咱。（西厢 3.3.9） (D)

{看者，看者，咱征斗；您每，您每，休来救。（元杂 12.5） (A)
{卿家你觑咱，则他那瘦岩岩影儿可喜杀。（元 11.4） (A)

{舞者，唱者，满酌金荷叶。（群玉 1.5） (C 或 D)
{唱著，舞著，终日沉醉。（又 3.6） (C 或 D)

{您二人……如今与这众人为长着。（元秘 3.49） (A)
{这西边直至金山你做万户管者。（又 8.39） (A)

{'想着在前契合时交换物的意思，又重行亲爱咱，'共说了。（又 3.27） (C)
{'如今再重行契合相亲爱着，'共说了。（又 3.29） (C)

以上例句，一组之内句法同而用字异。一、二两组，者、咱互文；三、四两组，著、者互文；第五组著、咱互文。

是著，者，咱三字之为同一语助词之异式，已无疑义。而宋元俗语中又有则个一词，亦一语助词也。其所传写与著等三字大致相符，今亦略陈其例于次：

本朝虽小，却不曾敢失道理，待与贵朝略辨曲直则个。（茆斋 22.6）（D）

且待提兵去与李宣抚决胜负则个。（山西军前 6.36） （D）

待我放下歇则个。（鸡肋编，上 5） （D）

哥哥不快，可去问则个。（齐东野语 9.11） （A）

衷肠底事君知那？要繁弦急管又且沈酣则个。（玉蟾诗余 26） （D）

'府干有何见谕？'——'无甚事，闲问则个。'（京 10.4） （D）

吴教授新娶一个老婆在家不多时，你看我消遣他则个。（又 12.9）（D 或 A）

开门则个。（又 12.12） （A）

全仗作成则个。（又 13.4） （B）

既是令弟，请他出来与我们厮见则个。（清平 15.10） （B）

譬如闲走，与你看去则个。（董西厢 12） （D）

又有用于疑问式语句者（参 65 页灯录 13.10 之例），案其实指，仍可分隶上列诸项：

贵国与契丹家厮杀多年，直候敌不得方与银绢；莫且自家门如今且把这事放着一边，厮杀则个？（燕云 14.6） （C）

如何得他教我看此卷莲经则个？（雨窗 1.1） （D）

你有甚么主见遮藏我们则个？（水 25.61） （A）

复有施于假设读之末者，又本用之变化与引申也。其例如：

应笑楚宫痴绝，略施朱则个，便妒蛾眉。（后村长短句 1.12） （A）

我还待断送你子个，却又子母情场意不过。（董西厢 217） （D）

又有语意略等于今之啊或呢者，则与告语之辞颇相违异矣。其例：

晴则个，阴则个，饾饤得天气有许多般。（冠柳集 4）

好天好景，未省展眉则个。（乐章集 6）

则个一词，循文无可为义。今人有解为'这个'者，[7]以指别之词缀语句之末，其说亦殊难通。案'则个'亦作'子个'（上引董西厢 217，又见 149，207），又作'之个'（同书 129），其为标音性质，实甚明显。今试据以与著，者，咱三字一并讨论之。

者之切韵音为 tśi̯a，著（张略）为 ȶi̯ak，其后均变为 ts-；咱字后出，音当如 tsa，则为 tsək，连个为言当为 tsəkâ。四者用法相类，音声似亦互相关涉。然而者、著之与咱、则，有舌面舌尖之分，者、咱之与著、则，有舒声促声之别，递嬗之迹，骤难穷治，聊从文籍，略作推求。大概者、著二字，唐人兼用，文书作者，谅有所承，传写话言，著字为近。历宋及元，语音渐变，声母前移，声随摇落，方言反应，容有不同。声母为 tṣ-，则以著、者分别促舒；声母为 ts-而径作舒声，则假咱为之，或又衍为两字，则则个是已（之个则又声母之从 tṣ-者）。

舌尖前后之分，有无地域区别，未敢臆说；至于有-k 无-k 之间，似有可得而言者。试绎前引诸例，宋人文献中著与则个为多（话本中则个几为唯一之形式），者、咱少见，且皆晚出（官文书中者字又当别论）；金元作品适得其反，大体以者、咱为主，虽亦有著（着），实已变读（前引董西厢例已叶恼、曹、摇），则个惟见于董西厢，元人曲词几于绝无。话本系白话大致可信其依据汴京与临安之口语，金、元系白话则其初殆限于燕京一带而渐次南伸。由此可知此一语助词之脱去-k 尾，实肇始于北地，南方保持入声较久，故舍者、咱而取则个也。粗陈悬测如此，考详正误，是所望于世之治语音史音。

注：

① '北京、苏州、常州语助词的研究，'清华学报，第三卷，第二期。

② ‘排公’二字原文底下有解释：‘俗有投石之两头置标，号曰‘排公’，以中不中为胜负也’。

③ 新方言(浙江图书馆刊章氏丛书)，14，15 页。

④ 现代吴语的研究(清华学校研究院，1928)，第六章，语助词。

⑤ ke-，kə-，kue-ta 通常写作‘该，辩，归搭’，此‘搭’字当即元人曲中‘下场头那答儿发付我’之‘答’，其由来尚有待于考索。吴语诸方言中指地之词，或曰搭，或曰头，或曰面，或曰裹，而同为指地之词，名用与副词又不必相符。苏州之例已详本文；又如上海‘此处’为迭搭，‘彼处’为伊面，而‘在彼’则曰勒拉；常州则‘此处’为兹块，‘彼处’为过块，而‘在彼’则曰勒头，皆其例也。处所词之区别远近，二分者最为常见，三分者汉语及同系诸语亦多有之。

⑥ 者字之此种用法起于何时，尚待详考。史记商君传，秦惠王车裂商君以徇，曰，‘莫如商鞅反者’，语气近似，而先秦书传中殊不多遘，未容遽为论断。其显见载籍者，始于唐代。刘淇助字辨略(卷三)举昌黎集及陆宣公集各一例。刘氏云：‘唐人疏状凡引敕旨讫，则以者字足之’，其言微嫌太窄，盖凡下行文告皆可用者，初不限于疏状之引敕旨，观于此处三四两例可知。

⑦ 吴世昌，‘即，则，祇，只，且，就古训今义通转考’，燕京学报，14 期。

(原载华西协合大学中国文化研究所集刊一卷三期，1941)

【补记】 李焘续资治通鉴长编二六五卷引沈括乙卯入国奏请并别录，有用在和裹的句子，各举一例：只如赤埿胶、段家堡，也煞有事未了在(爱日精庐本 16 页)；学士元来也知去不得裹(15 页)。乙卯为宋神宗熙宁八年，即一〇七五年。

朝鲜旧时学习汉语的两种书老乞大和朴通事里都有用裹的例子，今据朝鲜京城帝国大学影印的谚解本各引一例：我也旋糴旋吃裹，那裹有糶的米？(老乞大谚解 296 页)；咱两个冤仇不小可裹(朴通事谚解 298 页)。两书本文原来传写元、明之际的汉语口语，但屡经修订，有后加的成分。朴通事谚解附录‘单字解’，俚字下注云：‘助语辞，亦作哩，凡语有用刂音为语助者皆用裹、里、俚、哩等字。’

又‘单字解’者字下注云：‘蒙古语谓诺辞曰者。两书旧本皆述元时之语，故多有者字，今俗不用，故新本易以着字。’这里显有误解，者字不是蒙古语，着（著）字出现也不晚，但这个注子对于者和着的消长透露一点消息。

1956年6月26日

论毋与勿

一　毋，勿之辨

古语禁戒之辞，习用毋，勿二字。毋亦作無，字形虽异，音读不殊，传世经籍亦多彼此互为异文，故得视为一个语词之两种书写方式，无须辨析[1]，本文即以毋字总之。

至于毋無之与勿，古音既收声有别，即今仍平仄殊途，似原来即为两个语词。然昔人亦只同解为禁止之辞，如：

论衡，谴告篇：毋者，禁之也。

诗，小雅，角弓，'毋教猱升木'，郑笺：毋，禁辞。

古文尚书，大禹谟，'帝曰，毋'，伪孔传：言毋，所以禁其辞。

尚书，皋陶谟，'無教逸欲有邦'，孔疏：毋者，禁戒之辞。

诗，小雅，节南山，'勿罔君子'，孔疏：勿者，禁人之辞。

或且互为训释，如：

小雅，宾之初筵，'式勿从谓'，郑笺：勿，犹無也。

淮南子，修务训，'寡人敢勿轼乎？'高注：勿，無也。

礼记，檀弓下，'季康子之母死'节，孔疏：曲礼上篇多言'毋'，毋犹勿也，谓勿得如此。

文选，思玄赋，'毋绵挛以倖己兮'，托张衡自注：毋，勿也。

高邮王氏为经传释词，亦只云，'無，毋，勿也，常语'（卷十），'勿，無也，莫也，常语'（同卷），未尝一辨其同异。

然则毋之与勿果無别乎？往者丁声树先生辨不、弗之用，谓：

一，弗字只用在省去宾语的外动词或省去宾语的介词之上。二，内动词，带有宾语的外动词，带有宾语的介词，上面只用不字而不用弗字。三，状词之上也只用不字而不用弗字。四，由这种情形看起来，弗字似乎是一个含有代名词性的宾语的否定词，略与不之二字相当；不字则只是一个单纯的否定词。[2] 今观察毋、勿二字，其为用之殊，正复相类。试以例明之：

(A) 禁止之辞鲜与状词相属，偶有其例，则皆用毋(兼無言，下同)，如：

毋不敬。(曲礼上)

尔無从从尔，尔無扈扈尔。(檀弓上)

闵子马见之，曰，'子無然'。(左，襄 23)

(B) 内动词前，亦皆用毋，[3] 如：

将子無怒，秋以为期。(卫风，氓)

無畏，宁尔也，非敌百姓也。(孟子，尽心下)

毋侧听，毋噭应，毋淫视，毋怠荒；游毋倨，立毋跛，坐毋箕，寝毋伏，敛发毋髢，冠毋免，劳毋袒，暑毋褰裳。(曲礼上)

齐侯使夙沙卫唁之，且曰，'無死。'(左，襄 17)

二三子無淹久。(又，宣 12)

王無怒，请为王说之。(赵策 3)

毋妄言，族矣。(史记，项羽本纪)

凡吾所以来，为父老除害，非有所侵暴，無恐。(又，高祖本纪)

(C1) 外动词继以止词者，用毋，如：

毋逝我梁，毋发我笱。(邶风，谷风；小雅，小弁毋作無)

無信人之言，人实迋女。(郑风，扬之水)

鸱鸮，鸱鸮，既取我子，無毁我室。(豳风，鸱鸮)

無将大车，祇自尘兮；無思百忧，祇自疧兮。(小雅，無将大车)

子谓子夏曰，'女为君子儒，無为小人儒。'(论语，雍也)

無欲速，無见小利。（又，子路）

王如知此，则無望民之多于邻国也。（孟子，梁惠王上）

無寓人于我室，毁伤其薪木。（又，离娄下）

無为其所不为，無欲其所不欲。（又，尽心上）

毋抟饭，毋放饭，毋流歠，毋咤食，毋啮骨，毋反鱼肉，毋投与狗骨，毋固获，毋扬饭，饭黍毋以箸，毋嚃羹，毋絮羹，毋刺齿，毋歠醢。（曲礼上）

我死，女必速行；無适小国，将不女容焉。（左，僖7）

子無谓秦無人，吾谋适不用也。（又，文13）

無始乱，無怙富，無恃宠，無违同，無敖礼，無骄能，無复怒，無谋非德，無犯非礼。（又，定4）

安之，毋失节；疾不必生，徐不必死。（吕氏春秋，知分）

公無见王矣，臣请今发兵救韩。（韩策3；今原作令，从王念孙校改）

今王即定负遗俗之虑，殆毋顾天下之议矣。（赵策2）

毋为怨府，毋为祸梯。（史记，赵世家）

毋变而度，毋异而虑。（同）

（C2）外动词不带止词，亦用毋：

正尔容，听必恭，毋勦说，毋雷同。（曲礼上）

临财毋苟得，临难毋苟免。（同）

书而纳诸棺，曰，‘世世万子孙毋变也。’（檀弓下）

愿大王慎無出于口也。（赵策2）

其狗不知而吠之，杨布怒，将击之。杨朱曰，‘子無击也。’（韩非子，说林下）

（C3）而用勿为多，如上引赵策例，史记苏秦传即作‘愿君慎勿出于口’。余如：

左右皆曰不可，勿听；诸大夫皆曰不可，勿听。（孟子，梁惠王下）

不得于言，勿求于心；不得于心，勿求于气。（又，公孙丑上）

寇至，度必攻，主人先削城编，唯勿烧。（墨子，备城门）

献鸟者佛其首，畜鸟者则勿佛也。（曲礼上）

有后入者，阖而勿遂。（同）

告其师潘崇曰，'若之何而察之？'潘崇曰，'享江芊而勿敬也。'（左，文1）

莒人囚楚公子平。楚人曰，'勿杀，吾归而俘。'莒人杀之。（又，成9）

吾欲以国累子，子必勿泄也。（韩非子，外储右上）

车过五乘，慎勿纳也。（卫策）

急击，勿失。（史记，项羽本纪）

（D1）使、令、以……（为）诸动词，其止词兼为次一动词之起词，具备此词则使、令诸字之前用毋，如：

舒而脱脱兮，無感我帨兮，無使尨也吠。（召南，野有死麕）

大夫夙退，無使君劳。（卫风，硕人）

不如逃之，無使罪至。（左，闵1）

寡君不忍，使群臣请于大国，無令舆师淹于君地。（又，成2）

無令客得而用之。（墨子，号令）

無以妾为妻。（孟子，告子下）

（D2）止词不具，使、令诸字直接第二动词，则用毋者少：

不如早为之所，無使滋蔓。（左，隐1）

王即不听用鞅，必杀之，無令出境。（史记，商君列传）

子無以为过，不毂之罪也。（左，成16）

（D3）而用勿为多。如上引商君传例，魏策1及吕氏春秋长见篇并作'勿使出境'。余如：

绝其本根，勿使能殖。（左，隐6）

天生民而立之君，使司牧之，勿使失性；有君而为之贰，使师保之，勿使过度。（又，襄14）

千人之将以上，止之勿令得行。（墨子，备城门）

御道之以行义，勿令溺苦于学。（赵策2）

勿使从政。(赵策 4)

祭祀必祝之,祝曰,'必勿使反。'(同)

我言维服,勿以为笑。(大雅,板)

(E1) 止词变次,居于句首,用毋则原位或有之字为代:

谮慝之言,無入之耳;批扞之声,無出之口;杀伤人之孩,無存之心。(墨子,修身;毕沅释孩为荄)

(E2) 或無之字为代:

凡而器用财贿,無置于许。(左,隐 11)

门闾毋闭,关市毋索。(礼记,月令)

(E3) 而用勿则概無之字重指者也:

蔽芾甘棠,勿剪勿伐。(召南,甘棠)

敦彼行苇,牛羊勿践履。(大雅,行苇)

非礼勿视,非礼勿听,非礼勿言,非礼勿动。(论语,颜渊)

己所不欲,勿施于人。(同,又见卫灵公篇;此可与公冶长篇'我不欲人之加诸我也,吾亦欲無加诸人'句比较,诸字为之于之合,故用無不用勿也。)

所欲,与之聚之;所恶,勿施尔也。(孟子,离娄上)

父母舅姑之命,勿逆勿怠。(礼记,内则)

城逄陕不可堑者,勿堑。(墨子,备城门)

年老癃病勿遣。(汉书,高帝纪)

(F1) 介词之与毋、勿并用,其情况与外动词尽同:继以止词则用毋:

于嗟女兮,無与士耽。(卫风,氓)

削株掘根,無与祸邻。(秦策 1)

采葑采菲,無以下体。(邶风,谷风)

無以小害大,無以贱害贵。(孟子,告子上)

饭黍毋以箸。(曲礼上)

彼自多其力，则毋以其难概之也；自勇其断，则無以其谪怒之；自智其计，则毋以其败穷之。（韩非子，说难）

君無为魏计，君其自为计。（魏策3）

（F2）止词先置或省略亦有用毋者：

所恶于上，毋以使下；所恶于下，毋以事上；所恶于前，毋以先后；所恶于后，毋以从前；所恶于右，毋以交于左；所恶于左，毋以交于右。（大学）

（F3）而多数用勿：

公孟之不善，子所知也；勿与乘，吾将杀之。（左，昭20）

兵不如者，勿与挑战；粟不如者，勿与持久。（楚策1）

谨守成皋，则汉欲挑战，慎勿与战。（史记，项羽本纪）

（G）综上诸例以观，勿与毋之别，似非偶然。更有毋、勿并见之例，可资比较：

無友不如己者，过则勿惮改。（论语，学而，又见子罕）

慎無令民知吾粟米多少……勿令知吾守卫之备。（墨子，号令）

公孙戌曰，'……臣戌愿君勿受。'孟尝君曰，'……子教文無受象床，甚善。'（齐策3）

（H）复有两动词相继，其一肯定，以之字为止词，其一否定，無止词，其前用勿，此益足显示勿之包含之字于其内也。其例如：

子子孙孙，勿替，引之。（小雅，楚茨）

子路问事君。子曰，'勿欺也，而犯之'。（论语，宪问）

取之而燕民悦，则取之……取之而燕民不悦，则勿取。（孟子，梁惠王下）

先生书策琴瑟在前，坐而迁之，戒勿越。（曲礼上）

为尔哭也来者，拜之；知伯高而来者，勿拜也。（檀弓上）

齐侯将许之，管仲曰，'……君其勿许。'（左，僖7）

赵取周之祭地，周君患之，告于郑朝。郑朝曰，'君勿患也。'（东周策）

不如重其贽、厚其禄以迎之，彼来则置之槐谷，终身勿出。（秦策 2）

其错之，勿言也。（齐策 3）

秦称之，天下听之，王亦称之……秦称之，而天下不听，王因勿称，于以收天下。（齐策 4）

舍之，王勿据也。（楚策 3）

今臣新从秦来，而言勿与，则非计也；言与之，则恐王以臣之为秦也。（赵策 3）

（I）句有禁戒之辞，止词若为代词，率位于动词之前，如下诸例皆是：

無我恶兮，不寁故也……無我魗兮，不寁好也。（郑风，遵大路）

大夫君子，無我有尤。（鄘风，载驰）

以吾一日长乎尔，毋吾以也。（论语，先进）

我無尔诈，尔無我虞。（左，宣 15）

愿为足下扫室布席，幸無我逐也。（秦策 2）

诸例皆用毋，则知勿字之应用与一般之变次無涉。而诸例倒置之止词，有吾，有我，有尔，而独舞之字，此亦勿字本身含之字之一反证也。

（J）至如下列例句，以勿与弗相当，以無与不相当，尤可推知無、勿之别亦即不、弗之别：

又曰，'君子胜不逐奔，揜函弗射，施则助之胥车。'应之曰，'……胜将因用儒术令士卒曰"毋逐奔，揜函勿射，施则助之胥车"，暴乱之人也得活，天下害不除。'（墨子，非儒下）

凿斯池也，筑斯城也，与民守之，效死而民弗去，则是可为也。……或曰，'世守也，非身之所能为也，效死勿去。'（孟子，梁惠王下）

以上说明：

毋与勿之用法不同，毋为单纯式，勿为含代名止词式，略与毋之、毋是相等。其区别与不与弗之区别平行，毋与不相当，勿与弗相当。

于此，有可商讨者数事：(1)毋与勿之区别，为纯然之语法区别乎？抑音声衍化之结果？(2)上所举例，率出晚周典籍，其中有無例外？(3)前乎此时期者若何？(4)后乎此时期者又若何？今分别粗为论述。

(1) 毋与勿之关系有两种可能：或则此一孳生彼一，或则原来即为两个语词。丁君之论不与弗，仅云弗之为用略与不之相当，于二字之渊源未尝有所主张。其后美国 Boodberg 氏乃谓弗即不之之合音，pi̯əu t̑->pi̯uət，其说宜若可从。④准此以论，则勿殆亦即毋之之合体，mi̯u t̑->mi̯uət。案不与毋之上古音，依时贤所推定皆有-g 尾(*pi̯uəg，*mi̯uag)，于合音不无阻滞，然無妨假设此时之-g 尾已有脱落之倾向，B.氏固有以自圆其说。故其说之可通与否，当以勿字作否定词用之最古纪录是否即与不之相等为断，此当于下第三节论之。

(2) 欲为例外情形之讨论，宜先明二事。其一，可用勿而用毋者不为例外，如上举 C2，D2，E2，F2 诸例是；所以然者，汉语外动词后代名止词本可显可隐也。其二，若干实例，貌似违例，实则不然。试以下列为例：

> 百亩之田，勿夺其时。(孟子，梁惠王上)
>
> 约绝之后，虽勿与地，可。(楚策 1)
>
> 说大人则藐之，勿视其巍巍然。(孟子，尽心下)

此皆外动词后有止词，而其前又冠以勿字者。然予夺义之动词，通常可有指人指物两止词，如‘冉子与之粟五秉’(论语，雍也)，‘紾兄之臂而夺之食’(孟子，告子下)。持此与第一第二两例相较，可明其無违于通例。第三例与此微异，意谓义之动词，其势初不自限于止词，而可更以他语补足之。故‘勿视其巍巍然’者，若曰‘無视之为巍巍然’也；其用勿字亦未可遽谓为乖误。

其次，动词之伴以自、相二副词者，[5]虽外动词亦無止词，以自有反身之义，相有交互之义也。故论语（颜渊）曰，‘不可则止，毋自辱焉。’左传（隐元）曰，‘不及黄泉，無相见也。’然自字苟为躬亲之义，不作身受之解，则其前亦可用勿，如：

戎众以無义，君请勿自敌也。（公羊，庄 24）

而动词之能有两止词者，虽有相字亦不害其冠以勿字，如：

钱金、布帛、财物，各自守之，慎勿相盗。（墨子，号令）

复次，有勿与之联用者，如：

丧三日而殡，凡附于身者，必诚必信，勿之有悔焉耳矣；三月而葬，凡附于棺者，必诚必信，勿之有悔焉耳矣。（檀弓上）

勿字既含之字于其内，即不应复有之字继其后。然若勿字果为毋之之合音，则此亦可视为一种变式，后字之声母合于前字，而仍保留其本字之音读。犹之近世汉语什么合为甚而亦作甚么，咱们合为偺而亦作偺们也。弗字亦有与之联用者，如：

丧三年以为极，亡则弗之忘矣。（檀弓上，与上勿之例同节）

秦王以公孙郝为党于公而弗之听。（韩策 1）

亦可作同样之解说。

可用勿而用毋者既为通例所许，则确然可称为例外者为勿之违例用法；即状词及内动词前用勿，与外动词及介词继以止词而其前用勿是也。先秦典籍之较为可信者，一般言之，其中勿字之违例用法甚少，如：

如得其情，则哀矜而勿喜。（论语，子张）

王欲行仁政，则勿毁之矣。（孟子，梁惠王下）

宋、郑之间有隙地焉……子产与宋人为成，曰，‘勿有是。’（左，哀 12）

已矣，勿言之矣。(庄子，人间世)

愿君勿以齐为心。(齐策 2)

王令之勿攻市丘。(韩策 1)

房喜谓韩王曰，'勿听之也。'(韩策 3)

古代典籍屡经丧乱，错简误文，皆所常有；如上举齐策之例，高注云，'無以伐齐为心'，韩策 3 之例，韩非子说林上即作'君勿听'，则两例原文咸有可疑。且若此之例，即令無误，为数之少，亦未足援以破除通律也。

(3) 勿字之违例用法，其数量足以影响吾人之假设者，见于尚书。今文尚书二十八篇中，勿字凡二十见，而违例者居半数以上，如'勿用非谋非彝'(康诰)，'公勿替刑'(洛诰)，皆其例也。经籍中尚书最古，历劫亦最烈，今所传者不独非周、秦原来面目，亦与汉人所见颇有违异，今姑置而不论。请复验之吉金文辞，则毋之与勿亦不类论孟以次之秩然有别。略陈数例：

女勿克余，乃辟一人。(盂鼎)

若敬乃正，勿法朕命。(同)

敬夙夜用事，勿法朕命。(克鼎)

勿敄(侮)鳏寡。(作册□作父辛卣)

殷虚甲文亦多有其例，⑥如：

贞，勿伐𢀛，帝不我其受又。(前 6.58.4)

庚子卜，㝉，贞，勿登人三千乎𤰔圁方，弗其受之又。(前 7.2.3)

贞，王勿令卓氏众伐𢀛方。(后上 16.10)

贞，王勿獸于𠭥。(前 1.44.7)

辛卯卜，㱿，贞，来乙巳王勿入。(前 2.2.1)

贞，勿往于𦎫。(粹 1046)

此诸勿字，皆与晚周经籍用例相违，而又未可以窜改讹误为说者。

前云勿为毋之合音之说有所阻难者，在此。盖中古以降，毋、勿相淆，可云后人不明古例；而殷、周之世，苟以勿字表毋之之合，即不应自乱其例若此也。

故晚周之勿等于毋之，此固無可否认之事实，而遽谓毋之音合而始有勿，则又未必其然。私谓毋与勿或原为各别之语词，其最初之分别不在包含止词与否而在辞气之强弱。勿较强，毋较弱；故常语用毋，而高文典册亦时时以勿为之。厥后毋已有 mi̯uag > mi̯u 之倾向，乃有以勿代毋之之通例。此种形态与功能之重调整，固亦语言中常有之现象。弗之与不，亦有与此相类者。尚书用弗甚多，丁君援石经及他书引尚书文句，辨其中多有由不误弗者，是诚然矣，顾金文甲文用弗之多，以及违例用法之频见，皆与尚书相类，则亦非假设弗字本初不为不之之代用字莫由解释也。

（4） 毋与勿之分别，汉、魏以降，积渐澌亡，观于下例，可觇一二：

勿行苛政。（汉书，宣帝纪）

可时赦，勿收民租。（又，食货志）

宜还复故陵，勿徙民。（又，陈汤传）

其以岩穴为先，勿取浮华。（后汉纪 11）

自今以后，手书相闻，勿用旁人解构之言。（后汉书，隗嚣传）

后有天地之眚，勿复劾三公。（魏志，文帝纪）

勿以恶小而为之，勿以善小而不为……汝父德薄，勿效之。（蜀志，先主纪注）

君辈勿为尔，将受困寡人女婿。（世说新语，文学）

勿学汝兄。（又，品藻）

勿反顾，付奚度。（宋书，恩倖传）

勿内荒于色，勿外荒于禽，勿贵难得货，勿听亡国音……勿谓我尊而

> 傲贤慢士，勿谓我智而拒谏矜已……勿浑浑而浊，勿皎皎而清，勿汶汶而暗，勿察察而明。（唐，张蕴古，大宝箴）
>
> 今日告汝，知名之法：勿病無闻，病其晔晔。（韩愈，知名箴）
>
> 勿慕贵与富，勿忧贱与贫……闻毁勿戚戚，闻誉勿欣欣。（白居易，座右铭）⑦
>
> 勿生季世，有爵必危；勿居乱国，有禄必尸。（皮日休，动箴）
>
> 窃愿陛下勿以贼马退遁为可喜……勿以保全东南为可安……勿以诸将屡捷为可贺……所立期限，勿太遽以致骚扰，勿太缓以失机会。（李纲，绍兴七年对高宗问）

此皆应用毋而用勿者也。类此之例，难于缕举。其故安在？

一般而论，一种语言之语法，常有新陈代谢之现象，前代之规例不必尽能为后世所遵从，毋与勿及不与弗之由有别变为無别，或亦即此种自然变易之一例。然窃疑别有诱导之因，即否定句内词序之变易是。先秦语法，句有否定词，则止词苟为代词，率居动词之前，然亦偶有例外，如前E1节墨子'無入之耳，無出之口，無存之心'，又如上第(2)节孟子'勿毁之'，庄子'勿言之'诸句皆是。汉以后口语中当已改从寻常次序，与今语相同。否定句既不复有逆转之词序，则毋与之無相缀之机缘，勿与毋亦遂無语法上之区别，日渐淆乱，固其宜矣。

自一方面言之，为毋、勿之用，混淆莫辨，自他方面言之，则为勿字之扩展，盖本有限制者变而为無限制，且见用之频繁，复有凌驾毋字之势也。此与不与弗之消长似相违异，而实则不然。弗本为*pi̯uət，乃含代名止词之式，变而为 puət，复变为今广州之 pɐt，北京之 pu，而文字则以不为之；至于周、秦之不*pi̯uəg 则变而为 pi̯əu，复变为今广州之 fau，北京之 fou，而文字通作否。⑧故就文字言，有似弗合于不，而就语言之实际言之，则汉、魏以后弗固是弗，不亦是弗，易辞以明之，则弗、不对立之局面终统一于弗也。

勿与無之申绌，实与此平行，惟以两字均渐为口语所废弃故（详下篇），乃不得验之于现代之语言。而犹有数事可资参证者：汉儒解经犹常云'勿，犹無也'，而唐人则曰'毋，犹勿也'（见篇首引例），此其一。勿与毋虽皆不见于今世口语，而通俗文言如书简官牍之类，率用勿字，如'切勿云云'，'万勿云云'，罕用毋者，此其二。而最足供参考者为'有無'之無之古今音变。今世通语，言無为没。没之切韵音为 muət，显然不出于無，而出于勿（*mi̯uət＞muət，比较 *pi̯uət＞puət）。此字作没，始自唐人，如：

覆盆子落地，变赤烘烘；羊羔儿作声，尽没益益。（因话录 3.6）⑨

教遍宫娥唱遍词，暗中头白没人知。（王建，宫词）

心定俱无，若为是道？——只没道，亦無若为道。（神会和尚遗集 111）

相见作先拜，膝下没黄金。（敦琐 32.171）

你亦未能断事，到头没多词句。（又 3.19）

而与此同时亦多作勿，如：

轮王千个子，巷伯勿孙儿。（释元康诗，全唐诗卷 869）

我居山，勿人识，白云中，常寂寂。寒山深，称我心，纯白石，勿黄金。（寒山 24）

独向云泉更勿人。（拾得 28）

传灯录中尤以作勿为常，如：

郎当屋舍勿人修。（11.10）

勿奈船何，打破戽斗。（11.3）

问鲁祖面壁意作么生？——勿交涉。（12.17）

汝见橛柴大小？——勿量大。（14.2）

遮勿毛驴！（24.8）

'有無'之無初无含代名止词之式与之对立，無之二字，经籍多有，如：

王贰于虢，郑伯怨王。王曰，'無之。'（左，隐 3）

姜氏……谓公子曰，'子有四方之志……。'公子曰，'無之。'（又，僖 23）

顾而见人，黑而上偻，深目而豭喙……旦而皆召其徒，無之。（又，昭 4）

而無终于变而为勿（没）者，要不能不谓为受禁戒辞方面勿字兼并毋字之影响，以禁戒之毋即由有無之义引申而出也（说详下篇）。

以常情言之，勿之用有限制，毋之用无限制，既已成为通例，一旦勿、毋无别，则概用毋字于势为顺，何以事实上乃绌毋而申勿？又何以陈述性之否定词亦不（即否）消而弗（即不）长？尝试言之，凡形式甚相近而意义复全同之两语词，若無语法上之区别为之界限，终必兼并为一，吾之与我，汝之与尔，[⑩] 之之与者，[⑪] 皆其例也。而孰屈孰申，当非全属偶然；以私意臆测，左右之者当为辞气之强弱。辞气之强弱在音理上之根据若何，抑语法功能之差异亦足以产生之，尚有待于研讨；姑就不、毋与弗、勿之事象言之，则-t 之式似较-g 尾或無尾声者为强。此两组否定词强弱之差，肇始于语法分别未生之先，复绵亘于语法分别既泯之后，终于以强凌弱，遂相掩盖。何休注公羊，云'弗者，不之深也'，正惟东京季世于弗、不之别已不甚了然，乃有此解，亦正惟其时去古未远，乃犹存一深一浅之感也。

二　毋、勿不尽为禁戒之辞

毋与勿通释为禁戒之词，然此二字之与动词若状词相属，非必尽以告戒为用也，请分类引例以发其凡，自仍含禁阻之义者始，而以全无关涉者次之。惟问题所在已与上篇少异,故总毋、勿以为言,言毋即概勿,例句亦仅以先后为第,不复分标,然毋、勿之辨,固犹厘然,仍可为上篇作证也。

(K)汉语通例,祈请告命之辞,得径以动词为之,如曰,'居,吾语女';亦可于其前著第二身代词,如曰,'女为君子儒';更有显用愿、请诸字,其前或著第一身代词,或否。胥無不可,如'抑臣愿君安其乐而思其终也'(左,襄 11),'痤有御庶子公孙鞅,愿王以国事听之也'(魏策 1)。禁戒之辞,消极之祈使也,故亦具备上述诸式。其以第二身动词起者,代词或显或隐,已杂见于上篇例句;其以第一身动词起者有如:

王请無好小勇。(孟子,梁惠王下)

请必無归而造于朝。(又,公孙丑下)

请無以为此稽也。(韩非子,外储左上)

请無急秦王。(赵策 3)

臣愿王之毋独攻其地而攻其人也。(秦策 3)

愿大夫之往也,毋伐树木,毋发房屋。(赵策 1)

楚人剽疾,愿上無与楚人争锋。(史记,留侯世家)

王请勿疑。(孟子,梁惠王上)

魏听臣矣,然愿王勿攻也。(秦策 2)

王亦知之乎?愿王勿忘也。(楚策 1)

括不可使将……愿王勿遣。(史记,廉蔺列传)

凡兹所列,衡以欧语法式,已非所谓 imperative mood,而在汉语固无妨视为祈使句之一式。

(L)然如下陈诸例,而無字之所禁阻者为第三身或第一身之动作,就全句言,已为直陈而非告命。徒以前有谓、使诸字,亦遂承袭其语气,用毋而不用不。盖祈使之辞由直接转为间接,其事至易，观于下例可知：

(a) 鲰生说我曰，‘距关，毋内诸侯，秦地可尽王也。’（史记，项羽本纪）

(b) 沛公曰，‘鲰生教我距关無内诸侯，秦地可尽王，故听之。’（又，留侯世家）

(a)用‘曰’，(b)用‘教’，其别固至微也。凡(b)之式，可名间接禁止句，其前多用谓、使等动词，其例如：

谓陈人無动，将讨于少西氏。（左，宣 11）

逢大夫与其二子乘，谓其二子無顾。（又，宣 12）

使解扬如宋，使無降楚。（又，宣 15）

凡天下祸篡怨恨，可使毋起者，以相爱生也。（墨子，兼爱中）

以此求治，譬犹使人三睘而毋负己也。（又，节葬下）

且人所急，無如其身，不能自使其無死，安能使王长生哉？（韩非子，外储左上）

寡君命某毋敢视宾客，敢辞。（礼记，杂记上）

王能使臣无拜，即可矣；不即不见也。（秦策 4）

足下能使仆無行，先人有宝剑，愿得献之。（齐策 3）

赵文、赵造、周袑、赵俊皆谏止王毋胡服。（史记，赵世家）

或谓寡人勿取，或谓寡人取之。（孟子，梁惠王下）

晋郤至与周争鄇田……晋侯使郤至勿敢争。（左，成 11）

人死，斯恶之矣；無能也，斯倍之矣。是故制绞衾，设蒌翣，为使人勿恶也；始死，脯醢之奠，将行，遣而行之，既葬而食之……为使人勿倍也。（檀弓下）

胡衍因入蒲，谓其守曰：‘樗里子知蒲之病也，其言曰，“吾必取蒲”，今臣能使释蒲勿攻。’（卫策）

(M) 约誓之辞，或以第一第二身交互为言，或仅及第一身，又或以第三身出之，苟其义主约束，则皆用毋。其以一、二身交互为言者，如：

宋及楚平，华元为质。盟曰，'我無尔诈，尔無我虞。'(左，宣 15)

世有盟誓以相信也，曰，'尔無我叛，我無强贾，無或匄夺。尔有利市宝贿，我勿与知。'(又，昭 16)

仅就第一身言者，如：

吾与尔盟，無入而封。(左，成 12)

其出以第三身者，如：

自今日以往，既盟之后，行者無保其力，居者無惧其罪。(左，僖 28)

盟于督扬，曰，'大無侵小。'(又，襄 19)

下列之主词含'任何'义，亦一种约言也，约束加于第一身，而动词隶于第三身：

与我者無忧不富。(左，哀 26)

(N) 禁止之词之直接加于第三身者，律文之类其例也。

昔者圣王为法曰，'丈夫年二十，毋敢不处家；女子年十五，毋敢不事人。'(墨子，节用上)

死者既葬，生者毋久丧用哀。(又，节葬下)

门者皆無得挟斧、斤、凿、锯、椎。(又，备城门)

其曰'君子無云云'者，盖易诰诫为劝勉，易律文为理想，其语气较为客观矣。

君子食無求饱，居無求安。(论语，学而)

君子……無求备于一人。(又，微子)

(O) 第一身之自加约束者则有愿欲之辞，如：

子曰，'盍各言尔志？'……颜渊曰，'愿無伐善，無施劳。'(论语，公冶)

予欲無言。(又，阳货)[12]

轲也请無问其详，愿闻其指。(孟子，告子下)

弟子齐宿而后敢言，夫子卧而不听，请勿复敢见矣。(又，公孙丑下)

以上自(K)至(O)所引诸例，皆直接间接含禁戒之义，以下诸类，则不复可以禁止之辞释之。

(P) 愿欲之辞之出以第三身者,無约束之义,多表将有所为而终于未发。其例如:

公欲無入。(左,襄 29)

晋鄙合符,疑之……欲無听。(史记,魏公子列传)

陈庄子死于鲁,鲁人欲勿哭。(檀弓上)

鲁人欲勿殇童汪踦。(檀弓下)

宋人请猛获于卫,卫人欲勿与。(左,庄 12)

齐人归公孙敖之丧……襄仲欲勿哭。(又,文 15)

(Q) 欲字又可用为假设之辞,或叠用以示疑难,如:

欲予秦,秦城恐不可得,徒见欺;欲勿予,即患秦兵之来。(史记,廉蔺列传)

妾欲言酒之有药,则恐其逐主母也;欲勿言乎,则恐其杀主父也。(史记,苏秦列传)

或单用以表纵予,如:

卫君必入,夫二子者,或挽之,或推之,欲無入,得乎?(左,襄 14)

后者多缀虽字为言,如:

今天下之君有好仁者,则诸侯皆为之殴矣,虽欲無王,不可得已。(孟子,离娄上)

为政若此,唯(虽)欲毋与我同,将不可得也。(墨子,尚同下)

君能为之下乎?虽欲無为之下,固不得之矣。(秦策 3)

犁牛之子骍且角,虽欲勿用,山川其舍诸?(论语,雍也)

今之大夫,交政于中国,虽欲勿哭,焉得而弗哭?(檀弓上)

虽字独用亦然,如:

郑虽無腆,抑谚曰,'蕞尔,国。'(左,昭 7)

越之于吴也,譬若心腹之疾也;虽無作,其伤深而在内也。(吕氏春秋,知化)

秦地半天下……虽無出甲兵,席卷常山之险,折天下之脊。(楚策 1)

(R) 庶几之辞亦用毋,如:

诸侯相吊贺也,虽不当事,苟有礼焉,书也,以無忘旧好。(左,文 9)

臣闻克敌必示之子孙,以無忘武功。(又,宣 12)

是以令吏人完客所馆,高其闬闳,厚其墙垣,以無忧客使。(又,襄 31)

使鬥辛居郧,以無忘旧勋。(又,昭 14)

今我欲徼福假灵于成王,修成周之城,俾戍人无勤……使伯父实重图之,俾我一人無征怨于百姓,而伯父有荣施。(又,昭 32)

(S) 较比之辞亦用毋,有如'宁甲毋乙':

宁我薄人,無人薄我。(左,宣 12)

若不幸而过,宁僭無滥。(又,襄 26)

宁亡三城而悔,無危乃悔。(韩非子,内储上)

(T) 孰与、不如,皆较比之辞,其后亦用毋与勿;而以勿为多,则以止词已见同句故。

救赵孰与勿救?(齐策 1)

与秦地何如勿与?(赵策 3)⑬

天欲杀之,则如勿生?(左,僖 21)

若爱重伤,则如勿伤?(又,僖 22)

文公非不欲得原也,以不信得原不若勿得也。(吕氏春秋,为欲)

故夫差之知惭于子胥也,不若勿知。(又,知化)

两较之辞,略其前而留其后,遂为'不如云云';语气虽近于祈使,然仍为衡校得失之句法,未可与一般禁止句视为同科也。其例甚多,如:

今币重而言甘,诱我也。不如無往。(左,昭 11)

此自尽之术也,不如無媾。(赵策 3)

犹尝乎?御廪灾,不如勿尝而已矣!(公羊,桓 14)

先祖为之,己毁之,不如勿居而已矣!(又,文 16)

無损于怨,而厚于寇,不如勿与。(左,僖 14)

为君计者，不如勿受便。（赵策3）

今王逐之，是韩、魏之欲得，而王之忠臣有罪也；故王不如勿逐。（赵策4）

今公族攻魏之运，魏急则必以地和于秦、楚；故公不如勿攻也。（韩策3）

（U）得能之辞，亦以用毋为常。能字之例如：

法语之言，能無从乎？……巽与之言，能無说乎？（论语，子罕）

人能無以饥渴之害为心害，则不及人不为忧矣。（孟子，尽心上）

人生几何，谁能無偷？（左，襄13）⑭

能毋卜筮而知吉凶乎？……能毋问于人而自得之于己乎？（管子，心术）

人主亦有逆鳞，说之者能無婴人主之逆鳞，则几矣。（韩非子，说难）

曩者，使女狗白而往，黑而来，子岂能毋怪哉？（又，说林下）

爱之，能勿劳乎？忠焉，能勿诲乎？（论语，宪问）

非独贤者有是心也；人皆有之，贤者能勿丧耳。（孟子，告子上）

楚人来讨，能勿从乎？从之，晋师必至。（左，襄8）

惠子曰，'瞽眣两目，君奚弗杀？'⑮君曰，'不能勿眣。'（韩非子，说林上）

可、得之后亦然，如：

八口之家，可以無饥矣。（孟子，梁惠王上）

可以取，可以無取，取伤廉；可以与，可以無与，与伤惠；可以死，可以無死，死伤勇。（又，离娄下）

名者人治之大者也，可無慎乎？（礼记，大传）

以我为君子也，君子安可毋敬也？以我为暴人也，暴人安可侮也？（韩非子，说林下）

有君如彼其信也，可無归乎？……有君如彼其信也，可無从乎？（又，外储左上）

可以無尽百姓之劳，而享往古之勋。（赵策2；史记，赵世家享作序）为之难，言之得无讱乎？（论语，颜渊）

是节之其始而暴之其尽也，焉得無折？（韩非子，外储左上）

然则白公之乱，得無遂乎？（楚策1）

秦御史欲入言征何，何固请，得毋行。（史记，萧相国世家）

（V）动词状词用为句之主词，多有用毋者，如：

攻其恶，無攻人之恶，非修慝与？（论语，颜渊）

日知其所亡，月無忘其所能，可谓好学也已。（又，子张）

贫而無怨难，富而無骄易。（又，卫灵公）

且夫重罚者，人之所恶也；而無弃灰，人之所易也。（韩非子，内储上）

虽有后事，晋勿与知，可也。（左，昭32）

缀于动词或介词之后而为其止词者亦然，如：

比执事之间，恐無及也。（左，襄16）

而求上之毋危，下之毋乱，不可得也。（管子，重令）

从道绝则大王之国欲求無危不可得也。（魏策1）

化未至则不知；化已至，虽知之，与勿知一贯也。（吕氏春秋，知化）

事有举之而有败，而贤其毋举之者。（韩非子，说林下）

乃至用为同一性之加词者亦有之，如：

人能充無欲害人之心，而仁不可胜用也；人能充無穿逾之心，而义不可胜用也；人能充無受尔汝之实，無所往而不为义也。（孟子，尽心下）

就语气言，诸句亦皆含假设之意味，欧语或用無定式（infinitive），或即以假设式（subjunctive）为之者也。

综观以上事例，首当讨论者：诸用毋之句有何共同之点，足与用不之句区别？其次则：毋与不之别，秦、汉以后，渐趋消灭，其经过如何？今分别论之：

（一）用毋之句与用不之句之区别可自两方面观之。自语气方面观，由（K）至（O）诸例，知毋之表禁阻，不仅施于第二身，亦可施于第二身与第三身，不仅可以用于直接之告戒，亦可用之于间接之祈使。是其所表实较欧语之所谓命令式(imperative)者为广，其中多有须以假设式为之者。自(P)至(V)，多为悬拟之辞，欧语之表示此诸语气者为假设式与無定式。用毋之句，虽有上述种种语气之殊，其与用不之句之率然直指者有异则一。故不与毋之别，简单言之，为直陈式(indicative)与非直陈式(non-indicative)之别。

自形式方面言之，用毋之句，其动词皆可作名词观。何以言之？表禁戒及悬拟之毋亦即表有無之無。不独毋、無二形可任便书写(见注①)，且有無之無可曰無有(如孟子尽心下，'然而無有乎尔，则亦無有乎尔'；左传昭12，'四国皆有分，我独無有')，而禁戒及悬拟之辞亦有作毋有者，如：

臣無有作威，作福，玉食。(书，洪范)

大夫君子，無我有尤。(鄘风，载驰)

惠此中国，国無有残。(大雅，民劳)

無曲防，無遏籴，無有封而不告。(孟子，告子下)

命虞人入山行木，毋有斩伐。(礼记，月令)

兼用六物，大酋监之，毋有差贷。(同)

又禁戒之语多用無或，無或即無有也，说见王氏经传释词(卷三)。'有'与'無'之概念通常只与名物相属，今毋字乃用为否定动作及容状之词，则此诸动词若状词在此等处所不得不谓为具有名物之性质也。

否定词用毋之动词，一方面表示种种非直陈之语气，一方面又显示其名物性，二者之关连，为偶然欤？抑在语言心理上亦自有其解释也？窃谓动词之所表诚为作为，而动词之运用亦复多方。有述事之辞，作为径接能为，动作之面相显然；有指事之辞，所指为祈使、愿欲、得能、乃至较比、假设、庶几之对象，则其事类皆蓄而未发，浑沦有类名物。古人于述事则用不，于指事则用毋，亦自有其心理上之依据。禁约之辞，逆而止之于未形，其事固犹未显现，亦指事之类，故亦云'無有如此之事'，亦犹之云'勿为如此之事'，皆以作为变化作名物观者也。容状之词亦可有述事、指事两种看法，故亦有用不用毋之殊。欧语以字形变化区分种种语气，汉语以無字形变化故，無能示异，而仍于加用否定词时透露直陈与非直陈之分别，而于后者视同名物，此亦甚可玩味之一事也。

（二）毋字之示语气，禁戒之辞最显。外此则述事、指事之辨甚微，人情多趋于简易，因而毋字遂渐合于不。试以数事为例：

(1)'君子毋云云'，本可有两解：作君子毋为此等事解，则为婉谕之辞；作君子不为此等事解，则为客观的直陈语气。论语卫灵公，'志士仁人，無求生以害仁，有杀身以成仁'，檀弓上，'事亲有隐而無犯……事君有犯而無隐'，皆'有''無'对举，语气近于直陈，苟舍'有'而止言'無'，'志士仁人，無求生以害仁'，'事亲無犯，事君無隐'，语气即转为劝戒。心理有所偏重，遣词因之歧异，故'君子不云云'之例载籍亦多见之，如：

> 君子不以言废人，不以人废言。（论语，卫灵公）
>
> 君子不重伤，不禽二毛。（左，僖22）
>
> 君子不失足于人，不失色于人，不失口于人。（礼记，表记）

而前引'君子食無求饱，居無求安'一例，汉人引述，亦有作不者：仪礼公食大夫礼，'宾三饭以湆酱'，郑注：君子食不求饱；贾疏云，'郑引论语为证也。'⑯

(2)以虽表纵予，用毋之例已见上文，而用不之例亦所常见，如：

小大之狱，虽不能察，必以情。（左，庄 10）

虽齐不许，君庸多矣。（又，昭 13）

周虽不求，鲁不可以不归；鲁虽不归，周不可以求。（穀梁，隐 3）

（3）可字之后亦毋、不并用，不字之例：

可不敬乎？（左，成 4）

可不惩乎？（又，襄 4）

不可之后更以用不为常：

父母之年，不可不知也。（论语，里仁）

位其不可不慎也乎？（左，成 2）

以上三类用不之例皆出晚周，足征此等处所，用例原即两歧。[17]

（4）能、得，欲诸字之后，动词之名物性较显，故晚周文字通例用毋，然秦、汉以来亦渐混于不；愿，请之后继动词属第一身者亦然。杂举数例：

夫焉能相与群居而不乱乎？（礼记，三年问）

案荀子礼论篇即作‘彼安能相与群居而無乱乎？’

夫习与正人居之不能毋正，犹生长于齐不能不齐言也；习与不正人居之不能毋不正，犹生长于楚之地不能不楚言也。（汉书，贾谊传，陈政事疏）

此例一句之中毋与不错出。

虽云利贤，能不恧恧？（魏志，邴原传，注引魏武帝令）

圣自以子必死，武平心决之，卒得不死。（汉书，何武传；比较（U）项萧相国世家‘得毋行’例）

所遇無故物，焉得不速朽？（古诗十九首；比较（U）项韩非子‘焉得無折？’例）

欲不毙，得乎？（宋书，段孝祖传；比较（Q）项左传‘欲無入，得乎？’例）

先帝赐臣此宅，使臣歌哭有所；陛下欲以州易宅，臣请不以宅易州。（齐书，高十二王，武陵昭王传；比较（O）项孟子‘轲也，请無问其详’

例)

经史注疏亦多以不释毋与勿如:

论语,雍也,'虽欲勿用',皇疏:勿,犹不也。

又公冶,'愿無伐善,無施劳',皇疏:愿己行善而不自称;又愿不施劳役之事于天下也。

礼记,檀弓下,'虽欲勿殇也';曾子问,'非彼能勿除也',孔疏皆云:勿,犹不也。

汉书,萧何传,'得毋行'(文袭史记),师古注:故得不行也。

此可证汉、魏以后,此等处所用毋与勿已非常语,须以不释之也。

(5)'宁甲毋乙',迄今犹为文语通式,然亦有作不者;战国策苏秦说韩王曰:

宁为鸡口,無为牛后。(韩策1)

史迁录入苏秦列传。颜氏家训书证篇引延笃战国策音义辨之,云当为

宁为鸡尸,不为牛从。

'口'、'后','尸'、'从'之得失,非所欲论,無易为不,则可以觇古今之变也。

(三)毋与勿之用为禁戒之辞,在文字上固历纪不替,而口语中则疑自汉、魏以还亦已逐渐废弃。所异于上述诸例者,则代之而兴者非不而为莫。如:

莫如楚共王庶子围,弑其君——兄之子员,而代之立!(史记,楚世家)

其去刚卯,莫以为佩!除刀钱,勿以为利!(汉书,王莽传)

魏、晋以后,其例渐多,如:

作书与内舍,便嫁莫留住。(陈琳诗)

前后所问,一焚灭之,莫令人见也。(吴志,陆抗传)

愿早定大计,莫用众人之议也。(又,鲁肃传)

莫声，但听。（宋书，文九王，巴陵哀王传）

尔但安意攻城，莫走。（又，臧质传）

诸君莫叹贫，富贵不由人。（鲍照诗）

世说新语一书，多存魏、晋口语，其中莫字频见，如：

卿莫作强口马，我当穿卿鼻。（文学）

当今乏才，以尔为柱石之用，莫倾人栋梁。（规箴）

我以第一理期卿，卿莫负我。（宠礼）

又萧齐时所出百喻经，亦皆用莫，如：

莫见瞋也。（宝箧镜喻）

语汝莫来，何以故来？（饮木筒水喻）

好看驼皮，莫使湿烂。（估客驼死喻）

曲礼上‘毋不敬’陆氏释文，及古文尚书大禹谟‘帝曰，毋，惟汝谐’孔疏，并引说文云，‘古人言毋，犹今人言莫。’而论语‘过则勿惮改’皇疏亦云，‘勿，犹莫也。’唐、宋之世，莫为常语，其例甚繁，今世方言亦有仍之者。

径以不字为禁戒之词，仅有一疑似之例：

我且往见，夷子不来。（孟子，滕文公上）[18]

通常多合得字为之。先秦多言毋得，汉以后多言不得。唐、宋以后不须转盛，衍而为今世之不要，遂成禁戒之通式。是则禁戒之辞以毋始，而亦终合于不也。

抑以近世汉语之一般趋势言之，否定之词，实以不为巨擘。古语不、非、無各有其主要之用途，今则非变而为不是，無之表语气者亦如上所述，或先或后见并于不，乃至有無之义亦有不字入侵之迹。北梦琐言卷四：

梁太祖未建国前，崔禹昌擢进士第，有别业在汴……梁祖以其有庄墅，必籍牛，乃问曰，‘庄中有牛否？’禹昌曰，‘不识得有牛。’意是無牛，以时俗语不识得有对之。

今世通语及多数方言，固仍保有無字（没<勿，见85页），唯云南方言则作不有，斯诚所谓百尺竿头更进一步者矣。[19]

注：

① 毋、無通用之例，触处皆是，姑拈数例，以示一斑：

(1) 仪礼，士昏礼，‘夙夜毋违命’，士相见礼，‘毋上于面，毋下于带’，公食大夫礼，‘毋过四列’，郑注皆云‘古文毋为無’；士相见礼，‘毋改’，郑注‘古文毋作無’。

(2) 今本作無而经典释文出毋复云‘本亦作無’者：

论语，学而，‘無友不如己者’。

又，子路，‘無倦’，‘無欲速’。

今本作毋，而经典释文云‘本亦作無’者：

诗，小雅，白驹，‘毋金玉尔音’。

今本作無而经典释文云‘本亦作毋’者：

诗，郑风，大叔于田，‘将叔無狃’。

又，大雅，民劳，‘無纵诡随’。

(3) 汉人引经，無作毋者：

春秋繁露，祭义引诗，小明‘無恒安处’作‘毋’。

史记，宋世家引洪范‘凡厥庶民，無有淫朋’至‘岁月日时無易’，凡十七见，一作‘無’，一作‘亡’，余皆作‘毋’。又，鲁世家引书，無逸，作毋逸。

汉书，车千秋传引洪范‘無偏無党’，作‘毋’。又，刘向传引书，益稷‘無若丹朱傲’，作‘毋’。

论衡，儒增篇引無逸，作毋佚；又，问孔篇引论语‘無违’，作‘毋违’；又，遣告篇引书‘無若丹朱傲’，‘無若殷王纣’，皆作‘毋’。

仪礼，觐礼，郑注引左传（僖9）‘無下拜’，作‘毋’。

区别毋为禁止之义，無为有無之义，乃后来之事。古代不独禁止之义可作無,有無之义亦可作毋,如韩非子,说林上,'然使十人树之而一人拔之,则毋生杨矣';秦策3,'众口所移,毋翼而飞'皆是也。实则两义初俱有音無字;毋(母)与無(橆)皆假借字,而二者皆兼有有无与禁止二用。金文毋与母无别,無亦不从亡,许叔重亦姑就后来字形为说耳。以金文言,假毋为多,無为少,其后殆因毋与母之语音渐歧(至陆氏释文乃不得不屡为'毋音無'之说明,唐人注班、范汉书,亦多以'無'音'毋',知唐世毋、母二音已区以别矣),而無之本义又增艸为蕪,故渐舍毋从無;于以知汉人引经率作毋者未必非古,而所谓古文经多作無者适足证明其写定之晚耳。

② '释否定词弗、不',庆祝蔡元培先生六十五岁论文集,1935,967—996页。

③ 动词颇多可有内动、外动两用者,往往即以此而有毋、勿之别,如:

王無异于百姓之以王为爱也。(孟子,梁惠王下)

王勿异也。(又,万章下)

然如前用毋而后無止词,则谓为内动、外动皆無不可,如:

先生毋复言也。(韩策2)

先生置之,勿复言已。(楚策4)

又动词之后继以焉字者,通常用毋,罕用勿。如:

君無尤焉。(孟子,梁惠王下)

君無见焉。(同)

王無患焉。(又,公孙丑下)

离立离坐,毋往参焉。(曲礼上)

诘朝之事,尔無与焉。(左,襄14)

尤、见、患、参、与,皆显然为外动词,而皆用毋,则焉字为用,有类于之。马眉叔(文通二之三)分别焉字或与于之相当,或仅与之字相当,此诸例或可为一佐证。美国George B.Kennedy氏(A Study of the Particle 'yen', JAOS,1940,№1)欲纳焉字之一切用法于于之、于是,不知于此将作何说。

④ Some Proleptical Remarks on the Evolution of Archaic Chinese, HJAS, 1937, №2.

⑤ 马眉叔以自与相为互指代字(文通二之六,四)。杨遇夫纠之曰,'相,状字'(刊误卷二),是也;然杨君亦以自字归人称代词(高等国文法,第三章甲,一,E),似仍可商。

⑥ 诸例蒙胡厚宣先生录示,附此志谢。

⑦ 汉崔瑗作'座右铭',首云'無道人之短,無说己之长,施人慎勿念,受施慎勿忘',两無字及两勿字犹存分别。乐天'座右铭'即仿崔作(序曰:崔子玉'座右铭',予窃慕之。虽未能尽行,常书于屋壁。然其间似有未尽者,因续为'座右铭'),而四勿字尽违古例矣。

⑧ 前引丁文'附记'。

⑨ 稗海本作'变作赤烘,尽是没益',此从太平广记卷250引。

⑩ B.Karlgren, Le proto-chinois, langue flexionnelle, Journal Asiatique, 1920.高氏谓凡宾位代词皆较主位代词为强;古代汉语以吾与女为主位代词,我与尔为宾位代词;就晚周文献言,我与尔用于主位者已甚多,即强式已侵入弱式之领域。案今语代语主宾两位已無形态区别,第一身已统一于我,第二身全用你,你即尔也。

⑪ 今语之底由者出,余别有文论之(本书127—130页)。

⑫ 下子贡曰,'子如不言,则小子何述焉?'是'無言'之言仍为言说义而非言辞义(译为今语,为'不说甚么',非'没有话说')。

⑬ 今本作'与秦城何如? 不与何如?'王念孙引御览(卷450)所引正之(读书杂志二之二),今从御览。

⑭ '能無……乎?'之句法,左传屡见,如:'能無战乎?'(僖28),'能無往乎?'(襄5),'能無归乎?'(襄14),'能無从乎?'(襄31),'能無退乎?'(昭16),'邑能無亡乎?'(昭24)。

⑮ 今本作'瞽两目眣,君奚为不杀?'此从艺文类聚所引,似较长。

⑯ 但贾疏作'学者',不作'君子'。又王氏经传释词(卷十)云,汉书谷永传亦引作'君子食不求饱,居不求安',检汉书未见。

⑰ 容状之词尤易有無与不两可而不涉语气变易之例，如洪范‘無偏無党，王道荡荡；無党無偏，王道平平’；文为赞颂之体，语气应为直陈，無字当系用有無之本义，惟以偏与党作名词观，故用無而不用不。然墨子兼爱下，史记张释之冯唐传赞，说苑至公篇，汉书东方朔传引此均作不，则皆以偏与党作状词观者也。

⑱ 赵注，‘是日夷子闻孟子病，故不来，’是以夷子不来自成一句，直记其事。朱子集注以此属上，解为孟子止之之言，王氏经传释词因之。不字独用代毋，既罕见他例，似应以赵注为正解。

⑲ 不有亦见古籍，然或表反诘，义同岂無，如论语阳货：‘不有博奕者乎？为之犹贤乎已’；或表假设，义同若無，如左传僖28，‘不有居者，谁守社稷？不有行者，谁扞牧圉？’無等于单纯的無字者。

（原载华西协合大学中国文化研究所集刊一卷四期，1921）

【补记】汉魏人谓死为‘物故’，自来注家不一其说。师古（汉书，苏武传注）云，‘言其同于鬼物而故也；一说不欲斥言，但云其所服用之物皆已故耳。’而裴氏父子（蜀志，刘璋传注；史记，张丞相列传集解）皆引魏高堂隆说，‘物，無也；故，事也；言無复所能于事也。’隆说又引见通典卷八三，云‘闻之先师’云云。诸说长短与本篇無涉，可注意者，‘物，無也’之训释，若非同音相诂，实不易设想其意义上有何联系。疑有無义之‘無’作‘勿’音，汉魏间已然。又晋书吕光载记，‘且其兄弟内相离间，可乘之机勿过今也，’亦以‘勿’作‘無’用，修晋书者谅有所本，当亦出于唐以前也。

1954年11月8日

相字偏指释例

一　互指与偏指

诗行苇传'内相亲也'疏:'相者,两相之辞'。此义之相自先秦以迄今兹,恒所习用,无待示例。而相字于互指之外复有偏指之用法。所谓偏指,由于句法之差异,亦有二义。

相字之表交互,其所表之观念为一,而实际表达之句式有二。其一,交互关系存在于A,B两辞之间,'辅车相依'(左传,僖五),'安危相易,祸福相生'(庄子,则阳)是也。其二,交互关系存在于一辞所包举之各个体之间,'四人相视而笑,莫逆于心'(庄子,大宗师),'布帛长短同,则贾相若'(孟子,滕文公上)是也。而二者皆有偏指之例。

以一辞之句言,'四人相视而笑'者,彼此相讽,彼视此,此亦视彼也;而有非然者,如:

> 夫物之不齐,物之情也;或相倍蓰,或相什百,或相千万。(孟子,滕文公上)
>
> 地之相去也,千有余里;世之相后也,千有余岁。(又,离娄下)
>
> 此二人相与,天下至欢也,然而卒相禽者何也?(史记,淮阴侯传)

例一,此为彼之倍蓰或什百千万,则彼不得复为此之倍蓰或什百千万;故此句之相不得谓为两相之辞。例二,'地之相去',舜生于诸冯,文王生于岐周,二地相去也;而'世之相后',则文王后乎舜,舜不后乎文王。例三,'二人相与',张耳陈余二人相与也;而'卒相禽',

则张耳擒陈余，陈余未尝擒张耳。此皆一句之内再用相字，而有互与偏之别者。此类偏指，于句法无多影响，非本文所欲言。

兹所讨论者为二辞之句内相字之偏指用法。前举左传例‘辅车相依’者，辅依车，车亦依辅。然如‘其能降以相从也，无滋他族实逼处此，以与我郑国争此土也’（左传，隐十一），则谓许从郑，非郑亦从许，相字亦无两相之义。此类偏指用法，先秦经籍不数数见，两汉渐多，魏晋以后滋盛。

二　偏指类例

以形式言，凡互指之句，其A，B两辞互为施受，隐显相俱。偏指之句，A辞施而不受，其隐与显一循句法之寻常则例；B辞受而不施，通例不复标示，一若相字足以相代者。如上举‘其能降以相从也’，其义与‘降以从我’无殊，而有相字以相指示，则不复标‘我’也。

今依A，B两辞之三身区别，分类举例于次：

B辞为第一身（我）。复以A辞之为第二或第三身别之。

［2—1型］　始吾与公为刎颈交；今王与耳旦暮且死，而公拥兵数万，不肯相救。（史记，张耳陈余列传）

小生乃欲相吏耶？（汉书，朱云传）

易世矣，宜勿复相怨。（又，游侠，原涉传）

而将军受谮润之言，还相嫌疑。（吴志，孙坚传）

国家所以屈诸君使相承望者，以仆有尺寸可称，能忍辱负重故也。（又，陆逊传）

卿诸人作事如此！不早相语，今祸至方告我，不亦太剧乎？（蜀志，先主传，注引孔衍汉魏春秋）

一夫有死，皆亮之罪。以此相贺，能不为愧？（蜀志，诸葛亮传，注引王隐蜀记）

此丞掾之任，何足相烦？（后汉书，马援传）

行矣！不能相救，无为两没也。（又，邓晨传）

足下相难，依据者何经？（世说，言语）

萁在釜下燃，豆在釜中泣，'本是同根生，相煎何太急？'（又，文学）

卿何以相负？（又，方正）

[3—1 型] 或者人见孤强盛，又性不信天命之事，恐私心相评，言有不逊之志，妄相忖度，每用耿耿。（魏志，武帝纪，注引魏武故事载自明本志令）

后世谁相知定吾文者邪？（魏志，陈思王植传，注引典略载植与杨修书）

债家至而相敦，乃取东而偿西。（束晰，贫家赋，见全晋文卷87）

我与季虽无素故，士穷相归，要当以死任之。（后汉书，冯鲂传）

B辞为第二身（尔）。复以A辞之为第一或第三身别之。

[1—2 型] 若望仆不相师，而用流俗人之言。（司马迁，报任少卿书）

又念十金法重，不忍相暴章，故密以手书相晓，欲君自图进退。（汉书，薛宣传，与杨湛记）

我以柔弱徵，必选刚猛代；代到将有僵仆者，故相吊耳。（又，何并传）

子敬，孤持鞍下马相迎，足以显卿未？（吴志，鲁肃传）

前已相敕，终不以鞭杖相加，非相欺也。（又，黄盖传）

适吾有密事，且出就馆，事了别自相请。（又，周瑜传，注引江表传）

以卿善射有无，欲相试耳。（又，赵达传）

天下大器非可稍了，而相观每事欲了。（晋书，傅咸传，杨济与傅咸书）

上下如何……王珉相报。（王珉杂帖，见全晋文卷20）

故呼巨卿，欲相属以军事，而反效儿女子涕泣乎？（后汉书，来歙传）

视子非卖饼者，又相问而色动；不有重怨，即亡命乎？（又，赵岐传）

汝知悔过伏罪,今一切相赦。(又,冯鲂传)

今岁垂尽,当选御史,意在相荐,子其宿留乎?(又,韦彪传)

事克当相用为荆州。(世说,识鉴)

卿在府久,比当相料理。(又,简傲)

若遭遇英雄主,要取万户侯,当厚相报。(宋书,王镇恶传)

诸王赠别,有此琵琶,今以相与。(又,张畅传)

[3—2 型] 京兆尹赵君谢两卿……释质束手,得善相遇。(汉书,赵广汉传)

若卿在内俱谏,必当相从。(晋书,卞壶传,与温峤书)

吾子少立德行……佥曰之谈,咸以清远相许。(又,王坦之传,答谢安书)

闻官前逼遣足下甚急,想已相体恕耳。(王献之杂帖,见全晋文卷27)

毅与公同起布衣,一时相推耳。(宋书,王诞传)

君家民人甚相忿怨。(又,张畅传)

B辞为第三身(之)。复以A辞之为第三或第二身别之。

[3—3 型] 宗室近幸臣……不能相教,当皆免削。(史记,淮南衡山列传)

关东流民饥寒疾疫,已诏吏……相振救。(汉书,于定国传)

禹为人廉裾,为吏以来,舍无食客,公卿相造请,禹终不行报谢。(又,酷吏传,赵禹)

穆居家数年,在朝诸公多有相推荐者。(后汉书,朱穆传)

众论既异,愤愤不得意,而未有以相夺。(又,李固传)

生子无以相活,率皆不举。(魏志,郑浑传)

郗太尉……后朝觐,以王丞相末年多可恨,每见必欲苦相规诫。(世说,规箴)

群下见陛下顾遇既重,恐不敢苦相侵伤。(宋书,庾炳之传)

[2—3 型] 长卿故倦游,虽贫,其人材足依也,且又令客,独奈何相辱如此?(史记,司马相如传)

诚哀老姊垂白随无状子出关,愿勿复用前事相侵。(汉书,杜业传)

二年之别,千里结言,尔何相信之审邪?(又,范式传)

先公勋业如是,君作东征赋,云何相忽略?(世说,文学)

以上诸例,相字冠于动词,动词之后胥不著受事之辞。然相字亦有先于介词者,如'相为、相与';用于偏指者,以[1—2]型为最多,间有[2—1]型(如下例一),未见B辞为第三身者。[①]其例:

与君共事已来,立朝廷,君之相为匡弼,君之相为举人,君之相为建计,君之相为密谋,亦已多矣。(魏志,荀彧传,注引彧别传载曹操与彧书)

本为国家作豫州刺史,不来相为拾弃仗也。(又,贾逵传,注引魏略)

山阳屯送将军所失大封,国家无好金,孤自取家好金,更相为作印。(魏志,吕布传,注引英雄记)

但相为惜此举动,恐有后悔耳。(蜀志,费诗传)

卿可去矣。至洛阳当相为美谈。(世说,贤媛)

相与同姓,卿兄犹我兄。(蜀志,赵云传,注引云别传)

相与别后,时时暂出耳,不复如往日之时也。(吴志,潘浚传,注引江表传)

讵得尔?相与似有瓜葛。(世说,排调)

复有动词之后自有受事之辞,相字所指有类于所谓'间接宾语'者,如:

诸君相还儿,厚矣;夫人情虽爱其子,然吾怜戬之小,请以陵易之。(魏志,张范传;陵,范子;戬,范弟承子)

初受郡遣,但来视章通与未耳。吾用意太过,乃相败章。(吴志,太史慈传)

句有偏指之相则受事之辞例不标明,已如上述;因而受事为何,只能由上文推知。如下各组之例,皆以相冠于同一动词,而受事各别者也。

满百乃相闻。(汉书,游侠传,陈遵)(2—1)

好自爱,屡相闻。(陆云,与杨彦明书)(2—1)

自今以后,手书相闻,勿用旁人解构之言。(后汉书,隗嚣传,引光武手书)(1—2)

比尔,自相闻也。(王羲之杂帖,全晋文卷23)(1—2)

今子相随,是重吾祸也。(后汉书,范滂传)(2—1)

吾闻江东……宁肯相随俱至乐土以观时变乎?(吴志,鲁肃传,注引吴书)(2—1)

吉凶当相随,终不独生活也。(又,孙和传)(1—2)

其妻亦负戴相随。(汉书,朱买臣传)(3—3)

遂令诸女各归报其夫,皆曰,'安所相避。'(汉书,霍光传)(1—2)

尔曹若健,远相避也。(后汉书,赵熹传)(2—1)

乃至一贯之辞,有连用相字而所指受事不同者,如:

卓怒毖曰,'诸君言当拔用善士,卓从君计……而诸君所用人,至官之日,还来相图。卓何用相负?'(蜀志,许靖传)(3—1,1—2)

'还来相图',图我也;'何用相负',我何负诸君也。

相字所示受事之辞(B)为何,固非综观上下文末由确定,然大概言之,亦可由施事之辞(A)推得之。以前举诸类之例观之,三类之中,以受事为第二身者为较多,第一身次之;第三身又次之。而以型别言之,则以[1—2][2—1][3—3]三型为最著。故如A辞为第一身,则几于可以断言所隐括之B辞为第二身(1—3型在原则非不能有,而罕见实例);推之A辞之为第二第三身者亦然,唯机数较差耳。

三　偏指用法之演成

相字之偏指用法，显由其互指用法变化而生，其经过当为如次之阶段：

(a) AB相V^r(^{r}表互及作用)，

上引'辅车相依'诸例属之。

(b) A与B相V^r，如：

我与若不能相知也……然则我与若与人俱不能相知也。(庄子，齐物论)

后世其人与人相食与？(庄子，徐无鬼)

季辛与爰骞相怨。(韩非子，内储下)

(c) A——与B相V^r，如：

逢丑父者，顷公之车右也，面目与顷公相似，衣服与顷公相似。(公羊传，成二)

第中鼠暴，多与人相触。(汉书，霍光传)

常与赵王彭祖相非，曰，'兄为王专代吏治事……'赵王亦曰……(汉书，景十三王传，中山靖王胜)②

以上(a)为表互指之通常句式，(b)之内容与(a)无异，而形式上增一'与'字；(c)之形式与(b)相同，而意义有间。(b)之A与B并列，(c)则动词之所承以A为主，形式上虽为互指，用意已有所偏。若藉文法术语说之，则(b)之与为连词，而(c)之与为介词也。更进而省略B辞，仅留与字，有如下式，则句之主干显为A—V，实相字由互指流为偏指之枢纽形式也。

(d) A与[B]相V，如：

张博从房受学，以女妻房，房与相亲。(汉书，京房传)

夜过半，木城穿，中人却入土城，乘城呼；时康居兵……四面环城，亦与相应和。（又，陈汤传）

质一人，不得不与曹氏相首尾；与相首尾，则命召不得不往。（吴志，周瑜传，注引江表传）

若并与字而亦省之，即为通常之偏指句式。然亦得分为两类。其始也，动词仍可视为附有互及作用，其式为

(e) A[与 B]相 V(r)，例如：

其女孙敬，为霍氏外属妇，当相坐。（汉书，张安世传）

掩定襄狱中重罪二百余人，及宾客昆弟私入相视者亦二百余人。（又，酷吏传，义纵）

我与稚季，幸同土壤，素无睚眦；顾受将命，分当相直。（又，孙宝传）

孙君，丈夫图事，岂有无伴？烈士死，不足相牵耳。（吴志，胡综传，注引吴录）

迄乎相习既久，则虽动词绝无互及之义，亦袭用相字之式，是为

(f) A 相 V＝AV(B)，

第二节诸例属之。此类例句，若标明 B 辞，易为(c)式，句义率不可通，如云'公拥兵数万，不肯与我相救'（2—1 型例 1），'独奈何与之相辱如此'（2—3 型例 1）是也。

以上分别立式：以外形言，则为 a|b，c|d|e，f 之四段；以意义言，则为 a，b|c，d，e|f 之三段。惟如此过程仅 B 辞为第三身之句备之。余两类则原来 AB 两辞为'尔与我'或'我与尔'，其明白标举者如上引 b 式例 1；然此实罕觏，习惯上皆略而不言，如：

始姬少时与管夫人、赵子儿相爱，约曰，'先贵，毋相忘'。（史记，外戚世家，高祖薄姬）

此可视为 b 之变式（AB 仍并列）。然此式极易由互指转为偏指，如：

子夫上车，主拊其背，曰，'行矣！强饭，勉之！即贵，愿无相忘'。（同

上，孝武卫皇后）

句之形式与上例同，然以意义言则(e)或(f)[2—1]型之属也。故B辞为一身二身之句鲜有(c)(d)之过渡形式。

然均之始于(a)式之AB交施而互受者，终于(f)之仅A施而B受；相字之外形依然，而其实质不得不谓为已有若干变易，犹之通衢行车，东西交往，而有时定为单程交通焉。复类列不同阶段之应用同一动词者如次，亦足为比观之资也。

父子不相见。（孟子，梁惠王下）(a)

寡君愿与一二兄弟相见。（左传，襄三）(c)

见宣甚说其能……还至府，令妻子与相见。（汉书，薛宣传）(d)

下有司议，皇太子得与傅太后丁姬相见不？有司奏议，不得相见。（又，外戚传，孝元傅昭仪）(c,e)

不及黄泉，无相见也。（左传，隐元）(b变)

尔为吾子，生毋相见，死毋相哭。（公羊传，隐三；＝吾生，尔毋与我相见；吾死，尔毋哭我）(e,f)

若欲就天下而不相见，窃为足下失之。（史记，郦食其传）(e,2—1)

光心恐傅太后与政事，不欲令与帝相近。（汉书，孔光传）(c)

老臣有四男一女，爱女甚于男，……不胜父子私情，思与相近。（又，张禹传）(d)

深与统相结而还。（蜀志，庞统传）(c)

君何不交欢太尉，深相结。（史记，陆贾传）(e)

慕乐德义，思相结纳。（后汉书，隗嚣传，引光武手书）(e或f,1—2)

郡国诸豪及长安五陵诸为气节者皆归慕之，涉遂倾身与相待。（汉书，游侠传，原涉）(d)

卓重邕才学，厚相遇待。（后汉书，蔡邕传）(f)

卓王孙有女文君新寡，好音，故相如缪与令相重而以琴心挑之。（史记，司马相如传）(c)

高祖雅相重，申以婚姻。（宋书，谢景仁传）(f)

楚司马子成，秦公子蒲与吴王相守。（吴越春秋，卷四）(c)

吏士思归，不欲久相屯守。（后汉书，公孙述传，引光武诏）(e)

相字原来以互指为其本用，何以又演为偏指？虚助字之用法往往因时而变，其动机有未可尽得而明者；然窃疑相字之此种发展与古人应用三身代词之习惯不无关系。先秦文字不避尔我，诗书诸子皆然。秦汉以降，用君、公、臣、仆等字以相代者浸浸日甚，自非于其亲密或卑幼，不得轻为'尔汝'之称。[③]相字之为偏指，有藉以省略宾语之用，当为甚有用之方式。是则偏指之相之所以独盛于宾语为第二或第一身之句，不为偶然也。

四 相之词性

今试就相之词性略为申说。马氏文通（卷二之六）以相为'互指代字'，其言曰：

互指代字即自与相、交诸字；先于动字，即以表施者受者之为一也。[④]

杨树达于马氏文通刊误（79页）正之曰：

按相、交皆状字，非代字。

刘复撰中国文法讲话，亦持此解，而为说较详（127节）。其论据有二：一者，从形式言，相字改置动词之后不可通，与自字异；[⑤]二者，从意义言，表相互之意，可用代词，亦可用副词：英语有 each other 与 one another，然亦有 mutually，相字略与后者相当。

愚案杨刘二君之言是也。马氏盖泥于欧语之有互指代词，因而以汉文之相、交诸字当之。苟离开某种特殊语文而试从一般与抽象的见地言之，则交互之观念初无非以代词表示不可之必要，以副词表示之或更为自然。马氏之说实未免削足适履之病。

然偏指之相，其词性有无变易，似犹可商榷。自形式方面言之，相字之由互而偏，其变甚渐，无截然之界限；互指之相不能置于动词之后，偏指之相亦不能置于动词之后，则仍应列于副词。然自意义方面言之，则偏指之相其内涵实至空洞：互指之相表交施而互受，偏指之相仅表施受之非一。意义既若是其消极，即应失去其存在之理由，盖大多语句皆施受各殊，无待特殊之字为之表示也。然此相字自有其句法上之作用：用此相字则宾语可以从略，且非从略不可。由此点观之，此相字不得不谓为具有一种指代作用，而此种指代作用则寻常皆以代词行之者也。（如庄子人间世，'凡交，近则必相靡以信，远则必忠之以言'，即以相与之为互文。）苟以此相字列于副词，则应定为代词性副词（pronominal adverb），若不拘动词前后之形式限制，则亦得径视为一种代词也。

五　相信、相帮

动词之前有偏指之相则宾语隐而不显，此文言之通例。而亦有复出宾语者，如：

> 小蛇谓大蛇曰，'子行而我随之，人以为蛇之行者耳。必有杀子者。子不如相衔负我以行，人必以我为神君也。'乃相衔负以越公道而行。（韩非子，说林上）
>
> 昨道诸书，今示卿相见之。（王羲之，杂帖，全晋文卷 23）
>
> 故相报卿知。（宋书，始安王休仁传）
>
> 帝将赐之妾，皇后相闻晞妻。（北齐书，王晞传）
>
> 此等相抚儿子，咸言府君生汝。（又，苏琼传）

誓不相隔卿。(古诗为焦仲卿妻作)

如斯之例,虽载籍所见不多,而语法推衍,事所恒有,未始不可于此中窥其消息。宋人平话中有类此之例:

便将崔宁到宅里相见官人。(京 10.8)

免不得买些酒相待他们。(又 12.7)

我因无子,相烦你二人说亲。(又 13.2)

复检百二十回本水浒,得如下诸例:

相烦押司便行此事。(18.24)

便是主人家娘子待怎地?相伴我吃酒也不打紧。(29.21)

我三个若舍不得性命相帮他时……。(15.72)

有劳娘子相陪大官人坐一坐。(24.48)

拿了朴刀,相别曹正,拽开脚步,投二龙山来。(17.5)

同书亦仍有不出宾语者,如:

倒来相扰,多激恼你们。(15.66)

教授远来,我们也对付十来个重五六斤的相送。(15.67)

休要相谢,都是一般客人。(16.91)

然你、我等字本可略而不言。与上举诸例合而观之,则相字显已失其指代之用,仅为无特殊意义之动词前加成分,相烦犹言烦请,相扰犹言打扰,虽无宾语,亦不得与文言之同一形式相提并论矣。

类此之例,近世之语体著作中犹偶一遇之,唯已限于二三特殊动词,不复广泛应用。其例:

或遇着开坛诵经,亲友上祭之日,亦扎挣过来相帮尤氏料理。(红 64.2)

你而今相与了这个张老爷,何愁没有银子用。(儒 3.26)

儒林外史所用为长江下游官话,其中相与一词迄今沿用;红楼梦用北京话,而相帮一词则今日转只见于吴语。以今日而论,此式动词最习见者为相信,其例甚多,不烦列举。然以实际口语言,则仅长江各地方言中通行,北京话及其他北地方言多只用信一字也。

注:

① 先秦文中无‘相为’而有‘相与’。其涵义或为‘共同’,犹如孟子之用‘相率’,如:

臧与穀相与牧羊而俱亡其羊。(庄子,骈拇)

伯乐教二人相踶马,相与之简子之厩观马。(韩非子,说林下)

或为‘对往’,则与单用相字无殊,如:

儵与忽时相与遇于浑沌之地。(庄子,应帝王)

郑人有相与争年者。(韩非子,外储左上)

然皆用于互指(与字应视为动词),无偏指例。

② ‘赵王亦曰’,史记五宗世家作‘赵王亦非之,曰’。如依此文,则上句之‘常与赵王相非’已为纯然之偏指,与‘常非赵王所为’无异矣。

③ 孟子尽心下篇云,‘人能充无受尔汝之实,则义不可胜用也’,此可知战国时尔汝相称已为不敬。

④ 此定义颇可议,施受合一与互指实为不相容之二事。自字表施受之为一,然二者既萃于一身,则‘互’于何有?相字表相互,然必先有彼此而后有相互之可言,又乌得谓为施受合一?疑‘先于动字’前脱‘自字’二字。因马氏于本节说明中又有‘至动字之前加相字……明施者所指不一,故有交互之行’诸语也。

⑤ 以一字之能否位于动词之后判断其为代词抑副词,不失为一种良好之形式评准。然如以此为准,则自字亦应列为副词,盖文言于动词之后例只用己,不得用自也。刘君谓自字可复原于动词之后,‘自寇’=‘寇自’,‘自煎’=‘煎自’,因谓自字乃代词,殊嫌牵强。自字之可否定为代词,或应由其他观点考虑之。

(原载金陵、齐鲁、华西大学中国文化汇刊第二卷,1942)

见字之指代作用

汉语三身之称代，第二三身皆与别择指示之词相因缘，① 惟第一身则以独有之语词为之。文籍中复有假用他类词以为指示者：相字本副词也，而汉魏以来亦有用如代词者，余已别有短文论之；复有见字，亦有类似之作用，魏晋以来所常见，而限于第一身。

见原为动词，或曰助动，② 义略同被；郑风褰裳序'思见正也'疏，'见者，自彼加己之辞'是也。其例：

盆成括见杀。（孟子，尽心下）

说行而有功，则见忘；说不行而有败，则见疑。（韩非子，说难）

王始不往，见让而往，往则为禽矣。（史记，彭越传）

请师见拒，辞行被拘。（后汉书，臧洪传，与陈琳书）

然有见字前之名词对于见字后之动词，不为受事而为施事者，如：

若使君不见听许，登亦未敢听使君也。（蜀志，先主传）

诸葛亮见顾有本末，终不尔也。（又，费诗传）

时文雅之士，焕然并作；同僚见命，乃作赋曰……。（陆云，愁霖赋序）

安乐令栾弘……赋诗见赠，答之云尔。（傅咸，答栾弘诗序）

家叔以余贫苦，遂见用于小邑。（陶潜，归去来辞序）

步有何过，君前见攻之甚乎？（后汉书，张步传）

初除之日，士大夫皆见吊勉。（又，虞诩传）

既无文殊，谁能见赏？（世说，文学）

若府君复不见治，便无所诉。（又，规箴）

卿昔尝见臣，今不能见斟一杯酒乎？（宋书，刘穆之传）

遂遣萧欣到彦之等轻舟见袭。（又，谢晦传）

主上见待要应有方，我欲与客共会，岂当不得待竟？（又，谢景仁传）

有见字之前虽不标主语，而显不为见后动词之受事者：下列三例皆省略第二身代词，于‘怨、蒙、劳’诸动词为受事，而于‘救、召、归’诸动词则为施事。

前实怨不见救，定至今日乃知调度自有方耳。（吴志，陆逊传）

寻蒙见召为从事中郎。（晋书，卞壶传，上笺自陈）

有顷，认者得牛而送还，叩头谢。……宽曰，‘物有相类，事容脱误；幸劳见归，何为谢之。’（后汉书，刘宽传）

余如：

远来疲乏，若有甘蔗及酒可见分。（宋书，张畅传）

凡举事无为亲厚者所痛，而为见仇者所快。（后汉书，朱浮传）

贵府始建，军吏实须其才；仓卒之际，当略无见逾者。（宋书，刘穆之传）

凡此诸例，皆不得释见为被者也。

马氏文通（卷四之二）说见、被等字表被动；其后云，‘然韩文进学解云，“然而圣主不加诛，宰臣不见斥，非其幸欤？”其意盖谓不为宰臣所斥也，则“见斥”二字反用矣。未解。’杨氏刊误（129页）引汉书云敞传（见下）及后汉书吕布传（见下引魏志）云，‘是见字古自有此种用法，非韩文创为也；’又云，‘此乃见字之变用法。’（高等国文法，164页；词诠，卷四，18页，略同。）马氏不解见字有不表被动之用法，诚失之陋；然杨君所谓‘变用’究作何用，亦未尝有明确之界说。

省阅上引诸例，有相同者一事，见后动词之受事皆为出语者本人，而皆略而不言。去见字而于动词之后著我，如云‘若使君不许登,登亦未敢听使君也','凡举事无为厚我者所痛,而为仇我者所快',句义无殊。故云见字之用有类第一身之指代词,或更审慎言之,见字表示第一身代词作宾语之省略。孔疏不云'自彼加此',而曰'自彼加己'(彼己＝人我),殆即此意。

寻绎见字此种用法之由来,当先审别见字表被动之句式。有仅举受事之辞者,位于见字之前,如'盆成括见杀'诸例是。有兼及或只标施事之辞者,则以于字为介,位于动词之后;如以 A 代施事,R 代受事,则句式为

R 见 V 于 A。

例如：

吾常见笑于大方之家。(庄子,秋水)

弥子瑕见爱于卫君。(史记,韩非传)

且夫臣人与见臣于人,制人与见制于人,岂可同日道哉?(又,李斯传)

吾以布衣见哀于石君。(汉书,游侠传,万章)

表示被动意义之句法,别有'为……所'一式,

R 为 A 所 V。

例如：

微赵君几为丞相所卖。(史记,李斯传)

吾悔不用蒯通之计,乃为儿女子所诈。(又,淮阴侯传)

于是有糅合二者为一者,其式为

R 为 A 所见 V。

例如：

金城郡昔为韩遂所见屠剥,死丧流亡……户不满五百。(魏志,苏则传,注引魏名臣奏张既答文帝问)

壶年九岁,为先母弟表所见孤背,十二,蒙亡母张所见覆育。(晋书,卞壶传,上笺自陈)

孤以常才，谬为尊先君所见称。（晋书，秃发傉檀载记）

近又有道士张宝为公见信。（宋书，庐江王祎传；此例无所字）

此种句法不免叠床架屋之嫌，故不恒见；然此实见字用法变化之枢纽，盖由此例删去‘为……所’，冗重者复化为轻灵，即为常见之非被动式；盖‘为……所’一增一删之间，施事之词已由后移前，而见字亦遂发生指代之作用矣。若以符号表之，当为

A 见 V＝A V(R)。

例句已见上文；今更引二例以与卞壸传例比较：

生孩六月，慈父见背。（李密，陈情表）

自去故乡，荏苒六年，惟姑与姊，仍见背弃。（陆云，岁暮赋序）

见字表被动，其主语（亦即见后动词之受事，R）不限于三身之任何一身，如篇首所引四例，例一为第三身，例二为通指，例三为第二身，例四为第一身（省略）。中间过渡之式，亦尚无限制，如苏则传例即为第三身。至于指代性用法盛见之后，则率施于 R 为第一身之句。施于第三身者，如：

中牟疑是亡人，见拘于县。（魏志，武帝纪，注引郭颁世语；＝拘之）

王华贼亡之余，赏擢之（不?）次，先帝常见访逮，庶有一分可取。（宋书，谢晦传；＝常访问之）

实为仅见。故就通常文例言之，无妨谓见之指代限于第一身也。

见字之指代用法，其兴起视相字之指代用法为略后，而并盛行于魏晋六朝。在二者并见之文句，相字常指第二身，与见字相对。如：

司州秀才潘正叔……作诗以见规……答之虽不足以相酬报，所谓盍各言志也。（傅咸，答潘尼诗序）

羊云，‘君四番后当得见同。’殷笑曰，‘乃可得尽，何必相同。’乃至四番后一通。殷咨嗟曰，‘仆便无以相异。’（世说，文学）

此不必见关，但与君门情，相为惜之。（又，规箴）

吾相遇甚厚，何以见负？（晋书，罗企生传）

然亦有同指第一身者，如：

许下论议，待吾不足，足下相为观察，还以见诲。（魏志，陈矫传）

若……足下忽有声命于子云，勤见保属，令得假途……不然，当复相绍介于益州兄弟，使相纳受。（蜀志，许靖传）

过相褒美，猥见推逼。（晋书，石虎载记）

张祖希若欲相识，自应见指。（世说，方正）

用见之句，有得为被动与非被动之两种解释者：如司马相如子虚赋：

然在诸侯之位，不敢言游戏之乐，苑囿之大；先生又见客；是以王辞不复，何为无以应哉？

师古汉书注（卷57）云，'见犹至也，言至此国为客也；若今人自称见顾，见眷耳。'此以'先生'为施事者也。而史记索隐（卷117）文选注（卷7）并引如淳曰，'见宾客礼待故也。'此以'先生'为受事者也。以此句言，两说皆可通。然此特因客字可为不同之诠释（作客：待以宾礼）故耳；若动词之意义不变，则此两种解释必不相容，而孰是孰非不得不取决于上下文：如魏志吕布传，

后布诣允，陈卓几见杀状。

'卓几见杀'，谓'卓几被杀'，抑'卓几杀我'，二者不得并立；今知后者为正解，则通观上下文义之结果也。

以上所论为具备主语之句。然汉语文句之主语，常承上文而不复举，或缘面对而从省略，如下列二例即见作被解而略去其主语者：

匈奴至为偶人象郅都，令骑驰射莫能中；见惮如此。（史记，酷吏传，郅都）

汉已破矣，趣下三国；不且见屠。（又，齐悼惠世家）

因而有若干文句，可释为(R)见V，以见表被动，亦可释为(A)见V，以见示代词宾语之省略；见字之看法不同，而皆可通。例如：

莽长子宇非莽鬲绝卫氏，恐帝长大后见怨。（汉书，云敞传）（恐帝长大后王氏被怨；恐帝长大后怨王氏）

以尊不容朝廷，故见使相王耳。（又，王尊传）（故被遣来为王相；故遣我来为王相）

初不中风，但失爱于叔父，故见罔耳。（魏志，武帝纪）（故被诬耳；故叔诬我耳）

今鲂归命，非复在天，正在明使君耳。若见救以往，则功可必成；如见救不时，则与靖等同祸。（吴志，周鲂传）（若鲂获救；若使君救我）

昱迎拜车下，丹下答之。昱曰，‘家公欲与君结交，何为见拜？’（后汉书，王丹传）（我何为受拜；君何为拜我）

今日若能见杀，乃是本怀。（世说，贤媛）（我若能就死；君若能杀我）

我自是天下男子厌，何预卿事而见唤耶？（世说，假谲）（而被唤耶；而唤我耶）

如斯之句，往往可从时代或文体上判别何种解说较近真象；然既有歧解可能，则或亦有助于见字指代用法之形成。惟若以此为变化之关键，则又未必然耳。

注：

① 参阅作者说汉语第三身代词，本书38页。

② 杨树达，高等国文法，164页。

（原载金陵、齐鲁、华西大学中国文化汇刊第三卷，1943）

论底、地之辨及底字的由来

一　现代的de的用法

现代汉语中最常用的语助词要数de，通常写作的。这个词的用处很多，与语句的结构有关的约有以下几项。①

(a) 联接表领属或其他关系的名词或代词于名词；作用类似欧洲语言的名词和代词的领格尾变及某一类介词。例如'我的书'，'我哥哥的书'，'四川的大头菜'。

(b) 联接形容词于名词；作用类似欧语的形容词语尾及某一类介词。例如'浅近的书'，'薄薄的书'。

(c) 联接由动词或连带其主语和宾语组成的加语于名词；作用类似欧语的分词尾变及关系代词。例如'我看的书'。

(d) 联接加语于动词或形容词；作用类似欧语的副词语尾。例如'慢慢的读'，'用心的读'。

(e) 联接补语于动词或形容词；与欧语的某一类连词相似。例如'好的很'，'读的慢'，'说的舌敝唇焦'。

除(e)项是得字的另一写法，应该认为另一词外，其余四项可以总括为一，即联接加语于端语的作用。② 但前三项的端语是名词，第四项的端语是动词或形容词。而前三项的端语又可以省去，结果的字本身就仿佛有了称代作用。例如：

(a′)我的；我哥哥的。(b′)浅近的；薄薄的。(c′)我看的。

这些形式可以用在句子里的任何部分，但是最常见的是用作表语，这个时候就不一定能说是后面省去一个名词。

在的字还没有通行的时期，除(e)项作得外，其余分用底、地二字。近来因为的字的用处繁多，也很有人主张并实行在文字上分化。(d)项写地，已经很普遍；(a)(b)(c)三项，也有人都写的，主张分化的人还分别的和底，但似乎还没有严密的一致的规则。从历史上看，不但底和的是先后代兴的字，现在同时应用，和得字之为还原写法者有别，就是现在的的-底(以下简作的)和地的分别也和旧时的用法不尽相同。本文想在的字的演化过程中提出两个问题来讨论。第一，底和地没有写成的的时候，用法的分别如何？其次，这两个字的来源如何？

二　唐宋时期的底和地

唐宋人用底字不越出今人用的(的-底)的范围。例如：

若说道'我底学问如此'，你底不是必为人所攻。(陆语 286)(a)

遮个是老僧底，大德底在什么处？——亦是和尚底，亦是某甲底。(灯录 7.11)(a′)

不知官职是谁底？金盌是谁底？(四朝闻见录，乙 14)(a′)

真实底事作么生？(灯录 21.5)(b)

理只是人理，甚分明，如一条平坦底道路。(程语 226)(b)

你待包弹，怎开口？暖底雪，活底花，嫩底柳。(南湖诗余 8)(b)

上堂众集，有僧才出礼拜，师曰，'不是好底。'(灯录 24.22)(b′)

上介甫家，小底不如大底，南阳谢师宰家，大底不如小底。(默记 29)(b′)

人只是此一心。今日是，明日非，不是将不是底换了是底；今日不好，

明日好，不是将好底换了不好底。（朱语 76）（b′）

如何是一丸疗万病底药？（灯录 20.8）（c）

相公是无‘寸’底‘道’字，小子是有‘寸’底‘導’字，何谓不可也？（旧五代史，冯道传，注引五代史补）（c）

自古无不晓事情底圣贤，亦无不通变底圣贤，亦无关门独坐底圣贤。（朱语 181）（c）

适来碾损老僧脚底出来！（灯录 8.8）（c′）

甚今年容貌八十岁，见底道才十八！（稼轩词 97）（c′）

客又疑这仙翁，唐玄都观里咏桃花底？（后村长短句 2.2）（c′）

同时期的地字，有和今人用地相合的（即 d），例如：

个个作大师子貌，吒呀地哮吼一声。（灯录 13.5）

只为如此，所以祖师特地西来。（又 25.19）

今学者不见有奋发底意思，只是如此悠悠地过。（朱语 202）

若某则不识一个字，亦须还我堂堂地做个人。（陆语 292）

平白地为伊肠断。（东坡词 37）

不住地偷观知远。（刘知远 18）

可是也有用于（b）项的，例如：

斩新世界，特地乾坤。（灯录 24.19）

任孜孜求告不回头，消满眼汪汪地泪。（晁元礼词补遗 5）

百媚地莺莺不胜悲哭。（董西厢 55）

人死后浑如悠悠地逝水。（又 297）

而用于（b′）的尤多，如：

师指山曰，‘青黤黤地。’（灯录 14.4）

自己心里黑漫漫地。（又 19.9）

尧夫豪杰之士，根本不帖帖地。（程语 33）

日未上时，黑漫漫地；才一丝线，路上便明。（朱语 67）

万种思量，多方开解，只恁寂寞厌厌地。（乐章集 28）

白鹤飞来，笑我颠颠地。（樵歌，中 7）

造化可能偏有意，故教明月玲珑地。（漱玉词 7）

三万六千排日醉，鬓毛只恁青青地。（稼轩词 94）

自从一个黄巢反，荒荒地五十余年。（刘知远 1）

眼儿里空恁泪汪汪地。（董西厢 177）

又恁地一词，无论用于(d)或(b)或(b′)，都只作地，没有作底的。例如：

早知恁地难拚，悔不当初留住。（乐章集 3）(d)

金之气如何似铁恁地硬？（朱语 26）(d)

敏道！敏道！恁地没长进，乃作这般见解！（陆语 270）(d)

著这情怀，更当恁地时节。（片玉词 23）(b)

非孟子恁地手脚，也撑拄此事不去。（上蔡，上 3）(b)

为他与天合一，变化在手，便做得恁地事。（又，上 10）(b)

天下亦无恁地道理。（朱语 109）(b)

今公只就一线上窥见天理，便说天理只恁地样子。（又 182）(b)

又问，'伊尹莫是枉尺直寻？'曰，'伊尹不是恁地，只学之者便至枉尺直寻。'（又 257）(b′)

恁地，是圣人以力角胜，都不问义理也。（程语 336）(b′)

恁地后，怎生整顿得起？（靖康城下 33.10）(b′)

就以上例句归纳，则(a)，(c)只用底，(d)只用地，但(b)及(b′)有底有地。由此可见当初底、地之分和现在的、地之分不同。现在是拿端语的种类来区分的，端语是名词，我们就在加语后面用的；端语是动词或形容词我们就在加语后面用地。但在唐宋时代，地字也用于名词的加语之后。

然则当时的区别是怎样的呢？只要覆阅上面所有(b)及(b′)的例句，就知道跟底的词和跟地的词显然属于两类。跟地的大率是重言(xx 或 xyy)，或双声，叠韵；跟底的字大率不具备这种形式。这两类词的作用也显然不同：前者的作用在于描写情态，后者的作用在于区别属性。从前严又陵作英文汉诂，有‘区别’和‘疏状’二名，借来作这两类词的名称倒是恰如其分，可惜汉诂里用这两个名称对英语的 adjective 和 adverb，即现在通称形容词和副词的。傅东华在文法稽古篇里创‘言字’、‘训字’之分，[3]前者举实质，后者道形貌，和此处用底和用地的区分倒是恰恰相合。

概括以上的话，我们可以说：在唐宋时代，区别性（qualitative）加语之后用底，描写性（descriptive）加语之后用地。（用傅氏的名称，言字之后用底，训字之后用地）。

这个分别是从（b）及（b′）的例句里得来的，但也可以解释其他各项用例。（a）和（b）两类加语自然是以区别为作用，所以用底。（d）类加语之用重言等等形式（即训字）的，用地自不待言；不具这种形式的大多既不用地，也不用底。但是词在句中的地位对于它的作用是有影响的。动词和形容词之前的加语多数是描写性的，因此虽然不具重言等形式，也往往加用地字，如上面特地，平白地，不住地之例。再拿（b）类的例来说，用地的例子，表语（b′）多于加语（b），那也是因为一般的原则，加语以区别为用，表语以描写为用。表语用底的都显然是省却端语的，用地的就不给我们这个印象；因此这类底字的性质近于代词，而地字近于语尾。表语的作用既偏于描写，所以象下面的例句中，

如何是诸圣玄旨？——四楞榻地。（灯录 21.4）

虽是蓬头垢面，今已九旬来地，尚且是童颜。（玉蟾诗余，续 2）

虽然是用名词作表语，但用地不用底。加语的作用既以区别为常，因之本是描写性的词，在加语地位也有用底的，如：

作么生是你明明底事？（灯录 21.17）

如何是亲的密密底事？（又 18.15）（‘的’疑是‘亲’之误）

句中地位可以左右词的作用,所以现在拿地位来分别用的和用地,一方面固然是受外来语法的影响,一方面就各类加语而论,从前已经微微有点这种倾向。只有表语后面现在一律用的不用地,是和当初的看法大相径庭的。

三 底出于者

的字一般都认为就是文言的之字和者字。例如章太炎在新方言里说,'今凡言之者,音变如丁兹切,俗或作的。'又说,'今人言底言的,凡有三义:在语中者,的即之字;在语末者,若有所指,如云冷的,热的,的即者字。'④底是否之、者的音变,牵涉到古代的语音,难于论证。要是就之和者来比较,之和底韵母较近,者和底声调相同,可能性的大小也差不多。我们现在只从用法方面来考察。

文言里之和者的作用大不相同,可能比后来底字的范围窄。用前面所分的字用法的项目来说,之字只管(a)、(b)、(c)三类,者字只管(b′),(c′)两类。现在的问题是:假使之和者变为底,是(1)语音各自在变,殊途而同归呢,还是(2)底字只是其中之一的变化结果,另一个在或早或迟的时期被排除了?第一个假设无从积极证明;要是第二个假设不能成立,我们就得承认它。

就第二个假设说,又有两种可能。或是甲已变底,乙仍是乙,其后为底所代。这个我们知道不合事实,因为底字一出来就兼有之和者的用法。另一个可能是在底字未出现时,之已侵入者的范围,或者者已侵入之的范围。这两种情形唐钺先生在白话字音考原里都举了例。⑤但是该用者而用之的只有一个例,而这个孤证又出在讹误最甚的墨经:

智者若瘧病之之于瘧也。(经说下)(瘧=疟)

而在之字的位置上用者字的,唐先生举了诗经三例,左传、战国策、庄子、汉书各一例。转录于此:

皇皇者华;彼茁者葭;彼苍者天。(诗)

以是藐诸孤。(左)(从王氏经传释词说,诸作者解)

闻弦者音烈而高飞。(战国策)(鲍本如此)

是殆见吾善者机也。(庄子)

农家者流。(汉书)

诗经的例子似乎不必作之解,'皇皇者华'等于说'皇皇的是花'。左传一例既作诸,也就在疑似之间,但其余的例则诚如唐先生所说,'要不把者作后置介词的的字解,则文理不可通'。陈唐先生所举者外,我又发现好些例子:

是乃所谓冰解冻释者能乎?(庄子,庚桑楚)

项王怒,将诛定殷者将吏。(史记,陈丞相世家)

何太子之遣往而不返者竖子也?(又,刺客列传,荆轲)

因厚币用事者臣靳尚。(又,屈原传)

文帝尝梦欲上天不能,有一黄头郎从后推之上天……觉而之渐台,以梦中阴自求推者郎。(又,邓通传)

射手叛者斩,亡身及家长者家口没奚官。(南齐书,张融传)(亡身谓叛者本人)

问去者处士第几?住何处?(虬髯客传)

这很可以表示者字久已有兼并之字的趋势。直到宋人的语体文字中,仍有这种例子。

寻常来相见者僧亦只是平平人,但相公道只是重他袈裟。(道山清话17)

昨日来者太师官煞近上,朝廷最信凭他语言。(乙卯 265.22 下)

你前时要者玉,自家甚是用心,只为难得似你尺寸底。(云麓漫钞卷

十五，大观中于阗国王进表；注意同句有底字）

又将国主自食者饮食分赐。（燕云 15.5）

不虞国相元帅远屈台旆以至于此，必是与中国有商量者事。（北记 61.9）

已前发去者先锋，难为未见次第便却唤回。（又 61.11）

来者使臣却也敢向前覆事，也不可多得。（绍兴甲寅 162.8）

玄宗最宠爱者一个贵妃叫做杨太真。（通言 19.158）

此时底字已通行，若是据语音直录，应写底字。若是因袭文言词语，应作之字（北记两例，四库本即改作之）。现在不作之而作者，必是当时人知道者是底的本字（即有口中说底而笔下写者的惯例），而之字则久已从口语中排去也。唐先生因为以之代者和以者代之的例子都有，把它们等量齐观，所以有‘文人不知道他就是之字，姑以底字代之’之说，认为之和者各自变为底。

底是者的继承者，除上面所举者字攘夺之字的证据外，还有一点可说。底字的(a′)项用法本为普通文言者字所不具，但唐宋通俗文字中有其例，如：

汝等当知：彼罗刹女不久应来，或将男者，或将女者，显示于汝，悲慈哀哭，受于苦恼。（佛本行集经，卷 49）

麦地占他家，竹园皆我者。（寒山 8）

杨贵妃生于蜀，好食荔枝；南海所生，尤胜蜀者。（国史补，上 7）

[此画]后因四月八日赐高力士。今成都者是其次本。（酉阳杂俎 146）

公令作四指环……父，夫人，长子皆前没，金亦随葬，独公者犹在。（明道杂志 27）

寒山诗中已有底字，此处要叶‘冶、马、下’，故用者字。例五已在底字通行之时，而仍写者，乃文人避俗就雅之惯技。拿这一类例子参合前面所举者居之位的例子，可说后来底字的用法，者字已经无不具备。

根据这些理由，我们不妨说：者字很早就有兼并之字的趋势，到了某一时期，笔下虽有之和者两个字，口语里已经只有者一个词，它的应用范围不但包括本来的者和之，并且扩展到(a′)项即名词代词领格之不继以名词者。这个词后来写作底。者和之本可算是亲属字，原始的作用都是指示，而者字专用于称代，之又转为连系。当初因为在句中地位不同而分，现在又合而为一。

地字的来历不明。最早的例子见于世说新语，方正篇：

使君如馨地，宁可斗战求胜？

但只有这么一个孤例，下去就要到唐人诗中才有私地，忽地等例。文言里和地字的作用相等的是然，尔，如，若等字，自成一系，无演变为地的可能。

但者字间或有很象地字的用法，如前引诗经'皇皇者华'例，又如：

丘何为是栖栖者与？（论语，宪问）

滔滔者天下皆是也。（又，微子）

夥颐，涉之为王沈沈者。（史记，陈涉世家）

但这类例子既不多，而者字和地字语音相去颇远，因此，地和者是否有关系，只能存疑。

四　书面统一于的

附带还可以讨论一个问题：底和地何以后来都写成的？虽说语助之词大率依声为字，本可随便写，但底，地，的有上，去，入声之别，何以能混同？的字现在说轻声（并且说 də 不说 di），想来底和地写成的，都是已变轻声之后的事。地字变轻声当在底字变轻声之后，所以京本通俗小说等书和元人剧曲里底字几已全作的，而地字仍常见。何以轻声借用的字？大概是因为底、地二字的本义都是日常应用的字，仍作上声和去声，需要找一个别的字代替轻声的底和地，以资分别。的字是不常用的字，虽然原是入声，宋元之际入声的韵尾辅音已在脱落中，入声去掉韵尾辅音，只有一个短促而升降不显的音，恰与轻声字相似，所以可以借用。还有一个可能。中原音韵把的字列为'入作上'；若当时确是如此，则底用的代就只是用同声调的罕用字来代常用字，更觉自然。但地字写的一定在两字都变为轻声之后。

注：

① 参阅赵元任，'北平、苏州、常州语助词的研究'，清华学报，第三卷，第二期。

② 参阅杨树达，'名词代名词下之、的之词性'，词诠附录。

③ 东方杂志，第三十六卷，第二十、二十一期。又收入中国文法革新讨论集，上海，1940。

④ 新方言，7页，17页。浙江图书馆刊章氏丛书本。

⑤ 国故新探，1926，卷二，79—84页。

（原载金陵、齐鲁、华西大学中国文化汇刊第三卷，1943）

【补记】 近人在加语之后分别的和地，表语之后一概用的，已如上述。但是也有这样的例子：

> 老通宝背脊上热烘烘地，象背着一盆火。（茅盾，春蚕，开明书店1952选集本，1）
>
> 两颗碧绿的眼珠亮晶晶地，好象很懂话。（同上134）

表语是描写性的形容词，用地，还是依照早期的用例。

1955年4月9日

与动词后得与不有关之词序问题

一　引言

此所举得与不，谓如‘吃得下饭’，‘吃不下饭’之所见；得表可能性，不表不可能性。得字古时用于动词之前，否定则曰不得，如论语述而篇，‘圣人吾不得而见之矣，得见君子者斯可矣。’而于询问之辞，或离立于主文之后，自为一读，如左传成公十五年，‘信礼之亡，欲免，得乎？’其后乃连续上文，附丽于动词之后，如今日之所见；原来独立之语词降而为附属之字，其情形与英语之 able 之转为-able 有相类者。

得字表可能者其常，而有时由盖然，或然转为已然，则所示者为结果，盖二者皆自‘获得’之本义引申而得也。其例如：‘吃得饱’，表可能；‘吃得饱饱儿的’，表结果。

其次，得字之表可能，又可判别‘可’与‘能’之二义。能与不能，以行事者自身之能力而言；可与不可，则取决于外在之势力，如情理之当然，如他人之好恶，而非行事者本人所可左右者也。此二用，得字盖兼而有之：如‘这个孩子吃得’，谓其健饭，‘能’也；‘这个菜吃得’，或言其味美，或言其无害，总之皆‘可’也。

复次，句之主语之于动词，或为施事，或为受事，二者之别与能可之别有甚大之相关度。如(1)‘这个孩子吃得’，施事之式也；

(2)‘这个菜吃得’,受事之式也;同时一则表能,一则表可,如上所述。施事之式亦有表可者,如(3)‘大人吃得,孩子吃不得’是也。而动词之宾语复有先置后置之分,前者如(4)‘辣椒之类,有胃病的吃不得’,后者如(5)‘有胃病的吃不得辣椒’。又有隐而不举者,如上(3)项所举例是。

凡斯种种胥非本篇所欲论。得字本身之衍变,宜有专篇;可、能、已、未之区别,无关题旨。即主语之为施为受,宾语之为先为后,在本篇亦只别为二式,一为动词后有宾语者,例(5)是;一为动词后无宾语者,余四例属之。盖本文以研究此种句法所生之动词后词序为主旨,纯从形式观察者也。

即以‘吃得下饭’与‘吃不下饭’为例,动词之后显有三个成分。一为表可能性之得与不。次为表方位之上、下、表向背之出、入、来、去,表起讫之起、住,表效验之了、着、定、成,以及其他诸多限制动态乃至说明宾语之词;凡此种种皆以结束动词之势向为其作用,姑总称之为结动词。又其次为宾语。三者之于动词,结动词为绝对的后置成分,宾语之先置者不影响动词后之词序。得字之先置者非兹篇所及;不字附丽于得时,其本身不表可能性,可位于动词之前,然若以不代表不得,则必位于其后。今以 V 代动词,以 O 代宾语,以 C 代结动词(CC 代表复合之结动词,如出来),而勒为三个基本词序之公式:

V 得 ………………………………………… (a)

VO ………………………………………… (b)

VC,VCC ……………………………… (c_1,c_2)

二 V,得/不得之次序

(b)与(c)之否定式,依汉语之习惯,加不字于其前;(a)之否定式则有二:

V 不得 ………………………………… (a′)

不 V 得 ………………………………… (a″)

今酌举实例以明(a)型之三式。

(a) V 得:

三岁孩儿虽道得,八十老人行不得。(灯录 4.13)

虚空为鼓,须弥为椎,什么人打得?(又 7.7)

猕猴尚教得。人何不愤发?(拾得 28)

雪月风花,不醉怎归得?(山谷词 13)

要之,只是这个书,今人但见口头道得,笔下去得,纸上写得,以为如此便了,殊不知圣贤教人初不如是。(朱语 188)

(a′) V 不得:

有四种人:一人说过佛祖,一步行不得;一人行过佛祖,一句说不得;一人说得,行得;一人说不得,行不得。(灯录 16.13)

宝剑未磨时如何?——用不得。——磨后如何?——触不得。(又 20.12)

此时百姓,佛再出救不得,惟皇帝救得。(旧五代史,冯道传)

不哭底孩儿,谁抱不得?(程语 65)

又如紫姑神,不识字底把著写不得,不信底把著写不得。(上蔡,上 15)

惊起西窗眠不得,捲地西风。(稼轩词 93)

古人记得,故晓得;今人卤莽,记不得,故晓不得。(朱语 199)

(a″) 不 V 得:

若论修行,何处不去得?(灯录 28.21)

人只有一个心，若不降伏得，做甚么人？（朱语 66）

以现代用例论，与（a）相应者为（a′），（a″）则仅见于早期白话。如上举之例，‘不去得’今当为‘去不得’，‘不降伏得’当为‘降伏不得’。此下所述句式，凡自（a″）出者皆已不见于现代。

三 V，O，C之次序

得字与宾语及结动词三者既皆为动词之后置成分，若有其二同见于一句，即发生次序问题。今先讨论无得字之句，即宾语与结动词并见之句。（b）与（c_1）相合，O在C前，或在C后，得二式：

VOC ……………………………………（d_1）

VCO ……………………………………（d_2）

（b）与（c_2）相合，CC有两字，变化之可能性宜较大；然以第二字之来或去例不先于宾语故，仍只有两式，即于（d_1）与（d_2）之后各加一C，是为

VOCC ……………………………………（d_3）

VCOC ……………………………………（d_4）

此外有为维持VC之连次而以把字提O于V之前者，因与所讨论之句法无关，兹不具论（‘把OVC’视同‘VC’）。以下为（d）类句例。

（d_1）VOC：

过手来。（灯录 17.6）

当其在时，事有不是者，未尝放我过。（隋唐嘉话 19）

若不急抽却，眼看塞天破。（敦琐 31）

不能收拾身起。（董西厢 180）

(d_2) VCO：

百丈抛下拂子。(灯录 6.2)

昨夜三更失却牛，天明失却火。(又 8.4)

因寒，所结檐溜皆为冰条，妃子使侍儿敲下二条。(开元天宝遗事，下 5)

若到江南赶上春，千万和春住。(王观，卜算子)

介父当初只是要行己志……不知今日却留下害事。(程语 47)

若非圣人说下许多道理，则此身四支耳目更无安顿处。(朱语 165)

急抖擞去狗毛。(游宦纪闻 4.3)

(d_3) VOCC：

与我拈床子过来。(灯录 11.11)

及至长大，便学种种知解出来。(又 14.19)

心肃则容庄，非是外面做那庄出来。(朱语 158)

唐明皇资禀英迈，只看他做诗出来是甚么气魄！(又 280)

(d_4) VCOC：

维那，维那，拽起我来。(灯录 12.3)

及达磨入来，又翻了许多窠臼，说出禅来，又高妙于义学。(朱语 230)

以现代用例言，(d_1)之词序限于结动词为来或去之句；结动词为其他诸字，则皆取(d_2)之词序。然当初似无如斯之区别，(d_1)之应用较今略广，而用去之句亦有取(d_2)之次序者，如上游宦纪闻之例。又唐人小诗有‘草色青青柳色黄’一首，老学庵笔记(4.11)云，贾至与赵嘏集中皆有之(案全唐诗编入贾集)；其第三句‘东风不为吹愁去’者，放翁云，‘至诗中作“吹愁去”，嘏诗中作“吹愁却”，却字为是，盖唐人语，犹云“吹却愁”也’。此可见宋人已习于(d_2)之词序，而以(d_1)为唐人语。(事实上唐人用却字亦常用(d_2)之词序)。(d_3)之词序今亦不常见，以(d_4)为通例。

四　V,O,得/不得之次序

次当讨论有宾语而兼有得与不得之句。(a) 与 (b)合,可有二式:

VO 得 ………………………………… (e_1)

V 得 O ………………………………… (e_2)

(a′) 与(b)合亦有二式:

VO 不得 ……………………………… (e'_1)

V 不得 O ……………………………… (e'_2)

而(a″)亦可与(b)相合,得

不 V 得 O ……………………………… (e″)

其例如下。

(e_1) VO 得:

隐密全真时,人知有道不得;大省无辜时,人知有道得。(灯录 11.8)

阿你眼里著沙得么?(又 11.13)

万里风烟,一溪霜月,未怕欺他得?(稼轩词 11)

抚掌叩舷,今古恨,问谁得?(履斋诗余 18)

(e_2) V 得 O:

遮里下得一转语,且道下得什么语?(灯录 15.15)

还有一法近得汝,还有一法远得汝么?(又 28.25)

试问伊家,阿谁心绪禁得恁无憀?(乐章集 22)

官家吃得感应丸否?(四朝闻见录,丙 21)

(e'_1) VO 不得:

我救汝不得也。(灯录,12.6)

成佛成祖亦出不得,六道轮回亦出不得,未审出个什么不得?——出

汝问处不得。（又 26.10）

叟自啖一枣，大如拳，谓樵者曰，‘子食此枣不得。’（葆光录 1.5）

安有身为指挥使，著一领毛衫，系一条铜束带，作主不得，就身上夺却！（洛阳缙绅旧闻记 1.10）

此是两朝正行定夺的文字，只恐更有别文字也只改移这个不得。（乙卯 265.20 上）

心里著两件物不得。（程语 27）

欲过这边，又舍彼不得。（朱语 253）

又却是少我不得。（老学庵笔记 3.6）

(e'_2) V 不得 O：

在古虽大恶在上，一面诛杀，亦断不得人议论，今便都无异者。（程语 53）

禁止不得泪，忍管不得闷。（山谷词 27）

器远前夜说，‘敬当不得小学。’某看来，小学却未当得敬，敬已是包得小学。（朱语 39）

(e'') 不 V 得 O：

纵学得种种差别义路，终不代得自己见解。（灯录 10.6）

每日空上来下去，又不当得人事。（又 28.28）

积此诚意，岂有不动得人？（程语 206）

使回更吃得两箪食，半瓢饮，当更不活得二十九岁。（东坡志林 4.13）

浮浮沉沉，半上落下，不济得事。（朱语 44）

东坡说‘人不怕虎者，虎不奈得其人何’，是有此理。（又 271）

我虽然不打得大鱼，也省了若干科差。（水 15.69）

以上五式之应用，在唐、宋人语中似无分轩轾，而近代则惟取(e_2)及(e'_2)。

五 V,C,得/不(得)之次序

复次,有结动词与得或不得并见之句,二者亦可互为先后。故(a)加(c)亦有二式:

VC得 ………………………………… (f_1)

V得C ………………………………… (f_2)

而(a′)及(a″)与(c)相合,复得三式:

VC不得 ………………………………… (f'_1)

V不C ………………………………… (f'_2)

不V得C ………………………………… (f'')

(f)型之五式无一不与(e)型者相当,所异者为(f'_2)以不代不得,一字兼两字之用:不字原为单纯之否定,在此式中变为可能性之否定。

(f_1) VC得:

恁么即大众一时散去得也。(灯录19.3)

指一径曰,'回去得也。'(葆光录1.5)

(f_2)V得C:

我遮镬天下人拈掇不起,还有人拈得起么?(灯录12.3)

汝道究得彻底所知心还测度得及否?(又21.10)

纵使青春留得住,虚语,无情花对有情人。(六一词20)

江南游女,问我何年归得去。(东坡词11)

李丈曰,'亦是尊长说得下。'曰,'幸而无龃龉耳。'(朱语176)

某日用间已见有些落著,事来也应得去,不似从前走作。(又188)

(f'_1) VC不得:

然尚以些秉彝消铄尽不得,故且恁过。(程语36)

(f_2') V 不 C：

此子已后千人万人把不住。(灯录 17.3)

寸钉入木，八牛拽不出。(又 20.13)

看见道理，只争丝发之间，只是心力把不上。(朱语 185)

这只是自家不见得道理，事来都区处不下。(又 154)

(f'') 不 V 得 C：

若工夫有所欠缺，便于天理不凑得著。(朱语 174)

(f'_1)与(f_1)相应，二者皆甚少应用。(f'')自(a'')出，尤为罕见。故(f)型之句，可云自来即以(f_2)与(f'_2)二式为主：(f'_2)与(f_2)相应，惟以不字兼摄不得耳。

六 V，O，C，得/不(得)之次序

今当讨论具备三种成分之句，即 a+b+c 之句。O 与 C 与得及不(得)三者之排列，其可能次序有六，而事实上则肯定之句仅见其三：

VO 得 C …………………………………… (g_1)

V 得 OC …………………………………… (g_2)

V 得 CO …………………………………… (g_3)

否定之句亦只有其四：

VO 不 C …………………………………… (g'_1)

V 不得 OC ………………………………… (g'_2)

V 不 CO …………………………………… (g'_3)

VCO 不得 ………………………………… (g'_4)

(g')之四式皆由(a')出。其本于(a'')型，即不与得分离者，则未之见。上列七式之中，实际所见之例，多寡殊不相侔，列之如次。

(g_1) VO 得 C：

亦是太以敬来做事得重，此恭而无礼则劳也。（程语 35）

(g_2) V 得 OC：

世宗曰，'刘旻乌合之众，若遇我师，如山压卵。'道曰，'陛下作得山定否？'（新五代史，冯道传）

垂杨只解惹春风，何曾系得行人住？（珠玉词 12）

无缘作得主定。（程语 9）

刘十，我做得通判过否？（默记 56）

人当放肆怠惰时，才敬，便扶策得此心起。（朱语 70）

若见识稍高，读书稍多，议论高人，岂不更做得好文字出？（又 204）

只有董仲舒，资质纯良，摸索道得数句著。（又 268）

若说得这头亲事成，也有百十贯钱撰。（京 13.3）

那刘官人……怪他开得门迟了。（京 15.6）

奋力在马上斗了十合，怎地当得他三个住？（水 34.2）

(g_3) V 得 CO：

大官人宅里枉有许多，那里讨一个赶得上这娘子的？（水 24.49）

弄得衣食不周，那里还娶的起媳妇呢？（红 64.28）

幸而是个另院，还分得出个内外。（儿 3.1）

(g'_1) VO 不 C：

一百二十个蜣螂，推一个屎块不上。（摭言 15.6）

聚六州四十三县铁打一个错不成也。（北梦琐言 14.6）

人心作主不定，正如一个翻车，流转动摇，无须臾停。（程语 55）

无忠，做恕不出来。（上蔡，中 5）

轼亦自知相公门下用轼不著。（曲洧旧闻 5.1）

然于心终不忘，便是吃他取奉意思不过。（朱语 80）

(g'_2) V 不得 OC：

井亭桥有遗漏！吃不得这酒成。（京 10.6）

(g'_3) V不CO：

至今俗谚以人喜过甚者云‘兜不上下颏’。(齐东野语 6.9)

说罢，暗地忍不住笑。(京 15.7)

当不过这热，权且在这林子里歇一歇。(水 16.86)

谁知你总不理我，叫我摸不着头脑。(红 28.4)

他的左手还有些信不过他的右手，又用左手掀腾了一阵。(儿 35.26)

(g'_4) VCO不得：

虽做得圣人田地，也只放下这敬不得。(朱语 39)

此正反七式中，唐，宋之世，肯定通用(g_2)，近代则惟表已成(即结果)者用(g_2)，而表未成(即可能)者概用(g_3)：如‘吃得下饭’不复可云‘吃得饭下’，而‘吃得一锅空’与‘吃得空一锅’则显有已成未成之别也。否定之式，唐、宋用(g'_1)为常，而近代用(g'_3)。自余三式，仅偶见其例，不足相较也。

七　演变之趋向

综观以上事例，得为设论如次：

(1) 由于得字之由动词前置成分转为后置成分，遂与宾语及结动词发生先后之争，一时颇有错综变化之观，迄近代始有一定之规则，即

得与宾语并见之句(e型)，　用(e_2)——V得O，
　　　　　　　　　　　　　与(e'_2)——V不得O；
得与结动词并见之句(f型)，用(f_2)——V得C，
　　　　　　　　　　　　　与(f'_2)——V不C；
三者并见之句(g型)，　　　用(g_3)——V得CO，
　　　　　　　　　　　　　与(g'_3)——V不CO。

（2）由此可知此三者与动词之吸力，以得为最强，次则结动词，而宾语最弱。然有二事不可不知者：一则宾语有以把字提前之式，此即另辟蹊径以接近动词；次则结动词中来、去自为一类，无论单用或与其他结动词合用，皆以位于宾语之后为常。

得字之获得其现有之位置，初非一蹴而几。'VO 得'与'VO 不得'之式常见于唐、宋之世，复有'VC 得'，'VC 不得'，'VO 得 C'，'VO 不 C'，'VCO 不得'诸式，皆有其他成分介于动词与得或不(得)之间。而终于淘汰无遗者，则以得与不(得)与动词之连系日益加强也。

（3）方得字之由前置变为后置也，否定句之不字时或留于动词之前，与得隔离，形成'不 V 得'，'不 V 得 O'，'不 V 得 C'一系。然未能与不得合用之势相抗，此系诸式终于废弃。

（4）不得居结动词前而相密接，则只作不，如'V 不 C'，'VO 不 C'，'V 不 CO'，否则仍作不得，如'V 不得 OC'。语其由来，未必为得字之省略，盖旧来自有此种句法，如'呼之不来，挥之不去'，惟本用以表实际之结果者，今用以表悬想之可能而已。然而'V 不 C'等处之所以舍不得而用不者，则奇偶相匹之原则为之；盖惟以不一字写得字相对，然后句法整齐，如梦溪笔谈(13.85)论军中诈谋，记时人语曰：

> 用得着，敌人休；用不着，自家羞。

而亦有以结动词与得字相对者，如

> 千般比不得，万般况不及。(灯录 24.9)

如斯之例，若不用不而用不得，修辞上即未免减色也。

（5）(g)型之句，原来最通行者为'V 得 OC'与'VO 不 C'二式，如

世之所谓富贵利达，声色货利，如何笼络得他住？……这些艺解都束缚他不住。（朱语 30）

即二式之同见一处者。然此二者实不相对当，与‘V 得 OC’，相当之‘V 不得 OC’，与‘VO 不 C’相当之‘VO 得 C’皆罕见应用。所以然者，殆即如以上所说，‘V 得 C’与‘V 不 C’，在形式上虽相对，而来由不同，‘V 得’接合之密胜于‘得 C’而‘V 不’接合之密远逊‘不 C’，故一旦加入宾语，即各乘其不同之间隙焉。

然二式有相同者，宾语皆在结动词前。此可证当时结动词与动词之连系犹未胜过宾语与动词之连系。而今则通用‘V 得 CO’与‘V 不 CO’，结动词遂超越宾语而前。此种转移，与得字之越宾语而前相同，皆表示其依附动词之趋势之增盛，亦即其虚词化之程度之加深也。

（原载金陵、齐鲁、华西大学中国文化汇刊第四卷，1944）

個字的应用范围，附论单位词前一字的脱落

一　個称人

個是近代汉语里应用最广的一个单位词(或称量词，类别词)。这个字有个、箇、個三种写法。通俗编(卷九)说：

> 大学，‘若有一个臣’；左传，‘又弱一个焉’；吴语，‘一个负矢，百群皆奔’；考工记，‘庙门容大扃七个，闱门容小扃参个’。通作箇：扬子方言，‘箇，枚也’；荀子议兵篇，‘负矢五十箇’。亦作個：仪礼士虞及特牲馈食俱云，‘俎释三个’，郑注云，‘今或名枚曰個者，音相近也，俗言物数有云若干個者。’按个属古字，经典皆用之；箇起六国时，個则用于汉末，郑康成犹谓俗言。唐人习用箇字，如杜诗‘两箇黄鹂鸣翠柳’，‘樵音箇箇同’。今或反疑个为省笔，非也。

可是就近代的文献来说，唐宋时多作箇，元以后個更普通，个的确已被认为简笔字，虽然宋元以来的俗文学印本里还是常见。

個字是单位词，但是和别的单位词比较起来，它有些地方更近似某些语言里的无定冠词。

古代用個字，兼及人和物，近代也是这样，但是比较起来，我们不妨说個字的主要用途在于称人。这不是说多数個字都出现在指人的名词前头；是说指物的名词前头可以有各种单位词，個字只是这里头的一个，而指人的名词前头除较尊敬时用位外，普通都用個字。例如：

谁言洛浦一箇河神?(庾子山集 86)

虽然如此,也祇是箇俗汉。(沩山语录 579)

三十年张弓架箭,只射得半箇汉。(灯录 14.19)

张家三箇儿。(又 17.18)

铺里一個老儿,引着一個女儿。(京 10.4)

只要嫁個读书官人。(又 12.6)

如今父母俱已亡故,身边只有两個老嬷嬷一個小丫头伏侍。(红 17.25)

这种例子很多,用不着列举。

在個字依附名词用的时候,我们虽不能说三个個字里就有两个称人(事实上也许是如此),但在個字独立用的时候,就是后面既无名词也不能说是省去一个已见的名词的时候,個字差不多都是称人的:一個等于文言的一人,几個等于几人(例外情形见下第五节)。上文通俗编所引左传和吴语的例子已是如此。后世的例如:

天生男女共一处,愿得两箇成翁媪。(乐府 233)

落帽孟嘉寻篛笠,休官陶令觅蓑衣,两箇一身泥。(顺庵乐府 3)

两個后地尾将来。(清平 2.12)

两個都不敢则声。(京 12.12)

三個拦着不肯叫走。(红 65.6)

谁知一個传十,十個传百。(残 3.7)

学道多沙数,几箇得泥丸?(寒山 9)

百岁相看能几箇?(珠玉词 10)

昨日共那几個,今日共这一火。(元 45.4.2)

空将性善说谆谆,怎知道厉齐梁无個能相信。(元 55.1.2)

在现代,两個之类已经不这样用,大率说两個人或他两個,如:

说完,两個人只对瞅着笑。(儿 38.5)

公子见他两個要看,便把信递给他两個。(又 38.12)

他两個的两個是一种同位词。这种同位词要是用個字，也限于称人。例如：

[文宣抱延宗曰]，可怜止有此一箇。（北齐书，安德王延宗传）

病者唯公一個，为复尽皆如然？（敦录，云 24）

殿上主人只为汝一箇？（画墁录 8）

我家时常斋僧布施，那争师父一個。（水 5.26）

爷不认得的也多呢，岂止我一個。（红 24.19）

皇甫殿直和这行者两個即时把这汉来捉了。（清平 2.12）

咱两個说取一個牙疼誓。（元 40.3. 13）

可把索来绑我三個出去请赏。（水 3.42）

只可气晴雯绮霞他们这几個都算在上等里去。（红 26.3）

要是称物，我们就不说一個、两個，而说一样、两样，如：

象这种畜生，他那张嘴除了吃水、谷、草三样之外，不进别的脏东西。（儿 37.22）

就是原来称個的物件，在这种地方也得称样，例如我们说'一個茶杯'，'一個洗脸盆'，但不能说'茶杯和洗脸盆两個'，只能说'茶杯和洗脸盆两样'。

此外还有個和人交换着用的，例如：

個個尽如花乱发，人人皆似月娥飞。（敦录，光 94）

人人尽握灵蛇之珠，箇箇自抱荆山之璞。（黄龙 638）

若一人半箇，互相平展，古圣也不虚出来一回。（明觉 682）

今人解书，如一盏酒，本自好，被这一箇来添些水，那一人来又添些水，次第添来添去都淡了。（朱语 128）

二　個称物

用個字称数物件，汉末已有，它的应用范围如何，现在已经难于详究。以近代而论，大多数物件都有各自适用的单位词，只有无适当单位词可用的才用個字，我们不妨说它是个填空子的单位词。这里且举一些较早的例子：

脊上缝箇服子。（敦琐 3.16）

一斗面作三箇蒸饼。（灯录 15.5）

待葺箇园儿名'佚老'，更作箇亭儿名'亦好'。（稼轩词 47）

凿箇池儿，唤箇月儿来。（又 94）

买箇宅儿住着伊。（山谷词 6）

怎得花香深处作箇蜂儿抱。（淮海词 7）

献在一個奢遮去处。（京 10.13）

只得怀里取出一個纸裹儿。（清平 2.5）

以现代的用例而论，底下这几类物件前头都用個：

一個脑袋，頦子，鼻子，牙齿，指头，肚皮，等；

一個耗子，狮子，猴子，苍蝇，蚊子，乌龟，等；

一個笔筒，书架，匣子，筐子，笼子，瓶子，香炉，碗，杯子，盆子，包袱，口袋，抽屉，枕头，等；

一個馒头，粽子，橘子，桃子，皮球，洋娃娃，等；

一個窟窿，眼儿，缺口，泥印子，红点子，疙瘩，疤，等；

一個字，名字，方子，法子，等；

一個地方，院子，池子，花园，茶馆，摊子，后门，等；

一個时辰，年头，月，星期，等。

抽象事物很少有特用的单位词的，普通都用個字。例如：

和尚见箇什么道理便住此山？（灯录 8.17）

不如随我归云际，共作箇住山活计。（山谷词 13）

我须做個准备。（清平 7.9）

也须有個下落。（京 15.7）

可同我丈夫到爹娘家中来讨個分晓。（同）

可不先犯了個风流罪？（元 3.3.3）

因取过笔来在卷子尾上点了一点,做個记认。(儒 3.21)

连個覆试也没巴结上。(儿 15.24)

倒是很有個人缘儿。(聊 1.3)

其余如局面、地步、消息、原故、主意、心事、毛病、脾气、样子、机会、差使等等,也都用個字。有许多特殊的'名色'也可以归入这一类,如:

么,四,五,骰着個'撮十';二,三,二,趁着個'夹七'。(元 9.3.8)

可煞作怪,掷出個'四'来。(金 35.395)

单位词在古代文献里并不多,几乎限于称说数量时有必要的一些;它的发达是中世以后的事情,而各个单位词的应用范围也不是一成不变的。这里不谈别的,只就個字和其他单位词的代用略说几句。例如现在说'一件事',但寒山诗(11)有'大有好笑事,略陈三五箇',临济语录(505)有'近前来共汝商量箇事',宋人词中也常有'无箇事',这可见'事'原来是称個的。又如'珠'和'星'现在都称颗,但东坡乐府(32)有'三箇明珠,膝上王文度',稼轩词(81)有'七八箇星天外,两三点雨山前'。又如鸟类称隻,起源甚古(说文里已经如此说),但杜诗有'两箇黄鹂鸣翠柳',现代也是除一部分必须称隻如鸡、鸭之类外,其余往往可以随便称隻或個。又如布帛自古称匹,但敦录(殷 41)有'断作驰价官布十箇',而现代也有称個的。余例如:

为甚我两個脚一個歪?(元 29.4.6)(只)

如同房檐上揭一個瓦。(又 3.0 白)(片)

前日得的那四個大花雕。(儿 15.10)(罈)

掉两個真眼泪,痛痛的哭我一场。(又 22.31)(滴)

拧了個热手巾来。(又 35.33)(把)

一阵数落,数落得俩傻丫头撅着個嘴。(又 38.5)(张)

除非你立個明天期的期票。(残 19.15)(张)

从这些例句看来,近代汉语里一方面奠定了名物称数必用单位词的原则,并且发展出众多单位词来,可是同时也似乎在让個字逐渐扩展它的地盘,变成一个独占优势的单位词。

比上面这些偶发的例子更可注意的是另一些有理由可说的例子。(1)一有时作‘同一’讲,这個时候虽然也可以用特有的单位词,但改用一個的也很多,例如:

一個桌儿上吃饭,一個床儿上睡觉。(红 28.3)(张)

(2)这、那之后往往用個代替特有的单位词,这些和那些之后尤其是如此,这是因为这個、那個、些個都已经凝固成单一的词。例如:

这箇牛须好看,恐吃稻去。(洞山 510)(头)

把这些個没要紧的事撂开也好。(红 86.13)(件)

做些個夹坎肩儿给丫头们穿。(又 40.9)(件)

(3)最重要的是动词和宾语合成一个熟语时,宾语前用個表动量,很少用特有的单位词的(见下第四节)。上面例句里的個字有一部分是见于熟语性的宾语前头的(如‘撅起個嘴’,‘拧個热手巾’),虽然没有动量的观念在内,可能是受了那一类常见的句子的影响。

三 (一)個和非名词

我们在上节曾经举了一些抽象名词前用(一)個的例子;里然这些名词所代表的意念多数是不可计数的,但在有冠词的语言里这些名词的前头也常常用个无定冠词。但在底下这几类例句里,個字后头的词语就说不上是抽象名词;它们各自保留原来的词性,只是在句子里用在名词的地位上罢了。可以注意的是:(1)这些词语大多数用做宾语；(2)这里不但只有個，没有其他单位词，并且大多数不说一個，只说個。这些词语或是性状词，如：

待装個老实。(元 12.1.5)

问他個详细。(又 3.3.2 白)

把人一刀砍了，并无血痕，只是個快。(水 12.32)

这是野意儿，不过吃個新鲜。(红 39.11)

你也不是外人，我讨個大，说咱们姐儿们今儿碰在一块儿算有缘。(儿 7.18)

胡萝葡就烧酒，仗個干脆。(又 19.3)

你这病根却又只吃亏在一個聪明好胜。(又 10.9)

行個好罢。(侠 79.11)

也算得個特等马糊了。(残 5.2)

或是动词，如：

某甲有箇借问，居士莫惜言句。(灯录 8.10)

学书学剑，两般都没箇成功。(玉蟾诗余，续 1)

我这里下得阶基无個顿放。(元 6.1.14)

你看我寻個自尽，觅個自刎。(又 16.2.8)

我与他一匣子金银，只买一個不言语。(又 91.4.5)

在阴司里也得個倚靠。(红 33.10)

砖头瓦块儿还有個翻身呢。(聊 14.22)

作男子的自然有個不忍。(又 17.3)

或是两個对立的性状词，也可说是一个抉择问句的紧缩式：

人不辨箇小大轻重无鉴识。(陆语 294)

打拍不知箇高下。(董西厢 2)

直到了不辨箇尊卑。(刘知远 16)

知個远近，觑個向顺。(元 12.3.4)

消消停停的，就有個青红皂白了。(红 34.17)

他虽说无靠，合我还算得上個彼此。(儿 26.7)

人品有個高低，飞禽走兽也有個贵贱。（又 38.41）

难道这两股泉的力量经历这久就没有個强弱吗？（残 3.3）

因人所看的方向不同，唤做個盈亏圆缺。（又 10.15）

难道我连個男女都看不出来吗？（聊 8.13）

或是形式比较完备的词结，如：

然今时众中建立箇宾主问答，事不获已。（灯录 12.15）

似斗草儿童，赢箇他家偏有。（稼轩词 39）

博得個名扬天下。（元 2.1.2）

做的一個轻人还自轻。（又 3.1.4）

与崔宁打個胸厮撞。（京 10.6）

才得個耳跟前清净。（儒 5.38）

这里头还得分出個那是良田，那是薄地，那是高岸，那是低洼。（儿 33.38）

斟酌個可以与可以无与。（儿 39.6）

归齐我落個人财两空。（侠 35.2）

这以外，还有引述性的词语（放在引号里的一个词或一句话），前头也用個字。

直饶剥彻底，也只是成得個‘了’。（灯录 16.9）

道不得個‘春为花博士，酒是色媒人’。（京 10.7）

两個月方才唤了我個‘丈夫’。（元 6.4.6）

我央了三個‘千岁’，他刚咽了三個半口。（又 46.1.7）

这会子热剌剌的说一个‘去’，别说他是個实心的傻孩子，便是冷心肠的大人，也要伤心。（红 57.10）

方才妹妹止说了個‘酒倒罢了’，你便有些不耐烦。（儿 30.26）

以上所举这些带個字的词语，虽然不能算是名词，但在句子里头无疑问的是处于名词的地位，是个实体成分，在这些词语的前头加個（一）個，是援名词的例。以上是個字应用范围的一度扩展。

在上面所引的例句里，这些实体成分都是唯一的宾语，但是底下这些例句里，这个实体成分和动词之间还有一个实体成分：

算是罚我個包揽闲事。（红 50.21）

不过说他一個粗糙就完了。（又 55.15）

还得求姐姐原谅妹子個糊涂，耽待妹子個小。（儿 26.2）

求奶奶开恩，可怜他個糊涂。（又 36.14）

看着我，饶他個初次罢。（又 36.12）

就这等放了，可得防他個再来。（又 31.36）

在大案里又保了他個以道员在任候补。（残 6.8）

这些句子另有一种不用（一）個的说法：‘算是罚我包揽闲事’等；在这种句法，‘我包揽闲事’是一个词结，可以算是整个的当作‘罚’的宾语。但是现在加了个個，把这个词结解散，拆成两个部分，应该怎么分析呢？我们也许可以把‘包揽闲事’认为宾语，把‘我’当作副宾语。但是这种看法有一个毛病：离开副宾语，动词和宾语的结合不容易站住；‘罚個包揽闲事’，‘说個粗糙’，‘原谅個糊涂’等等都不很自然。

另一种分析法是把‘我’等认为宾语，把‘包揽闲事’等当作补语；既是补语，就不必再认它是实体成分了。在上面的例句里，大多数都是原因补语，只有最后一例是结果补语。

结果补语和程度补语实际上不容易分开，而程度和容状也往往相连。这一类补语的前头加个（一）個是极普通的，比原因补语更常见。但在有宾语而又有这类补语的句子里，通常用把字把宾语提在动词前头去，如：

把那桌子上的菜舐了個干净。（儿 6.27）

把你心里的为难说了個透亮，把这事情的用不着为难说了個简捷。（又 19.18）

用手将他捆了個结实。(侠 50.8)

底下是没有宾语(动词为内动或被动意义时)或省说宾语的例句:

三百座名园一采個空。(太平 5.38)

快活個死。(元 27.4.7)

拳到手起,去太阳上打個正着。(恒言 31.401)

况今年……家家都兴龙灯,我料想看個不了,那得功夫来看乡里这条把灯。(儒 2.11)

大家起了個清早。(红 61.11)

要听见了也是要吓個半死儿的。(又 100.5)

举起碗来,哗啷一声摔了個粉碎。(又 101.7)

我要说他,又要吵個了不得。(又 103.4)

商量了一個停妥严密。(儿 4.9)

那個长姐儿赶出赶进的听了個够。(又 34.21)

足足灌了個八分满。(侠 43.4)

他央及了個再三。(又 108.6)

囤子里的散粮被乱人抢了一個精光。(残 14.4)

这些例句里头的补语很难于,也不必,再认为实体成分;因而这些個字,要是撇开语源,采取现实主义的看法,也就不妨认为一种联接词。

以上说明個字用法的又一扩展,从实体成分前头扩展到不能认为实体成分的词语前头,离开单位词的本用更远一步。

四 (一)個和动量

個字的用法的另一方向的扩展是离开名物而接近动作。近代汉语里表示动作的数量,或是重叠动词,如'看(一)看';或是借用工具的名称,如'看一眼';或是另有单位词,如'看一下'。有许多用(一)個的句子，表面上(一)個是属于一个名词，但是实际上它的作用在于表示动量，和重叠动词或用‘下’字等没有多大差别；例如‘看個牌儿’，意思并不是看一张或一副牌，而是看一回牌。如下例：

我要带了华忠同去，原为他张罗张罗我的洗洗汕汕这些事情，看個屋子。(儿 2.6)

太太无事也好带上個眼镜儿，刁袋烟儿，看個牌儿，充個老太太儿，偿一偿这许多年的操持辛苦。(又 33.25)

就是同句之中(一)個和重叠动词互见的。大率必需动词和宾语的结合是相当地熟语性的，才能用(一)個，否则就用重叠动词等方法；例如我们不说‘看個天气’，只说‘看一看天气’。

重叠动词的时候，我们把第二个动词当动量宾语看。用(一)個的时候，那個宾语也就和普通宾语有点两样，很有结果宾语甚至动量宾语(后者本是前者的一小类)的意味了。否则，像下面这种例子是很难解释的：

是我多了句嘴，让你进来。(儿 17.30)

做了两個和尚了！我从今已后都记着你做和尚的遭数儿。(红 31.8)

嘴不能论‘句’，这里‘多了句嘴’是‘多了句话’的意思；至于和尚，一個人当然不能做两個和尚，这里已经说的明明白白只是‘做了两遭和尚’的意思。

在这类句子里头，不但原来的单位词是個的还用個，很合理地连另有单位词或原无单位词的也都改用或加用個字。例如：

心若不做一個主，怎生奈何！(程语 55)

若输了的，抹一個黑脸。(元 52.2.7 白)(张)

正经下個气儿，陪個不是，大家还是照常一样的。(红 29.24)

咱们哄着老太太开個心儿。(又 40.14)

倒亏了……大老爷也不出個头。(又 100. 11)

姑娘可淘气呀,最爱装個爷们,弄個刀儿枪儿。(儿 14.5)(把,杆)

还有点臊脸礼儿给姑娘垫個箱底儿。(又 27.11)

又望着张姑娘向外间努了個嘴儿。(又 40.29)(张)

彼此拉了個手儿。(又 40.40)(只)

小人才呕着他,喝了他個酒儿。(侠 48.4)(杯)

连個手儿也没动,糊里糊涂的都被蒋爷刺死。(又 85.11)(只)

任甚么不会,烫個酒全都不知轻重。(聊 4.3)(壶)

过去张個嘴,大概不至于碰钉子。(又 11.2)(张)

自家個儿的弟兄,谁帮個谁都没有什么说的。(曹禺,正 31)

还有复合的名词,它的构成的部分原来都不能用個,合成之后也还不能计数的,例如:

三五日来不汤個水米。(董西厢 185)

原来老人家弄個笔墨也是这等丝毫不苟的。(儿 29.7)

还有一个個字管几个名词的:

在街上做個买卖儿——卖個糖啊豆儿啊,酸枣儿啊,桔子、苹果、鸭儿梨啊什么的。(陈士和:云翠仙 1)

至于仍旧用特有的单位词而含有动量的意义的,虽然不多,也不是没有,如前举儿 33.25 一例的‘刁袋烟儿’,又如:

到底给他上個坟,烧张纸,也是姊妹一场。(红 72.11)

此外,好些由动词和抽象名词或非名词的宾语合成的熟语,其中的(一)個也偏于指示动量。例如:

且通個商量。(水 17.1)

每日只打個到面儿。(金 23.249)

扯一個淡,赶了出去。(儒 4.30)

彼此也要避個嫌疑。(又 6.50)

就像泥塑木雕的一般,总不置一個可否。(又 6.51)

咱们今儿就拿他取個笑儿。(红 40.10)

邓九公又装了個楞,说,'那话呀?'(儿 17.12)

得先讨老弟你個教。(又 32.21)

后来发了一個狠儿,便上幽斋而来。(侠 35.7)

必要与姓展的分個上下。(又 40.2)

你只要穿山窟过去,应個景儿即便下来。(又 49.1)

最足以表明这种句法的用意在于表示动量的是底下的例句,其中個字独立作称代词用,如:

你笑一個。(元 8.3.6 白)

我先顽個你瞧瞧。(红 36.15)

现在拉车的……是欺侮她年老走不动,她偏要走一個给他们瞧瞧。(老舍,有声电影)

不管好听不好听,你要她拉一個你听听。(丁西林,等 28)

这些例句里头,'顽個'和'拉一個'也许勉强可以说是'顽個顽意儿'和'拉一個曲子'之省,但'笑一個'和'走一個'只能说是等于'笑一笑'和'走一趟'(或'走几步'),而'笑'和'趟'前头是不能用個的。①

五 (個)和数量

(一)個是一个表数量兼表无定的冠词,但在上两节我们已经指明它的应用范围比较西文的无定冠词更广,可以用于非名词乃至用于不在名词地位的词,又可以把数量的观念从名物方面转移到动作方面来。本节和下节再分别从数量和有定与无定这两方面来观察,在这两方面它也有更大的自由。

(一)個常常用于非'一'的场所。有些句子里头的個可以称为‘大单位’，如：

那时候，要论我的家当儿，再有几個五百也拿出来了。（儿 15.25）

这里用個字是很合理的。但是底下的例句里实在没有这个必要：

一道会买箇三升。（随隐漫录 2.6）（‘会’是钞票）

每到五更必醒個几次。（红 83.9）

在家看家，只好熬個几夜。（又 111.15）

那不用箇儿尺粗布喂？（儿 33.42）

只管安稳着养個四五天。（红 98.4）

要理個一两本书才好，别等脱了孝再都忘了。（又 110.15）

可得豁着挨個三拳两脚。（儿 28.14）

便有個三四万银子，又支持得几年？（又 30.21）

一两個月攒個三千两吊的。（残 14.12）

净说吃闲饭的，每天总有個百十多人儿。（聊 14.1）

花几個钱算甚么！一场麻将就可以输個三百五百。（丁西林，妙 31）

我要是個男人，我就讨個七八個小老婆。（曹禺，北 39）

这种用法的起源大概是这样的：把‘三升’、‘几次’、‘四五天’等等当作一个集体的量，然后加用（一）個。可是在这些例句里头，只有第一个宋代的例子是一个确数‘三’，后期的例子都是约数，或是‘几’，或是‘一两’、‘三四’等。同时，前头只有個，不见有用一個的（这也许是因为若是明说‘一’，未免让数量的冲突太表面化了）。因此，至少就现代的语觉来说，这个‘個’字多少带上了点‘大约’的意思。而且多半是说的未来的或一般的事情，若是实打实的述说已过的一件事情，就不用这個字。比较‘只管安稳着养個四五天’和‘又安稳养了四五天’。

其次，有（一）個之后虽无数目字，但名词本身显示是不止一人一物的，例如：

可煞作怪,全没讨個飞禽走兽。(通言 19.156)

这院子里又没有個桃杏树。(红 40.6)

又没個父母兄弟,谁是知疼着热的?(又 57.16)

这正好请他到家,我们作個长远姐妹。(儿 14.27)

讲得来不曾漏得一件事迹,差得一個年月。(又 38.15)

只是不曾得过個学差试差。(又 38.19)

有個公公婆婆的我又不敢答应。(冰心,集 285)

在这些例句里头,那些名词可说是有集体的意义,如'父母'、'弟兄'、'公婆'、'年月'等本来已经可以认为复合名词(比较英语的 parent, brother, date 等)。当它一个整体看,自然不妨加个(一)個。底下的例句里头的(一)個,和名词的复数性的冲突尤为显著,这也是当作集体看的:

只如有箇文殊普贤出来目前,各现一身问法。(临济 498)

当下把個张三李四吓得目瞪口呆。(儿 4.23)

把個黄老夫妇心疼的要死。(聊 14.17)

又其次,在判断句里,有主语显然是复数而表语用(一)個的例子。如:

咱两個是個穷汉。(元 7.2 白)

这两個那里似個出家人,只是绿林中强贼一般。(水 6.40)

凤丫头和平儿还不是個美人胎子?(红 44.15)

兰小子和环儿更是個燎毛的小冻猫子。(又 55.20)

这几位都与老爷相好,老爷常说是個做清官的。(又 99.12)

何况是两個有心的装作個无心的。(儿 17.12)

我两個作了一個妇女,可立得起甚么事业来?(又 30.18)

看那光景,虽是一把子紫嘴子孩子,却都像個世家子弟。(又 32.12)

他们也就只好算一個蛀虫。(袁俊,美 69)

表语之前本来可以不说一個或两個,例如'我是中国人'和'我们是中国人’。但是现在主语明明是复数而表语用(一)個,我们只能说这些名词都是取其标类的意义,‘(一)個穷汉’等于‘穷汉’,这个(一)個可算是‘类数’(非单非复)的符号。

六 (一)個和有定无定

原则上,凡是可以加(一)個的名词,一定本身是无定性的,即多個之中的一個。前面讨论过的抽象名词以及第三节所举的非名词的例子,那些概念都是不能分别一与多的,所以说不上有定和无定。底下例句里的名词指示具体事物,而都是本身具有独一性的,但前面加用(一)個:

一年待箇中秋月。(庐溪词 7)

昨日是箇七月七日节。(宣和 2.13)

可又遇着個不知趣的天,下起大雪来。(元 7.2 白)

前任老爷取过他個头名。(儒 2.12)

我们家的姑娘们就算他是個尖儿。(红 100.12)

好在今儿是個十三日,月亮出得早。(残 8.7)

这种本身具有独一性的名词,前面可以不用冠词,古代汉语里是不用,近代汉语里也往往不用。若是加用冠词,似乎是像有些欧洲语言那样用有定冠词较为合理,不该用无定冠词。这里面有一部分例句也许可以曲为之解:虽然一年只有一個中秋,一個月只有一個十三日,一榜只有一個头名,但说话的人意识到别的年,月,榜。但是这是不必需的,因为还有别的例子可以证明有定性的名词之前用(一)個。有些名词的有定性是由它的加语决定的,如:

那韩安国方才坐下,书童又唱個第四個前腔儿。(金 35.393)

我有個择席的病。(红 76.21)

有些名词是因为和句子的主语有领属关系而取得有定性的，如：

俺那妹子有见闻可有福分，抬举的個丈夫俊上添俊。(元 12.3.5)

旗装打扮的妇女……走起来大半是扬着個脸儿，拔着個胸脯儿，挺着個腰板儿走。(儿 31.4)

有些名词是从上下文可以决定它是有定性的，如：

堵着個门儿放着火。(刘知远 8)

于是先把子平照样扶掖过去……到是一個驴死不肯走。(残 8.9)

这种种有定性的名词最常见的场所是在把(将)字之后，例如：

怒时节把一個书生来迭噷，欢时节将一個侍妾来逼临。(西厢 3.4.2)

你将一個后老子来忒紧攻，倒把一個亲爷来不敬重。(元 30.1.10)

把個十字街挤的没一线儿阔。(又 10.3.4)

惹的上司不喜欢，把個官弄掉了。(儒 34.250)

谁知把個诗倒了平仄。(儿 15.24)

那隻手还把個二拇指头搁在嘴里刁着。(又 37.8)

把個天王殿穿堂门儿的要路口儿给堵住了。(又 38.29)

不由得这手举着花儿，那手就把個签帖儿接过来。(又 38.37)

若非我今日下在此店，[你]险些儿把個小命儿丧了。(侠 86.7)

把字后头的名词通例必须是有定性的，[②]却偏偏最容易发现(一)個，这也是一个小小矛盾。同时，在把字后头，原来有专用的单位词的，如诗论首，命论条，也都改用個字。

三身称代词是有定性的。间或有加(一)個的，都有特殊的意义，不能作为普通的用例：

把一块泥，捻一個你，塑一個我。(管道升词，尧山堂外纪卷 70 引)[③]

依他的意思，定要画上一個他，对面画上一個我，俩人这么对瞅着笑。(儿 29.25)

这是说你和我和他的模样。

撇了人，只为箇你。(金谷遗音 14)

这是说只为你一個。

反之，疑问称代词是无定性的，但这又是，严格说，不分一和多的。然而也用(一)個，情形和抽象名词的称(一)個相似。例如：

玉钩闲，帘未卷，一天情着個谁传。(太平 7.3)

这個人到底是個谁呢？(儿 31.3)

适来见虎，似箇什么？(灯录 6.7)

夜以安身，睡则合眼，不知苦苦思量箇甚？(程语 26)

我道您因一個甚来？(元 19.2.3)

那是個甚么？(儿 31.8)

七 (一)個和专名

人名和地名是有定性最明显的名词，我们也常常看见它们的前头加用(一)個。按说上节已经说明有定性的名词有在前头用(一)個的例，专名可以不再讨论，可是情形不完全相同，例如我们可以说'一年待個中秋月'，但是不能说'我在这里等個张三'，可以说'今儿是個十三日'，但是不能说'这是個李家庄'。

有一类在专名前加(一)個的例子是很合理的，那里头的专名代表具有某种特性的人物，例如：

一棹归来，只做箇五湖范蠡。(稼轩词 45)

精神，浑似箇西王母。(又 54)

宝玉听了这话，公然又是一個袭人了。(红 20.6)

这里的'范蠡'等于'功成退隐的英雄'，'西王母'等于'长寿女仙'。在西文里这种地方也常用无定冠词。

另一类例子是在初次说起一个人或地方的时候；大率在有字之后，如：

有箇王秀才，笑我诗多失。（寒山 23）

有一個楚屈原在江上死，有一個关龙逢刀下休。（元 3.2.4）

我们同行有個金振声。（儿 15.29）

江南庐州府合肥县内有個包家村。（侠 1.16）

在别的动词之后的例子较少，如：

何处得個吕夷简来，也会读书！（闻见近录 26）

官人曾认的個陈虎么？（元 8.3.11 白）

曹州府现是個玉大人。（残 7.16）

这些专名有点无定的性质，较甚者还可以加个什么，如：

昨儿有個什么芸儿来找二爷。（红 24.19）

离城二十里有個什么紫檀堡。（又 33.5）

在西文里也用无定冠词，甚至加用表示无定的字样，如英语的 a certain。

又有一类例句，那里面的一個表面上虽然是冠词，实际上颇有同位词的性质，'一個赵大'等于'赵大一個'。在这类例句里通例用一個，难得省作個，这就是重视它的数量意义的明证。一個作同位语往往有独一的意思，一個加在前头也是一样。如：

孔门只一箇颜子合下天资纯粹。（朱语 86）

本城的名医，除他之外，实在也只有一個陈莲河了。（鲁迅，朝 59）

所以必须如此者，仅为成全一個周生。（聊 2.16）

底下的例句里虽然没有只、仅等字样，同样的含有'单是'的意思：

赖我说的我不恼，我只气一個宝玉闹的这么天翻地覆的。（红 34.19）

他为一個林姑娘，几乎没要了命。（又 100.5）

一個玉格要上淮安，就没把我急坏了。（儿 22.24）

一位邓九太爷我好容易劝住了，你又来了！（又 31.35）

一個何家媳妇已经劳舅太太辛苦那场，此时这等远行，却怎的好又去起动？（又 44.44）

底下的例句里不含仅只或单独的意思：

你相与这臧三爷张俊民都是没良心的人，近来又添一個鲍廷玺。（儒32.240）

里头一個邢夫人，外头环儿等，这几天闹的昼夜不宁。（红119.15）

登时上下鼎沸，一個花铃儿、一個柳条儿是四下里混跑。（儿35.41）

此人原姓铁，单名一個英字。（残1.2）

‘又添一個鲍廷玺’等于‘又添鲍廷玺一個’，‘里头一個邢夫人’等于‘里头邢夫人一個’；‘一個花铃儿、一個柳条儿’等于‘花铃儿和柳条儿两個’；‘单名一個英字’等于‘单名英一個字’——这些例子仍然可以用同位词来解释。

再还有把字后面的专名，也常在前头用(一)個，这也许可以归因于把個的熟语性。如：

曾把個鲁斋郎斩市曹，曾把個葛监军下狱囚。（元3.2.3）

把個安公子问的诺诺连声，不敢回答。（儿9.28）

只这一句，把個蒋平唬了一跳。（侠109.6）

将個老残恭维得浑身难受。（残4.6）

这类句子有时候改取不用把字的句式，但是個字也会跟着宾语移过去，如：

问的個安老爷好没意思。（儿34.45）

几句话说的個白玉堂脸红过耳。（侠58.3）

甚至宾语变成主语，也还带上一個，如：

一個邓老头儿直乐得话都没了。（儿82.33）

但这也可以说是头上落了一个把字的结果。

除以上各类外，还有一些专名之前带(一)個的杂例，多半也都有解释。如：

且如一箇范文正公，自做秀才时便以天下为己任。（朱语241）（且以

一人为例:范文正公)

自尧舜以下,若不生箇孔子,后人去何处讨分晓?孔子后若无箇孟子,也未有分晓。(又 84)(生孔子这么個人;没有孟子这么個人)

有個唐僧取经,就有個白马来驮着他;〔有個〕刘知远打天下,就有個瓜精来送盔甲;有個凤丫头,就有個你。(红 39.2)(有唐僧这么個取经的和尚……)

舅太太是坐在里边,有個张太太挡着,出不去。(儿 32.31)(有一個人——张太太——挡着)

这等一個'扛七個、打八個'的何玉凤……(又 40.24)(何玉凤这么個扛七個打八個的人)

这么看来,专名之前用(一)個还是有相当限制的。

综合以上各节的观察,可以归纳得这几点:

(1) 個的应用范围比较任何及所有其他单位词为宽广,而且在特殊场所常常替代其他单位词用。

(2) (一)個的应用范围比较一般的'无定冠词'为宽广,可以用于不可计数的事物乃至动作与性状,可以用于有定性的事物,甚而至于用于非'一'的场所。

(3) 带(一)個的词语最常见的是紧接在动词之后的,宾语以及非宾语,名词以及非名词。

(4) 一個常常省一留個。

这几点实在有连带关系。(1)和(2)是一件事情,前者是和汉语里的其他单位词比较,后者是和别种语言里的冠词比较。個字和其他单位词不同的一点是:后者和事物的形状或其他特性相关,因而应用起来不得不受限制;個字是无色彩的,因而容易扩展它的范围。(3)是(一)個扩展的积极的诱导因素。原来因为宾语常是一个无定性的事物,所以动词常常和(一)個接触,渐渐的形成了‘V(一)個’的范型，引起了类推作用，好些个不必或不该加(一)個的词语到了动词之后也带上了(一)個。(4)是(一)個扩展的消极的纵容因素。若是一字不常常被省略，许多和一的数量意义和无定意义不相容的场所加用一個，其中的矛盾性在说者和听者意识里都会更加显著，一個的扩展也会受到相当限制。

八 一個和個

现在要附带讨论一下一個省说成個的情形。[4]先得声明一句，不但一個的一可省，其他单位词前头的一也可省：下文说到‘一個’的时候都包括‘一’加其他单位词在内。

古代汉语里遇数量为一的时候也常常只用单位词，例如：

无尺寸之肤不爱焉，则无尺寸之肤不养也。(孟子，告子上)

晋人与姜戎要之殽而击之，匹马只轮无反者。(公羊传，僖 33)

但是近代汉语里的省略一字和这个并无关系。因为，第一，古代不但是单位词前的一可省，一般名词前的一也可省，如：

子路从而后，遇丈人以杖荷蓧。(论语，微子)

有牵牛而过堂下者。(孟子，梁惠王上)

其次，单是就单位词前的一字而论，可省或不可省，古今的习惯也不同，如上面孟子和公羊传的例，在近代汉语里是都不能省一的。

我们先说必不可省的一字。在近代，凡是数量意义很强的一字都不能省。这种强义的一字，在冠词和数词有不同形式的语言都是用数词或别的指称词，不用冠词的。所谓强义的一有几种。或是对多個而言一個，最常见是在否定句内，例如：

不准州县得一個大钱。(红 99.12)

嘴里要想讲一個字儿也不能了。(儿 38.34)

王二到底没敢告诉一個人。(残 19.10)

只要有戏,我就有票,而且不出一個钱。(老舍,归 63)

俺们四顶轿子,反打着一個灯笼!(金 35.397)(非否定句)

对多個而言的一個,可以有'唯一'或'单独'的意义,例如:

若有好事,你们享去;若是不好,我一個人当去。(红 94.10)

打谅天下就是你们一個地藏庵么?(又 115.5)

一作'同一'讲,也是强义的,例如:

若是买办和厨子是一個人做……(儒 28.210)

贾环见宝玉同邢夫人坐在一個坐褥上……早已心中不自在了。(红 24.5)

一個人家儿过日子,在京在外是一個理。(儿 40.50)

看这光景,两個人是一条藤儿。(又 30.30)

一作'全'或'满'讲,也是强义的,例如:

无一时,一壶酒,一盘肉,都吃了。(水 5.26)

我把一個南京城走了大半個。(儒 30. 220)

一扬脖儿,把一锺酒都乾了。(红 75.12)

以上几类例子,在英语里分别用 one, a single, the same, the whole 等等,没有用 a 的。

此外有虽非强义,但是因为用在平行结构中,有别的数目衬托,数量的意义较显,于是保留一字的。例如:

一同被获的还有一個学生,五個车夫。(老舍,微 259)

买了一枝笔,几张纸,一個信封。(残 7.17)

还有当说话的人心目中有所指,不是泛泛的众中之一的时候,也常常保留一字。例如:

这事还须寻一個人斟酌。(儒 34.252)

这孩子扮上活像一個人。(红 22.7)

等咱们……回来,我还带你到一個地方儿去见一個人。(儿 39.57)

这里，如第二例，若是说'活像個人'，就变成原来不像人样的意思了。

以下讨论非强义的即冠词性的一的省略和保留。这里又有一件事必须注意，就是关于这个一字，文字的纪录不十分可靠。例如拿红楼梦通行本和程乙本比较，程乙本里头的'一'字就比通行本里头少得多，如：

如今我吃他碗牛奶，他就生气了？（红 19.10）

我指出個人来，你敢挑他，我就服你。（又 20.15）

宝玉拿了本书，歪着看了半天。（又 21.6）

二年前他父母给他娶了個媳妇。（又 21.11）

只是有句话回二爷。（又 24.19）

叫你少喝锺儿罢。（又 39.2）

通行本里都有'一'字。还有，现代的作家笔下也常常把口语里省说的一字写出来，例如：

腰间还挂着一個大搭连。（鲁迅，呐 124）

我是一個很顽固的人。（丁西林，独 17）

还有一個穿洋服的少年也在那里。（冰心，集 247）

我托了一個人向他去说。（老舍，微 152）

这种例子多得很。我们可以说，有嘴里说個而笔下写一個的，很少有相反的情形。所以，底下的例句里，写個的绝对可靠，写一個的就得多少加以保留，虽然我们不得不根据这些记录来讨论。

从上文各节所引例句，我们获得一个大概的印象，就是一的省略和它的位置有关，说明白点是宾语之前的一個常省说为個。这个趋势很早就已经有，除上文各节例句外这里再补充几个早期的例子：

昨日设箇斋，今朝宰六畜。（寒山 27）

安存取箇国家可畏忠良。(司空表圣文集 58)

将为尔是箇俗汉。(临济 504)

久向投子,到来衹见箇卖油翁。(灯录 15.6)

当初为倚深深宠,无箇事爱娇嗔。(乐章集 22)

何似把人民一齐许了,做箇人情也是完备。(燕云 14.5)

斗匀红粉照香腮,有箇人人把箇镜儿猜。(稼轩词 94)

有箇秀才姓汪,骑箇驴儿过江。(桯史 6.6)

调(掉)下個折针也闻声。(刘知远 8)

再举几个其他单位词的例子:

家内无斤包子皮。(敦琐 23.123)

而今老大不能行,手里把柄破木杓。(法演 658)

待寄封书去,更与丁宁一遍。(晁元礼词,全宋词 66.2)

拖条竹杖家家酒,上箇篮舆处处山。(樵歌上 13)

戴顶烧香铺翠小冠儿。(乐府雅词,拾遗 98)

我起来时少着了件衣裳。(京 12.9)

与他副弓箭能射,与他匹劣马能骑。(元 19.3.8)

把你那性命只当根草。(又 3.1.6 白)

保儿,将锺热酒来。(又 7.2.13 白)

且忍口气,回去慢慢向老师说明。(儒 1.6)

到底说句话儿,也像件事啊。(红 34.14)

穿着件短布衫儿,拖着双薄片鞋儿。(儿 38.33)

果然盛了碗饭。(侠 80.4)

可是省去一的并不限于宾语之前的单位词。一方面有如上文第三节末后所举的补足语的例子,另一方面还有后置主语的例子,如:

虽然他省事,倘或来個亲戚,看着不像。(红 40.19)

忽见旁边又过来了個年轻的小媳妇子。(儿 38.34)

旁边坐着個店妈妈。(侠 108.10)

谁知脚底下横不楞子爬着条浪狗。(儿 38.34)

但是前置的主语从来不省这个一，如：

一個小道士儿，剪蜡花的，没躲出去。(红 29.5)

一個老和尚在那里坐着卖茶化缘。(儿 5.18)

所以上面的假设应该修正为：动词之后的宾语以及类似宾语的词语之前的冠词(一加单位词)里的一常被省略。

是不是所有处于这个位置的一都被省去呢？不。偶发的事例不算，还有好些情况是有利于一的保留的：

(a) 要是动词之后的名词和第二个动词构成一个词结(小句)，这个名词前头的一大率不省，如：

见一個年纪小的打那年纪老的。(元 8.1.4 白)

只见一個女孩子蹲在花下。(红 30.11)

只觉一個人往脊梁上一扑。(儿 38.32)

又见一個后生迎头拜揖。(侠 109.6)

(b) 要是动词后的名词省去，单位词本身替代名词，一字也多数不省，如：

外面不是枕头？拿一個来枕着。(红 19.20)

你要猜谜儿，我说一個你猜。(又 22.17)

这里的鸡儿也俊，下的这蛋也小巧，怪俊的，我且得一個儿。(又 40.12)

媳妇们两個心里可倒瞧准了一個。(儿 40.31)

当时秀秀依样绣出一件来。(京 10.5)

此外还可以参看上文第四节末后的例子。也有省一的，大率是单位词不在句末的，如：

不知怎么变，你先去变個我们瞧瞧。(红 19.25)

你看我对的如何？你再出個我对。(侠 35.9)

要是虽省名词，却留下加语，省一和不省一就同样常见：

快吃了酒，说一個好的罢。(红 54.21)

只看那派打扮儿,就没有一個安静的。(儿 38.33)

少不得弄個新样儿的。(红 54.16)

尖站没有個不冷清的。(儿 4.14)

(c) 要是动词和冠词之间有别的词语隔开,一字也就常常保留下来。这个间隔的词语最普通的是那个名词的加语,例如:

我也不过是俗中又俗的一個俗人罢了。(红 32.5)

回想他三年前……可不是大妞妞似的一個公子哥儿来着吗?(儿 36.45)

他原来在学校是这么一個绣花枕。(冰心,集 249)

自然是极好的一件事。(红 95.10)

假如给了剃头的,便是使熟了的绝好一条杠刀布。(儿 37.21)

可是省一的也不少,如:

原来是本院的個小丫头佳蕙。(红 26.2)

难道那么大個人会丢了?(儿 35 .40)

这才把必应瞻礼的個文昌阁抹门儿过去了。(又 38.40)

又遇见了千刀剐万刀剁的個姓刚的。(残 19.9)

(d) 有时候隔在中间的是個副宾语,例如:

小人斗胆,敢问老爹奶奶一個名姓。(元 8.1.4 白)

不过听我们一個发脱口齿,再听個喉咙罢了。(红 54.16)

你就给我罢,又何必转大爷一個手?(儿 35.37)

先给老爷一個高帽子戴上。(又 40.48)

这里面红 54 一例第一个一不省,第二个一就省了,很可以表明间隔的影响。这些例句里的副宾语都不止一个字;要是只有一个字,又就是省一的多,例如:

赏他個漏风巴掌当邀请。(清平 7.4)

给你個榧子吃呢。(红 26.12)

连忙还了他個揖。(儿 38.49)

便派了他個撰文的差使。(又 38.15)

(e) 要是动词后头有一连几个宾语,只有第一个宾语前头可以省一,这也是隔和不隔的分别。例如:

洒家要打条禅杖,一口戒刀。(水 4.15)

买了個猪首,一只鹅,一只鸡,一担酒,和些果品之类。(又 26.80)

更普通的是把第一个一也保留下来(参阅上文 167 页平行结构留一的例),如:

一個上头放着一分炉瓶,一個攒盒。(红 40.21)

拿着一個禀帖并一篇账目。(又 53.5)

挨门一棵树下放着一张桌子,一条板凳。(儿 5.18)

把他常用的一個大砚海,一個大笔筒,都搬出来。(又 38.19)

自然,除了这种种情况以外,还有许多在通常省一的地方不省的例子,尤其是在個以外的单位词为然。这里只举几个很相近的上下文里头一省一不省的例子:

诗书中凡有箇主宰底意思者皆言'帝',有一箇包涵遍覆底意思则言'天'。(程语 31)

因为撒了一泡尿在地下……有的是尿,再撒泡你们吃就是了。(红 54.20)

穿一件旧月白短夹袄儿……套着件羽缎夹卧龙袋。(儿 39.20)

右手擎着根大长的烟袋,手腕子底下还搭拉着一条桃红绣花儿手巾。(又 38.34)

第一条拿了個一点,赔了個通庄;第二条拿了個八点……又赔了一個通庄。(残 19.15)

怎办呢?三天就换一箇老妈子,两天换個听差的。(老舍,面 41)

就这些例句而论,假如不是写的时候随便写一不写一,就是说的时候随便说一不说一。

以上讨论一字的省略,对于個和其他单位词没有特别加以分别。实际上，其他单位词的这个倾向远不及個字之甚。这里有几个很有意思的例子，在平行的结构里头，個字之前省一，其他单位词之前不省：

头上带個竹丝笠儿，穿着一领白缎子两上领布衫。（京 10.9）

他父亲还有本事中個进士，做一任太守。（儒 34.250）

又有舍了一吊香钱抱個纸元宝去，说是借财气的；……又有送了一窝泥儿垛的猪狗来，说是还愿心的。（儿 38.31）

脸上……抹着個三花脸儿，还带着一圈儿狗蝇胡子。（又 38.43）

这些例句不会全是偶然。

底下有一个简单的统计表，一方面可以表示六种作品里动词之后的個字之前省一和留一的比例，一方面也可以证明其他单位词前省一的倾向不及個字之甚。

书　　名	個	一　個		单	一　单
		有条件	无条件		（不论有无条件）
元曲白（陈州粜米，合汗衫）	65	17	20	1	25
金瓶梅词话（35 回）	40	8	1	5	13
儒林外史（33，34 回）	14	7	19	1	24
红楼梦（24，34，44，54 回）	60	15	20	9	49
儿女英雄传（38 回）	73	10	4	32	32
三侠五义（79，80，81 回）	35	6	4	1	11

注：以动词后的为限。‘有条件’包括强义及上文 a 至 e 项。‘单’代表‘個’以外的单位词。

在这个表里，以個字而论，除儒林外史外，无一不是個多于一個；

以其他单位词而论，除儿女英雄传外，无一不是'一单'多于'单'。这两者的区别是显然的。

以上是关于单位词前的一的省略的各种事实；简单点说，是：

(1) 强义的一不省，冠词性的一才可以省；

(2) 就后者而论，动词前的不省，动词后的才可以省；

(3) 动词后的一也不是一律省去，往往因种种条件而保留，也有无条件而不省的；

(4) 個字之前省一的倾向较其他单位词之前为甚。

这些是事实。我们应该怎么解释这些事实，或者从这里面抽绎出省略一字的原则呢？上面第一点有一个明显的指示。意义的强弱和声音的强弱是连带的，冠词的意义薄弱，声音也跟着轻微，例如英语的 a 就是 one 弱化的结果。一字在近代汉语里又是个单纯元音的字，前头没有辅音保护，只顾轻音化起来是很容易消失的。不错，象英语的 one，虽然弱化成 a，却始终没有消失。可是我们要知道，我们的冠词并不是一这一个字，而是'一单'这个整体，一字脱落了还有一个单位词。所以省略一字的现象，换一个看法，也可以说是单位词本身的冠词化。后面省去名词的'一单'往往保留一字(上文 b)，就是因为单位词的名词性抬头了，一字不大容易脱卸它的冠词任务。

但是由第(2)点看起来，并不是所有冠词性的'一单'里头的一都会脱落，脱落限于在动词之后的。动词在句子里头常常占主要的或次要的重音。所以我们可以修正上面的说法：一字的脱落，除本身的轻音化外，还受前面的重音的影响。

这就连带到隔和不隔的问题（上文 c,d,e)。动词直接'一单'，一字脱落；有着、了以及你、我、他等字隔在中间，一字也还是脱落，就是因为这些都是轻音字。间隔的字数较多，就往往把一字留住；要是有脱落的，那是受了另外一个重音的影响，和前面的动词无关。另一方面，一个小句的主语前头的冠词，虽然直接前面的动词，一字大率不省（上文 a）。由此可见，上面所说足以影响一字脱落的重音字，必须同在一个语音段落之内。

至于有些一字似乎可以省去而不省去，我们除了应该对文字纪录作相当保留外，还应该想到说话的快慢。一句话在由于各种动机而慢慢说出的时候，差不多所有轻音字都变成平读。在这种情况之下，一字多半会保留下来。

关于第四点，個字和其他单位词前的一的省略频率不同，我们一方面应该注意上文三、四、五各节例句里的個字绝对大多数都不加一字，竟可以说这些地方的一的省略是近于强迫性的；另一方面我们应该记住，只有個字是个无色彩的单位词，其他单位词都或多或少保存点意义，还没有完全丧失它们的实词性。

注：

① 個含动量意义而不在动词之后的例子较少，如：'往常一個脸得至少洗四十多分钟。'（老舍，有声电影）

② 见把字用法的研究，本书 176 页。

③ 这首词儿女英雄传第 29 回引用，讹误殊甚。

④ 近代汉语以数词后加单位词为通例，但在某些情况下还是只用数词，不加单位词，尤以一为然，这個一自然不能省，不在本文讨论之列。

（原载金陵、齐鲁、华西大学中国文化汇刊第四卷，1944）

把字用法的研究

一　引言

把字原来是一个完备的动词；[①]但是在现代汉语里，除‘把门’等少数熟语外，一般只保存在把握、把守等复合词里，不再单用了。单用的把字已经变成一个‘虚字’，或是叫‘语法成分’，就是说，它不能担任一般动词的任务，作为谓语的核心：光是‘把书……’，‘把窗户……’，是不成句话的，必得‘把书拿来’，‘把窗户关上’，才象句话。不但是它的作用已经跟一般的动词不同，它的字音也有了变化：‘把握’、‘把守’的把是 bǎ，‘把书拿来’等等的把固然也可以说 bǎ，可是更普通的是 bǎi 或 bài。本文不打算叙述把字用法的演变史。也不打算讨论把字在词类区分里所占的位置：还是介词（黎锦熙说），[②]还是助动词（王力说），[③]还是一种特殊的动词，赵元任管它叫 pre-transitive 的。[④]本文所要讨论的是这个把字在近代汉语里的用法：什么时候非用不可，什么时候决不能用，什么时候可用可不用。

在讨论应用把字的条件以前，先说明一点：在底下的例句里，除把字外还有将字。跟把字相同，将字也是由一个完备的动词变成一个虚字的。[⑤]它的作用也跟把字相同，在早期近代汉语里将字比把字更常见，但是现代只有把，没有将。我们把将字跟把字一同处理，但是题目里只标把字。

二　动词的意义限制

关于应用把字的条件，可以从三方面来观察：从动词本身的意义，从宾语的性质，从全句的格局。

从动词的意义方面来观察的有王力先生。他在中国现代语法里把应用把字的格式称为‘处置式’，他说，‘它既然专为处置而设，如果行为不带处置性质，就不能用处置式’（上册 161 页）。这个话是相当笼统的。较具体的条件，王先生在这本书里只提到一个：处置式又专为积极的处置而设，所以把字后面不能用否定语。例如只能说‘我把那一封信烧了’，不能说‘我把那一封信不保存’，（又 162 页）。后来在中国语法理论里王先生又提出五种情形是不能用把的：1）叙述词所表示者系一种精神行为，例如‘我爱他’；2）叙述词所表示者系一种感受现象，例如‘我看见他’；3）叙述词所表示的行为并不能使目的语所表示的事物变更其状况，例如‘我上楼’；4）叙述词所表示的行为系一种意外的遭遇，例如‘我拾了一块手帕’；5）叙述词系‘有、在’一类字，例如‘我有钱’，‘他在家’（上册 165 页）。

关于把字后头不能有否定语这一点，在早期近代汉语里好象还没有这个限制，并且不如王先生所说只出现在戏曲或弹词里。底下引的例句有一半是散文：

今人所以悠悠者，只是把学问不曾做一件事看。（朱语 44）

故自家才见得如此，便一向执着，将圣贤言语便亦不信。（又 221）

从此锦城机杼，把回文休织。（汉滨诗余 1）

再三留待东君看，管都将别花不惜。（乐府雅词 102）

镇日家耽酒迷花，便把文君不顾。（董西厢 262）

也是我间别来的多年，把你不认的。（元 19.3.10）

把先皇圣旨不怕些儿个。（又 35.2.2）

做意儿将人不采。（太平 3.17）

我如今把那项银子都不问你要。（元 13.3 白）

孛端察儿见他哥哥每将他不做兄弟相待。（元秘 1.16）

把这件事不记心了。（水 7.64）

且把闲话休题。（又 10.2）

就较后的用例来说，这个限制是很严的。所能看见的例外，只有作为一个熟语的一部分的否定词才会在把字之后出现。例如：

把我们不瞅不采。（儒 6.51）

便把亲戚伙伴儿们都不看到眼里了。（红 74.24）

把头里的事一字也不记得。（又 97.2）

真是太把人不放在眼里了。（曹禺，北 44）

这里边，有的简直不能改成不用把字的格式（最明显的是儒 6.51 之例）。

关于另外那些个不能用把字的情况，1，3，4 三条都有问题。精神行为有可用把字句式的，如：

这么一来，他可要把你恨透了。

盼来盼去，总算把这一天盼到了。

你把这句话再想想看。

不变更宾语（目的语）所代表之事物的状况的例子更多，如：

把三百级台阶一口气走完。

你把这个留着自己用吧。

把安老爷上下打量两眼。（儿 38.35）

王先生举‘我把楼上’做例。这句话的不顺是因为‘上’跟‘楼’的关系不同于一般的动词跟宾语的关系。同样，我们不能说‘我把

门出’,‘我把大学进’等等。这类宾语有几分象处所补足语。意外的遭遇,即非有意为之的行为,也很有些用把字的例子,如:

把日子误了。

把机会错过。

把姑娘的东西丢了。(红 73.14)

先把太太得罪了。(又 74.3)

王先生举‘我拾了一块手帕’不能转成‘我把一块手帕拾了’做例,其实这是因为宾语的无定性(见下节)。如果说‘不知谁把这块手帕拾去了’,就没有什么不顺适了。

王先生也举了‘把你忘了’,‘把牙磕了’,‘把脸一红’等几个例子,另外立一个‘继事式’的名目以别于‘处置式’。[⑥]其实事例相同,倘若我们不把原来的称为处置式,也就无须另立继事式的名目了。

只有 2 和 5 两条是没有例外的。第 2 条只包括看见、听见、闻见等三五个动词。第 5 条,除有和在外,还包括有些语法学家认为介词而王先生归入动词的从、到、往、给(非‘给与’之给)等等。

底下的句子很象是第 5 条的例外:

这块玉倒是的,怎么把头里的宝色都没了呢?(红 95.18)

你为什么把从前的灵机儿都没有了?(又 99.4)

这些例子里的没(有)要是作为‘有之否定’讲,那就不但抵触上述的第 5 条,也犯了把字之后不用否定词的限制。可是这里的没有是单纯的动词,是‘丧失’的意思,所以跟那两条规则都不冲突。

从动词的意义来观察,只能发现一些消极的限制。我们知道在哪些情况之下不能或不宜用把字格式,可是不知道哪些情况之下宜于或必须用这种格式。

三 宾语的性质

从宾语的性质方面来观察的是曾在热河居住多年的天主教教士比利时人 Joseph Mullie。在他的汉语构造原理里，他管把字后头的宾语叫做'有定目的格'(the determinate accusative)。他说：'有定目的格一律放在动词的前头，在它的前头安上一个把字；这种目的格，由于它的有定的性质，在英文里头常在前头带上一个有定冠词'(58.2 节)。[7] 汉语里一个名词的有定无定，并不一定要戴个帽子来表示，所以 Mullie 在这段说明之后举的两个例子——'我把这一本书儿看完了'，'我把桌子挪了'——就是一个有这字点明，一个没有这或那，可是这句话里的'桌子'当然不是任何一张桌子。

Mullie 的这个观察是很正确的。试比较'把那杯茶拿来'跟'拿杯茶来'，一句的茶有定，一句的茶无定；一句用把，一句不用把，不能交换。'把茶拿来'跟'拿茶来'也还是有分别：说前一句的时候是知道有茶预备在那里的，说后一句的时候是不存这种假定的。

让我们再检验一下，是不是把字后头的宾语真是无例外地有定的。Mullie 自己似乎有点信不过，在上文所引那一段之后加了一个注子：'在少数例外情形，把字用在一个无定的物件的前头："我把个事儿忘了"，"我把个人打了"。'照我们看，这种例外是难得遇见的。有一种似是而非的情形倒是常常有的：把字后头的宾语的确带一个个字，可是如我在另一篇文章里所说，这个个字尽管是一个的省缩，可不一定表示后面的名词的无定性。[8] 把字后头的个字往往就正是这种例外用法的个字。例如：

把个荀老爹气得有口难分。(儒 2.16)

我自倒运，把个女儿嫁与你这现世宝穷鬼。(又 3.21)

把个巴掌仰着，再也弯不过来。(又 3.25)

又将房中一个十七岁的丫嬛，名唤秋桐，赏他为妾。(红 69.7)

把个宝琴吓的再不敢见他。(又 100.6)

那只手还把个二拇指头搁在嘴里刁着。(儿 37.8)

无论行住坐卧，他总把个脑袋扎在胸坎子上。(又 37.21)

把他常用的一个大砚海一个大笔筒都搬出来。(又 38.19)

这些句子里的宾语，尤其是人名，显然是有定的，虽然前头有个字。这可以翻成外国语来试验，比如在上面这些句子里英语是不能用 a 的。(这个个字也许有人会认为这个和那个之省，可是例句里明明有写出一字的。)

另有一类例子，真有点象是无定的——在英语里该用 a 的。例如：

一面将一个锦匣递过去。(红 24.13)

将一个宣窑磁盒揭开。(又 44.12)

在名词前面加上个无定冠词，就表示这个事物是无定的，这是英语乃至若干印欧系语言的习惯；可是说汉语的人的语觉有点不同，只要是此时此地只有这么一个，就可以当作有定，就可以用把。

除一個以外，偏称(partitive)的些和几也是无定的标记，因此不能用把，例如：

把我墨盒子取出来，取几张红格子白八行书出来。(残 16.2)

可是我们看到这种例子：

将些衣服金珠首饰一掳精空。(儒 5.41)

把几个零钱使完了。(儿 38.49)

后来他丈人家没了人啦，把几块地也归他种啦。（聊 16.8）

其实这也不难解释：这里的些和几不是偏称性的，是描写性的，勉强可以说是跟英语的 the little 和 the few 相当，实际上'言其少'的意思远不及这两个英文字，几乎是中性的。

总之，真正的无定而用把的例子，早期也许有，现代是很难得遇见的。Mullie 所举的两个例子，第一例显然有定，第二例的'人'大概也有所指。

从宾语的性质来观察，也只能发现一个消极的限制。宾语代表无定的事物，不能用把；可是宾语代表有定的事物，却不一定要用把。我们可以说'把这本书看完再看那本'，也可以说'看完了这本看那本'。[9]

四　动词前后的成分

还有一个角度，是从全句的格局来观察。我在中国文法要略里曾经指出，应用把字的句子是因为动词的后面紧接着一些成分，不容许宾语插在中间，或是动词前头有特殊性质的副词，它们非放在宾语之后不可。[10]王力先生的书里也提到这一点：'处置式的目的语的后面不能只跟着一个简单的叙述词'，必须附带末品补语等等。[11]赵元任也说：'只有在主要动词的后面跟着补足语，或是跟着数词加上适用于动词的助名词，或动词重复的时候才用把字'。[12]动词的处置意义，宾语的有定性，这些都是消极条件，只有这第三个条件——动词前后的成分——才具有积极的性质，才是近代汉语里发展这个把字句式的推动力。

我在要略里举了八句句子，每句代表一种格局。王先生在语法里分列六项，[13]在理论里也列为六项，但分合略有不同。[14]在本篇里我打算作下列的区分：

I. 动词后加成分(post-verbal elements)

A. 额外宾语(extra objects)

(1) 偏称宾语(partitive object)

(2) 动量宾语(quantitative object)

(a) 与动词同形 (b) 与动词不同形

(3) 保留宾语(retained object)——带宾动词(verb-object construction) 里的宾语

B. 补语(complements)——一般

(4) 受事(recipient)

(a) 无给 (b) 有给

(5) 处所(complement of place)

(6) 动向与动态(complements of direction and aspect)

C. 补语——结果(complements of result)

(7) 无得

(8) 有得

(9) 特种

(a) 致动意义的动词 (b) 手段意义的动词

D. (10)'把凤丫头病了'

II. 动词前加成分(pre-verbal elements)

(11) 一

(12) 都，也

(13) 其他

这十三项的条件性有的是绝对的，有了它就非用把不可；有的是相对的，也可以不用把。

(1) 偏称宾语。例如：

把一盏酒淹一半在阶基上。(元 6.1.11)

他把我个竹眼笼的球楼蹬折了四五根。(又 14.2.7)

怎肯把军情泄漏了一些儿。(又 75.1.9)

对你说,把这等想心儿且吐了些儿罢。(金 23.247)

小厮把银子凿下七钱五分。(又 23.249)

把腿跷起一只来。(儒 2.11)

把衣服脱了一件。(又 3.29)

我把一个南京城走了大半个。(又 30.220)

你倒不如把前日送来的那绛纹石的戒指儿带两个给他。(红 31.14)

快拿干净盖碗把昨日进上的新茶沏一碗来。(又 72.8)

把这些出过力的老家人……放几家出去。(又 72.17)

把方才的钱拿些来。(又 73.16)

李纨的骰子好,掷下去,把老太太的锤打下了好几个去。(又 88.3)

又把那果子拿了一块翻来覆去的细看。(又 91.1)

一着急却跌倒了,把靴子脱落了一只。(侠 49.8)

把你奶奶的烟袋拿一根来。(儿 38.2)

这个念头最害事的,把天下大事不知害了多少。(残 18.13)

这些句子里的宾语都分成两个部分,先是全称的名词,放在把字后头,后是偏称的数量,放在主要的动词后头。也不是所有这种句子都非用把字不可:前面的名词要是不带限制的词语,也可以移在后面,如儒林外史三例('跷起一只腿来'等等);要是有限制的词语,就以用把字为宜,如红楼梦六例(不能改做'带两个前日送来的那绛纹石的戒指儿给他'等等)。因此,像这一个例子:

我在你的竹园里砍了你的一根竹子。(丁西林,妙 10)

念起来就很觉得不如'把你的竹子砍了一根'顺口。

(2) 动量宾语。这可以分成与动词同形和与动词不同形的两类。与动词同形的例:

我如今着你叔侄两个都回家去走一遭，把你老子祭一祭，祖公都祭一祭便来。（遇恩录 38）

天热，把外头的衣裳脱脱罢。（红 31.12）

把我王家的缝子扫一扫，就够你们一辈子过的了。（又 72.10）

把那烟袋锅儿挖一挖。（儿 37.22）

把头上那个道笠儿望下遮了一遮。（又 38.43）

吃完了再把脸擦擦，就凉快了。（又 37.2）

与动词不同形的，除专为表示动量的下、顿等字外，还有借用工具的。例如：

把马打上两柳条。（水 5.31）

把两手拍了一下。（儒 3.23）

把方才的话说了一遍。（红 71.18）

将为首者每人打四十大板。（又 73.8）

将林之孝家的申饬了一番。（同）

骡夫把骡子带了一把。（儿 4.2）

那白脸儿狼说着，把骡子加上一鞭子。（又 5.16）

有动量宾语也不是非用把字不可。底下是不用把的例子：

从今儿起，我也只当是个哑吧，再不说你一声儿了。（红 21.6）

忽觉身背后有人拍了他一下。（又 23.16）

因拧了那孩子的脸一下儿。（又 75.12）

这得先问他问。（儿 4.21）

这得盘他一盘。（又 6.15）

（3）保留宾语。这种宾语跟动词结合成一个熟语，已经可以当作一个复合的动词看。这里边还可以分几个小类。一般的例子：

没事尚自生事，把人寻不是，更何况今日将牛畜都尽失。（刘知远 9）

把他低低的进了学罢。（儒 3.21）

将角门皆上锁。(红 74.14)

他便把那话变了个相儿,倒问着人家说……。(儿 18.4)

跑去把大门上了大闩。(残 5.13)

越照越伤心,唂啷把镜子撒了手啦。(聊 10.16)

我是一个绑匪,我是把诸位绑了票了。(丁西林,妙 100)

保留宾语是结果宾语的例子:

把我这一个设口样囫囵的浅盆可早是打一条通长璺。(元 14.2.7)

押司娘见说,倒把迎儿打个漏风掌。(通言 13.107)

把这情由细细写了个禀帖。(儒 5.36)

所以把你进个案首。(又 7.55)

雨墨又把雨衣包了个小小包袱,背在肩头。(侠 34.9)

把先生踢了个大仰爬脚子,倒在当地。(儿 18.10)

在底下的例句里,两个宾语之间有一种领属的关系,主要动词后头的宾语是属于前头的宾语的。例如:

把妮子缚了两只手。(清平 2.6)

怎倒将我一锤儿打坏天灵?(元 3.1.12)

先将那等不会弹不会唱的除了名字。(又 9.1.3)

我将他活剥了血沥沥的皮,生敲了支刺刺的脑,细剔了疙蹅蹅的髓。(又 43.3.9)

将这厮剜着眼珠,掐着喉咙,摘着心窝。(又 80.2.5)

想必你不舍得三五千贯房奁,故意把我女儿坏了性命。(恒言14.155)

把一丈青拴了双手。(水 48.95)

把他们扫这一场大兴。(儒 9.73)

冯君衡他这一瞧,直是把眉毛错安了位了。(侠 35.5)

有比他强的呢,就把他免了职。(老舍,微 251)

在底下的例句里,把字后头的宾语很有点处所补语的意味,虽然其中有一部分不能让我们把把字换成在字:

把春枱揩抹了灰尘。(水 6.41)

那知把雪倒戳了两个一尺多深的窟窿。(残 8.5)

你把火盆里多添点炭。(又 16.2)

把壁炉生了火,要旺旺的。(冰心,集 253)

以上这些保留宾语,跟动词之间的关系较比正规宾语要密切些,因而占据了动词后的位置,正规宾语不得不借把字的力量挪到前面去。所以,一般说来,这类句子是非用把不可的。

有一种新的句法正在发展之中,就是把正规宾语安在领位上,用的字来跟保留宾语相连。最合式的,原来就在应用的,是上文所举这两者之间本来有领属关系的那些,例如'一锤儿打坏我的天灵','拴了一丈青的双手'等等。可是现代口语里已经把这个句法扩展到这些以外,我们现在尽可以说'绑了诸位的票'等等。

另一种更新的句法是把两个宾语挤在一块——自然是正规宾语在后。例如不说'把民众动员起来',而说'动员民众',不说'把两个局长都撤了职',而说'撤职了两个局长',不说'把这件重大工作负起责来',而说'负责这件重大工作'等等。这种句法跟翻译文字不无关系,因此主要只见于属于所谓'新名词'的动宾结合语。

在那些以结果宾语为保留宾语的句子里边,要是正规宾语是一个单音的代词,也常常把它放在动词和保留宾语之间,如'打他个漏风巴掌','踢他个仰爬脚子','进你个案首',这倒是自来就有的句法。

(4) 受事补语。这就是一般所谓间接宾语,有时候用给字来连接,有时候不用。不用给字的例:

把相牛经、种鱼法教儿孙。(稼轩词 55)

早有人把这话报知严贡生。(儒 5.37)

把你嘴上的胭脂赏我吃了罢。(红 24.2)

又把那小包袱仍交还他母女。(儿 10.11)

又把这等的机密大事告诉了你。(又 16.7)

用给字的例:

将东西且交给周瑞家的暂且拿着。(红 74.24)

你老子使了我五千银子,把你准折卖给我的。(又 80.16)

把帽罩子摘了,递给华忠。(儿 15.6)

怎么公公乐的把个烟袋递给婆婆了?(又 35.32)

把我当初那份儿气居然真就倒给他啦。(聊 17.24)

有受事补语的句子不是尽数必须用把字,我们也可以把补语放在动词和宾语的中间。这种句法以不用给字为多,如:

我告诉你个笑话儿。(红 28.11)

你既不愿意,我教你个法儿。(又 46.10)

凭你送他甚么,一概不取。(儿 16.5)

用给字的较少:

不妨,我教给你个法儿。

再卖给我们两个柿子。(冰心,集 282)

用把字句式与否,大体上看宾语是有定还是无定。宾语有定而不用把字句式,像这一例:

不知他卖我与甚色样人家?(京 15.7)

在现代是难得遇见的。

(5) 处所补语。例如:

把山海似深恩掉在脑后。(董西厢 116)

把崔宁解去临安府断治。(京 10.11)

把零钱再打入竹筒去。(清平 15.4)

你把心暂且用在这儿本书上。(红 73.4)

将碟子挪在跟前。(又 75.6)

把那包香的字纸扔在满地。(儿 38.30)

二则也要把这个累坠安插一个地方。(残 19.3)

有处所补语而不用把字,大率是宾语无定的。宾语有定的例子不是没有,尤其是在早期,可总觉得不很顺适,例如:

解这崔宁到临安府。(京 10.11)

关你和他两个在里面。(水 24.41)

(6) 动向与动态补语。上、下、来、去、起、住、了、着等等,原来都是动词,但常常附加在别的动词之后表示动向和动态;它们的弱化程度不同,了和着简直像个语尾了(语音也变了)。有了这些字,宾语也就常常用个把字提到前头去。例如:

婆婆把茶点来。(京 10.4)

丈夫不要他,把他休了。(清平 2.9)

伴当,你这里立着,我去把这马赶出来。(元秘 2.31)

咱们索性回明了老太太,把二姐姐接回来。(红 81.2)

把我的丫头霸占了去。(又 80.6)

可就把规矩错了。(又 67.17)

宝蟾把脸红着,并不答言。(又 91.2)

推车的把车落下。(儿 14.7)

一把把张姑娘拉住。(又 32.31)

把公公手里的烟袋接过来。(又 35. 32)

把他也带了去。(又 38.32)

或是把这宴会取消了,也使得。(冰心,集 251)

有了这种补语,用不用把字句式并不一定。这里引几个不用把的例:

捽那厮回来。(清平 2.5)

尽数搬这香罗板去。(恒言 31.397)

又向墙上取下那张弹弓来跨上,然后揣上那包银子。(儿 10.15)

到了这回来了,我还没打回这个妄想去。(又 32.29)

从他手里抢过那幅大报单来。(又 35. 31)

何小姐连忙一把拉住他两个。(又 36.15)

(7) 结果补语——无得。凡是补语,都附带有结果的意思,比如'递给华忠','递'的结果是'给华忠';'掉在脑后','掉'的结果是'在脑后';'把这马赶出来','赶'的结果是'出来'。不过在以上几项,主要的意思不在表示结果;以下几项则以表示结果为主。结果补语有用得字来连接的,也有不用得字来连接的。后者以一个字的为多;在这种情形,我们几乎可以把动词和补语合起来当一个复合动词看待,因此,也未尝不可以跟第 6 项合成一类,例如:

把窗儿纸微润破,见君瑞披衣坐。(董西厢 149)

我若死了,就把你扶正。(儒 5.40)

将袭人叫醒。(红 77.24)

把那银子搬齐。(儿 15.31)

把生死关头看破。(又 16.12)

把天下英雄一笔抹倒。(又 18.5)

把帽襻儿扣好了。(又 37.25)

谁知道这就把他逼走了呢。(冰心,集 281)

淡淡的梳妆,把三日来的风霜都洗净了。(又 257)

还不快换双鞋去呢,把地毯都弄脏了。(同)

这类句子也有不用把的,比较少。如:

不过两个月,碾成了这个玉观音。(京 10.5)

是怕这气儿大了,吹倒了林姑娘;气儿暖了,又吹化了薛姑娘。(红 65.20)

我死后你扶养大了巧姐儿,我在阴司里也感激你的情。(又 106.7)

再拿些银钱交给平儿,好好的伏侍好了凤丫头。(又 106.8)

补语不止一个字而不用得字连接的,除了少数两音缀的形容词外,大抵是一个动宾结构,而且不止两个字。例如:

有人把椿树唤作白旃檀。(寒山 9)

我把那厮脊梁骨各支支生撅做两三截。(元 40.2.9)

凤姐一语倒把贾琏说没了话。(红 72.11)

你老人家这时候就去把他收拾妥当了。(儿 10.12)

等我把原故说明白。(又 16.22)

你两个可别把这话看作没要紧。(又 32.28)

再不想那日一席话一激,竟把他激成功了。(又 32.42)

只这一句,他才把公公婆婆说倒了过儿了。(又 35.32)

这一类句子是不能不用把的。

(8) 结果补语——有得。得又写作的。得字以外,也有用个字连接的。用得或个连接的补语很少是一个字的。例如:

把那文行出处都看得轻了。(儒 1.8)

将县衙门围的水泄不通。(又 5.36)

把我看得忒小器又没人心了。(红 77.16)

把他拘的火星乱迸,那里忍耐的住。(又 79.9)

把个懒驴子逼的上了磨了。(儿 37.37)

忽然两泪直流,把那个粉脸儿冲得一行一道的,益发不成个模样。(又 38.49)

把话说得越坚决越好。(老舍,微 246)

他把以前的挣扎与成功看得分外光荣。(又,骆 19)

那一位昨夜也把我吓了个半死儿。(红 83.5)

有了用得字连接的补语,不用把字把宾语提前,而把补语放在宾语之后,早期有过这样的例子[15],现代是不容许的。在底下这个例句里:

还带管低着双眼皮儿,把个脸儿绷得连些裂纹也没有。(儿 38.6)

就是因为后半句有了这么个补语,不得不牺牲句法的整齐。

(9) 结果补语——特种。这里所说'特种',是由于动词的用法特别。这个项目之下包括两类句子，这两类句子之间并没有什么关联。第一类句子里的动词本来是不及物的(大多数是表示心理活动的)，在这里给它一种‘致动’(causative)的意义，就变成及物了。[16]后面的补语通常用得字连接，也有用个字的；要是只有一个字，也可以不用连接字。例如：

猛可里抬头把他观觑了，将我来险笑倒。(元 61.1.3)

没把个妹妹急疯了。(儿 35.43)

把我羞哭了。(冰心，集 244)

把金莲和玉楼在外边忍不住只是笑的不了。(金 35.397)

把月娘玉楼见了喜欢的了不得。(又 41.455)

就把他兴头的这个样儿。(红 27.9)

把个婆子心疼的只念佛。(又 59.10)

把个李纨和紫鹃哭的死去活来。(又 98.8)

把个张姑娘羞的无地自容。(儿 9.24)

把个随缘儿媳妇急得只是怪哭。(又 36.11)

把个公子应酬得没些空闲。(又 38.7)

就先把你哭的这么个样儿。(又 40.47)

把个老贼乐的老老家都忘了。(侠 42.10)

把个沙龙喝的酩酊大醉。(又 109.2)

把我气了个死。(红 74.8)

倒把个公子臊了个满脸绯红。(儿 15.18)

把个褚大娘子忙了个手脚不闲。(又 17.4)

当下先把邓九公乐了个拍手打掌。(又 19.11)

在这类句子里，除表示心里活动的动词外，只有哭和笑比较还常见。这类句子也可以不用把字句式。可是只有一部分动词能保留致动意义作及物动词用；‘羞得他无地自容’，‘忙得他手脚不闲’，但不能说‘兴头得他……’，‘应酬得他……’。取消动词的致动意义，把宾语改成主语（等于在原句里取消把字），那是每一句都能办到的：‘邓九公乐的拍手打掌’，‘老婆子心疼的只念佛’。

第二类句法，起源好像很早，可是大量的发展是现代的事情。这里边的动词所代表的动作，严格说，是管不着那个宾语的，只是使宾语达到补语所表示的那种结果的手段而已。如‘把手绢儿哭湿’，并不是哭手绢儿，只是使手绢儿因哭而湿。例如：

总把良宵只恁孤眠却。（乐章集 2）

嶮（险）把咱家走乏。（元 41.2.7）

原来那瘟猫把床顶的板跳塌了一块。（儒 5.42）

夸奖一回，奉承一回，把老太太的心都说活了。（红 94.6）

好孩子，你把我的心都哭乱了。（又 97.19）

可把袋烟耽搁灭了。（儿 37.23）

把胯骨栽青了巴掌大的一大片。（又 39.24）

你把我们哭昏了，就出不出好主意来了。（残 14.12）

把一块手绢儿全都哭湿了。（聊 1.11）

不料屋里这一嚷把毛大可嚷急啦。（又 1.16）

你们的汽车，你们的跳舞……这两年已经把她的眼睛看迷了。（曹禺，雷 220）

还有军乐队……滴滴打打，打打滴，把你吹到我们家里。（又，正 43）

你这种人多走几步路，还怕把脚走大了吗？（老舍，面 8）

老想，老想！把国家想没了，把哥哥的骨头想烂了，还想，想，想！（又，归 103）

这种句法在现代口语里是很常见的，我们可以随便说：‘这小字书儿把我的眼睛都看花了’，‘这篇稿子把我的手都抄酸了’，‘就是这几个馍馍把我吃渴的’，‘你把嘴说破了也没有用’，‘这个路啊，管保不到一个月就把你这双新鞋走破了’，‘书没有读好，倒把身体读坏了’，‘坐了不大一会儿已经把腿坐麻了’，等等。

这类句子，要是补语只有一个字，有一部分可以改成不用把字的，例如‘说活了老太太的心’，‘跳塌了一块床顶板’。

劝你去舀罢，那里就走大了脚呢！（红 54.7）

（10）在这里，我们可以附带讨论另一类句子。‘把邓九公乐的拍手打掌’既可以等于‘邓九公乐的拍手打掌’，用一种不正规的说法，这个把字只有‘使’或‘叫’的意义，倘若不是完全没有意义。有一些句子好像就是袭用这个把字，更把它的意义减少，类似让字（消极的‘使’），而用之于不如意的事情。后面的主要动词没有致动的意义（大多数都是不及物的），后头也没有结果宾语，但为满足形式上的条件，动词之后要是没有别的成分，至少有一个了字。例如：

马嵬坡尘土中，可惜把一朵海棠花零落了。（元 21.4.5）

这明明是天赐我两个横财，不取了他的，倒把别人取了去。（又 7.2 白）

到七日上，把个白白胖胖的孩子跑掉了。（儒 6.46）

我烦你做个什么？把你懒的横针不拈，竖线不动！（红 62.27）

偏又把凤丫头病了。（又 76.2）

干瞅着把个妙人儿走了。（又 77.23）

怎么忽然把个晴雯姐姐也没了？（又 79.6；没＝死）

贾老儿既把个大儿子死了，这二儿子便成了个宝贝。（残 15.3）

这一疑虑，把硬气都跑了。（老舍，微 205）

（11）一。动词前头加一，原来是动量宾语，‘一拉’就是‘拉一拉’的省缩形式。[17] 只是现代的语觉已经把‘拉’字当作普通动词，我们也就不跟上面第 2 项合并，把它另列一项。句子里头有这个形式，用把的和不用把的都很常见。像底下这一例就是一句之内两式并见：

那贾芸一面走，一面拿眼把小红一溜；那小红只装着和坠儿说话，也

把（＝拿）眼去一溜贾芸。（红 26.6）

其余用把字的例子：

狱子把枷稍一纽……。（清平 2.8）

平儿把眼圈儿一红，忙拿话岔过去了。（红 71.7）

把手一拱，说道，'请了。'（儿 15.28）

把小脖颈儿一梗梗，眼珠儿一转，心里说道，'这话不错。'（又 19.7）

把那大巴掌一抡，拍得桌子上的碟儿碗儿山响。（又 32.27）

说着，把小眉毛儿一抬，小眼睛儿一瞪，小脸儿一扬，望着张进宝叫了声张爹，说道……。（又 36.11）

把挑儿一放，两只手往腰上一叉……。（冰心，集 282）

气腾腾的把帽子一摔，棍子一扔，皱起眉头，一语不发。（男士，女 3）

不用把字的例子：

贾政一举目，见宝玉站在跟前，神彩飘逸，秀色夺人。（红 23.7）

便一蹲身坐在一块山子石上。（又 23.16）

才一转身，毛着腰要把那铜旋子放在地下。（儿 6.3）

一睁眼，见自己依然绑在柱上。（又 6.5）

一伸手，往桌子上绰起那把雁翎宝刀来。（又 9.29）

从这些例句里可以看出，采取这种句式的，宾语大率只有一个字。

（12）都、也。都字有一个特性：它必须位置在在意义上跟它相关的名词或代词之后，同时又必须位置在动词之前。要是那个名词或代词是主语，那没有什么：'我们都去。'要是那个名词或代词是宾语，那就非应用把字不可：既不能说'我都送走了他们'，更不能说'我送走了他们都'，就只能说'我把他们都送走了'了。

也字也有同样的特性，只是在上下文能限定意义的时候，可以有点通融：没有上下文的时候，'我也请你'是暗承'他请你'的；如果有'我请他'做上句，'我也请你'就等于'我也把你请上'了

(加上字是为的完成形式上的条件:动词后头有后加成分)。有都字用把字的例子:

便把碟儿盏儿都丢在楼板上。(水 3.48)

把报录人和邻居都吓了一跳。(儒 3.23)

便将两张状子都批准。(又 5.37)

把方才的话都说了。(红 71.9)

一扬脖儿,把一钟酒都干了。(又 75.12)

她喜欢长春花,我把家里的都摘了送给她。(冰心,集 245)

把人家家里神仙牌位一顿都砸了。(又 285)

早期有有都字而不用把字的,我们现在念起来觉得老大不顺,如:

把(=拿)幅纸都写了年月日期,送丧的人名字。(水 26.70)

这黑大汉在此抢鱼,都赶散了渔船。(水 38.79)

有也字用把字的例子:

割了你穷耳朵,剜了你穷眼睛,把你皮也剥了。(元 50.2.4 白)

把惜春方才的事也说了一遍。(红 75.5)

急得我把帽子也摘了,马褂子也脱了。(儿 32.7)

这一趟把往日没见过的世面也见着了,没吃过的东西也吃着了。(又 32.17)

把午睡也牺牲了。(冰心,集 251)

第一个例句很有意思,第三个分句不顺着前面的句法,独用把字式,就因为有个也字。

(13) 其他前置成分。都和也之外还有一些词语多少具有同一特性,喜欢待在宾语后头跟动词前头。第一是少数意义跟都字相近的副词,如:

把细磁碗盏和银镶的杯盘逐件看了一遍。(儒 3.27)

将骰子纸牌一并烧毁。(红 73.7)

把箱子一齐打开。(又 74.18)

其次有用往字引进的处所补语,如:

把宝玉的袄儿往自己身上拉。(红 77.20)

赖我心坏,把我往死里糟蹋。(又 85.2)

就把手里的花儿往安老爷肩膀子上搁。(儿 38.35)

又其次有比况补语'做……','当……','……般'等,如:

不把钱做钱看,不把人做人看,无不可筑之理。(雪舟脞语 24)

怎把这双老爹娘做外人看待?(元 8.3.7)

把你似粪土堆般看待,泥土般抛掷。(又 6.3.12)

最后这一类句子,有的可以把这些补语移在动词之后,作为结果补语,但是同样要用把字句式,例见上文第 7 项。

语法上任何规则几乎没有一条没有例外,上面所说的条件也不能概括全部的用例。没有后置成分或特殊的前置成分的把字句,在早期以及现代的韵文里都非常普通,这大概是为了押韵,这里不必多举例。[18]单以散文而论,也还有些个这种句子,虽然在总数里不会超过百分之二、三。例如:

把林冲横推倒曳。(水 7.66)

把我们不瞅不采。(儒 6.51)

以此父亲去与他说,到把父亲打骂。(京 11.9)

把妻子调戏。(水 8.68)

将和尚解放。(儒 4. 30)

把这话细细商议。(又 28.210)

把这个当叫贾芸来上。(红 118.7)

呲牙咧嘴,把肐膊乱摔。(侠 44.5)

朝廷差了一位甚么吴大人来把他拿问。(儿 15.19)

这些句子念起来都很顺,其中且有不能换成非把字句式,或换成那种句式反而不及原来顺口的。这里面当然还可以发现一些具体的条理。比如头上两句就是因为动词是个四字熟语,这是不能换用非把字式的。其余各句，除红和侠两例外，也都是双音缀的动词，这也是值得注意的。

总之，把字句式初起的时候也许是并没有特殊用途的一种句法，但是它在近代汉语里应用的如此其广，主要是因为有一些情况需要把宾语挪到动词之前去。同时，有两个重要的消极限制：第一，宾语必须是有定性的；第二，动词必须代表一种'作为'，一种'处置'。这积极消极两方面的条件发生冲突的时候（这种情形很少），要是没有第三种句式可以利用，把字句式比普通主动句式要占点优势。

注：

① 王力：中国语法理论（1944），上册174页举了几个古代的例子。

② 黎锦熙：国语文法（1924），35—37页。

③ 中国现代语法（1943），上册20页；中国语法理论，上册29—30页。

④ 赵元任，杨联升：国语字典（1947）。

⑤ 黎著国语文法，215页；王著中国语法理论，上册172—174页。

⑥ 中国语法理论，上册170—171页。

⑦ Joseph Mullie, The Structural Principles of the Chinese Language, Vol. I (Peiping, 1932), pp.178—185.

⑧ 见'個字的应用范围'，本书160—162页。

⑨ Mullie也说：'中性目的格（the neuter accusative）一定放在动词后头；它之所以称为中性，是因为它可以代表无定的事物，也可以代表有定的事物'（58.1节）。他的说法实在不大高明，原因是他一定要用'格'的观念来范围汉语。他要是这么说就好多了：宾语要是代表有定的事物，可以放在动词之前或之后（看别的条件而定）；要是代表无定的事物，就只能放在动词之后。

⑩ 中国文法要略，上卷（1942），58—59页。

⑪ 中国现代语法，上册，163页。

⑫ 国语字典,89 页。

⑬ 中国现代语法,上册,163—165 页。

⑭ 中国语法理论,上册,167—170 页。

⑮ 见'与动词后得与不有关之词序问题',本书 141 页 g_2。

⑯ 下面例句里,儿 38.7 的应酬,侠 109.2 的喝在别处也是及物动词,但是没有致动意义。

⑰ 早期都用'打一……'的形式,如清平山堂话本里就很多,水浒里也有。

⑱ 参看王著中国现代语法,上册,162—163 页。

(原载金陵、齐鲁、华西大学中国文化汇刊第八卷,1948)

被字句、把字句动词带宾语

1. 被字句（包括用叫、让的）的动词后头一般没有宾语，因为受事已经用来做主语。把字句后头一般也不再出现宾语，因为这个宾语跟把的宾语相同。但是这两类句子里动词后头出现宾语的情况还是相当常见的，而且往往可以由一种句式改造成另一种句式。把字句和被字句可以互相转换，久已为语法学者所注意。[①]全面地考察一下被字句和把字句以及不用被也不用把的句式（以下称为中性句）互相转换的范围和条件，是一个很有意思的课题，可是本文没有这种企图，只是在讨论这两种句式的动词带宾语的时候顺便观察一下罢了。

被字句和把字句里动词所带宾语都可以或者是名词、代词，或者是数量词。数量词宾语的作用是对被字句的主语或者把的宾语作数量上的限制，二者之间有全称和偏称的关系。例如。‘（三连）敌军被游击队消灭了两连’，‘游击队把（三连）敌军消灭了两连’。情况比较简单，不需要怎么讨论。

2. 名词，代词宾语的情况比较复杂。先说被字句，分类举例如下：

A. 这些珍贵的艺术品被他随随便便送了人。

我经过四川路桥时忘了对站岗的鬼子兵鞠躬，就被打了耳光。

他被人家开了个大玩笑还不知道。

无异被当头浇了一盆冷水。

胡里胡涂地叫人家扣上一顶大帽子。

B. (1) 两营伪军就这样被我们切断了后路。

这个成熟了的政治工作者的性格被作者勾画出一个显明的轮廓。

这篇文章发表的时候被编辑部删去一大段。

他在睡梦中叫人家捆住了手和脚。

有一天,他果然被人剪去了辫子。

(2) 尤老二被酒劲催开了胆量。

老定说了半天,结果又被东山抓住了今年春上的事情。

恰巧孟祥英一不小心,被碾滚子碾坏了笤帚把。

我前进部队被这一暴行激起了更强烈的仇恨。

她怕被人看见了光着的肩膀。

(3)〔小飞蛾〕又被张木匠抓住她的头发…。

这种说法已经一再被世界舆论揭露了它的虚假性。

有多少优秀儿女被旧社会吞噬了他们的生命。

C. 他们两个人过去又同给一家地主干过活,同叫日本军队抓过劳工。

可是现在他已经孤军深入,按照平时的说法,自己被'包了饺子'了。

就这样,他叫人家将了一军。

D. 茫茫麦海被破开一条长长的白线,人们走向黑土的沃野。

鱼塘里被坏人下了洋油。

这些国家都先后被美国建立了军事基地。

帝国主义者这些旧货色,尽管被贴上新商标,也骗不了明眼人。

E. 这种字被人们称为形声字。

'安装'常常被人写成'按装'。

F. 被他这一句话害死了两条性命。

如今虽然被他们争回这个面子,我心上倒害怕起来。

全郊区有六万多亩地发生了大量粘虫,轻的被吃花了谷叶,严重的谷叶被吃秃甚至吃光。

以上例句中，A类都可以改成把字句，如‘他把这些珍贵的艺术品随随便便送了人’。例四、例五还可以用别的介词把被字句主语纳入中性句：‘对他当头浇了一盆冷水’，‘给他扣上一顶大帽子’。

A类例句都可以改成中性句，如‘人家开了他一个大玩笑’，被字句里的主语和宾语在中性句里成了双宾语。例一得把‘这些’改成‘好些’或‘一些’。例二、例三除双宾语的句式外，还可以用的字把两个宾语连起来：‘打了我的耳光’，‘开了他的玩笑’。

B(1)和B(2)两类句子也都可以改成中性句，但是不能采取双宾语的形式，必得用的字把被字句的主语和宾语连起来，如‘我们切断了两营伪军的后路’，‘酒劲催开了尤老二的胆量’(这里，事物之间本有领属关系，与A类例二、例三不同)。

这两类句子也都可以改成把字句，把用的字连起来的短语作为把的宾语，如‘我们把两营伪军的后路切断了’，‘酒劲把尤老二的胆量催开了’。B(2)末例没有把字式，因为‘看见’之类的动词不能用于把字式。B(1)和B(2)的不同在于，B(1)除这一式外，还可以把被字句的宾语仍旧保留在动词后头，如‘我们把两营伪军切断了后路’，‘编辑部把这篇文章删去一大段’，而B(2)则缺少这一式。

B(3)跟B(1)(2)不同在于被字句的宾语里已经有了复指主语的‘她的’等等。无论改成把字句或者中性句，都得把被字句的主语代入‘她’等的位置，如‘张木匠把小飞蛾的头发抓住’，‘张木匠抓住小飞蛾的头发’。(如果可以承上用代词，当然还是可以的。)

C类句子可以改成把字句，原来的宾语还保留做宾语，如‘日本军队把他们两个人抓过劳工’。也都可以改成中性句，利用的字连结原来的主语和宾语,尽管这里毫无领属的意义,如'日本军队抓过他们两个人的劳工'。这一类句子里的动宾组合有很强的熟语性:抓劳工,包饺子(比喻),将军。

D类句子不能改成中性句,也不全都能改成把字句。这里例一、例四改成把字句没多大问题,例二、例三就别扭,虽然不是没有这样的例子(参下节)。这类被字句的主语都表示处所,所以如果要采用中性句式,得把原来的主语改为处所状语,如'在茫茫麦海里破开一条长长的白线',也就是说,不用把而用在,原来没有方位词的添上方位词(有的可以不添,如例三)。

E类句子里的动词都包含一个'为'、'做'或'成'作为第二个成分。这类句子都可以改成把字句,如'人们把这种字称为形声字'。少数句子能改成中性句,可是得把动词拆开,如'人们称这种字为形声字'。多数句子不能这样改造,如例二。

F类句子最特别。通常没有主语,施事在前,受事在后,象是一般的中性句头上加了个被字。也可以说是应该作为被字句主语的词被安放在宾语的位置上去了,比较'两条性命被他这一句话害死了'等等。例三很有意思,'谷叶'两见,一处在后,一处在前。被字的这种用法早先很常见,如'如今却被天嗔你'(山谷词),'被你杀了四个猛虎,如今山寨里又添的两个活虎上山'(水浒),现代慢慢地少见了。

3. 现在来看看把字句,也是先分类举例:

A. 他把信递给我。

这样吧,我把我的小白鸡赔你。

他把我们动身的日子告诉了他们。

他一脚把那个坏蛋踢了一个跟头。

连长把他关了三天禁闭。

B. 他不服从命令，所以把他免了职。

炸弹把教室楼炸坏了一个角。

他随手把这本杂志翻了几页。

C. 先把炉渣分类。

把底片显影之后…。

我已经把这段唱词录下音来。

他刚把故事开了个头…。

请你今天就把这个报告起个草。

他不把这个当一回事。

她把衣服包了个包，托人捎去。

D. 我已经把大门上了闩。

她先把谷大娘两个缸里挑满了水。

咱们就把菜刀贴上邮票寄还老乡，看行不行。

你就是跪着磕响头，把地碰个大窟窿，也是白搭。

咱们一定要把这个工作搞出个名堂来。

E. 把这块地分成三小块。

不能把节约叫做小气。

F. 你先把这杯酒喝了它再说。

你不赶快起来，我把窗户给你敲碎它。

前五类句子跟被字句前五类的对应关系很明显，可是其中有些问题需要说明。从形式上讲，这几类句子都可以改造成被字句，只要把'A 把 B'改为'B 被 A'就成（原来没有主语的，可以让被字直接动词），可是实际效果不一样。有的没有问题，例如，A 例四'那个坏蛋被他一脚踢了个跟头'，例五，'他被连长关了三天禁闭'，以及 B 例一、例二，C 例三，D 例一，E 例一，都没问题。C 例一、例二也没问题；虽然这种句子不用被更常见（'炉渣先分类'、'底片显影之后'),但是用被的形式('炉渣先被分类','底片被显影之后')正在渐渐多起来。

有些把字句改成被字句之后,多了一层不满、不以为然的意思。如A例三,'我们动身的日子被他告诉了他们',好象是怪他多事;B例三,'这本杂志被他翻了几页',似乎是说这本杂志是他翻不得的;D例二,'谷大娘的两个缸里被她挑满了水',暗示这两个缸不是盛水的;例四'地被你碰[了]个大窟窿',仿佛你得给赔似的。这是因为被字句原来有这种语义色彩,虽然现在渐渐出现一些不带这种色彩的被字句,可是还没有能叫所有的被字句都失去这种含义。

有些把字句改成被字句之后,叫人感觉没来由,'干嘛这样说话?'特别是在有'你'或'我'牵涉在内的时候,往往不是叙述一件事情,而是叫人怎么样或者宣布自己要怎么样,这是不适宜用被字句表达的。F两例就属于这种情形;'这杯酒先被你喝了再说','这窗户被我给你敲碎它',不成话。要改成被字句,得改变句子的意义,使它成为叙述句,例如:'这杯酒又叫你喝了','这窗户让我给你敲碎了'。甚至非同时把'你'、'我'改为第三人不可,如D例五改为'这个工作被他们搞出个名堂来了',E例二(原为'[你]不能')改为'节约被他们叫做小气'。就是叙述句,有'你'、'我'在内也常常叫人感觉别扭,改为第三人就好些。比较:'信被他递给我'和'信被他递给另外一个人'(或'旁边的女同志'之类)(A例一),'我的小白鸡被我赔[了]你'和'我的小白鸡被我赔[了]人'(A例二),'菜刀被咱们贴上邮票'和'菜刀被他们贴上邮票'(D例三)。

有些把字句,虽然没有'你'、'我'在内,或者虽然把'你'、'我'改成第三人,句子改成叙述句,仍然感觉不合适,如C例四,'故事刚被他开了个头’,例五,‘这个报告今天被他起了个草’,例六,‘这个不被他当一回事’,例七,‘衣服被她包了个包’。因为我们用被字句得有一定的动机,否则我们总是宁愿用中性句或者把字句。即使要用受事做主语,也不是非用被字不可,例如这里的前两句就可以这样说:‘故事刚开了个头’,‘这个报告今天就得起个草’。

可见被字句的采用,在语义方面是有种种限制的。

把字句改成中性句,也有好几种情况。有的可以只改变语序,不要求有别的变化,如A例四,‘他一脚踢了那个坏蛋一个跟头’,例五,‘连长关了他三天禁闭’,F例一,‘你先喝了这杯酒再说’,例二,‘我给你敲碎窗户’。

A类的头三个例子得把‘信’、‘鸡’、‘日子’由有定改为无定(意思当然变了):‘他递给我一封信’,‘我赔你一只小白鸡’,‘他告诉他们一个动身的日子’。

B类的头两个例子得把把字的宾语和动词的宾语用的字连起来:‘免了他的职’,‘炸了教室楼的一个角’。例三难改用中性句,用的字不用的字都很生硬。

C类的例子都不能用中性句式,只有例五可改为‘起草一个报告’(‘这个报告’不成)。

D类可以用别的介词替代把字,例一用给,其余用在(例三、四、五在名词后头加上)。

E类的两个例子都不能改为中性句。

4. 总起来看,三种句式只有一部分句子可以自由转换,其余都有限制。限制来自两个方面:句法结构方面和语义方面。从句法结构方面看,三种句子里都有三个事物跟动作有密切关系:一个施事,两个受事(广义)。把字句用把字把一个受事提开,动词前后可以分别安排施事和另一个受事。被字句用被字把施事提开，动词前后可以分别安排两个受事。中性句把施事安排在动词前，两个受事都得安排在动词后。但是只有某些动词能带双宾语。于是有一部分句子让的字把两个受事连成一体：这里边有的本来有领属关系，有的没有领属关系也不会误解为有领属关系；可也有能作两种解释的，得依靠上下文决定，例如'(信)他们的谣言'和'(造)他们的谣言'。还有用的字也安排不下的，只能用在、给等把受事之一提开。其实把和被也都是起的同样的作用，不过被提开的是施事，把提开的是动作的主要对象(大多数情况是唯一的对象)，因而显得特殊罢了。换句话说，中性句除双宾语的句式外，只能有两个名词或代词能直接跟动词发生关系。

如果用 A 代表施事，用 B 和 C 代表两个受事，双宾语的句式是：

A——动 B——C

B 和 C 的次序是一定的，B 一般指人，C 一般指物(如果 B 和 C 都是指人的，很容易把 C 改为指物，如果 B 和 C 都是指物的，很容易把 B 改为指人，反过来就很难)。把字句有两个格式：

A——把 B——动 C…………(把甲)

A——把 C——动 B…………(把乙)

被字句也有两个格式：

B——被 A——动 C…………(被甲)

C——被 A——动 B…………(被乙)

双宾语句里，B 代表的事物通常是有定的，C 代表的事物通常是无定的。把字句里，把字后边的 B 或 C 总是有定的，动词后边的 B 或 C 可以有定也可以无定。被字句里，主语总是有定的，动词后边的 B

或C可以有定也可以无定。(以上所说有定、无定都是就实质说的,有定的名词有一定带这、那等指示词,但无定的名词必不带这种指示词。)这三种句子转换时的难易就在于这有定、无定的配合。

把的宾语到被字句里成为主语,在这两种句式里这个成分都是有定的,因此这两种句式,在语义允许的条件下,形式上的转换是容易的。把甲式(A例四、例五)和被甲式(A例二、例三、例四、例五),在成分的有定无定上,跟双宾语句式是一致的,因此转换也比较容易。把乙式(A例一、例二、例三)和被乙式(A例一),在成分的有定无定上,跟双宾语句式是拧着的,因此转换成双宾语句式都得有所调整。

除双宾语句式外,中性句的动词后边只能容纳一个受事,另一个得用把或在、给等把它提开。可是被字句有前后两个位置可以容纳两个受事,因而不但把的宾语在被字句成为主语,连在或给的宾语也有可能在被字句里当主语(D类四例)。

以上讲的是结构上的限制。在语义方面,被字句的种种限制已经在第3节里讲过了。把字句也有一点限制,就是动词得有一定程度的动作性,象看见之类的纯然表示感受的动词是不能用在把字句里的。总的说,被字句能改成把字句的,比把字句能改成被字句的要多得多。中性句和被字句的关系也是如此。

大体说来,情况就是这样。只是这里搜集的例子还很有限,更多的例子也许还能让我们发现一些别的情况。

注:

① 参看王力:中国现代语法上册,175页,汉语语法纲要113页。

(原载中国语文1965年4期)

数量词后的来、多、半

一

表示概数有好几种方法，在数词或量词后头加来是其中之一。这篇短文要讨论的是来字的应用范围和它的位置问题。

苏联龙果夫教授在他的现代汉语语法研究 191 节说：①

> 如果表示的数量是从一到九，那末词素来就放在类别词或度量单位之后，例如：'五个来月'，'二年来'。如果关涉到'十'、'百'或'千'，则词素来就放在数词和类别词之间，例如：'十来个月'，'二十来年'。只有必须强调所指的数量不超过'十'、'百'或'千'的时候，词素来才能放在量词的后面，例如：'十个来月'。

这个说法是有问题的。首先让我们把'二年来'撇开。'二年来'不能跟'五个来月'和'二十年来'相提并论。'二年来'不是二年左右的意思，'二年来'等于'二年以来'，就是从两年前到现在为止的意思，跟这里所谈的概数表示法的问题无关。

现在来看来字的位置。龙氏的说法分三点：(1)数量是从一到九的时候，来字放在量词之后。这一点有问题。我们可以说'五个来月'或'三里来路'，可是不能说'*五个来人'或'*三本来书'。数量是从一到九的时候，不全都能用来。(2)来放在十、百、千和量词之间。这是正确的。(3)强调不超过'十'、'百'、'千'的时候，来又可以放在量词之后。这又有问题。我们可以说'十来个月’或‘十个来月’，‘十来里路’或‘十里来路’，可是只能说‘二十来个月’或‘一百来里路’，不能说‘*二十个来月’或‘*一百里来路’。数量是‘十’、‘百’、‘千’的时候，不全都能有两种说法。

可见问题不完全在于‘从一到九’和‘十、百、千’的分别。量词的性质也有关系，也许还是一个更重要的因素。类别词（个、只、块、件等）和度量单位（尺、斤、亩、里等）显然有区别。为叙述便利起见，让我们设定两个公式：

数词＋来＋量词＋名词 ………………………………… (a)

数词＋量词＋来＋名词 ………………………………… (b)

(a) 式适用于任何量词，只要数词是末位为零的多位数。这不用举例。

(b) 式只适用于度量单位，而且数词必须是从一到十（注意：不是从一到九）。可以说，例如，‘三尺来布’，‘五斤来米’，‘八亩来地’，‘十里来路’。但是不能说，例如，‘*三本来书’，‘*五个来人’，‘*八张来桌子’，‘*十件来事情’（都不是度量单位）。也不能说，例如，‘*二十斤来米’，‘*四十里来路’，‘*五百亩来地’（数量超过十）。

(a)式和(b)式都不适用于‘十二’、‘二十五’、‘一百三十六’等等末位为从一到九的多位数，不管量词属于哪一类。换句话说，在这种数词之后根本不能用来。

能不能用来，来字放在什么位置上，基本规律就是这三条。从这三条规律可以看出：(1)如果量词是类别词，只有末位为零的多位数才能带来，来字不能放在量词之后。(2)量词是度量单位的时候，如果数词是末位为零的多位数，来字放在数词之后；如果数词是从一到九，来字放在量词之后。(3)只有数词是光杆儿‘十’而量词是度量单位的时候才能有两种词序：‘十来斤米’或‘十斤来米’。

读者一定要问：‘十来个月’的‘个’不是度量单位，怎么也能说‘十个来月’呢？是的，这是一个特例。不但可以说‘十个来月’，还可以说‘十一个来月’。换成不是表时间的名词就不成。

为什么会有这种种分别呢？我想试为解释。量词的不同跟事物的性质有关系。度量单位用于连续量，比方从一尺到二尺，是通过一寸、一分这些较小的单位逐渐过渡过去的。类别词用于非连续量，从一个跳到两个，从两个跳到三个，没有中间的量（在事物的性质容许的条件下可以有半个）。然后让我们假设来的数量意义是跟前边的数目相差不太多，比方说增加或减少十分之一二。这样，‘十来斤’可以概括八九斤到十一二斤，是个很有用的表达方式。但是‘七十来斤’的意思不是比‘七十’这个数目多或少十分之一二（要是那样就应该说‘六七十斤’或‘七八十斤’了）；‘七十来斤’的意思是从六十八九斤到七十一二斤，那个来字的作用只管到前边的‘十’。同样，‘七千来斤’是概括从六千八九百斤到七千一二百斤，来字的作用只管到前边的‘千’。同样，‘七斤来’是概括六斤十几两到七斤几两，来字的作用只管到前边的斤。现在让我们把度量单位换成类别词试试。‘十来个’是说从八九个到十一二个，‘五十来个’是说从四十八九个到五十一二个，这些组合都是有意义的，也都是有用的表达方式。说到这儿，‘*三本来书’和‘*五个来人’这种组合之所以不存在，理由也就很明显了。按照前边所说的‘来’字的意义来理解，‘*三本来书’只能是 $3\pm\frac{1}{10}$（或$\frac{2}{10}$）本书，‘*五个来人’只能是 $5\pm\frac{1}{10}$（或$\frac{2}{10}$）个人，这种数量在日常说话里是没有意义的。同时，为什么可以说‘五个来月'的道理也就不难明白。虽然'个'不是度量单位,时间可是连续量,一个月和两个月之间有一天、一小时等等小单位。

这样看来,'十来斤米'和'十斤来米'这同时存在的两种组合并不是无区别的。'十来斤米'是说从八九斤到十一二斤,活动范围较大,而'十斤来米'则是从九斤十几两到十斤几两,活动范围较小。当龙果夫教授说'十个来月'是强调不超过十个月的时候,他是隐约感到这个区别的,不过他没有认识这是数量活动范围大小的问题,不是向两头活动还是向一头活动的问题。[2]

我不知道这个解释讲得通讲不通。我写这篇短文的主要目的是向读者求教,关于来字的规律是否符合事实。如果这些规律本身站得住,解释的是否圆满应该不影响规律的存在。如果规律站不住,也就是说,对于事实的观察不正确或不全面,那末所作解释,尽管听起来很有道理,也是要落空的。

二

前曾试说表概数的来,是就现代用例说的。在较早的文献里有一些例子不符合现代用例。(1)可以把来字放在量词之后,后头没有名词,如:'溪畔有稻百来株,收其谷梛三二合来,挑野菜和煮'(葆光录 1.10);'此去山中十里来,有一懒融'(灯录 4.4)。(2)可以把来字放在名词之后,如:'问难往复,半时辰来'(绍兴甲寅,162 卷)。(3)可以在非度量单位之后用来,如:'录得一册来书,是写他读诗有得处'(朱语 155)。(4)可以在本身是概数的数词之后用来,如上引葆光录例;又如:'多少来田地?'(维摩诘经讲经文,敦煌变文集本 611);'今逐年人户赛祭,杀数万来头羊'(朱语

20)。当然,大多数例子是符合现代用例的,可是上面所引的这些例子可以说明当时来字的用法还没有固定下来。

来的最初的形式可能是以来,如游仙窟(古典文学出版社本11页)'俄尔中间,擎一大钵,可受三升已来'。后来除单用来外,也有用来去或来往的,如水浒(35.32)'只有半个时辰来去'。我在试说中曾说来字所表数值的活动方向有三种不同的意见,可能同来字的这些形式有关。如果意识到来是'以来'的意思,那就会觉得数值是往小里去;如果认为来是'来往'之略,那就会觉得数值是向两边活动的。现代带有来字的词组必须让名词或量词煞尾,不能把来字放在最后。上面所引(1)(2)两项例子都用来字煞尾,这大概也同'以来'和'来往'的应用有关,这两个形式是经常放在最后的。

前回我说,在末位不是零的多位数,根本不能用来。这个话说得太满了。事实上有这样的例子,虽然不多;如:'你们给我一个月不过十三块来钱'(曹禺:日出167)。好像也只有数值小的多位数才比较容易有这种用法;数值较大的似乎就困难些,比如说,'七百五十四块来钱'。在这种地方,我们宁可说'七百五十来块钱',或者不用来而用多,'七百五十多块钱'。

说到多字,它的用法几乎完全跟来字一样:可以说'三百多个人','十多里路',也可以说'十里多路','三斤多米';可是不能说'*三张多桌子'或'*十个多人'。只有一点稍微不同,末位不是零的多位数跟多组合比跟来组合要容易些:'七百五十四块多钱'说起来好像比'七百五十四块来钱'自然些。这只是我个人的感觉,还得请读者验对。

来和多之外,跟数量词组合的还有个半,[3]它的用法跟那两个字不大一样。‘半’只能放在量词之后，但是量词不受限制；数词则可以是从一到十，也可以是末位不是零的多位数，可是不能是末位是零的多位数。在后一种情况，要加说‘零’字，例如，‘一百零半个’。当然，如果跟类别词同用，必须在事物可以论‘半’的时候：比如，可以说‘这一听漆可以漆三张半桌子’，可是不能说‘*他买了三张半桌子’，可以说‘总务科有十二个半人’（有一位兼会计科的工作），可是不能说‘*屋里坐着十二个半人’。

跟来，多，半这些字有关的还有一个事实：如果量词是度量单位，在数量组合之后的还可以不是名词而是重，长，大，厚等形容词。比如：‘三十来斤重’，‘五尺多长’，‘一亩半大’，‘一寸多厚’。

我们可以把前次提出的两个公式扩充一下来概括所有说过的事实：

$$\cdots 0,\cdots 00,\cdots 000,\cdots 0000+\left\{\begin{matrix}\textbf{来}\\\textbf{多}\end{matrix}\right\}+\left\{\begin{matrix}\text{类别词}\\\text{度量单位}\end{matrix}\right\}+\text{名}\quad\cdots\cdots\quad(a)$$

$$1,2,3,4,5,6,7,8,9,10+\text{度量单位}+\left\{\begin{matrix}\textbf{来}\\\textbf{多}\end{matrix}\right\}+\text{名}\quad\cdots\cdots\quad(b_1)$$

$$\cdots 1,\cdots 2,\cdots\cdots,\cdots 9+\text{度量单位}+\left\{\begin{matrix}(\textbf{来})\\\textbf{多}\end{matrix}\right\}+\text{名}\quad\cdots\cdots\quad(b_2)$$

$$(\cdots)1,(\cdots)2,\cdots\cdots,(\cdots)9,10+\left\{\begin{matrix}\text{类别词}\\\text{度量单位}\end{matrix}\right\}+\textbf{半}+\text{名}\quad\cdots\cdots\quad(b_3)$$

$$\left\{\begin{matrix}\cdots 0,\cdots 00,\cdots 000,\cdots 0000+\textbf{来，多}+\text{度量单位}\\(\cdots)1,\cdots(2),\cdots\cdots,(\cdots)9,10+\text{度量单位}+\textbf{来，多，半}\end{matrix}\right\}+\text{‘重，长，大，厚’}\quad\cdots\cdots\quad(c)$$

注：

① А. А. Драгунов: «Исследования по грамматике современного китайского языка», Москва, 1952, стр.201.

② 关于来字所表示的数量活动范围，我问过很多人，有三种意见：(1)‘十来个’可以比十个多，也可以比十个少；(2)‘十来个’只能比十个少，不能

比十个多;(3)‘十来个’只能比十个多,不能比十个少。我采取的是第一种意见。这不影响本文的论点,因为无论按照三种意见的哪一种,‘十来个’和‘十个来’的活动的方向都是一样的(或是向两头活动,或是只向一头活动),不因为来字位置不同而有所分别。

③ 此外和概数有关的字还有几和把。几是数值不定的一个数词,把用在量词(以及百,千,万)之后,但是量词或百,千,万之前不能有数词,在组合方式上它们跟来、多、半很不相同,这里不谈。

(本篇原来是两篇:试说表概数的‘来’和再说‘来’以及‘多’和‘半’,分别刊载在中国语文,1957 年 4 期和 9 期。现在合成一篇,换了篇名。)

多、少以及许多、不少等等

1. 多和少的词性是很值得研究的问题。一般认为是形容词，可是它们在语句里的活动方式（句法功能）跟别的形容词很不一样。试看下面的例子：

表　一

X＋名	好书	*很好书	*不好书
X的＋名	（好的书）	很好的书	不好的书
X＝名	*拿出好	*拿出很好	*拿出不好
X的＝名	拿出好的	拿出很好的	拿出不好的
名＋X	这本书好	这本书很好	这本书不好
X＋名	*多书	很多书	不少书
X的＋名	*多的书	（很多的书）	（不少的书）
X＝名	*拿出多	拿出很多	拿出不少
X的＝名	*拿出多的	*拿出很多的	*拿出不少的
名＋X	他的书多	他的书很多	他的书不少

例子里边加星号的是实际语言里不出现的，加括号的是可以说但是听起来不十分习惯的。比较这些例子，可以看出：

（1）一般单音形容词（这里拿好做代表）可以直接修饰名词，带上的字反而显得有点生硬；代替名词的时候必须带的，不带的绝对不成。多和少既不能修饰名词，也不能代替名词，不管带的不带的。

(2) 加上很或不之后，情况有了变化。很好、不好修饰名词必须带的，很多、很少、不少一般直接修饰名词，带上的字的倒比较少。(不多的情形不完全相同，见下文第2节。)

(3) 很好、不好不能代替名词，很好的、不好的才能代替名词。相反，很多、不少能够直接代替名词，很多的、不少的反而不能。(因此，‘这种书是很多的’等等里边的很多的是不是代替名词，大可讨论。)

(4) 只有做谓语，多、很多、不多，少、很少、不少跟好、很好、不好完全一样。

一般把多和少归入形容词，大概是因为它们能做谓语，带上很或不又能出现在名词前头，但是经过上面的分析，不得不认为把它们笼统地称为形容词是不够的。

2. 单个的多和少的问题留在下面讨论，现在先来看看很多、很少、不多、不少以及也是由多产生的许多、好多这些形式。在下面的表里，为了便于比较，除很多等等之外，还列了一行包含大(代表形容词)的形式，一行数词加量词的形式。

这个表里没有举出实例，有几点需要说明一下。(a)第三、第四横行的例子是‘很多养鱼的池子’(不说‘很多的…’)，‘很大的养鱼的池子’(不能取消第一个的字)。(b)很多、很少、不多、不少这四个形式里边，出现较多的是很多和不少，其次是很少，最少的是不多，基本上只在谓语和补语的位置上出现。(不多不能直接修饰名词，但是可以修饰已经带数量词的名词，如‘不多几个人’、‘不多几天’。)很少除表里的用法外还有一个用法：‘他近来很少出门’，这是其他三种形式所没有的。(c)第二、第六横行的几个(+)表示比较少见。(d)第五横行的(−)表示偶见,例如‘买了好多种医书’。(e)第八横行的(−)表示名词后面的数量词都是特殊用法,不是一般的谓语。这些用法有:一、‘书十本’,这是古代留下来的列举数量的格式;二、‘这本书一百页’,等于说‘这本书有一百页’,把谓语改造成定语是‘一百页的书’,不是‘一百页书’;三、‘你们四个,我们三个,加在一起还是不够数’,等于说‘你们是四个人…’,这种谓语不能改造成定语。总之是数量词不能做一般的谓语。

表 二

	很大 不大	许多 好多	很多	很少	不多	不少	十个
X+名	−	+	+	+	−	+	+
X的+名	+	(+)	(+)	(+)	−	(+)	−
X+…的+名	−	+	+	+	−	+	+
X的+…的+名	+	−	−	−	−	−	−
X+量+名	−	(−)	(−)	−	−	−	−
X=名	−	+	+	(+)	(+)	+	+
X的=名	+	−	−	−	−	−	−
名+X	+	−	+	+	+	+	(−)
动+得+X	+	−	+	+	+	+	−

从表二里可以得出些什么结论呢?

(1) 拿横线以上的七项标准来看,许多…不少跟很大、不大的差别很大,跟十个却基本上相同。

(2) 拿横线以下的两项标准来看,许多、好多仍然跟十个相同,而很多、很少、不多、不少相反,跟很大、不大一致。

(3) 许多、好多应该归入数量词一类,一般等于数词加量词,或者说是不需要带量词的数词，但是偶然也带量词。许多的、好多的只能说是许多、好多的变体，是一种后起的并且以目前而论还是次要的形式。

(4) 很多等等最好按情况分别处理：(a)代替名词或者直接修饰名词的时候是单词，跟许多、好多同类；(b)做谓语和补语的时候是词组，跟很大、不大的构造相同；(c)很多的等等(第二横行)或者认为是一种变体(类似许多的)，或者认为是很多等词组加的(按照谓语改造成定语的通例)，也许后者较为可取，考虑到还有'相当多的'、'不太多的'等等，那里边的的是不能去掉的。

(5) 不多基本上只是一个词组，作为单词出现是极偶然的。普通话三千常用词表里只有不少，没有不多，汉语拼音词汇(增订稿)里不少连写，不多分写，都是有理由的。不过要是按照这里的分析，不少应该有连写和分写两种写法。

3. 单个的多和少有下面这些用法：

(1) 名＋多、少(做谓语)：'工作多，人少，更加要善于安排。'

(2) 多、少＋名(带宾语)，这又有两种情形。(a)'多事'，'多嘴'，'多心'，'多礼'，'少礼'。——句法上没有什么特别的地方，但是带有一定的熟语性，能做这种宾语的名词不多。(b)'这本书第二版比第一版多一章'，'这工作得有五个人，少一个也不成。'——宾语不受限制，但是可以是无主语句(如第二例)。

(3) 动、形＋得＋多、少(做补语)，这又有两种情形。(a)动词后表示数量：'做得多，说得少'。(b)形容词后表示程度：'这个问题复杂得多'，'他知道的比我知道的多得多'。——这个用法只有多，没有少。

(4) 动、形＋多、少(做补语),这也有两种情形。(a)动词后表示数量:'你给多了,要不了这么些','这种药吃少了不见效'。(b)形容词后表示程度:'他比我强多了'。——这个用法也是只有多,没有少。

(5) 多、少＋动、形(做状语),这也分两种情形。(a)表示数量(动词前):'少花钱,多办事','多给我点时间','你少说两句行不行?'(b)表示程度(主要是形容词前,也出现在动词前):'多大','多复杂','多有意思','我多想跟你谈谈哪'。——这个用法也是只有多,没有少,而且只用于疑问句和感叹句。

(6a) 数＋多＋量＋名:'十多间屋子'。(6b) 数＋量＋多＋名:'十亩多地'。都是表示比那个数目稍微多点。少字没有这种用法。

在研究多和少的词性的时候,除上面这些用法外,还要考虑到第1节里提到的两个消极特点:

(7) 不能直接修饰名词。'多数、多次、多时、多年、少数、少量'等里边的次和年是量词,数、量、时是不大能单用的语素,不是一般的名词,这些组合最好是看做是词而不是词组(而且'多次、多时、多年'显然不再是名词,'多数、少数、少量'的名词性也有疑问)。

(8) 多和少加的,不能修饰名词,也不能一般地代替名词。'多的是壮工,少的是技术工人'里边的多是有多余的意思,少是缺少的意思,跟上面(2b)的用法有联系,带动词性,只有象'有水吗?'——'多的是!'这样的例子里,多单纯表示数量。可是这些多的和少的都说不上代替哪个名词。

要概括多和少的所有特点,把它们归入哪一个现成的词类都不成；为它们单独立一类又似乎没有必要。只能酌量提开一两种用法另作处理，根据其余的用法归类试试看。先从形容词试起。把(2)和(6)两种用法提开，(1)(3)(4)(5)都是形容词所能有的用法。可是在(7)(8)两点上很不象一般的形容词，尤其在第(8)点上：有些单音形容词也不太容易直接修饰名词，可是没有不能加的代替名词的。

如果把多和少归入动词，(1)(2)两种用法很合适，(3)(4)就有点勉强，(5)更不合适。(6)反正得另作考虑。(7)倒是符合动词的特点。可是(8)仍然是个难关，一般动词也都能加的代替名词。

能不能把多和少归入数量词(数词兼摄量词)？不能。从(1)到(5)都不是数量词(数词＋名量词)所能有的用法，而数量词的主要用途——直接修饰名词和代替名词——恰好是多、少所不具备。(6a)是数词的用法，可是(6b)又不是。有语法书把多和少列入数词，是只从意义着想，没有考虑句法功能。

不得已恐怕还只能把它们寄放在形容词里边，作为一个小类，管它们叫‘数量形容词’，说明它们在哪些方面不同于一般形容词。这个‘数量形容词’跟新著国语文法里的‘数量形容词’不是一回事，那个‘数量形容词’就是数词，虽然多和少也捎带在内。我认为数词还是单立一类的好。多和少只是数量形容词，要跟很或者不结合起来才变成数词——特种数词，一般不带量词。

把多和少定为数量形容词，得把(2)和(6)两种用法提开。(2)是动词，(6)可以叫做‘数量助词’。(3b)(4b)(5b)或许也可以考虑提出来作为副词，三者都表示程度，都只有多，没有少。

为了多和少这两个字费了这么些笔墨，好象有点小题大做似的。我的意思是要借这个例子说明词类问题不仅仅是分类原则乃至转类、跨类等问题。这些当然都是重要问题，但是问题不仅仅是这些，在具体的词的归类上麻烦问题也并不少。

（原载中国语文 1965 年 5 期）

很不……

1. 凡是形容词,差不多都能用不来否定。加了不之后,有的还能加很,有的不能。① 而且往往有这种情形:一对互相对待的形容词(互为反义词),一个能加很不,一个不能加。例如:

(A1)	很不少	*很不多
	很不小	*很不大
	很不短(这篇文章～呢)	*很不长
	很不低(客队的水平～)	*很不高
	很不浅(这本书～呢)	*很不深
	很不近(这条路～呢)	*很不远
	很不轻(这一交摔得～)	*很不重
	很不慢(这种速度～了)	*很不快
	很不薄(他待你～呀)	*很不厚
	很不弱(这个队的力量～)	*很不强
	很不简单	*很不复杂
	很不外行	*很不内行
(A2)	很不熟(道儿～)	*很不生
	很不早(已经～了)	*很不晚
	很不容易	*很不难
	很不便宜	*很不贵
	很不好看、好听、好闻、好吃、好受、好过	*很不难看、难听,等等

很不干净	*很不脏
很不积极	*很不消极
很不乐观	*很不悲观
很不热心、热情	*很不冷淡
很不老实	*很不狡猾
很不清楚	*很不模糊
很不虚心	*很不骄傲
很不坚强	*很不软弱
很不安全	*很不危险
很不文明	*很不野蛮

上面的例子分成两类。(A1)是一对里边的消极意义的一个可以说‘很不…’,积极意义的一个不能说。(A2)是一对里边的积极意义的一个能说‘很不…’,消极意义的一个不能说。单音形容词多数属于前一类,双音形容词多数属于后一类。

并不是所有成对的形容词都是这样。一方面有两个都能加很不的例子:

(B)	很不好:很不坏	很不聪明:很不笨
	很不对:很不错	很不认真:很不马虎

另一方面又有两个都不能加很不的例子:

(C)	*很不方:*很不圆	*很不浓:*很不淡
	*很不黑:*很不白	*很不香:*很不臭
	*很不粗:*很不细	*很不老:*很不嫩
	*很不尖:*很不秃	*很不胖:*很不瘦
	*很不硬:*很不软	*很不新:*很不旧
	*很不干:*很不湿	*很不满:*很不空
	*很不热:*很不冷	*很不真:*很不假
	*很不紧:*很不松	*很不稠:*很不稀

*很不大方：*很不小气　　*很不先进：*很不落后

前一种例子很少，后一种例子较多。

不成对的形容词也是有的能加**很不**，有的不能加。两种例子都很多。

(D) 能说‘很不…’的：

必要	彻底	成熟	出色	方便	高明
高兴	公平	乖	坚固	健康	结实
谨慎	具体	可靠	规矩	活泼	合适
客气	快活	冷静	灵便	明确	明显
漂亮	平	平常	平等	平净	巧
轻松	热心	深刻	实际	舒服	爽快
顺利	踏实	痛快	妥当	完全	卫生
稳定	细致	相同	详细	一样	一致
严格	严密	严肃	踊跃	愉快	正常
重要	周到	仔细	自由		

(E) 不能说‘很不…’的：

扁	别扭	薄弱	丑	肥	古怪
和气	红	黄	可爱	可怜	可怕
可恶	苦	辣	蓝	利害	零碎
乱	罗唆	绿	麻烦	冒失	美
密	疲倦	疲塌	奇怪	亲热	青
穷	确实	涩	傻	酸	随便
甜	顽固	顽皮	伟大	咸	辛苦
凶	雄壮	严重	要紧	优越	

上面所谈的各种情况向我们提出一系列问题：

(1) 为什么有的形容词可以说‘很不…’，有的不能说？

(2) 为什么成对的形容词，或者都不能说‘很不…’，或者只有一个能说，很少是两个都能说的？

(3) 为什么在成对的形容词只有一个能说'很不…'的场合，这一个形容词有时候是积极意义的，有时候是消极意义的？

情况是这样错综复杂，要做出圆满的解释怕是很不容易。我想试着部分地回答一下——我说'部分地'，意思是有些事例解释不了，所以，完全是'姑妄言之'的性质。

2. 先说没有反义词的例子。[2] 假如'x'没有反义词'y'，那么'不 x'就是'x'的反义词，例如'方便'的反义词就是'不方便'，'健康'的反义词就是'不健康'（比较欧洲语言里在形容词前头加 un-，in-，не-等前缀造成反义词，如英语 inconvenient，unhealthy，法语 incommode，insalubre，俄语 неудобный，нездоровый）。'不 x'在语义上构成一个整体，不仅仅是'x'这个概念的否定。'x'可以有程度的差别，'不 x'也可以有程度的差别，所以'很不方便'等等是有实际需要的。(D)项的例子似乎就可以这样来解释。

不光是某些形容词前边可以加'很不'，某些动词和动词短语前边也可以加'很不'，只要'不 x'构成一个整体，表达一个概念。例如：

很不值得	很不懂事	很不听话
很不应该	很不合算	很不放心
很不负责	很不满意	很不努力
很不愿意离开	很不受人欢迎	

无论是形容词还是动词，都还有一些以用否定式为主的例子：

很不起眼	很不对头	很不好意思
很不顺眼	很不含糊	很不是味儿
很不雅观	很不敢当	很不怎么样

很了不起　　很舍不得　　很过意不去

经常说的是'不 x'或者'很不 x'，不说'很 x'，有的连'x'也不大能说。（'顺眼'、'对头'、'舍得'能说；'含胡'单说是'含混'的意思，没有'不行'的意思；'好意思'和'过意得去'差不多只用在问句。）③

另外一种情形，一个形容词不但没有反义词，甚至加不之后也不能形成一个反义的概念。拿（E）项的例子来看，'红'只是许多颜色之中的一种颜色，'不红'只是红的否定，包括红以外的一切颜色，可是不专指某一种颜色，换句话说，'不'和'红'始终是两个语义单位，不构成单一概念。这样，'很不红'就没有什么明确意义了。同样，'酸'、'甜'、'苦'、'辣'都只是许多味道里的一种味道，因此'不酸'等等只是'酸'等等的否定，不代表某一种味道，'很'也就加不上去了。我们可以说'一点不红'、'一点不酸'，用'一点'来加强对'红'和'酸'的否定，但是不能用'很'来提高'不红'、'不酸'的程度。（我们也说'一点不方便'等等，这是把'不方便'等等看做单纯是'方便'等等的否定。）

（E）项的例子还有一部分适用上面的解释。例如'不可怜'就是不可怜，不一定就是可爱或者可恶或者别的什么意思。同样，'不别扭'就是不别扭，'不麻烦'就是不麻烦。这些都不表达明确的单一概念，因此说不上很不很。可是还有一部分例子不好这样解释。例如'严重'、'要紧'，跟'重要'的意思也差不多，为什么可以说'很不重要'，却不能说'很不严重'、'很不要紧'呢？

3. 现在来谈谈成对的形容词。首先，有些并不是真正的反义词，例如'方'和'圆'之外还有别的形状，'黑'和'白'之外还有别的颜色。它们没有‘很不…’的说法，适用对于(E)项的解释。

大多数成对的形容词确实是反义词，可是这种反义词并不排斥中间状态，例如‘不多不少，正好’，‘不早不晚，刚刚赶上’。因此，从逻辑上说，‘不 x’并不就等于‘y’。可是实际上说‘不少’就含有多的意思，尤其是‘很不少’不可能还包括不多不少的中间状态。所以，‘很不 x’和‘很 y’的同时存在，不得不归因于修辞的因素，也就是说，尽管‘(很)不 x’和‘(很)y’的一般意义相同，可是它们的分量，或者说是味道，不一样。这种修辞因素一般只在一头起作用，(A)项的例子属于这种情形。有少数涉及两方面，如(B)项的例子。(C)项是没有修辞因素起作用的例子，那里边的‘不 x’只是‘y’的单纯否定，‘不热’就是不热，不含有冷的意思，‘不冷’就是不冷，不含有热的意思。

还有少数几对反义形容词是不允许有中间状态的，例如‘真、假’，‘对、错’。这种形容词的否定式在逻辑上是多余的，可是事实上有‘不假’、‘不对’、‘不错’的说法，这也只能说是由修辞作用产生的形式。这种形容词还有一个特点是没有程度的差别，例如不能说‘很真’、‘很假’、‘很错’。可是能说‘很对’、‘很不对’、‘很不错’，为什么？因为用的不是本义而是转义：‘很对’的很合适、很有道理的意思，‘很不对’是很不合适、很没有道理的意思，‘很不错’是很好的意思。在核对学生的算题答数的时候，就只有‘对’、‘不对’、‘错’、‘不错’，没有什么‘很对’、‘很不对’、‘很错’、‘很不错’。‘积极’和‘消极’也是这样，用它们的哲学意义，就不能加‘很’，也不能加‘不’。‘很积(消)极’、‘不积(消)极’、‘很不积极’都是指人们的态度或情绪。

剩下一个问题是(A1)和(A2)的分别。这两类例子似乎有这样一点不同：(A1)里边的每一对形容词，'多'和'少'，'大'和'小'，'重'和'轻'，都只是某种属性(数量、容量、重量等等)的单纯的正和负的分别。在这种情况下，'很不'加在负的一边。而(A2)的形容词都带上人们的主观评价，每一对之中有一个是可取的，有一个是不可取的，即隐含褒贬之意。在这种情况下，'很不'加在带褒义的一边。(D)项的形容词也都是褒义的。这在修辞上可能很有用处，比如，在一般场合用'很不乐观'，作为一种'婉言'，而'很悲观'由于少用，用起来就显得分量重些。不过(A1)和(A2)里边似乎都有例外，所以上面的解释还是不全面的。

总之，这一切解释都只是些没有把握的尝试，我的主要目的只是指出一些现象，给对于语义分析有兴趣的同志们提供一点材料。

注：

① 形容词跟别的词类特别是动词的界限，是汉语研究中至今还没有解决的问题之一，本文列举的例子有的可能最后证明不是形容词。但是这不妨碍本文的讨论，因为很不也出现在动词前边(见下文)。另一点，能不能说'很不…'，有时候很难决定，因此本文的例子也可能有失入、失出的情形，但是总的说来是有能说和不能说两种情况，这是可以肯定的。

② 一个词有没有反义词，不容易说死，标准可宽可严。好在关系不大，无非把一个词在前三项(A,B,C)和后两项(D,E)之间搬动一下罢了。

③ 另有一些基本上只用否定式的例子，前边不大能用很，可是常加太。这些例子是：不象话，不成话，不成器，不自量，不要脸，不知好歹，不识时务，不近人情，说不过去。

(原载中国语文，1965年5期)

关于汉语词类的一些原则性问题

一 汉语的词能不能分类？

自从 1953 年 9 月号起，中国语文陆续发表了好些篇文章讨论汉语语法问题，主要是词类问题。在同一时期，语文学习在这方面也发表了几篇文章。大家讨论的，总起来说是词类问题，分开来说是有两个问题：(1)汉语的词能不能分类？(2)怎样划分汉语的词类？高名凯先生在关于汉语的词类分别里说，汉语的词只能分虚词和实词，实词不能再分类。①这的确是个根本问题。如果不先解决这个问题，怎样划分词类的问题就很难谈下去。

高先生在汉语语法论里曾经说过，'一切的语言都有名词和动词的分别，不管他有没有"屈折"的区别，'②而在这篇论文里则'肯定的说，汉语的词并没有词类的分别'，因为汉语的词没有分别词类的形态。这一前一后的两种说法好象大相矛盾，其实高先生的理论是一贯的，只是在这篇论文里比在他的书里更发展了一步。汉语语法论里谈词类分别主要在'汉语之词品(按即通常所谓词类)及其与句法之关系'一节(49—53 页)。这一节的用意在于说明汉语能分词类，但是所凭借的东西跟一般印欧语分词类所凭借的东西不同。一般印欧语'以语词的形式为根据'，那就是说，凭借形态来分词类。'有的语言，[名词、动词、形容词、副词]这四种都有他们的特殊的形态构造。在中国语词之中,都没有。’‘汉语缺乏形态,然而汉语的名词和动词的分别则是一目了然的。’那是因为‘中国的语词,以单独不成句子的语词来说,是无词品之分的,可是若以语词在句子中的功能来说,则是大有分别的。’高先生把这两种东西包括在‘形式成分’一个名称之内:‘我们知道所谓语法成分不但可以由“屈折”、虚字等去表达,语词位置的前后以及造句法的安排都是语法成分的一种,都是形式成分的一种。不过这语法成分,这形式成分不是由形态学表示出来,而是由造句法表示出来而已。’高先生所以要这样概括一下,自然是为了给汉语分词类打开一扇门。可是在高先生心目中,这两路语言的词类是有点区别的。也许高先生并没有意识到,无形之中他是在把词类这个东西分成两种,一种是凭借词本身的形式即形态来分的,是老牌词类,一种是凭借形态以外的形式成分来分的,可以说是加引号的‘词类’。

如果说,高先生在汉语语法论里对待汉语的词类比较宽容,连加引号都免除了,那末,到了关于汉语的词类分别里,他的态度就坚决起来,不再承认这样的分类是词类的分别。‘如果我们能够找出汉语的词有形态变化,那末,汉语就有词类的分别了。’底下高先生就检查别位语法研究者认为是形态的东西,断定它们不是形态,然后得出结论:汉语没有词类的分别。

截至现在为止,高先生的主张还没有得到别人的赞同,已经发表过的文章都是主张有词类的。问题的未能迅速获得解决,部分是或者主要是——照我的看法,我的看法当然不一定对——因为进行反驳的路线不大对头。高先生说汉语的实词不能分类,唯一的理由是汉语没有形态。摆成三段论法的形式,那就是:实词的词类是按词的形态划分的(大前提);汉语的实词没有形态(小前提)；所以汉语的实词不能分类(结论)。反驳的论据都集中在小前提上，就是说，要证明汉语的词有形态。这样，问题就复杂起来，因为很可能大家都讲形态而讲的满不是一回事。(实际也的确是这样，例如黎锦熙、傅子东两位讲的'形态'跟俞敏、陆宗达两位讲的'形态'就全不相同——这只是举例，事实上俞、黎、傅三位的文章都发表在高先生的文章之前。)要是我讲的'形态'跟你讲的'形态'不是一个东西，那怎么能说到一块儿呢？我说汉语里没这个东西，你说汉语有那个东西，也许咱们都对，也许咱们都不对，反正你不能说服我，那是一定的。汉语的词有没有形态，有形态又是什么性质的形态，这个问题很不简单。汉语里区分词类的问题本来够复杂的，再这么两下里一纠缠，就更不容易搞清楚了。最好把这两个问题分别处理。'形态'只是一个名称，它一定代表一些实实在在的东西，咱们谈词类的时候就直接使唤那些东西，那也还是可以办得到的。

这样咱们就换一条路线来跟高先生谈。先请问高先生，他在汉语语法论里管它叫'名词、动词、形容词'的，他现在是不是还承认有分别？如果还承认有这种分别，可是不能叫做'词类'，那末他打算给它一个什么名称：'词部'？'词属'？还是什么？要是这样，那就所争仅仅在于一个名称，成了一场经院式的争辩。要是高先生现在不承认还有这种分别，也就是说，汉语的实词用任何方法都不能分类，那末人们将等着看高先生怎么讲语法。因为在一般讲语法的人，'词类'已经成了必不可少的道具。颜景常先生的话可以代表：'假定把名词、动词、形容词这些名称也取消，一律名之曰实词，那么分析"好学生尊敬老师"这个句子，只好说主语、谓语、宾语、附加语都是实词，那等于不说。'③我们都曾经因为在划分词类上遭遇某些困难而烦恼，如果高先生能有扔掉‘词类’讲语法的好办法，至少本文作者是诚心诚意愿意向他学习的。

这就牵涉到划分词类的目的性问题。我曾经说过一句话：‘区分词类，是为的讲语法的方便。’[④]有些同志不满意这句话，例如文炼、胡附二位。他们认为这样就把词类问题看轻了。[⑤]词类问题在汉语语法中应该占多大的比重，那是另一问题。说区分词类是为了讲语法，我想这句话并没有说错。文、胡两位‘认为词类是我们语言中客观存在的东西’。[⑥]这句话要看是怎么个讲法。要是说‘词类’这种分别是客观存在的，那我完全同意。但是还是不能离开分类的目的来谈词类的分别，因为一切分类都是有一定的目的的。为了不同的目的，咱们可以有不同的分类：为了编词典，咱们按字母次序分类；为了编‘义典’，咱们把意义关联的词编在一起，如英语的Roget's Thesaurus；为了做诗，咱们编韵书，如中华新韵；为了讲修辞学，咱们分别旧词、新词、俚语、方言、同行语、书卷语、外来语；为了讲语句组织，咱们分别‘词类’。要讲客观存在，这种种类别都是客观存在的。可见不能离开分类的目的来谈客观存在。如果我对于文、胡两位这句话的理解不错的话，它的意思应该是‘为了讲语法而进行词的分类要根据词在语言中所表现的语法特点，这些特点是客观存在的’，这就比原来的说法明确些。

词类客观存在这句话还可以有另一种讲法：既然词类是客观存在的东西，那就只能有一种分类法。例如周祖谟先生就说，‘词类是语言自身表现出来的类别，不是你想这样分他想那样分的一件事儿。’[⑦]这句话，用来鞭策研究语法的人努力钻研，早点求得共同的认识，给汉语建立一个合适的词类体系，用意是很好的。但是词的语法特点是多方面的，如果这些特点不能协调一致（汉语的情形多多少少是这样），分类的时候就不能不有所取舍；有人着重这一点，有人着重那一点，分类的结果就不会完全相同。这种情况只有跟着研究的深入才能逐渐改变。片面强调统一，徒然助长某些人的自以为是的作风。如果人人自以为他的分类是'不二法门'，别人的意见都不值得考虑，毫无商量学问的意思，变论争为谩骂，那是对于词类问题的解决不会有什么益处的。

认清了区分词类的目的，对于回答汉语的词能不能区分词类这个问题有帮助。如果为了讲语法不得不区分词类，咱们就多方面去想办法。高名凯先生在他的文章里着重说明这也不是形态，那也不是形态，可是并没有充分证明，这也不足以用来给词分类，那也不足以用来给词分类。如果有一种或几种东西，能用来给词分类，即使不能叫做形态，那又有什么关系呢？换句话说，可以把高先生的小前提暂时放在一边，把他的大前提动摇一下试试看。锺棂他们四位先生就是在这方面着眼的，他们反对把形态变化当作划分词类的唯一标准：'我们认为胶执着形态分类的观点，而说没有形态就没有类别，这样的看法是不切合实际的，只是为理论而理论。'[⑧] 陈乃凡先生说，'咱们既然承认汉语有语法，那么不管它有没有形态，都必得承认它有词类的分别才成，'[⑨] 也是根据要讲语言组织就得分别词类这个道理。当然，高先生可以说，尽管你们证明能把汉语里的词分成一堆一堆，我还是不承认那叫'词类'。咱们头里说过，不叫'词类'，换个名字也没有什么不可以。现在可得进一步，问问'为什么不能叫"词类"？'不错，从词的形态方面说，汉语的词类不等于英语的 parts of speech，汉语的名词不等于英语的 noun，可要是光从形态着眼，英语的 parts of speech 又何尝等于俄语的 части речи，英语的 noun 又何尝等于俄语的

имя существительное 呢？要是就语言材料的分类说，词类，parts of speech，части речи 为什么不能说是一回事呢？咱们不跟高先生学，咱们还是管它叫词类。

所以，汉语有没有词类分别，这个问题最好用实践来回答。事实上，虽然到现在为止还没有一种分类法能说是完善，现有的各家词类体系用来讲语法也都收到一定的效果。这也证明，把汉语里的词按讲语法的目的作适当的分类不是完全不可能。现在的问题不应该是'用什么标准划分的才配叫做词类？'现在的问题应该是'用什么方法才能建立一个最符合讲汉语语法的需要的词类体系？'这就是咱们要讨论的第二个问题。

二　印欧系语言怎样划分词类？

词类是研究印欧系语言的语法学家提出来的，咱们可以先看看人家是怎么划分的。苏联科学院俄语语法第 27 节这样解释词类：'在俄语里，词分成若干类，以它们的基本意义，以每一类所特有的语法范畴，以造词和造形的类型，互相区别。这样的类称为词类。词类也以它们在连续语言中所起的作用互相区别。'[10] 再以第 31 节'名词'的说明为例：'在实词中可以先分出名词这一类。名词或者表示物件（人、姊妹、老鹰、马、木头、房子），或者表示作为物件观的现象（暴风雨、友谊、状态）。俄语的名词有变格的形式，所有变格的形式都能用下一类词即形容词来限制。俄语的变格系统由六个格组成：主格、生格、与格、对格、造格、前置格。格表示名词在词组和句子中对于别的词的关系；换句话说，格表现出名词的结构学上的作用。[11] 格的形式在两个数——单数和复

数——的范围内互相对应。'⑫

在这两段话里，意义(概念的类别)、形态(语法范畴和它在词本身的表现)、功能(结构关系)都提到了。这三方面不会冲突吗？在俄语里不会，因为有形态作为关键，概念的类别由形态来具体化，结构关系也通过形态来表现(虚词除外)。因为形态据有这种关键地位，所以有些语法学家就索性只提这一点，如库兹涅错夫在苏联大百科全书'语法'条关于词类的说明就是这样。

三　对于划分词类的合理要求

汉语的词不具备象俄语的词那样的形态，足以作为划分词类的关键因素，因此过去划分词类，就只能依据意义和功能。而这二者，由于各人的理解不同(如对于意义的改变与否，功能究竟包括哪些，不包括哪些)，就可能基本上一致，也可能很不一致。词类问题的产生，主要原因在此。

要讨论各种分类法的优点缺点，需要有个标准。也就是说，对于划分词类这件事(包括大类、小类，变与不变)咱们可以或是应该提出什么样的要求？陈望道先生曾经说过：'凡可以算是一个体系，或说可以算是好的体系的，照理，应该具有妥贴、简洁、完备这三个条件。'⑬我想说得更具体点，提出这么三条，不知道恰当不恰当：

(1) 能照顾词的各方面的特点，不偏重某一特点而抹杀其他特点。换句话说，使这一类和那一类有尽可能多的特点互相区别。

(2) 基本上词有定类，类有定词。说'基本上'，意思是，有兼属两类或三类的词，但只占极少数。

(3) 分得干净利落,没有或者很少两可或两难的情形。

这三条,在印欧系语言的词类划分上一般都能做到。对于汉语,这个要求也许太高,但是'高山仰止,景行行止',有一个理想的目的是只会有好处,不会有坏处的。

这一次讨论,在词类问题上偏重在实词方面,以下所说也就以这方面为主。还有一点要说明,咱们讨论的是现代汉语的词类,最好不引古汉语的例子。古汉语里的词类体系也许跟现代汉语的词类体系不完全相同,搅在一起来谈没有好处。

四　按照句子成分决定词类

这就是有名的'依句辨品,离句无品'说。马氏文通卷一说:'字无定义,故无定类,而欲知其类,当先知上下之文义何如耳,'已经反映这个观点。但是马氏只说上下文义,没有说句子成分,可以包括较广。到了黎锦熙先生,就说得更加确定了:'国语的词类,在词的本身上无从分别;必须看他在句中的位置、职务,才能认定这一个词属于何种词类……国语的九种词类,随他们在句中的位置或职务而变更,没有严格的分业。'[14] 具体的公式是:(1)用做主语、宾语和某些类型的补足语的是名词,(2)用做述语的是动词,(3)用做名词的附加语的是形容词,(4)用做动词和形容词的附加语的是副词。当然,黎先生的系统里是包括一些'但书'的,但是他的根本原则是词类和句子成分的全面对当关系(一定的词类和一定的句子成分对当,不是一个词类只和一个成分对当,例如名词和主、宾、补三种成分对当,副词和动附、形附、副附三种成分对当)。

这样划分词类有两个优点。第一,没有游移不定的情形,合于上面提出的第三条要求。因为一个实词在句子里一定做一个成分，就按这个给它归类，它就跑不了。其次，词类和句子成分的关系单纯化了，学习起来有一定的便利。（可是这个优点还可以怀疑一下。如果不同类的词出现在同一个位置上，倒是说明条件的一个好机会。比如，动词用做主语，谓语一般是形容词或是是和使这些个动词；动词用做宾语，最常见的是在爱、怕、喜欢、希望这一类动词后头。要是管做主语、宾语的东西一概叫名词，学习的人也就不去追究里头还有些什么分别了。）

至于这种分类法的缺点，那是很严重的。因为这个理论的逻辑的后果应该是：(1)不能从词的意义方面说明词类（这就使初学的人难于领会）；(2)脱离句子的词不能说出它属于哪一类，也就不能用来做哪一词类的例子（换句话说就是词无定类，类无定词）；(3)更进一步，词类的分别既然是完全根据句子成分来定，就没有建立两套术语的必要，有一套尽够了。⑮

黎先生的实践并不是这样。首先，他用概念的类别来说明词类，如'名词是事物的名称'，'动词是用来叙述事物之动作或功用的'。⑯他分别名词和代名词，而从句子成分的观点出发，这是不能分成两类的。其次，黎先生在列举词类的时候都举了例，名词以桥和太阳为例，动词以造和出来为例，形容词以长和温和为例。但是为什么名词底下不举造、出来、长、温和做例，形容词底下不举造、出来、桥、太阳做例呢？按黎先生的理论，这不是没有可能的。至于第三点，把词类的名称和句子成分统一起来，黎先生根本没有考虑过。由此可见，黎先生的实践和他的理论是有些脱节的。

认真贯彻按句子成分定词类的是傅东华。他'否认词的本身有分类可能，就是认定词不用在句中便不能分类'。他根据'分部依于析句，析句依于分部’，‘同职务的也同词性，异职务的也异词性’的原则，制定一套名称：名词、言词、训词（后改为状词）、指词、助词、系词、语词、声词（后改为叹词）——分部也是它，析句也是它，称为‘一线制’。[17]这登时引起热烈的争论。后来傅氏自己也放弃了这个主张，在文法稽古篇里仍然分别‘字类’和‘辞例’。[18]这也可见按句子成分定词类的理论是认真贯彻不得的。黎锦熙先生宁可让他的实践和他的理论脱点儿节，不肯认真贯彻他的理论，因为他从事实际教学，他不愿意追逐空想。这是完全正确的。他在他的书里用词类通假说来弥补实践和理论的脱节，这个留在底下另外一节讨论。

五　按照各种结构关系划分词类

句子成分代表一种结构关系，所以按照句子成分定词类也就是按照结构关系分词类。但是结构关系却不限于句子成分关系。方光焘先生就曾说过：‘词性却不必一定要在句中才能辨别出来。从词与词的互相关系上，词与词的结合上（结合不必一定是句子），也可以认清词的性质。譬如说，“一块墨，一块铁”，墨与铁既然都可以和一块相结合，当然可以列入同一范畴’。[19]

首先系统地运用结构关系划分词类的是陆志韦先生的北京话单音词词汇。（这本书虽然到 1951 年才出版，叙论，即现在的说明书，却在 1937 年就已经印过。）陆先生用两种最常见的代表不同结构关系的格式，‘红花’和‘吃饭’，规定三类基本词：名词，变化词（动词），形容词，就是 1，2，3 来代表。‘红花’代表附加关系，附加的是 3，被附加的是 1；‘吃饭’代表接近关系（即支配关系)，接近的是2，被接近的是1。[20]这以后又用一些格式规定三种指代词，两种副词，最后是作用词和杂词。这里不详细叙述。

单就三类基本词的划分来说，结构关系分类法和句子成分定类法好象也没有多大不同。就整个分类原则来说，实在很不相同。第一，句子成分定类法考虑的是一个词的已经实现的结构关系(词已经进入句子)，而且只考虑其中的一种关系(词在句子里的'职务')；结构关系分类法考虑的是一个词的可能有的结构关系，因而是同时考虑它的各方面的结构关系。第二，句子成分定类法不得不随着词在句子里的职务的变更而变更它的类；结构关系分类法不受这个拘束，可以另外考虑变类不变类的条件。关于第二点，底下讨论词类通假的时候再谈。现在就第一点来比较两种分类法，就拿黎先生和陆先生的体系做例子。

比如，把代名词从名词里分出来，按照依句辨品的理论是没有根据的，因为名词和代名词都是可以作主语和宾语的词。但是从别的结构关系上可以区别，代词前面不能加数量词，一般也不能加形容词。又比如，按照句子成分定词类，就只能把数词列入形容词，把量词列入名词。但是数词不能作谓语，可以区别于形容词，量词直接数词，可以区别于名词。又比如，依句辨品说限定作谓语的是动词，形容词作谓语就不能不叫做'同动词'。结构关系分类法就可以采取不同的看法，'2跟3的最基本的分别，3是能附加在1的前面的，2是不能的'(指不用的字)，同时2和3都能放在1后面说明它，这是2和3的共性，不用来鉴别词类，这样，3和1后面的时候就不必说是变成2了。[21]又比如，'布鞋'、'土墙'之类是'可以拆开的1—1式，他的用处就很近乎3—1式，'但是几乎凡是1都能用来限制1，这只是1的性质之一，同时3是可以放在 1 的后面说明它，而 1 是不能的，因此 1—1 式里的第一个 1'并没变成 3，我们也不管他叫 3'。[22]这样，确定了 1 限制 1 的时候并不变 3，指示代词也就不必分别隶属代名词和形容词两类了（疑问代词同此）。这些例子说明，只有不受词类和句子成分之间有全面对当关系这一条规定的束缚，才能从多方面来观察一类词的结构上的特点，才能希望把词类划得更妥贴。

陆先生的分类法是不是完全解决了词类问题了呢？不，还留下一些问题，例如作用词（虚词）的分类问题，陆先生也说只是'暂定的'。实词方面最明显的是动词和形容词划界的问题。陆先生发现有些词只能放在 1 的后面，不能放在 1 的前面，因而不能辨别它是 2 还是 3，就管它叫 23，意思是介乎那两类之间（陆先生注，有点象西洋语法里的内动词，但不完全相同）。[23]有了 23，也还不能完全解决 2 和 3 的问题。一方面，有些词按它们的意义说好象可以归入 3，但是因为它不带的字就不能加在 1 的前面，就不能不归入 23。陆先生在说明书里举广和窄作例，词汇里还有同类的，象密、灵、旺盛等等。这些词都能跟意义相近的另一个词结合成一个形容词，如旺盛、严密、灵巧，都不能作动词式的重叠，有的还能作形容词式的重叠，如旺旺儿的。把这些个词跟'蹲在地下'的蹲、'往下冲'的冲、'在外头闯几年'的闯、'满处窜'的窜等等归在同一个 23 类，总觉得不合适。另一方面，有些个词一般不能放在 1 的前面'接近'它，但是间或能够，这也怪叫人为难；例如站字陆先生作 2，又作 23，躺字就只作 2，不作 23，饿和睏都是根据'…得…'的格式决定词类的，但是饿是 2，睏是 23。这说明形容词和内动词划界，内动词和外动词划界，都是非常困难的事情。这本来是个老问题，并不是结构关系分类法所引起，只是说这个分类法并没有能好好解决这个问题而已。

用数量词和指示词来规定名词，这也属于结构关系分类法。陆先生虽然说过‘一个名词代表一种可以数，可以量，或是可以排次序的东西，’[24]在分类的时候并不拿这个做标准。上文引的方光焘先生的话，含有这样规定名词的意思，文炼、胡附两位的文章里就明白提出这个标准，用‘一个人、两块墨、这个人、那块墨、这种道德、那种思想’等格式规定人、墨、道德、思想等等是名词。[25]一般说，这是一个有效的办法。但是专有名词不能加数量词，这是一。另一方面，文、胡两位也发现‘唱一个痛快’、‘打他一个半死’等句子里的‘一个’不足为凭。他们又补充两个条件：(1)要不但能说‘一个’，还能说‘两个、三个’，(2)要不但能说‘一个’，还能说‘这个、那个’。这就产生了新的问题。咱们能说‘喜欢他那个爽快’，‘恨他那个糊涂(懒惰、不求进步)’，但是不能说‘三个爽快’，‘五个糊涂’，只满足一个条件，爽快、糊涂等等算不算名词？如果说不算，那么，道德、数量、品质等等也只能加这个、那个，不能加三个、五个，是不是也不算名词？当然，咱们可以用三种、五种来替代三个、五个，加在道德等等前面。可是种是个比较特殊的量词，许多从别的方面考虑难于认做名词的词，都可以加这种、那种甚至两种、三种。例如：‘有两种痛快：一种是现在痛快，将来不痛快，一种是现在不痛快，将来痛快。’这样，似乎种字又不足为凭。(种字和样字相近，样字更走前了一步，在‘这样、那样、一样’里，样字已经失去量词的性质。)这说明用数量词规定名词虽然不失为一个很好的标准，在细节上也还有些问题有待于研究。

六 用‘鉴定字’划分词类

这里所说的‘鉴定字’包括子、儿、头等等一般承认是词尾的字，不、很、能、会等等一般承认是词的字，以及了、着、的等等身分还在争论之中的字。‘鉴定字’和‘结构关系’难于严格分开，鉴定字就代表结构关系。如上节提到的这个、那个，也可以作鉴定字论。不同的是上节讨论的是用一群词来规定另一群词，这里讨论的是用一些有代表性的词或词素来规定一群词，运用起来比较简捷。这些词或词素的作用有点象化学里的试剂，所以管它叫‘鉴定字’。

咱们可以用对于鉴定字的正反应来规定词类，也可以用对于鉴定字的负反应来规定词类。比如不字，咱们可以说实词里面不能加不字的是名词(负反应)，但是不能说能加不字的是动词(正反应)，如果咱们不愿意把大、小、好、坏等等也包括在动词之内。

理想的鉴定字，应该对内有普遍性，对外无开放性，应该归入这类的词都适用，不该归入这类词的都不适用(所谓应该、不应该，是说这样归类的结果用来说明一般语法现象是合适的)。如果有例外，最好能说出条件，或是为数不多，可以列举。还拿不字做例，咱们用对不字的负反应规定名词，但是名词前面有加不字的，如‘不道德、不规则、不法’。咱们说这些都是单词，这里的不已经只是造词成分，并且是死的(不生产的)。还有‘不三不四’、‘管他星期天不星期天’等等，那是特殊格式，必须连说，不能单说‘不三’或‘不星期天’。如果用对不字的正反应规定动词，咱们可以说只有一个例外，有，它的否定形式不是‘不有’而是‘没有’。

如果例外很多，没有条件，也不能列举，无论失入或失出，这个鉴定字的价值就减低了，用来做划分词类的主要根据就不相宜了。

咱们现在可以检查一下曾经被提出来过的这种鉴定字。先说提议用来鉴定名词的字。

子、头、儿、者、家、学、主义、性、度——这些字都曾经有人提出来作为名词的标记。但是谁都得承认这里面没有一个有普遍性。把它们加在一起，甚至再加上一些别的，普遍性也还差得远，绝大多数名词不带这些成分。

其次谈谈提议用来鉴定动词的字。

了——如果指句尾的了，它的鉴别力跟不相同，不能分别动词和形容词（主张按句子成分定词类的就都管了字前面的形容词叫动词）。而且这个了字还能出现在名词后面，如'今天星期六了'，'你今年十九岁了'，'我来到北京五年了'。一般提议用了字鉴别动词的，指的是插在中间的了字，例如'来了三天了'的第一个了字。但是也有从其他方面考虑应该归入动词而不能加了字的，如能、会、敢、该等等所谓'助动词'都不能加了字，此外如隶属、类似、含有、过渡、牵涉、需要、交替等等也都不见得能加了字。更大的困难是这个了字对于形容词有很大的开放性，如'亮了一会儿（又不亮了）'，'才凉快了几天（又热起来了）'，'积极了一阵'，'沉默了一个时期'。（如果要把这个了字后面的词限于严格意义的宾语，那就等于用宾语来规定动词。）

着——着字对于形容词有开放性，可是都说得出条件。如'远着呢'，'难着呢'，后面必得跟个呢字。'你比他大着好几岁呢'，'咱们比人家矮着一大截呢'，'常暖着一点儿就好了'，都是比较的说法，都有数量词跟在后面。用着字做动词的鉴定字的真正困难在于它缺乏普遍性。不能加着的动词可多了，比如爱、恨、怕、知道、忘记、重视、轻视、承认、否认、肯定、否定、相信、佩服、加、减、乘、除、隶属、区别、需要、解决、抵消、消除、遗漏、遗失、放弃、归纳、合并、撤销、通过、否决、出发、到达、终止、停止，恐怕列举不了。助动词后面也都不能加着。

过——也缺乏普遍性。助动词以及含有、过渡、类似、交替、知道、认识、适合、符合、具备、充满、巩固、加强、消失、死亡、拉倒等等后面都难加过字。对于形容词也有开放性。'这东西一直是这个价钱，从来没有贵过，也从来没有便宜过'，'体温一直维持三十八度五，没有高过，也没有低过'，'我从前胖过，现在瘦了'。

起来、下去等等——起来、下去的情形跟了字差不多。对于形容词有很大的开放性，如'亮起来、暗下去、大起来、小下去、热闹起来、沉默下去'。这一类字的应用范围宽窄不一样，过来和过去比起来和下去的应用范围就窄得多，对于形容词几乎没有开放性，可是在动词内部的普遍性也小得多，不但类似、含有、需要、缺乏等等用不上，连更有行动意义的开放、停止、解决、创造等等也都用不上。作为动词的鉴定字，起来、下去等等似乎不必考虑。

得和不——指插在动词和后加成分中间的。这也可以不必考虑，因为它们主要用在有起来、下去等字的场合。另外就是用在推动、捉住、打破、分清这些介乎复合词与短语之间的格式中间，那里面的第一个字之为动词可以用很多办法鉴定(例如用了字)。

能、会、该、敢等等——这是所谓'助动词'。它们对于动词有很大的普遍性，尤其是能字。可是对于形容词也有相当大的开放性，如'这东西能那么便宜(贵、珍贵、稀少、厉害、灵)吗?''他会这么糊涂(笨、懒、马虎、天真、机灵、胆小)吗?''这该多好(美、舒服、方便、漂亮、好看)!''往后我可不敢再这么马虎(随便、老实、粗心、大意)了。'没法儿用来做鉴定字。

其次是提议用来鉴定形容词和副词的字。

很、十分、非常、更、最、太、得很、极了等等——这些都曾被提出来作为形容词的鉴定字。可以用很字做代表,能用另外那些字的场合大致也都能用很,只是有时候为了音节的理由换个十分或得很更加顺口些罢了。

作为形容词的鉴定字,很字的普遍性是很大的。可也不是一个例外也没有,象正、负、反、副、真、假、整、绝对、相对、唯一、无限这些个都是不能加很的,可似乎该列入形容词(从别的结构关系考虑)。这还是小问题,严重的是很字对于动词有相当大的开放性。能、会、该等助动词都能加很。'很说了几句话','很做了几件事情','很认得一些人','很念了几年书',动词后面带数量就都能加很。咱们可以说这就是一个条件,并且这种场合只能加很,不能加十分、非常或得很。可是不带这个条件的也很多,如'我很想念你们,我想念你们得很','我很感谢,感谢得很','我很赞成,赞成得很','我们很需要这种材料,需要得很','他很推崇你,他对你推崇极了','这孩子很懂道理','这句话很解决问题'。曾经有人提议用'前加很,后加的,中间不能分成几个词'来鉴定。可是网虽密,也还是打不尽,例如'装做很赞成的态度','这是目前很缺乏的东西'等等。

的和地——单独用的字鉴定形容词,没有人提议过,因为很显然,的字前面的词不都是形容词,除非按句子成分定词类。这里提出的和地来是因为曹伯韩先生提议用它们来分别(不是鉴定)形容词和副词。[26]曹先生也承认这两个字'在口语里的确是没有形式分别的’，可是他主张根据书面来分别。事实上，不但初学文化的人，连许多知识分子都常常感觉困难的，正是这口语里无分别而在书面上要求有分别的的和地。这跟用不同的拼法来区别同音词不一样，因为这实在是一个东西。即使分别写法，也不能用来鉴定词类。因为如果一方面说这是形容词，所以写的，那是副词，所以写地，一方面又说这写的是的，所以是形容词，那写的是地，所以是副词，那就变成循环论证了。曹先生分别词类是另有根据的，但是读者很容易误会他的意思，以为的和地可以用来做鉴别字，所以附带一说。

以上所说，似乎肯定少而否定多，好象除了不字可以用来划分名词和非名词外，几乎没有一个鉴定字是完全可靠似的。话不能这样说，这些鉴定字虽然用来做划分词类的主要根据都有缺点，用来做辅助手段或是划分小类却大有用处。这些字都属于语法成分一类，如果咱们能说出动词里面哪些哪些特别容易或特别难跟哪一个语法成分结合，形容词里面的情形又是如何如何，这不就对于学习的人很有用吗？咱们常说掌握语法规律，这就是语法规律里面的一种。有些个规律跟某类词全体有关，有些个只跟其中的一部分有关，光分别几大词类本来是不够的。

七　用重叠形式来区别词类

王了一先生在他的书里讲到名词、动词、形容词的重叠，但是他着重在说明叠字和叠词的分别，没有提议用重叠形式来区别词类。[27]提议用重叠形式来区别词类的是俞敏先生和陆宗达先生，[28]苏联的 A.A.龙果夫教授在他的著作里也提到。[29]俞先生和陆先生的文章里说，动词重叠以后带上‘试试’或‘一下儿’的意思，形容词重叠以后带上‘很’的意思，单音动词重叠，重音在前，单音形容词重叠，重音在后（北京话里全变阴平，并且儿化），双音动词重叠是 xyxy 式，双音形容词重叠是 xxyy 式。这一着实在高，用来划分动词和形容词真是泾渭分明，一点儿不混。就只可惜普遍性还差点儿。凡是不能加很的形容词（例见上文）也就不能重叠，不能或难于加了加过的动词也多数不能或难于重叠。象获得、丧失、诞生、死亡、腐烂、成熟、议决、责成、给予、包含、实现、制定、完成、达到、超过、过渡、放弃、优越、优美、卓越、先进、落后、基本、根本、严重、尖锐、巨大、伟大、强大、弱小、藐小、微小、必要、可能以及其他许多非名词的‘新名词’全都不能重叠，那又怎么去辨别它们是动词还是形容词呢？就是单音动词，也不一定都能重叠，如‘你该我五万’，‘你及不上他’，‘这关你什么事？’‘这房子归了他儿子了’。还有些动词，在一种意义上不能重叠，如‘咱们别管他来不来’，‘开了一树的花，结了一树的果子’，‘头上掉下许多头发’等等，这个时候还算动词不算？

俞、陆两位的文章里还讲到名词和数词的重叠。名词的例子是人人，意思是‘每个人’。其实一般名词是不能重叠的，花花、书书、猫猫、狗狗是大人哄小孩儿说的（有些方言里爱用重叠式，但是不含‘每个’的意思，正如妈妈和妈是一个意思）。名词重叠表示‘每个’，文言里通行，现代汉语里只有量词有这个本事，‘个个毕业’，‘门门五分’。人人是文言的残余形式，也可以说是由于它多少有点儿量词的性质（‘一级英雄十五人’）。数词重叠，陆先生说是‘乘起来’的意思。这是就着乘法口诀说，如果按加法口诀，‘三三’就得六。而且‘十’以上就不能重叠，即使说‘十一’以上是复合词,不能说‘十十得百’总是事实。其实名词和数词用不着拿重叠形式来规定。反正不能用重叠式做区分实词的唯一标准,代词重叠不起来,陆先生也先就把它除外了。

总起来说,重叠式不失为分辨动词和形容词的一个好办法,虽然在这方面也还有点限制;别的词类有的用不着,有的用不上。

八　词类分别和词的意义的关系

词类的分别跟词的意义有没有关系?不成问题,有关系。已故的苏联语言大师 A.A.沙赫马托夫院士和 Л.В.谢尔巴院士,他们两位属于两个不同的学派,但是在这一点上意见是一致的。沙赫马托夫院士在他的俄语结构学里强调这一点:词类的分别,除了结构学的基础,‘还有更深厚的基础——语义学的基础’。谢尔巴院士的话更精辟,他说,‘与其说是因为它们变格,咱们才把 стол (桌子),медвель (熊)等等列入名词,无宁说是因为它们是名词,咱们才叫它们变格。’[30]他们两位的话,如果需要下一注解,那就是:词的语法特点,包括结构学和形态学两方面,都跟词的意义分不开。

那末,能不能根据词的意义分类呢?这先得弄清楚‘词的意义’的意义。高名凯先生说‘山、水、鱼、人当然都有意义,但这些意义也只限于说明它们是“山”,是“水”,是“鱼”,是“人”,并没有说明它们是名词,’[31]就是不承认这几个词在意义上有什么共同之点。但是这些词在意义上是有共同之点的,因为它们都代表同一类的概念——物件。所以,‘词的意义’在这里应该了解为‘词所代表的概念的类别’。

能不能根据词所代表的概念的类别来划分词类？理论上，应该说是能。陆宗达先生说，‘词是干什么的呢？是代表或者反映客观存在的事物跟这些事物间的关系的。反映的对象能分类不能？能。那么反映他们的词也就必然能分类。’[32]陆志韦先生说：‘根据意义，也可以分类。随便举出一些单音词来，比如走、黄、马、好、笔、看……，凭意义把他们分为三类，大概也不会分错。马、笔是1，走、看是2，黄、好是3。’[33]

但是两位陆先生实行的分类办法并不根据意义，为什么？这里头有道理。因为凭意义分类，第一，不同的人可以得出不同的结果，包括(1)词类的数目不同，(2)具体的词归类不同，谁也说服不了谁。第二，有些词难于决断，在同一个人手上也会有时候归在这一类，有时候归在那一类。因此，不但陆志韦先生一面说根据意义也可以分类，一面可宣布他是按格式分类，陆宗达先生一面说词可以分类是因为它们反映的对象可以分类，一面又批评拿意义或者概念做标准。连王了一先生和我自己，尽管在我们的书上只说凭意义划分词类，实际上还是免不了要利用结构关系来帮忙，正如文炼、胡附两位所指出。[34]由此可见，尽管词的意义跟词的语法特点有关，考虑整个词类体系的时候定出一些比意义更具体的标准来是应该的。

但是在应用这些较为具体的标准的时候，还是得拿意义来控制它们。陆志韦先生说过：‘我们从形式出发，结果仍然不能不讲那形式的意义。’[35]陆先生这句话是在辨别词和非词的时候说的，但是同样适用于区分词类。比如说，咱们应用结构格式来划分词类，怎么知道这个格式跟那个格式不是一个格式呢？得从意义上辨别。比如，咱们不承认‘他没有钱’和‘他没有说’是一个格式，为什么？因为去掉'没有'以后，'他说'有意义（跟'他没有说'的意义相反），'他钱'没有意义（顶多说是近似'他的钱'）。又比如，咱们认为'狗叫'和'狗的叫'不是同一格式，'狗的叫'和'狗的尾巴'也不是同一格式，为什么？因为'狗叫'本身可以成句；'狗的叫'本身不能成句，去掉的字成句；'狗的尾巴'去掉的字还是不成句。这里所说这个格式有意义，这个格式无意义，这个格式成句，这个格式不成句，离开意义就没法子决定。又比如，咱们认为'新书'和'买书'不同，'新的书'和'买的书'基本上相同，'新买的书'和'买新的书'完全不同，为什么？因为'买书'和'买新的书'属于一种结构关系（支配关系），其余的属于另一种结构关系（限制关系）。分别支配和限制，离不了意义。更重要的是，假如咱们不首先感觉两个格式的意义不同，就不会想到变化原来的格式（去掉一个两个字，加上一个两个字，颠倒一下次序）来试验它们究竟同不同。再比如应用鉴定字，也不能脱离意义。终止、停止不跟着结合，绝对，相对不跟很结合，这都不是问了所有说汉语的人或是检查了所有用汉语写的文章得出的结论，是因为咱们知道着和很的意义，知道哪些意义的词跟它们搞不到一块儿。总之，语言是形式（语音形式和语法形式）和意义的结合，没有法子撇开意义，专讲形式。也就是为什么无论哪一本讲语法的书，不管作者用什么标准划分词类，说明这一类词或那一类词的时候总少不了要说出它们是表示什么的。如果说不能凭意义划分词类，那是说不能直接从意义出发，不是说可以从头到尾不理会意义。这道理本来是自明的，也没有哪位语法学家提倡过只讲形式，不论意义。只是近来有些谈词类的文章仿佛有点避讳意义二字，恐怕初学的人道听途说，有所误会，申说几句也许不是多余的。

不拿词的意义做划分词类的正式标准，也不是说在一定的条件下从词的意义推定它所属的词类是不可能。这是完全可能的，而且在汉语这种词无变形的语言，恐怕也是实际上难于避免的。所说一定的条件就是要这个词的态度明朗；遇到态度暧昧的词，那就得赶快拿出标尺来量一下。换句话说，凭意义归类，只要认清它的缺点，提高警惕，就可以适当地利用它，因为它比别的办法简便。且拿数词来做例。当然可以从形式方面来规定，比如说，它是直接在量词前面的（也有例外，如'一大块'）不能加不（例外，'不三不四'），不能加很，不能加着等等，但是如果说'数词就是一、二、三、四……十、百、千、万这些数目字'，是不是也没有多大毛病，而一般人容易领会呢？说真的，假如有人说出一些词来问咱们，哪些是名词、哪些是动词，咱们的第一个反应是什么？是首先想到它能不能用在这个格式的这个位置上，那个格式的那个位置上，前头能加哪些字，后头能加哪些字，等等一切，还是先想到它的意义？别位的情形我不敢胡猜，我自己，不怕见笑，第一个反应是意义。词的意义和词的语法特点相关（虽然相关的方式因具体语言而异），这不是语法学家的什么秘密，这是学说话的人在实践中取得的经验。比如一个人头一回尝到咖啡，问人家这叫什么？人家告诉他这叫咖啡。他说，'赶明儿我也买点儿咖啡回去熬着喝。'没有人跟他说，咖啡是名词，名词能用来做动词的宾语。可是他知道他可以说'买咖啡'，'熬咖啡'，可不能说'不咖啡'，'很咖啡'或是'咖啡了什么'。为什么？因为他知道咖啡是跟茶、烟、酒、饭乃至山、水、鱼、人同类的字眼儿。

归总一句话，无论用什么方法划分词类，词义是一项重要的参考标准，如果一种分类法的结果有跟词义大相冲突的地方，准保不受欢迎。

九 一个标准和多种标准

上面已经把各种划分词类的标准大略讨论了一下，现在要转入第三个问题——各种标准怎样配合？这是给汉语里的词划分词类的时候遇到的最严重的问题。印欧语划分词类，有词形变化的词，根据词形变化的类型来划分，没有词形变化的词，根据它在语句结构中的作用来划分。虽然关于后者也常常有些争论，关于前者一般是没有多少问题的。汉语没有这种便利，划分实词的词类，乃至区别某一类实词和某一类虚词，都是凭别的标准。是全部应用一个标准呢，还是分别应用不同的标准？是同时应用几个标准呢，还是一次只用一个标准？要用一个标准划分一切词类，事实上恐怕难于办到。至于各种标准如何配合，各人的看法不同。周祖谟先生提出‘按照词在句中的作用’、‘按照词与哪一类词（或哪一类附加成分）相粘合或不相粘合的性能’、‘按照词的形态’这三项标准来定词类。周先生说，‘这三个标准是有不可分性的，分别词类不能专就一个标准来看，有时要从一两个标准合起来看。’[36] 周先生的话没有说得很明确，单就‘不可分性’这几个字来看，可以解释成必须这三个标准都顾到，可是底下又说‘要从一两个标准合起来看’，可见不是三个标准都要顾到。但是按照什么情况在这些标准之间作取舍，周先生没有详细说。陆宗达、俞敏二位的看法跟周先生不同，他们说，‘咱用什么标准呢？也不只一个。可是并不同时用。’[37] 我觉得这句话揭示了一项重要的原则。

按照一般的分类原则，一次只能应用一个标准。动物分类学和植物分类学都是按照这个原则办事的。如果同时用两个标准，这两个标准就有打架的可能。咱们可以画两个图来说明：

图一

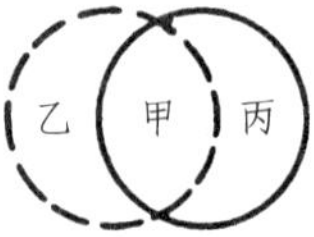

图二

假定咱们同时用两个标准来划定动词的界限，分别用实线和虚线代表，这两条线并不重合。如图一，甲的部分不成问题是动词，乙的部分呢？如图二，甲的部分不成问题是动词，乙、丙两部分呢？又假定同时用两个标准划分词类，还是这两个图，实线代表用一个标准划出来的动词，虚线代表用另一个标准划出来的名词。如图一，乙的部分不成问题是名词，甲的部分是动词呢还是名词呢？如图二，乙的部分不成问题是名词，丙的部分不成问题是动词，可甲的部分是名词呢还是动词呢？如果同时用三个标准，那情形就更复杂。

为了具体说明，且拿文炼、胡附两位文章里提到的区别动词的标准做例。[38]那里用和不、能、会、敢、该、了、着、过、起来、下去、过来、过去结合并能重叠做标准，决定说、笑、跑、跳、唱、休息是动词。让咱们换几个词试试，看里面有几个合于这些标准。

	不	能	了	着	过	起来，下去	过来，过去	重叠
知道	+	+	+	−	−	−	−	+[1]
取消	+	+	+	−	+	−	−	−
像	+	+	−	−	−	(+)[2]	−	−
死	+	+	+	−	?	−	(+)[3]	−
活	+	+	+	+	?	+	(+)[3]	−
糊涂	+	+	+	−	+	+	−	−[4]

[1] 作为主要动词，知道不能重叠。但是可以说‘让他知道知道’，‘我倒

想知道知道’。

2‘像起来’也许能说，‘像下去’大概不可能。

3 只有‘死过去’和‘活过来’，没有‘死过来’和‘活过去’。

4 糊糊涂涂是形容词的重叠形式。

这六个词，没一个得满分，也没一个得零分，那怎么办呢？作为动词的语法特点的说明，这些项目全有用：咱们可以说这些是动词的一般语法特点，但不是每一个动词都具备每一项。作为规定动词的标准，那就必须说明哪一项是必要的，哪一项是不必要的，或是全都是必要的，或是全都是不必要的。要说全都是不必要的，就得在这些之外另外说出一个必要的。（还有一个办法，‘六十分及格’。可要是那样，糊涂比像，甚至比知道，都更有资格做动词，那恐怕一般人的常识不答应。）

这样看来，一次分类只能应用一个标准，比如说，先用一个标准把代词和别的实词分开，再用一个标准把名词和非名词分开，这样分下去。如果说同时也要适当地照顾别的标准，那意思只应该是，这样划出来的一个词类，除了用来做标准的主要特点外，还在相当范围内具有一些别的特点（参看上文第三节提出的三项要求的第一项）。比如，照陆志韦先生的说法，能放在名词前面限制它、能放在名词后面说明它、但是不能放在名词前面支配它的是形容词。这样规定的形容词，一般是能按‘好好儿’或‘热热闹闹’的形式重叠，能在前面加很或‘比……’或是在后面加得很，也都是表示一种性质或状态的。换句话说，要是拿全面的结构关系做主要标准，是可以照顾到所谓形态，照顾到词义，也适当地照顾到句子成分的。可要是拿句子成分做主要标准，就很难照顾到别的标准。比如说，只要是放在名词前面的就是形容词，‘木头房子’

里的木头，‘新房子’里的新，‘出租的房子’里的出租，全都是形容词，那么，除了说形容词是放在名词之前的词以外，还能说出它们有什么别的共同的特点呢？这就是说，各种标准之间的协调程度不一样，句子成分这个标准有高度的排他性。

十 一词多类问题

一个词能不能属于两个类？当然能够。假如咱们已经给甲、乙两类词分别找出一些语法上的特点，发现有一个词在一种场合具有甲类词的特点，在另一种场合具有乙类词的特点，那它自然属于甲类，也属于乙类。举个实例，‘拿把锁把门锁上。’这句话里有两个锁字，前面的锁可以有‘一把锁、两把锁’的格式，后面的锁可以有‘锁门、锁着、锁了、锁上、锁起来’的格式。假如咱们采取这两套格式作为区别名词和动词的标准（关于这些标准的个别缺点，上文已经谈过，这里是假定用来做标准），那么，前一个锁字就是名词，后一个锁字就是动词。这是真正的一词多类，就认为是两个词也不为过分，也许更好。

有一种情形。一个甲类词，临时当乙类词用一下，例如‘我是喝黄酒的，可如果你们一定要喝白干，我也可以白干一下。’这里的白干是动词（前面有可以，后面有一下），但是咱们很清楚地意识到这只是临时‘借用’，难得这么用一回。这可以叫做词类活用，不是真正的一词多类，词典里不必在‘白干’底下注上一个‘动’字。

还有一种情形。一个甲类词，在某一场合具有咱们规定为乙类词的特点的特点，应该算是乙类词；可并不是难得这样用，是经常这样用，而且同类的词大多数都能这样用。例如‘天冷了’。一般都说冷是形容词,但是如果规定只有动词能做谓语,能加了,这里的冷是不是动词?换句话说,冷是不是兼属形容词和动词两类?这就要考虑了。假使咱们采取这样的看法,大多数形容词都要兼属动词,这两个词类就不大分得清,这个分类法就有毛病了。这个时候咱们就应该考虑一下,当初的标准是否定得恰当。为什么不可以把作谓语和加了字不作为动词的特点而作为动词和形容词的共同特点,另从别的方面去分辨这两个词类呢?只要把标准改订一下,这一词两属就不是一词两属了。[39]

可以拿第三种情形跟第一种情形比较一下。前面说锁这个词又属于名词,又属于动词,那是因为有时候能在前面加数量词、有时候又能在后面加宾语加了、着的词不多;用这两套格式来区别,能管住多数名词和动词,那少数能适用两套格式的就承认它们属于两类。这个情形可以用图三来表示。如果事实证明能适用这两套格式的是多数(比方说,咱们可以任意说'用笔把它笔下来','拿火把它火了'等等),只能适用一套格式的反而是少数,那末这个标准就不是很好的标准,因为这样一来,就象图四的样子,名词和动词的范围大部分重合,兼属两类的词居于多数了。再用一个例子来说明。假定拿能带宾语作为动词的特点,有些个形容词有时候带上宾语,象'端正了态度'、'明确了关系',咱们就说这里的端正、明确是动词。这样处理以这样的词的数目不大为条件(图三)。如果这样的词居于多数,这样区分动词

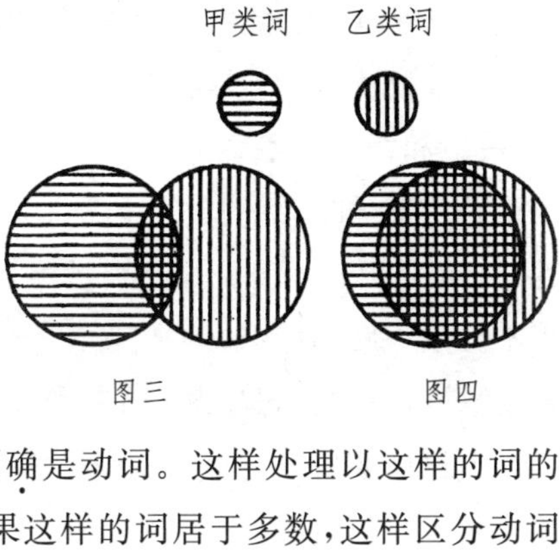

图三　图四

和形容词就不适当了(图四)。上面提到的冷字两属,显然是图四所表示的情形。

总而言之,要建立一个词类,就不要让这一类里的词有全部或大部兼属另一类的可能;如果有这种情形,应该重新考虑划分词类的标准。我觉得这是在划分词类的问题上值得重视的一个原则,也就是根据上文第三节里提出来的三项要求的第二项,要求做到基本上词有定类,类有定词。就个别的词来说,如果一个词的用法有了变化,就要看它这个变化是一般的还是特殊的:是一般的(比如形容词后面加了),这个词所属的类没有变;是特殊的(比如形容词后面加宾语),那就可能属于另外一类。

陆志韦先生在这个问题上采取类似的看法。陆先生说,'大凡一个词已经在某种特别重要的地位上证明是某类,以后在别种地位上也叫做某类,除非地位的改变叫词的意义上发生了很清楚的改变。'拿动词和名词的问题做例,'不听他的劝','挨了一顿打',这是一般的2作1用,劝和打仍然是2;'三开的锁'的开,'钟上的摆坏了'的摆,这是特殊的变化,词汇里特别举出来,改称1。[40]这一般和特殊是值得分辨的,尽管有时候会碰上一些困难。可能有些语法学者就表现出不耐烦,象黎锦熙先生就曾经说过,'这一般和特殊就不容易定标准……不如干脆一句话:凡用为主语以及宾语和是字的补足语的,无论什么东西,一律都是名词性。'[41]可是语言本身是那么个错综复杂的东西,要研究语法,就不得不分别一般和特殊。不仅在词类问题上是这样,在别的问题上也是这样,正如张志公先生在一篇文章里所指出。[42]

汉语语法研究上有所谓词类通假说,把以上所说三种情形都笼罩住了,把真正的一词多类、真正的词类活用和似是而非的一词多类、似是而非的词类活用混为一谈，表面上好象很解决问题，其实是把问题盖起来。如果咱们能把上面所说三种情形分别看待，就能把这个问题看清楚些。

十一　词类通假说

词类通假说是同时应用两个标准的结果。这两个标准，一个是词的意义，一个是句子成分。印欧系语言一般的情形，基本上相同的概念可以表现为不同的形式，分别隶属不同的词类（例如英语 life, lĭve, līve），而这些词类和句子成分中间又维持着一定程度的对当关系。汉语里的词本身没有这种形式分别，可是咱们把词类和句子成分全面对当的原则接受了过来，这就需要有一种理论来说明，这就是词类通假说。[43]

词类通假有两种说法。一种说法可以拿马氏文通做代表。马氏讲通名假借的时候，说'通名往往假借静字，假借动字，更有假借状字者，'讲动字的时候说，'有假公名本名为动字者，有假代字为动字者，有假静字为动字者，有假状字为动字者。'[44]这是说，甲类词变成乙类词。另一种说法可以拿陈承泽做代表，陈氏讲词类活用，有'动字名用'、'名字副用'、'名字他动用'等等名目。[45]这是说，甲类词当乙类词用，并没有变成乙类词。这两种说法，同样是要兼顾词义和句子成分，可是有点分别，前一说偏重句子成分定类，后一说偏重词义分类。严格意义的词类通假说，也就是本节所要讨论的，只指前一种说法。[46]词类活用说留在下一节讨论。

把词类通假的理论普及到广大读者中间去的是黎锦熙先生的新著国语文法。这本书里用的词语很不一致，有说'转成'的

(如 150 页,名词、动词转成形容词;110 页,形容词、动词转成名词;173—174 页,形容词、动词转成副词;175 页,名词转成副词),有说'当……用'的(如 76—77 页,动词当名词、形容词、副词用;7 页,名词作动词、形容词、副词用),有说'当作……转成'的(80 页,'若是散动词不带宾语……便可当作由动词转成的抽象名词'),有说'属于'的(162 页,'这种用法的形容词也可属之于述说词内的同动词')。这种种字眼,黎先生没说明有什么分别,也看不出有什么不同。从全书的体系来看,是属于马氏一派而不属于陈氏一派,那是很明显的。

上文第四节里提到过黎先生的'依句辨品,离句无品'说,这只是黎先生的词类理论的一个部分。另一个部分是语词因代表的对象不同而分类,就是按意义分类。'人类精神所贯注的对象往往具有三方面:一,实体;二,作用;三,性态。一个观念的内容,虽有完全具备这三方面的可能,但文法上单个的语词,各只能具备一方面,因之大多数有对象的语词,也就不能不照这三方面分为三类;一,实体词,表实体的,就是名词、代名词;二,述说词,表作用的,即动词;三,区别词,表形态的,即形容词、副词。'[47] 连系这两部分的第三部分是词类通假说。上文说黎先生的实践和理论脱节,那是专就词非在句中不能分类的理论说话。要是综合这三个部分来说,理论也还成个系统(虽然内部有矛盾);实践也不跟它脱节。

可是黎先生在他的理论的几个部分之间的连系工作做得不够好,而'凡词,依句辨品,离句无品'这句话又说得太肯定了,给人的印象太深刻了,批评者的注意力就都集中在这句话上,逼得黎先生非修改他的理论不可。新著国语文法第十四版的序里说:'新著国语文法说"凡词,依句辨品,"是对的;但又说"离句无品",

则是不正确的。'又在中国语法中的词法研讨一文中加以解释，'所谓"依句辨品"，只能说为依着句法来更加明辨，不能说是"依句分品"。'[48]新著国语文法第十九版把这句话改做'凡句，依靠句形，显示词类'。又把'词类与句法的关系'这一节里的话（上文第四节引）也修改了，改成'国语的词类，在汉字的形体上无从分别，在词义的性质和复合的形态上虽有主要的分别，还须看它在句中的位次、职务，才能确定这一个词是属于何种词类'。[49]又把有对象的词分为三类这一节的文字也修改了，'文法上单个的语词各只能具备一方面'改做'句法上语词的任务各只能担当一方面'，'也就不能不'改做'就在本质上'。[50]

但是这些修改的解释只是在字面上做了些工夫，内部的连系工作也许改善了点儿，可是原来的词类理论的本质并没有什么改变。拿'依句辨品'这句话的解释做例，黎先生说这个'辨'字不再当'分辨'讲，要当'明辨'讲。好，比如有一个词，根据它的'词义的性质'已经定为名词，那末辨来辨去它的名词的性质应该越辨越明，怎么左一辨辨成个形容词，右一辨又辨成个副词了呢？这是'分辨'，不是'明辨'。

按照词义则词有定类，按照句子成分则词无定类，这中间是有矛盾的。黎先生提出一个动人的口号，叫做'词的性质和作用在词类上的统一'，[51]并且用很多话来说明怎么样实现这种统一。这些话看起来不难懂，可是看完了还是不知道是怎么个'统一'。黎先生说，'凡词各有定类；进入句法成分中，有执行本类本职的（如名词任主语等），有兼他职的（如名词在领位等），有由职显类的（如动、形若任主、宾等，虽无形态变化，也得看成名词），都从句法成分上表现出来……（注意：这不是说词的本身没有类，也不是说必须从句法中才分得出词类来)’。[52]看黎先生在括号里的声明,可以知道黎先生也不愿意词无定类。可是既然不是必须从句法中才分得出词类来,‘由职显类’又应该怎样解释?如果有‘由职显类’的情形,那末‘凡词各有定类’这句话又应该怎样解释?英语里有一句成语,叫做‘你不能同时把蛋糕吃了又把它留着’。一个词不能同时又有定类又没有定类。再说,同样的兼职,有的变类,有的不变类,这分别又是根据什么?黎先生说是根据‘位’,‘位’就是职务。名词、代词有七个‘位’,所以有时兼职不变类。[53]动词和形容词呢?黎先生说是不给它们设‘位’,事实上是给它们各设一个‘位’,动词是‘述位’,形容词是‘形附位’,都不准出位,就是不准兼职。这也怪不公平啊!所以说,黎先生的修改和解释只是在字面上做了些工夫,原来的词类理论的本质并没有什么改变。

让咱们就词类通假说的基本内容来给它一个公平的评价。通假说是要兼顾词义和句子成分这两方面。它的好处就在于这一‘兼’,它的毛病也就出在这一‘兼’上。先说它的优点。第一,归类方便。给汉语里的词归类本来不是那么挺容易,有了通假说,即使归得不很恰当也没有关系,反正到了句子里头还要重新确定一下。比如动词和形容词的界限难于划分,有些词正是站在边界上。有了通假说就好办了,到了句子里,在名词之前就是形容词,比如‘死狗’;在名词之后就是动词,比如‘狗死’。(当然也还有点麻烦,如果要追问是‘死狗’的死由动词变成形容词的啊,还是‘狗死’的死由形容词变成动词的。不过一般读者是不来追究的。)

第二个优点是可以从词义说明词类,不比单纯的按句子成分定词类,使初学的人摸不着头脑。第三个优点是让词类和句子成分的对当关系单纯化,便于记忆。这两个优点原来分别属于词义分类法和句子成分分类法，通假说把它兼而有之了。

至于词类通假说的缺点，第一，词类的特点模胡了。比如名词，它有哪些特点呢？要说它是做主语和宾语的罢，可也有做附加语的（‘名词转成形容词，名词转成副词’），要说它是事物的名称罢，可也有表示动作和性状的（‘动词转成名词，形容词转成名词’）。这就是兼而有之兼出来的毛病。

第二个缺点：有时显得不必要的啰唆。比如‘创作难，翻译也不容易’这么句话。咱们可以告诉学生，（1）创作和翻译是动词，做主语，（2）难和容易是形容词，做谓语。咱们也可以告诉他，（1）创作和翻译本来是动词，在这里可是名词，做主语，（2）难和容易本来是形容词，在这里可是动词（‘同动词’），做谓语。对于学习的人，是哪一种说法容易明白，容易记住呢？再说，咱们告诉学生创作和翻译是名词，是因为它们做了主语。可要是从学生那一面想，他只知道创作和翻译是动词，动词是不能做主语的，他怎么知道这两个动词能变名词、做主语呢？势必要告诉他，凡是动词都能变名词、做主语。那末，何不直截了当告诉他动词能做主语呢？

以上两个缺点都偏重在实用方面，现在再来谈谈词类通假说的理论方面的缺点。首先，它让一个词同时有两个身分，这是不逻辑的，因而是站不稳的。比如咱们说‘这是甲类词转成乙类词’，人家会问，‘究竟此时此地它是甲类词还是乙类词？’要是咱们说还是甲类词，那就等于取消通假说。要是咱们说已经成了乙类词，那就还是‘离句无品’，咱们就得面对词无定类、类无定词以至实词不能分类这一连串后果。

其次，让咱们就通假论通假。通假说的目的是为了解除词义和句子成分中间的矛盾。黎先生的口号是‘词的性质和作用在词类上的统一'。其实是统一不了的。比如说,'名词转成形容词',前面的'名词'是根据词义('词的性质')分出来的一种词类,可以称为'义类',后面的'形容词'是根据句子成分('词的作用')分出来的一种词类,可以称为'用类'。[54] 由一种义类'转变'成一种用类,夸大一点说,等于说一个山东人'转变'成一个教员,这能有什么意义呢?这不能叫做'统一',只是让'义类'和'用类'合用同一套名称罢了。

这矛盾,在黎先生的词类体系中也还是不断爆发出来。黎先生主张拿句法来控制词类(就是拿'用类'来统一'义类'),但是有时候还是控制不住。例如,黎先生规定居领位的名词还是名词,不变形容词。[55] 为什么这样规定?从句子成分上看,这个保留是没有充足的理由的。这是对词义的让步。颜景常先生说得对,'在"鸟的飞和飞机的飞根据同样原理"这句话中,鸟、飞机是形容词,飞是名词,这是和人的常识不相容的。'[56] 所以不得不让步。黎先生对于表示时间和处所的名词也有保留,它们可以居副位而不算副词。黎先生说,'与其曲折地说是名词转成副词,何如干脆地一律定为在副位的名词呢?名词而能在副位,那些今年、明天、前面等也就不须跟着英文法强名作副词了。'[57] 这是很有道理的话,可是为什么不把这个道理推广到别的情形去呢,比如说,把'玻璃窗'的玻璃也干脆定为名词?黎先生的未能'统一'词义和句子成分的矛盾,更重要的是表现在附加成分的转变问题上。黎先生的词类转变限于单词,联词成语就不必再计较那里边的词的类别,例如'坐、立都不是',坐和立都是动词转成抽象名词。[58] '坐也不是,不坐也不是',坐是抽象名词,不坐就只是名词语,不必再追究这里面不和坐的词类。原因也容易猜得出,因为这个不字是很难叫做形容词的。同一道理，‘颜色玻璃窗’的‘颜色玻璃’也只能囫囵叫做形容语，因为那里面的颜色也很难说是副词。但是短语里面的词当真可以不管它们的词类吗？如果是，那末句子是比短语更大的组合，那里面的词更不应该管它们的词类，那就不是‘依句辨品’，反而是‘入句无品’了。

就其本质来说，词类通假说只是句子成分定类法的一种加工形式。上文第九节已经提到过，句子成分这个标准最难和别的标准结合。通行的词类通假说是拿句子成分定类法做底子，兼顾词义。词义这个东西还是多多少少有点‘俯仰随人’的，为了迁就句子成分，咱们可以说是词义已经有了变化。比如说，‘这本书的出版是有重要意义的，’咱们可以说这里的出版已经不是代表一种动作，而是代表一件事情，所以是个名词。反正你说不变我说变，这官司可以一直打下去，谁也赢不了，谁也输不了。（可有一点得注意：这里是因为出版搁在这本书的的后头，咱们才说它的意义变了，决不是咱们看出它的意义变了才把它搁在这本书的的后头；跟英语一比就知道，publication 这个字到哪儿都是名词，咱们有充分理由说它的意义跟 publish 不同。）可是如果全面地考虑这个词的结构关系，结论就会两样。比如说，‘这本书的迟迟不出版是有原因的’，出版还是在这本书的的后头，只是带上了附加语迟迟和不，赞成管它叫名词的，照我估计，就不会有赞成管‘这本书的出版’里的出版叫名词的多。可是咱们能说这两个出版属于两个词类吗？换句话说，句子成分和所谓‘广义的形态’之间的矛盾比句子成分和词义之间的矛盾更加突出，更难‘统一’。文炼、胡附两位是主张用‘广义的形态’作划分词类的标准的，可是同时他们又‘以为可以直截了当地说：用作主语、宾语的都是抽象名词’。他们认为‘慢是好的……’的慢，‘不怕热，只怕冷'的热和冷，'地主怕斗争'的斗争，'他喜欢游泳'的游泳，都是名词。[59]这样，他们在两页之前提出来的那些形态标准就都使不上，什么'三个、两块'，什么'这个、那个'，全都不成为名词的标记，带着、带了也不足以证明一个词是动词（比如'躺着舒服些'，'去了比不去好'），带太带不够也不足以证明一个词是形容词（比如'不怕太热，倒怕不够热'），岂不是前功尽弃了吗？句子成分跟所谓'形态'是合不拢的。如果把它也包括在'形态'之内（有人这样主张），它也要不断跟别的'形态'打架。如果要讲'形态'，就不得兼顾句子成分，这是再明显也没有的。

总起来说，从实用方面看，词类通假说有它的不便利处，也有它的便利处；用来讲语法，也可以应付一阵。可是从理论方面看，词类通假说是不逻辑的，因为它同时用两个标准来划分词类。词类通假说的产生是为了要'统一'词的'性质'和'作用'，换句话说，是为了要解除词类和句子成分中间的矛盾。词类和句子成分是两个不同的范畴，本来没有矛盾，所以会有矛盾是因为咱们'作茧自缚'，在它们中间设定全面的、不可动摇的对当关系。一旦设定这种关系，就不得不用通假说来调和、来应付，可是无论怎样努力调和，怎样苦心应付，还是免不了左支右绌，不能自圆其说。

十二　词类活用说及其他

自从马氏文通首倡词无定类和词类通假，多数语法书都沿袭他的说法，但是也有些作者不以为然，先后提出不同的看法。首先对马氏表示不满的是国文法草创的作者陈承泽，他说：'各字应归入之字类，必从其本用定之，而不从其活用定之，乃得谓之字论上之字类，实用上方有相当之价值。……明活用而未明本用者，则行文之时，舍模仿外无他法。若明其本用，则活用自得类推。挈领提纲，简易之道盖无过于此矣。'[60]又说：'西文以有形式上之变化，故一义有数用，而其数用之形式往往不同，因从而分纳之于数类。国文虽无此形式上之变化，然义之相近者，其活用之范围及次序亦概相近。今从其本用分类，在审义上既可格外分明，在记忆上尤能互相联络，在教授上亦得扼要提示。建设文法之目的即在此也。'[61]陈氏一方面反对词无定类的说法，一方面承认词类和句子成分间的对当关系，他说：'名、动、象、副等之质各异，因在文章上各取得其特定之文位。（如名字居主位、目的位、领位、被领位，象字居冠位、说明位，自动字、他动字居说明位，副字居副位等是也。）'[62]一个词用于他所说的'特定的文位'以外的时候，陈氏称之为'活用'，他的书里有'动字名用'、'名字副用'等各种名目。

从表面上看，陈氏的词有定类说好象跟马氏和后来各家的词无定类说也没有多大差别，只是把'转变'改成'活用'罢了。可是如果细读陈氏的书，就会发现他们的差别不只是这一点。首先，陈氏承认有'变义'、'引伸'和'兼类'，这些都不是'活用'；[63]在活用之中，他又分别'本用的活用'（'此类活用大抵但生文章论上字类之变异，于字性则无所变动'[64]）和'非本用的活用'（'不独文章论上字类生有变动，即于字性之说明上亦复生有变动者'[65]），后者又分别'一般的'（'纯属于体、相、用之直接变化者'[66]）和'特别的'（'凡有二种：其一，于字性变化外更有其他条件者；其二，于字性无所变动，而于字类变动外更有其他条件者'[67]）。从这里可以看出，陈氏对于词在句子里用法变化深浅不一有清楚的认识，他不肯象通假说者用'通假'二字来概括一切情况那样，泛泛地用'活用'二字来概括一切情况。其次,他作出这种种分别,主要根据一个原则,就是要看这种变化是普遍的还是不普遍的。'虚字与实字之互转……不足以构成普通的原则,故不入诸活用之中。'[68]'非本用的活用不及本用的活用之普遍,然仍不失为活用者,以其仍可与变义区别也'[69](意思是说,变义是个别的,不带普遍性)。陈氏对于各类例子的具体处理可能有咱们所不能同意的,而且现代汉语的情况跟古汉语不完全一样,咱们也不必一一比附,[70]但是他的辨析入微的精神是值得咱们佩服和学习的。

陈氏在理论上贯彻了他的词有定类的主张,但是在实际上,由于他广泛应用'某词某用'的名目,词类和句子成分还是纠缠在一起,这是他的活用说的大缺点。比如本用的活用、一般的非本用活用和特别的非本用活用三项底下都有'自动字名用'和'他动字名用',这就很容易混淆;要说明这三种不同的情况,必得说'先济者有赏'的赏是'本用的活用性质的他动字名用','恐有边警'的警是'一般的非本用活用性质的他动字名用','陈良楚产也'的产是'特别的非本用活用性质的他动字名用',多么累坠!(例子都见于陈氏原书。)

把词类和句子成分这两个范畴分开,承认同一成分可以由不同词类来担任的,有国文法之研究的作者金兆梓。金先生书上说:可做主词的字则有:(1)名词……;(2)代名词……;(3)静词,(例)'上以是求,则下以是应';(4)动词,(例)'好利恶害,人之情也';(5)副体词,(例)'此亦妄人也已矣';(6)副相词,(例)'天之苍苍,其正色耶';(7)字群,(例)'其为人也孝弟'。[71]可是金先生也还不愿意撇开词类和句子成分中间的对当关系,他说:'从静词以下五种,所以能做主词,都因为他们有名词的作用,可以叫他们为准名词(noun equivalent)。’[72]他的立场跟陈承泽差不多。

在参加1938—40年‘文法革新’讨论的语法学家中,坚决反对通假说的是傅东华。他看出通假说的缺点,可是他在词义和句子成分中间找不到第三条出路,所以始而倒向句子成分一边,‘认定词不在句中便不能分类’,继而倒向词义一边,同成分的不一定同词类,‘凡有实义字皆可为谓辞(按即谓语)……凡字皆可为属辞(按即加语)……’。但是反对通假说,他是始终如一的。在‘一线制’时期,他说:‘这样,我的新体系里就没有词类通假的事了。’在文法稽古篇时期,他说:‘味乎此,则又皆以通假论矣。’[73]

同时参加讨论的陈望道先生也是不赞成滥用通假说的。他说,‘七战七军’、‘眼睛水汪汪’、‘某处大水’这些例子里的水字,还是和它在“水流”、“流水”中一样的。水在“水流”、“流水”中可以算它是名字,为什么在这些例中不能算它是名字?过去所以觉得一边可以算名字,一边不能算名字,全由[语部和辞例]两轴未曾配合适当,两轴的关系时常重复错杂;倘能配合适当,就可以各归各说,决无此弊。’[74]

王力先生曾经在叶斯丕孙的三品说上找到了词类和句子成分中间的桥梁。[75]三品说是有严重的缺点的。第一,词分品级,只适用于附加关系(而且也可以有四级五级,不能限于三级),叶斯丕孙把它推广到主谓关系和支配关系上,虽然他自己提出一些理由,实在都站不住。其次,以汉语而论,词在句中,用法变化多端,情形不一,三品说只用品级变动来说明,不能反映真实情况,所犯简单化的毛病跟通假说正自不相上下。我在中国文法要略里也曾用过三品说,后来跟朱德熙先生合写语法修辞讲话的时候就决定不用这种说法。王先生也在早几年就放弃了三品说。

上一节批评词类通假说，主要是针对它把不该认为变类的认为变类那些情形。这当然不等于说一个词不许兼属两类甚至三类，也不等于说不能在一定的格式里把甲类词当乙类词用。第十节里曾经提到三种不同的情形，认为不能一概而论。必须承认，那里所举的都是比较突出的例子（这是为了易于说明），事实上还有好些中间性的例子，不是那么一见就能判断它属于这种或那种情形。这就要求语法学家照顾全面，分别作适当的处理。语法学家必须正视语言的实际，实际上有不同的情况，就应该作不同的处理。任何想用一种说法来概括一切情形的企图——无论是词无定类，词类通假，词类活用或是词类不变——尽管简便，恐怕都不免要埋没真象。

结 束 语

在这篇文章里，我要说的是底下这几点意思：

(1) 词类是根据词的语法特点来分的。在汉语里，不是所有的词，或是所有的实词，语法特点都相同，所以汉语的词，包括实词，可以分类。

(2) 划分词类要做到基本上词有定类、类有定词。'一词多类'的情形是会有的，但是不应该有大量的'跨类'的词。这是可以靠选择分类标准来掌握的。

(3) 结构关系，'鉴定字'，能否重叠以及用什么方式重叠——这些都可以用来划分词类。问题在于怎样配合。至于哪些可以或是应该列入'形态'，可以作为另一问题去讨论。

(4) 结构关系能照顾的面最大，宜于用来做主要的分类标准。

结构关系指一个词的全面的、可能有的结构关系，不是指它进入句子以后实现出来的一种结构关系，不是'依句辨品'。

(5) 按句子成分定词类，也就是'依句辨品'，虽然有分类简便的优点，可是要走到词无定类的路上去，违背划分词类的目的。

(6) 词类通假说是依句辨品说的加工形式。在实用方面，这个说法有利也有弊。在理论上，它是站不住的，因为它同时应用两个标准，而其中之一，按句子成分定词类，是具有高度的排他性的。

(7) 词在句子里，用法变化有各种情形，不能一概而论：有该认为兼类的，有该认为活用的，也有不必认为兼类也不必认为活用的。这，一方面要看这个词的语法特点的变动如何，另一方面要看这种用法在同类词里面的普遍性如何。

这篇文章也许会使一部分读者感到失望，因为我在最后没有端出一整套划分停当的词类来。说实在的，现在谁都还拿不出无懈可击的一套。在这个问题上，我到现在为止还是个寻路的人。我看出点儿方向，已经在上文说了。至于依照这个方向走去，会遇到一些什么具体问题，这些问题该怎么解决，最后得出来的结果跟现在通行的分类有多大出入，虽然不至于完全心中无数，可是有待于调查研究的地方很多，现在还不能很具体地说出来。照我所知道，凡是在词类问题上认真思索过一番的人，都承认这是个相当复杂的问题。认识问题的复杂性，我想，该是走向解决问题的第一步。第二步呢，就要占有材料。说句笑话，咱们现在都是拿着小本钱做大买卖，尽管议论纷纭，引证的事例左右离不了大路边儿上的那些个。而议论之所以纷纭，恐怕也正是由于本钱有限。必得占有材料，才能在具体问题上多做具体分析。原则问题的考虑对于具体问题的研究有指导作用，那是一定的，可是另一方面，词类问题的全盘解决毕竟要依靠这一群词和那一群词，甚至这一个词和那一个词的透彻研究，这也是无可怀疑的。在这方面，咱们过去做的工作真是太不够了。

注：

① 中国语文，1953年，10月号，13—16页。

② 汉语语法论，上海，1948年，49页。以下所引都在同节，不再注明。

③ 颜景常：对于语法讨论的意见和希望，中国语文，1954年，3月号，16页。

④ 吕叔湘、朱德熙：语法修辞讲话，10页。

⑤ 文炼、胡附：谈词的分类（上），中国语文，1954年，2月号，18页。

⑥ 同上。

⑦ 周祖谟：划分词类的标准，语文学习，1953年，12月号，11页。

⑧ 锺梫、赵淑华、金德厚、王还：汉语的词类问题，中国语文，1954年，8月号，11页。

⑨ 陈乃凡：汉语里没有词类分别吗？中国语文，1954年，8月号，9页。

⑩ 俄语语法（俄文），第一卷，语音和形态，莫斯科，1953年，20页。

⑪ ‘结构学’译 синтаксис 原义。旧译‘句法’或‘造句法’，很多人望文生义，以为只指句子各部分之间的关系，把词组内部的关系除外了。

⑫ 同⑩，21页。

⑬ 中国文法革新讨论集，上海，1940年，32页。

⑭ 黎锦熙：新著国语文法，上海，1951年14版，6页。这个说法从1924年初版起一直是如此，但在最近的19版里（1954年）词句有改动，底下另引。以后引黎书，凡是不注明19版的，都指14版

⑮ 参看陆宗达、俞敏：现代汉语语法，北京，1954年，45页。‘三一种是凭词在句子里起的作用分……可是这么作，得出来的不应该是名词、形容词、动词这种类，应该是主词、谓词、附加词、补足词那种类。’他们二位是不赞成这种分法的。

⑯ 同⑭,9 页。

⑰ 傅氏一线制的理论见中国文法革新讨论集,5—7,24—26,36—41 等页。

⑱ 反对一线制的文章散见于上引讨论集,傅氏的文法稽古篇见同书 108—109 页。

⑲ 同⑬,44 页。

⑳ 陆志韦:北京话单音词词汇,北京,1951 年,28—29 页。

㉑ 同上,32 页。

㉒ 同上,36 页。

㉓ 同上,30 页。

㉔ 同上,29 页。

㉕ 文炼、胡附:谈词的分类(下),中国语文,1954 年 3 月号,11 页。

㉖ 曹伯韩:对于汉语语法研究的几点意见(下),中国语文,1953 年 11 月号,8 页。

㉗ 王力:中国现代语法,下册 188—195 页;中国语法理论,下册 152—158 页。

㉘ (a)俞敏:北京话的实体词的词类,语文学习,1952 年 11 月号,37—38 页。(b)陆宗达:汉语的词的分类,语文学习,1953 年 12 月号,13—18 页。(c)陆宗达、俞敏:现代汉语语法,48—49 页。

㉙ А.А.Драгонов: 现代汉语语法研究(俄文),第一卷,莫斯科,1952 年 169 页。

㉚ 都见于龙果夫教授现代汉语语法研究 9 页引。

㉛ 同①,14 页。

㉜ 同㉘(b),13—14 页。又见㉘(c),42—43 页。

㉝ 同⑳,33 页。

㉞ 同㉕,13 页。

㉟ 同⑳,14 页。

㊱ 同⑦,11—12 页。

㊲ 同㉘(c),45 页。

㊳ 同㉕,11 页。

㊴ 参阅陈望道先生的话:"……我们中国的语文中,形容词至少是性态形容词都是有陈述功能的……。因为把有陈述功能的说成没有陈述功能,等到要讲它的陈述功能时,便又不得不转弯抹角,说这是形容词变成动词了。……倘照兆梓先生的提案,把〔'水流'和'流水'里的〕'流'字只作为一种语部的两种用法,说明的结果依然相同,而说法上便可以少说一层词性的变动,就简洁得多了。"同⑬,32 页。

㊵ 同⑳,34—35 页。陆先生举的开字的例子还可以考虑,也许把三开当作一个词好些。

㊶ 黎锦熙:中国语法教程,上册,67—68 页。这'名词性'和'名词'是不是一回事,黎先生没说明。

㊷ 张志公:一般的、特殊的、个别的,语文学习 1954 年 4 月号,27—34 页。

㊸ 中国从前谈论文章的人本有'实字虚用'之类的说法,从马氏文通开始的通假说可能受这种说法的影响。但是古汉语里的词的用法变化比现代汉语里容易得多,从前人并不去细细分别,只对于比较突出的现象如'春风风人,夏雨雨人'之类才提出实字虚用的说法。马氏介绍了印欧语言里的词类观念,在这个基础上讲通假,通假的名目就繁多起来。黎氏的讲通假,一方面继承马氏之说,一方面还受某些英语语法书的影响,那里面的 noun used as adjective 之类的说法也是为了维持词类和句子成分的对当关系而设。

㊹ 马建忠:马氏文通,上海,1904 年,卷二,3 页,卷五,1—6 页。

㊺ 陈承泽:国文法草创,上海,1922 年,101—119 页。

㊻ 事实上,马氏也有'以公名、本名、代字、动字、状字用如静字'之说(卷三,32 页),好象也讲'活用'。陈氏的说法也有模糊的地方,详见下节。但是两个人的基本主张不同:马氏主张'字无定义,故无定类'(卷一,9 页);陈氏则主张字有定类,'各字应归入之字类,必从其本用定之,而不从其活用定之'(20 页)。

㊼ 同⑭,8页。加点处表示19版有改动。

㊽ 中国语文1953年9月号,10页。

㊾ 新著国语文法,19版,6页。

㊿ 同上,8页。

51 同上,10页。

52 同上,12页。

53 同上,11页。

54 ‘义类、用类’的名称是何容给取的。何容的中国文法论(上海,1949),虽然论述的对象限于前期的几家学说,现在也还值得一读。

55 同⑭,58—64页。

56 同③,16页。

57 同⑭,54页。

58 同上,80页。

59 同㉕,13页。

60 同㊺,20页。

61 同上,23页。

62 同上,20页。

63 陈氏所举‘变义’的例子为讽示义的风、恳请义的恳、哀求义的哀,‘引伸’的例子为名词、动词借用作量词,‘兼类’的例子为形容词或内动词兼外动词。同上,101—102页。

64 同上,102页。

65 同上,105页。

66 同上,106页。

67 同上,113页。

68 同上,101页。

69 同上,105页。

70 如果拿陈氏的各类情形来和上文第十节所说的情形比较,大体上可以这样说:陈氏的‘本用的活用’属于不变,一般的‘非本用活用’多数属于活用,'特别的非本用活用'的B项还是活用,A项应该认为变类,或是简直认为不同的词。陈氏所说'变义'可以认为变类或是不同的词,'引伸'一部分是变类,一部分是活用;陈氏所说'兼类'一般应该认为不变。

⑪ 金兆梓:国文法之研究,上海,1922,97—98页。

⑫ 同上,98页。这句话有毛病,只能说'我们觉得这里的静词等等都象名词,因为它们做了主词'。

⑬ 同⑬,26页,125页。

⑭ 同上,155页。

⑮ 详见王力:中国语法理论,重庆,1944,上册,34—47页。

(原载中国语文1954年9期,1955年收入汉语的词类问题时作了补充)

助 词 说 略

一

‘助辞’或者‘助字’是个古老的名称，也是个相当宽泛的名称，范围可大可小。唐朝柳宗元在复杜温夫书里提到的助字是乎、欤、耶、哉、夫、耳、矣、焉、也，范围比较小。宋朝陈骙在文则里提到的助辞，除焉、耳、矣、也、欤、乎、哉之外，还有其、以、之、乃，范围就比较大。清初刘淇助字辨略的‘助字’几乎无所不包，实际上等于‘虚字’。

当马建忠模仿西欧的葛郎玛写他的文通的时候，他发现汉语里的焉、哉、乎、也是不能归入欧洲传统词类的任何一类的，于是立‘助字’一类，这是助词第一次作为语法术语即词类名称之一被提出来。马氏并且说助词是‘华文所独’，这句话显然是个错误；可是必得在名、代、静、动、状、介、连、叹之外另立一类来收容汉语里的某些个词，他这个认识是正确的。

在所有在文通以后出版的语法著作里，这‘华文所独’的一个词类一直被保持下来，尽管名称不同，有的叫助词，有的叫语助词，有的叫语气词，有的叫送句词，范围大小也很不一致。这里且不谈那些讲文言语法的书，只谈那些讲语体语法的。

在助词这个问题上，这些著作大体上可以分做三派。一派是守着文通的传统，把助词或语气词的范围限制于位置在句子（或句子的一部分)的末了而作用是表达语气的那些词,也就是了(啦)、呢、吗、吧、啊这些个。属于这一派的有黎锦熙先生的新著国语文法(1924),陆志韦先生的北京话单音词词汇(叙论1937,全书1951),王力先生的中国现代语法(1944)和中国语法理论(1945),吕叔湘、朱德熙合著的语法修辞讲话(1951),陆宗达、俞敏两位先生的现代汉语语法(1954),以及好些别的书。

另一派把助词的范围放大,不但包括上面所说的那些个,还包括了、着和的、得、所等等。代表这个倾向的,较早的有赵元任的北京、苏州、常州语助词的研究(清华学报3卷2期,1926)和现代吴语的研究(1928),其后有廖庶谦的口语文法(1941),[①] 近来有张志公先生的汉语语法常识(1953)。

第三派的助词的范围也比第一派的大,但是不包括或不全包括第二派超出第一派助词范围的那些词。这一派的主要特点是在助词里包括难道、可、也、又等等,这在前两派是归入副词的。这个主张的代表者应该推陈望道先生,陈先生在试论助辞(国文月刊62期,1947;收入中国语文研究参考资料选辑,1955)里详细说明他对于助词的性质和界限的看法。吕叔湘在中国文法要略(1942—44)里也把语气词的范围放得很大,不但包括难道、也许之类的副词,连叹词也包括在内。

由此可见,助词这个词类牵涉到的词(一部分学者不承认里边的一部分是词)是多种多样,各家所划的界限也是参差不齐的。最好是分成几组来观察一下。

二

A组。——这是任何一家都列入助词或语气词的，那就是句末的了(啦)、呢、吗、吧、啊等等。

B组。——这是有人列入助词或语气词，有人列入副词的难道、也许、可、也、又等等。这里的问题是助词和副词的划界问题。副词本来是一个相当庞杂的类，近年来的趋势是把所谓由形容词转成的副词还给形容词，把所谓指示副词和疑问副词划归代词，副词内部比较单纯些了。但是还是可以再分：有些是限制一个动词或形容词的意义的，有些不是限制一个词的意义而是表达全句的语气色彩的。把后者划入助词不是没有理由的。陈望道先生不赞成把助词限制于句末的语气词。陈先生说助词的功能在于添显：'助辞能够添显组织中需要加强阐明的部分，强调它，渲染它，使助辞既加之后，其强弱明暗与未加的时候不同，而这不同又正是说者所要显示的'。[②] 所以陈先生把阿、可、敢、岂、难道、并、也、又等等收在助词里。同类的词在俄语语法里也归入'小词'。[③] 但是俄语没有象汉语里A组这种固定在句末的小词，因而不发生这两组合得拢合不拢的问题。上面所说第一派语法著作不把B组的词列入助词，就是重视这两组的位置上的差别。这可以引王力先生的话来作证：'这样，就意义上说，副词和语气词的界限是不很分明的。然而就词序上说，咱们仍旧可以把它们分开：副词的位置在谓词之前，语气词的位置在一句之末。'[④] 可是王先生也感觉B组的词同一般副词是有区别的。'然而岂、宁、庸、讵一类的字在性质上毕竟和已、将、最、颇、稍、渐、皆、俱、各、每、屡、仍一类的字大不相同，因为前者是完全缺乏实义的，带着情绪的；后者是在时间、程度或范围上表示一种实义的，又是完全不带情绪的。二者之间的差别是这样大，我们不想让它们混同，所以把前者……称为语气副词使它和普通副词有分别。'⑤现代汉语里的语气副词，王先生列举的有竟、偏、倒、却、可、敢、也、还、到底、又、并、都、就、简直、才、索性、难道等等。这样看来，B组词真是有点可此可彼，究竟应该归在副词里还是应该归在助词里是值得讨论的。

这里也牵涉到区分词类的另一个问题：当一个词有几种意义（作用）但是不影响它的句法关系的时候，是只属于一类呢，还是属于几类？比如又字，在（1）'你怎么又来了？'（2）'我又没有问你，'（3）'他看了一遍又[看]一遍'这三句话里显然有三个不同的意义，但是句法特点并没有变动，总是放在谓词之前。这三个又字是否始终是一个副词？如果承认一个副词除一般的限制作用外，有时候可以有语气色彩，有时候又可以有关联作用，那末那些句法特点相同而只表达语气色彩的词也就有理由留在副词里；如果不承认一个副词可以有几种作用，那末这三个'又'字就应该分别属于副词、助词、连词。（这个问题在别的词类中间也存在。）

C组。——包括了、着、的、得、所、第、们等等在不同程度上接近欧洲语言里的词头、词尾的那些东西。关于这些词（或者不算是词），在汉语学者中间意见最不一致，处理最为分歧。有人把它们全部或大部分归入助词，如上述第二派；有人把它们全部或大部分归入词头、词尾，如陆宗达先生和俞敏先生；有人把它们全部或大部分分别安插到现成的词类里，如黎锦熙先生和陆志韦先生；王力先生把它们全叫做'记号'，既不在词类之中，也不是词头、词尾。这种种分歧说明这些'词'的特殊性质，也说明它们内部还有各种差别。可以再分成几个小组来看。

(C1)的、得、所——这三个字的语法特点并不相同，相同的是难于处理的程度。的字的归类一向是争论最多的。新著国语文法把的字分属联接代名词、介词、助词、语尾四类，可以作为多元论的代表。反对这样分割的字的可以拿史存直先生做代表，他说的字的用法非常一贯，不宜割裂；他特别反对把一部分的字当作词尾，他认为的字是一个独立的介系词。[6] 的字在语法上的特点是附着在词语之后，贯穿这些词语，使它成为一个整体。不过被附着的有时候是一个词，有时候是一组词，而加的之后造成的整体又有时候是用作一个词(名词或动词)的附加语，有时候是独立地用。[7] 归类上的种种分别都由此而生。如果舍异求同，的字的各种用法是可以归总起来的。这样归总之后，是叫做介系词好呢，还是叫做助词好呢？恐怕还是叫做助词好些。第一，被'介系'的两造常常有一造缺席(而且有时候不知道他是谁)；第二，如果叫做'介系词'，跟别的'介词'性质全不一样，必得单独成为一类，而在助词里它是能找到伙伴的。[8]

文言里同的字相当的有之和者，之字曾经有过介词、连词、助词各种说法，者字常常被认为是代词。可以说，的字归类的分歧可以追溯到之字和者字的归类问题上去。这篇短文不打算扯得太远，只顺便提一下：某些用法的的字(唐宋时代写作地的)，同之或者毫无关系，可以比较的是然(欣欣然)，乎(巍巍乎)，尔(铿尔)等字，这些字倒的确有词尾的性质，虽然在大多数讲文言语法的书里只说是助词。

得字有(1)'好得很'，'笑得直不起腰来'的得，(2)'说得'，'说不得'的得，(3)'说得明白，说不明白'的得。(2)和(3)的意义相近，句法特点不同；(1)和(2)(3)在意义和句法特点两方面都有距离。新著国语文法把(1)和(3)归入介词，把(2)归入助动词。别的语法书里有把(1)归连词，(2)作词尾，(3)作词嵌的。第一个得字是个很特别的词。如果说它是介词，它不能同所介的词合成一个有意义的单位，'得很'，'得直不起腰来'不成话。如果说它是连词，它又跟别的连词不一样，别的连词抽掉之后，那句话还是可以说(桌子[和]椅子；[如果]你不去，我不去)；得字就不行，'好很'，'笑直不起腰来'不成话。它的附着性很显著，能有这样的话：'你看你忙得！'在这一点上，它接近的字。但是又不能说它是词尾，因为'忙得'毕竟缺乏一个词应有的完整性。得(2)和得(3)的附着性更不用说，所以才有词尾、词嵌之说，这留在下文讨论。

所字也是难于归在现成词类里的一个字。文通定所为代词，新著国语文法沿用其说。杨树达反对代词说，定为表被动的助动词，是进了一步。[9]陈承泽在国文法草创的'研究法大纲'中说所字是'助字之含有指示作用者'，最能得其根本。但是陈氏因为'今人专以指示用他动作"冠象"(冠于名字上之象字，略称冠象)之名字短语'，还是把它归入'指示象字'。其实所字的作用决不象彼、此之类的单纯，归入指示形容词是不妥当的。[10]

(C2)了、着、过——新著国语文法定了和着为后附助动词，过为后附副词。北京话单音词词汇把这三个字都定为后附副词。现在比较通行的说法是把这三个字都当作词尾。副词都位置在动词或形容词之前，是否值得为这三个字另辟后附一类，需要考虑。这三个字的作用在于表示变化的过程，即所谓'时态'，语法意义重于词汇意义，而且附着性很强，与其说是副词，无宁说是词尾。但是只有着字不能离开被附着的词，了和过都能让别的成分隔开。也就是说，只有着字是只附着于一个词，了和过都有时候附着于一组词。所以如果要承认它们是词尾，就得把词尾的定义修改一下。

(C3)们、第、等——一般都认为们是词尾，第是词头。但是也有同(C2)相类似的问题。们可以有'请老师、同学们指教'这种格式，第字可以有'第九万九千九百九十九个'，'第一、二、三、组'，这种格式，在这些格式里们和第都不是一个词的尾或头。等字好象还没有提出来讨论过，它的用法和们相近(不过前边并列的项目可以多得多)，如果们是词尾，等也有资格做词尾。

附着在数词上的还有'二十来个'的来，'一来，二来'的来，'一则，二则'的则，也都是可以当作词尾的，如果援第的例。

检查过上面这些C组字，就会发现它们有一个共同的特点，就是它们的附着性。附着性是附加成分(词头、词尾、词嵌)的特征，所以这些字常常被认为附加成分。但是我们在上面已经一再提到，把这些字定为附加成分还是有程度不同的困难。问题在于'附加成分'的定义。如果我们认为附加成分只能是一个词的一部分，凡不能作为一个词的一部分的必得承认它本身是一个词，那末上面这些字的处理就有三个可能。(1)分别处理。只能附着于一个词的是附加成分；只能附着于一组词的是词；有时候附着于一个词有时候附着于一组词的，有时候是附加成分有时候是词。应用这个原则，大多数都是有时候是附加成分，有时候是词。这不但在实用上无价值，在理论上也有问题。因为，第一，每个字本身的语法意义(作用)是一贯的，不应该割裂；其次，这些字都是语法意义重于词汇意义(几乎可以说除语法意义外没有多少词汇意义)，在句法上都是附着性很强(同前一特点密切相关，虽然不完全重合)，因而属于同一范畴，也不应该割裂。意义上的共同性和语法上的共同性是本质的东西，附着于一个词或是一组词在这里只是量的差别，不应该重视后者过于前者。(2)为了避免割裂，把这些字说成在任何情况下都是独立的词，都不附着于别的词。这显然不符合实际情况。(3)说这些字既不是附加成分，也不是词，因为它们既不是永远附着于一个词，也不是从来不附着于一个词。但是既不是这，又不是那，是什么呢？读者会想起王力先生的'记号'。从表面上看，'记号'既不在词类之列，又不是词头、词尾，很象这里提出来的办法。但是王先生的意思不见得全是如此，底下再说。

除了这三种处理法，还有两种处理法。(4)改变附加成分的定义：凡是附着在别的语言单位上的，不管后者是一个词还是一组词，都是附加成分。[11]我们觉得这也未尝不好，不过词头、词尾最好改称语头、语尾。(5)不让附加成分和词类互相排斥，说是词类之中有这么一个特殊的类，用一个现成的名称就叫'助词'，一个助词有时候可以附着于另一个词，作为那个词的一部分。这在字面上是一个矛盾，但是如果不容忍这个字面上的矛盾，就不能解决实际上的矛盾。前人也用过这个办法，杨树达就曾经给然、乎、尔、焉等字下过这样的定义：'语末助词，助形容词或副词为其语尾'。[12]王力先生讲'记号'的时候也说明其中有的是单词的一部分，有的本身就算一个词。他所以把它们归总为'记号'一类，是看重它们的共同特点：(1)附着性，(2)除作为某种语法范畴的标记外，没有其他意义。[13]这样，只要把王先生的'记号'改个名字叫'助词'，在词类里给它一席之地，那就等于这里所提的第(5)种处理法了。杨伯峻先生就是这么处理的，他嫌王先生'记号'之名'小看了它'，所以在词类里'试立小品词一类，来归纳这些词'。[14](4)和(5)这两种处理法实际上差不多，所差的是一个把这些'小件'放在词类外边，一个把它们放在词类里边罢了。苏联学者也许会管它们叫 частицы-аффиксы 什么的，可惜汉语里还没有这个习惯，不让我们把它们叫做'助词·附加成分'。

以上说的是C组，现在要回到A组。在语法意义重于词汇意义和句法上有显著的附着性这两点上，A组和C组是不是有所不同呢？可以说是没有什么不同。不错，A组字只附着于句子或句子的一部分，不附着于一个词或词组（被附着的有时候只有一个词，如'我呢，也愿意出去走走'，但是这个时候我是以句子部分的资格来接受附着的呢，不是以词的资格来接受的，'我呢'不成为一个整体），可是这也只是一种量的差别，正如附着于词和附着于词组是一种量的差别。要论意义，A组的词可以说是完全没有词汇意义，只有语法意义，光看代表它们的汉字的写法就可以知道（历史的来源且不去管它）。这样看来，这两组是有本质上的共同点的。如果我们愿意让C组里的后附成分叫语尾，包括词的尾巴和词组的尾巴，那末也尽可以再扩展一步，包括句子的尾巴。反过来，我们也未尝不可以延伸助词的范围，从助句到助词组，从助词组到助词。这两组之间是没有不可逾越的鸿沟的。

我们上面说过，B组同A组接近，是因为它们意义相近，这就是说，不但同样是语法意义重于词汇意义，而且它们的语法意义属于同一类型（表达语气）；但是在附着性上，它们有显著的差别。另一方面，A组和C组同样具有高度的附着性，但是它们的语法意义属于不同的类型（C组内部也不是同一类型）。因此，助词这个类，如果从A组出发，朝一个方向扩展，可以包括B组，朝另一个方向扩展，可以包括C组。可否同时朝两个方向扩展呢？恐怕是很成问题的。

三

D组。——王先生的'记号'里还包括子、儿、头、老等等，别的语法书里都管这些个叫词头、词尾。这些字能不能也归入助词类呢？王先生感觉这里头有分别：这些字是接近于西洋的 préfixe 和 suffixe 的，不过王先生觉得它们'意义太虚了，若也称为语尾，恐怕令人发生误会'，所以管它们叫记号；至于们、了、着等等，同西洋的 désinence 相当，只是'为了称呼的简便起见'，才都叫做记号的。⑮对的，二者之间是有区别的。C组字有时候附着于一组词，D组字没有这个情形，这是一不同。D组字所附着的有时候不成为一个词（如'叶子、叶儿'的叶，'木头'的木，'老鼠'的鼠），C组字所附着的起码是一个词，这是二不同。当一个词加上一个C组字之后还可以算做一个词的时候，这两个词也只能算是一个词的两个形式（我们不把看、看了、看着、看过当做四个不同的词，也不把同志和同志们，亮和亮的当做不同的词），但是当一个带D组字的词减去它还成为一个词的时候，必得承认这是两个不同的词（例如桌（量词）和桌子，枝（量词）和枝子，亮和亮儿，年（量词）和年头），这是三不同。C组字可以自由地运用（除了受词汇意义的限制），D组字的附加都有一定程度的习惯性，这是四不同。虽然同组的字不一定都具备所有的特点（如着不附着于一组词，指小的儿和加在动词之后的头较为自由，等等），大体上是有如上的区别。这说明D组字的作用是构词，是所谓 affixe，而C组字的作用是构形，相当于所谓 désinence（окончание, flexional ending），所不同的是在汉语里这些成分的构形作用不是限于单词而是扩大到词组，不仅造成词的变形，也造成词组的变形罢了（如果把 A 组字也包括进去，那就扩大到句子，造成句子的变形）。这两组字的分别也许可以在历史上找到解释。C 组字最初是以句法单位的资格同别的句法单位发生关系的，因而尽管在历史发展的过程中独立性逐渐减少，附着性逐渐增加，至今对于所附着的词还是有点若即若离。可是 D 组字显然最初是以复合词的一个成分的资格出现的，在历史发展的过程中逐渐丧失它的词汇意义，因而由对等地位的成分降为辅助的成分，变成词头和词尾。

D 组字和 C 组字既然有这种分别，那末，除非我们根本不承认汉语里有词头、词尾（象有些语法学家那样主张），否则还是不把 D 组字划归助词而把它们定为词头词尾好些。

还有几组字是曾经被这一位或那一位语法学家列入附加成分或是助词的，也可以在这里简单地谈一谈。

E 组。——上、下、里、外等。这些表示方位的字有单纯的和复合的两种形式，前者如上、下、里、外，后者如上头、底下、里头、外边。单纯式附加在名词之后的时候为多，可是也有独立用的时候（如‘朝上’，‘往里’）；复合式独立用的时候不少，可是也常常附加在名词之后。因此，把两种形式分别归类是有困难的。有些语法学家把它们全放在名词里，未免太忽视它们有时候表现出来的附着性。有些语法学家把它们全算做词尾，或是‘后置词’（外国的汉学家爱用这个名称），又太不照顾它们能作名词用的事实。最好是学苏联学者的办法，把它们的双重性质在一个名称里揭示出来，管它们叫‘名词—后置词’。给它们定名为‘方位词’，把它们放在名词项下，但是说明它们有时候呈现助词的性质，这也是一个办法。

F 组。——上、下、上来、下去等。这些动词常常附着在别的动词后头，语法学家们有的把它们归入助动词（黎锦熙先生），有的把它们归入副词（陆志韦先生），有的把它们归入词尾（陆宗达先生、俞敏先生）。作为词尾，它们是能让别的词隔开的；作为助动词或副词，它们是‘后附的’，——因此，这些归类都是不圆满的。黎先生说是它们具有助词的性质，这个话有道理，但是它们有时候词汇意义很丰富（比较‘看起来’和‘站起来’，‘住下去’和‘坐下去’），也难于干脆划归助词。如果不打算管它们叫‘动词—助词’，恐怕也还是只能放在动词之内，说明带有助词的性质。

G组。——个、件、只、条等。这些是量词，可是同尺、斤、双、队等量词不一样，不是计算事物的数量所必需，在意义的完满表达上不是不可缺少的成分（古汉语里就经常不用）。但是这两种词的语法特点完全相同，一定要把个、件、只、条等从量词里开除出去，划归助词或是词尾，对于汉语的词类体系应该说是不很恰当。不如把它们留在量词里，说明量词分两类，一类是‘单位词’，表示事物计数的单位，一类是‘类别词’，是给名词分‘类’用的。

H组。——是。新著国语文法定是为‘同动词’，意思是副牌动词。同动词这个名称早已见于文通，可是文通的同动词不包括为和是，马氏称这两个字是‘断词’，断词是实词还是虚词马氏没有交代。后来的语法学家中，陈承泽认为为和是是‘不完全自动字’，刘复认为为是虚词，王力先生单为是立‘系词’一类，认为是‘半虚词’，语法讲话的作者认为是是动词（并且认为是字后头的体词是宾语），陈望道先生在试论助辞里把非体词谓语句里加在主语和谓语中间的是字列为提引助词的一类，表示‘坚执提引’。是字是个很特殊的词，因为它一方面完全没有词汇意义，只有语法意义，另一方面却具有动词的句法特点。是字的作用是双重的：联系和肯定。大概说起来，用在句子中间的时候，如果谓语是体词，是的联系作用较为显著，如果谓语是动词或形容词，是的肯定作用比较突出；用在句子头上的时候（'是我忘了，请你原谅'），就只有肯定的作用。可是无论用在哪种句子里，是字都具有一般动词的句法特点：可以受副词的修饰，可以用不来否定，可以用'是不是'来发问，可以单独用'是'来答问。是字归类的纷歧，就是因为对于哪是它的最主要的特点各人的认识不同。综合它各方面的特点来看，如果把它列为虚词，似乎应该象俄语的 быть 那样自成一类，不能归入助词，因为它缺少助词的句法特点——高度的附着性；如果寄放在动词之内，那也应该让它自成一目，表明它的虚词性的一面。

以上把与助词问题有关的各个类型的'词'粗略地做了一番检查。从这里可以看出，助词的范围真是可大可小，可是无论如何它不能包括所有从 A 到 H 各组的字，如果不打算把它搞成一个收容'编余'的杂类。不同的着眼点会得出不同的结果。我们在本文中试对种种说法作了一些分析和比较，也借此机会提出自己的一些浅薄的见解供读者参考。

注：

① 廖氏书中的助词除呢、吗等外，只包括的、得，不包括了、着，也没有提到所。

② 中国语文研究参考资料选辑，124 页。

③ частица，一般译作'小品词'。我们现在已经不用'品词'这个名称而用'词类'，'小品词'里头的'品'字实在有点多余。

④ 王力：中国语法理论，上册，319 页。加重点原有。

⑤ 同上。王先生用'带着情绪'来说明语气词和语气副词，是可以商量的，'情绪'的涵义恐怕不能这样宽泛。除上引陈望道先生的定义外，陈承

泽的定义也还是可取的：'字之附属文句中，于文字各「构造部或作文者疑决态度、叙述事实之态度、及发表意见之态度、及此等态度之缓急轻重」之明了性有增助之力者，谓之助字'(国文法草创，82 页，方引号原有)。

⑥ 史存直：'的'字是不是词尾？，中国语文，1954 年 4 月号，9—14 页。

⑦ 关于用的字的各种格式，除看上注引史存直论文外，请看陆志韦、蒋希文拼音汉文联写问题五，甲，中国语文，1954 年 2 月号，12—14 页。

⑧ 这里讨论的是的字的主要用途。'是……的'的格式常常被利用来表示一种肯定的语气，例如'他是不会不知道的'(比较没有语气作用的'这本书是今天刚出版的')。严格说，这里传达语气的主要是是字，但是在没有是字的句子里，传达语气的任务就由句末的的字担负起来了，例如'他不会不知道的'。还有把的字放在动词和宾语之间的，例如'我是上个月进的城'，这个'(是)……的'表示动作的一种'时态'。以上三种用法中，第二种用法的的从新著国语文法起就归入助词，陈望道先生把第一种和第三种也定为助词(见前引文)。

⑨ 杨树达：马氏文通刊误(1955)，30—35 页。

⑩ 陈承泽：国文法草创(1922)，8—10 页。

⑪ 陆宗达先生和俞敏先生就倾向于这个办法。比如，当他们把接在另一个动词后面的出来、出去、下来、下去等等定为词尾的时候，他们不会不考虑到'说出话来'，这类例子。

⑫ 杨树达：词诠，卷五，98 页；卷三，44 页；卷十，15 页；卷七，64 页。这里引杨先生的话只是说明他不把'助词'和'词尾'当作互相排斥的东西，至于这种然、乎、尔、焉，照我们的看法是不宜归入助词的，理由见本文第三节。

⑬ 王力：中国语法理论，上册，263 页，265—266 页。

⑭ 杨伯峻：文言语法，223 页。

⑮ 王力：中国语法理论，上册，264—265 页。

(原载中国语文，1956 年 6 期)

方位词使用情况的初步考察

这里所说的方位词，基本上依照汉语知识里所划定的范围，包括表示方向和位置的单字，即上、下、前、后、里、外等，和由此派生的上边、下面、里头、头里等。①

关于方位词的使用，有三个问题可以研究：(1)表示不同方位的方位词的使用情况是否相同？(2)表示同一方位的单音方位词和双音方位词根据什么条件分工？分工是否明确？(3)表示同一方位的几个双音方位词的用法是否相同？

现在用两种材料就这三个问题做一个初步考察。这两种材料是：陈士和评书聊斋的王者和画皮两篇②(以下简称为 A，需要分别的时候称为 A1 和 A2)和老舍的骆驼祥子③前八章(以下简称为 B)，共约十万字(A 五万字多点，B 五万字欠点)。B 是接近口语的文体，但是在方位词的使用上不完全符合口语实际情况，可以代表不太'文'的书面语。A 基本上是口语，但是因为记录经过整理加工，也不能完全代表评书的原来模样(并且这两篇的整理者不是同一个人，在某些地方还有较明显的差别，见下)。要把方位词的使用情况完全弄清楚，这十万字的材料是远远不够的，但是已经可以看出点头绪。现在先把这两种材料里的方位词做个统计表(见次页)。

先看统计表里第一直栏里的数字。首先引起注意的是：与名

…上 —上	32 2	80 1	…之上 …以上 以上	1	1 2	…上边 —上边 上边	 1 3		…上面 —上面 上面	1 2 3	 1 2	…上头 —上头 上头	3 1 4										
…下 —下	6 2	12 2	…之下 …以下 以下		 1	…下边 —下边 下边			…下面 —下面 下面	1	1 1 2	…下头 —下头 下头	1		…底下 —底下 底下	7 2	1						
…前 —前	5 3	5 3	…之前 …以前 以前		 2 4	…前边 —前边 前边	1 1 4	1 1	…前面 —前面 前面	 3 1	 2 1	…前头 —前头 前头	2		…面前 —面前 面前	2	1	…跟前 —跟前 跟前	3 3		…头里 —头里 头里	 2 6	
…后 —后	2 2	3	…之后 …以后 之后 以后	2 4 1 2	2 2	…后边 —后边 后边	1 2 3	 1 1	…后面 —后面 后面	 1 2	2 1	…后头 —后头 后头	 1 1		…背后 —背后 背后	1	1 2						
…左、右 —左、右						…左、右边 —左、右边 左、右边	 4	 1	…左、右面 —左、右面 左、右面														
…东、西南、北 —东、西南、北	3 5	2 5				…东边等 —东边等 东边等	 1 3	1 1 5	…东面等 —东面等 东面等	 2 1		…东头等 —东头等 东头等	 1										
…里 —里	33 4	62				…里边 —里边 里边	1 1 6	 2	…里面 —里面 里面	 2 2	 2	…里头 —里头 里头	18 2 3	1									

续表

…外 —外	1 2	5 1	…之外 …以外		1	…外边 —外边 外边	1 4 5		…外面 —外面 外面	3 3 3	 1	…外头 —外头 外头	3 2 1	 1	—四外 四外	1	4			
…内 —内	2	3 1	…之内 …以内	 1	1										内中	2				
…中 —中	3	34	…之中		2										…当中 —当中 当中	1 2	 2	…中间 —中间 中间	 1	 2
…旁 —旁		1				…旁边 —旁边 旁边	1 2 4	2 1							…两旁 —两旁 两旁	 2 2		…两旁边 —两旁边 两旁边	 1 3	
						一边 两边 四边	3 1 1	2	一面 两面 四面	1 1	2	一头 两头		 1						

〔注〕 (1)方位词前边的'…'代表名词(不包括有的字隔开的),在双音方位词前边也有代词,在个别的情况下也有动词结构;方位词前边的'—'代表介词;前边没有'…'和'—'的方位词是在其他场合出现的。(2)同一方位词与同一名词组合(如'心里'),与同一介词组合(如'往前'),与同一动词组合(如'前边有'),不管出现几次,都只作一次计算。分见于A和B时,作两次计算。(3)边儿和边,面儿和面,合在一起计算。(4)每一项所列两个数目,前一个是A的,后一个是B的。

词组合的各个单音方位词，使用多寡很不相同。用得最多的是上和里，中在B里也用得很多，但在A里只出现三次；用得最少的是内、旁和东、南、西、北，后、外也不多，左、右完全没有出现。

用得少的那些单音方位词，前边的名词似乎很受限制，不是随便什么名词都能往那儿搁。现在把材料里出现的例子抄在这里：

〔后〕脑后　身后　死后　今后

〔外〕门外　宅门外　西直门外　庙外　口外　格外

〔内〕门内　门坎内　口内（与‘口外’相对）　一个月内　十二号房内

〔旁〕路旁

〔东、南、西、北〕路东　路南　路北　道儿北　河岸北

上、里以及B的中用得特别多，很值得研究。要按严格的方位意义来说，上和下相对，里、中和外相对，为什么使用的次数相差这么多呢？不得不假设有一部分上不和下相对，有一部分里（中）不和外相对。拿实例来检查也确实是这样。上字最为明显，在两种材料的一百多个例子里只有少数是可以有相对的‘…下’的：

桌子上　椅子上　床上　山上　屋顶上　土堆上　石块上

大多数只是表示涉及某一物体，或者着落在某一物体上，并不一定在它的上方，例如：

脸上　身上　腿上　手上　门上　墙上　大殿上　车上　杆子上　树干上　布上　信上　天上　街上　马路上　道儿上　镇子上　饭摊上　机器上

有好些名词代表抽象事物，更谈不到‘上’和‘下’，例如：

早上　晚上　世界上　事情上　事实上　方法上　什么上（A2‘它能投其所好，你喜好什么呀，它就往什么上变’）

因此，不妨说是上有两个意义，一个是‘定向性’的，一个是‘泛向性’的，尽管在实际例子上有时候不容易划清。里（中）的情形与

此类似而不完全相同。可以和'…外'相对的例子有一些：

门里　城里　庙里　营盘里　山中　村中

真正谈不上'里'和'外'的例子也有一些：

背地里　高里(B'往高里长')　饱里(B'往饱里吃')　谣言里　营生里　空中　生活中　困苦中　折磨中

但是大多数例子是可以设想有相应的'…外'，可是这种'…外'在实际语言里是几乎完全用不着的。例如：

心里　嘴里　手里　耳朵里　家里　河里　风里雨里　饭里茶里　眼中　胸中

既然与此相应的'…外'是用不着的，这些'里'和'中'的方位意义也就很淡薄，接近于泛向性了。一个旁证是有些名词后边带里或上，在某些上下文里可以通用，例如'心里∶心上'，'嘴里∶嘴上'，'手里∶手上'，'亭子里∶亭子上'。

除上和里(中)之外，下有时候也带泛向性，例子有：

地下(＝地上)　黑下(＝夜里)　年下　乡下　情形下

以上是名词带单音方位词的情况，介词带单音方位词的情况下文再谈，现在来看看表里边第二直栏的情况。这里边，以上和以下三个例子都和数目有关(如'年纪在四十以上，二十以下的')；以前、以后、之后共十九个例子全和时间有关(如'以前的一切辛苦困难'，'以前决没想到'，'买上自己的车以前'，'到城里以后'，'二十岁以后'，'从今以后'，'过午之后'，'脚好了之后')，以内一例也和时间有关('一个月以内')；之外一例是排除的意思('在条件之外')。这些都不表示一般方位(与空间有关)，也不能用带边、面、头的双音方位词来替代(除'一个月以内'可以说'一个月里头')。剩下有五个例子，都有点'文气'：'路途之上'，'如今"骆驼"摆在"祥子"之上'，'他把脸仿佛算在四肢之内'、'碎铜烂铁之中'，'他自己在不大好意思之中想出点道理来'。总起来说，带以和带之的方位词或者用于特定的用途，或者表示一般方位而带'文气'。

现在让我们来顺着表里的横的方向看，也就是在单音的和双音的方位词之间作一比较。

(1) 单音方位词主要出现在名词后边和介词后边，双音方位词也出现在这两种位置上。在这两种位置之外，一般需要用双音方位词，单音方位词只在对举的场合出现，如：'东也闹兵，西也闹兵'(B)，'管前不顾后'(A1)。

(2) 介词和单音方位词组合，两方面都受到一些限制。在介词方面，往(wàng)出现最多，往后边跟上、下、前、后、里、外、东、南、西、北，材料里都有。向、朝、冲(chòng)用法和往相同，可是材料里的例子少得多。从、由主要出现在和往、到联用的场合，如'从南往北'，'由前到后'；单用的，A 里边有一个'从里'的例子('从里拿出来，全是热气腾腾的点心')，B 里边有一个'从南'的例子('从南来了两辆车')；此外有'从前'，限于指时间。在后边不跟单音方位词，一定要跟双音方位词(A1 里有一个例外：'在前走的州佐们')。在方位词方面，内、中、旁都不常和介词组合，'从中'、'从旁'材料里没有出现，B 里有一个'向内'的例子('胸向内含')显然很文气。双音方位词和介词组合不受什么限制，但是往、朝、向的后边出现的单音方位词比双音的多得多。

(3) 以名词后边的方位词而论，泛向性的例子基本上都是单音的(上、里、中)，双音的也可以有，不过这两份材料里没有。

(4) 用单音的还是双音的方位词，似乎与名词的音节多少没有什么关系。就材料里的三百多个例子来看，单音方位词前边的名词有单音的，也有多音的，双音方位词前边的名词有多音的，也有单音的。同一名词后边出现单音方位词，也出现双音方位词，这样的例子不少。

(5) 文体的差别很有关系。A 和 B 显然不同：

	A	B
名词＋单音方位词	87(63%)	207(94.5%)
名词＋双音方位词④	51(37%)	11(5.5%)

A1 和 A2 也有些差别。里和里头是一个较突出的例子：

	A1	A2
名词＋里	24(86%)	9(39%)
名词＋里头	4(14%)	14(61%)

有七个对比的例子：

A1　家里　屋里　院子里　手里　肚子里　柜子里　被窝里

A2　家里头　屋里头　院子里头　手里头　肚子里头　柜子里头　被窝儿里头

鉴于 A2 里的‘儿化’比 A1 里的多，可以肯定这里也是 A2 更接近实际口语。

现在来看看同一方位的几个双音方位词（‘之…’，‘以…’除外）的使用情况。首先，可以举出一些‘互文’的例子：

风从上面砸下来…风从下面来…风从前面来…风从后边来…(B)

呆的工夫不大，[这人]启帘栊从外面进来…不大工夫，从外边提来一个大提盒(A1)

摸摸里边挺厚的…心里很纳闷：‘这里头是什么呢？’(A1)

王大郎在她后边儿呢…在后头瞧着她后影儿(A2)

走到尽东头…又走到尽西边儿(A2)

走着走着，前边有个水洼子…走着走着，瞧见头里有一片山（A1）

可见同一方位的几个方位词中间没有明确的分工。

另一方面，可以看得出，随着文体的差异，在同一方位的双音方位词中间表现出不同的相对优势。拿上、下、前、后、里、外和边、面、头的组合来比较，A里边的优势顺序是'…头'、'…边'、'…面'，B里边优势顺序是'…面'、'…边'、'…头'。B比较接近一般的书面语，我们知道书面语里是用'…面'为主；A的口语性较强，'…头'和'…边'比'…面'用得多。但是上面的次序还不全面，因为没有包括底下、跟前、头里等等，此外还有一些别的情况，最好是按不同方位分开来谈。

'上'方——除上面的说明外，没有什么需要补充。

'下'方——A里边底下特别多，几乎是唯一的形式；只有一处用下面，一处用下头（'隔在嗓子下头，胸口上头'）。

'前'方——B里边只用了两个形式，前边和面前，但总次数太少，统计意义不大。A里边用了六个形式，次数较多的是前边、头里、跟前，前头不如前边多。跟前好象只指近处，其余的指近处也指远处。跟前又好象专门用在名词后边（三例直接，三例有的字），材料里没有和介词或动词组合的例子；面前三例也都在名词后边，但是总次数太少，不能作结论。与此相反，头里八例（连重复共出现十六次）没有一个是在名词后边的。

'后'方——除后边、后面、后头外，还有一个背后。后头只出现在A里边，次数不及后边多。

'左、右'方——两种材料里都只有'…边'，没有'…面'，虽然后者在书面语里有时候也出现。

'东、西、南、北'方——用'…边'为主，A里边也有'…面'和

'…头',后者只出现一次。

'里'方——在名词后边,A 里边的里头特别多,里边出现一次,里面没有出现;B 里边只出现一次里头,里边和里面一次都没出现(名词后边几乎让里独占了)。在别的位置上,三个形式的多少差不多。

'外'方——A 里边外边、外面、外头的多少差不多;如果连重复的算上,外边较多。B 里边只出现外面、外头各一次,都不在名词后面(名词后边都是外)。

内中、当中、中间——内中只用于'几个里边有一个(或几个)'的场合。当中和中间都可以有(1)'在中央部位'和(2)'在两个或几个之间'两种意义,在两种材料里都看不出它们有什么分工的迹象。

旁边、两旁、两旁边——旁边可以指一旁(A2'沏了壶茶,坐在旁边儿喝茶'),也可以指两旁(A2'就在胸口前头有手指头粗细,八九寸长这么一道印儿,比旁边稍微高起一点儿来')。两旁和两旁边都只见于 A,但是 A1 和 A2 有些差别。连重复的算上,次数如下:

	A1	A2
两旁	7	0
两旁边	1	3

一旁似乎已经从口语里消失了,材料里只有一个例子(B'放在一旁')。

'一…'、'两…'、'四…'——'两边'、'两面'意思一样,'两头'稍有不同,只在一定的场合可以通用。'四边''四面'之外,没有'四头',倒有个'四外',意思相同。'一边'或者是'两边(或四边)的一边'的意思(A1'这四名州佐,一边站着两个'),或者是'旁边'的意思(A2'把…全部拾掇起来搁在一边儿')。除这两种方位意义之外,'一边'还有一个更常见的用法,就是叠用以表示两个动作同时进行(A里边出现十三次,B里边出现五次,表内未计入)。'一面'的用法与'一边'相同,只是口语里用得少。B里边还有一种'一边'是'一般'的意思('脖子可是与头一边儿粗')。

除以上所列,还有'…间'和'…之间',出现次数不多,没有列入统计表。'…间'多半是表示时间的,如'夜间'、'晚间'、'月间',都见于B,不见于A(A里边只有一个'忽然间')。

最后,再重复说一句,要详细说明各个方位词的使用情况,特别是比较它们在不同的文体中出现的多少,这里所用的两种材料十万字是远远不够的,希望有机会用更多的材料来加以纠正和补充。

注:

① 汉语知识,人民教育出版社,1959年版,62页。

② 天津人民出版社,1955。

③ 文化生活出版社,1947。

④ 除去'以…'和'之…'。

(原载中国语文,1965年3期)

形容词使用情况的一个考察

按照一般的说法，形容词有基本形式和重叠形式，基本形式又有带 de 和不带 de 两种形式，重叠形式又有单音重叠、双音重叠、单音带叠字后缀等等形式。另一方面，形容词有修饰名词、代替名词、修饰动词、做谓语、做补语等种种功能。为了了解不同的形式和不同的功能之间的关系，我们对一本书里实际出现的形容词做了一个分析。这本书是杨朔的海市。全书共约七万多字，出现形容词用例大约一千四百多个，除重复的（如同一形容词修饰同一名词，等等）没有记下外，共记下一千三百来个。下面分类列举并加以说明，用1，2，3…表示功能分类，用字母表示不同形式：A，简单形式；B，简单形式加 de（书上写做的或地）；C，各种重叠形式，附带非重叠的四字熟语。在某些格式里，单音形容词和双音形容词的情况有些差别，列举时把它们分开。举例的时候，需要的就连有关的名词、动词一块儿写出来，否则就光写出形容词本身。

1A　形＋名　形容词直接修饰名词（包括量词）。

(a) 单音形容词。

大海（鱼、船、麦、雪、眼、炮、楼、厦、会、戏、典、事、罪、片、鱼群、对虾、公鸡、红花、花瓶、衣柜、砍刀、高楼、工房、兵舰、石刻、丰收）｜小城（山、雨、窗、灯、帽、网、铲、眼、鸡、米、声、篆、块、股、螃蟹、板凳、饭馆、胡子、妹妹、困难、菜油灯、旱烟袋）｜老人（狼、姐姐、艺人、向导、家伙、传统、

一辈)|新衣服(棉衣、干贝、故事)|好事(天、煤、诗、景、景致、作品、同志、收成)|红叶(星、光)|黄沙(花、泥、军装)|蓝烟|青草|绿颜色|白雪(沙、帆、天、胡子、毛衫、蝴蝶、月亮)|黑影(纱、夜、胡子)|灰裙子|花袍子(鞍子)|荒山(沙、滩、坟)|野花(菊花、迎春、百合花、味、话)|长袍(脸、城、工、鞭子)|高楼(坡、空、身段)|远路(方、处)|热泪(孝、咖啡)|旧人(事、俗、军队)|熟人(手)|活人(山、地狱)|深秋(夜)|清水(霜)|苦味儿(日子)|古都(埃及)|奇迹(峰、景)|怪东西(玩意儿)|破书(石槽)|真坟(传)|假坟(葡萄)|多次(年)|满山(天、街、架、眼)|低声|近海|方格|厚眼皮|浅麻子|生客|贵客|早饭|晚饭|实话|坏话|轻纱|斜井|秃顶|暗夜|快艇|精品|香味|软枝|单衣|阴气|净利|死棋|盛夏|酷暑|急性子|穷山沟|干树枝|哑嗓子|巧语儿

上面这些形名组合,有很多已经不能说是一个形容词加一个名词,而只能说是一个形容词性的成分加一个名词性的成分,合成一个词。困难在于划定一条界限:哪些组合是单词,哪些组合是词组。有些组合的形容词部分不能单用,例如'盛夏'的盛,'酷暑'的酷;有些组合的名词部分不能单用,例如'大厦'的厦,'大典'的典。这些组合是单词,没问题。但是这不等于说凡是两个成分都能单用的就一定是词组,例如'大麦'、'小米',恐怕大多数人都认为是单词而不是词组。而且也不限于这种具有专门意义的组合,'大炮'、'小雨'也很象单词(汉语拼音词汇里就都连写)。问题在于:只有少数单音形容词是跟双音形容词一样,可以比较自由地修饰名词,只要意思讲得通;多数单音形容词在修饰名词的时候,都表现出一定的局限性,尽管意思讲得通,不一定就能组合在一起。大、小、好、坏、新、旧等等是比较自由的,别的形容词就往往有所选择。比如有'高楼',没有'高树';有'薄板',没有

‘薄墙’；有‘凉水’，没有‘凉食’（只有‘冷食’）；有‘深秋’，没有‘深春’（只有‘暮春’）。又比如有‘远方’，没有‘近方’；有‘快船’，没有‘慢船’；有‘重炮’，没有‘轻炮’；有‘高价’，没有‘低价’（只有‘平价’、‘廉价’）。这种选择性可以说是构词的特征，人们倾向于把大部分单音形容词和单音名词的组合看作是词而不是词组，不是没有理由的。但是要定下一个明确的标准也很难。这是一个不太容易痛快解决的问题，这里不多谈。

有些形名组合只出现在一定的动词后边，形成一种熟语或成语。在我们的材料里有：

（睡）懒觉｜（打）空转｜（倒抽一口）冷气｜（天下无）难事

有些是互相对待的单音形容词联合起来修饰一个双音名词。这样的组合有：

红绿颜色｜大小山岭｜远近风景

有些形名组合是两两相连，形成一种四字熟语。这样的例子有：

真刀真枪｜古松古柏｜狂风暴雨｜大风大浪｜高楼大厦｜高坡低洼｜远山近水｜深更半夜｜奇花异草｜奇形怪状｜古色古香｜轻手轻脚

这里边，前面六个例子是拆开来都站得住的（但‘低洼’整个作为一个形容词），中间两个例子是拆开来有一半站得住（‘远山’、‘半夜’），一半站不住（‘近水’、‘深更’），后边四个例子是拆开来都站不住的。

(b) 双音形容词。

精明人｜好听话｜俏皮话｜家常话｜长方脸｜蹊跷事儿｜漂亮地方｜热闹场面｜真实事情｜伟大战争｜巧妙战术｜干净座位｜温暖气息｜轻松脚步｜名贵药材｜特殊意思｜危险地方｜秘密电话｜肮脏关系｜反动统治

有两例是被修饰的名词本身是形名组合：

险恶大山｜毒辣阴谋

有四例是前边的双音词是否形容词还有点疑问的。

外来人｜外路口音｜本来面目｜迎面墙上

在以上的例子里，双音形容词加单音名词的只有七个，可见双音形容词更适合于修饰双音名词。

1B 形＋de＋名

(a) 单音形容词。没有附属成分的单音形容词，修饰名词的时候一般不带 de，在海市全书里只有三个带 de 的例子：

(创造)新的生活，新的历史，新的命运｜(人物胳臂上的筋络，脸上的表情，处处都有)活的感觉｜(从)远的方面(来说)

这三个例子里倒有两个是有条件的：‘活的感觉’是说人们感觉这些雕象栩栩如生，这里的‘活’和‘感觉’的关系跟‘活人’里边的‘活’和‘人’的关系不一样；‘远的方面’是因为不能说‘远方面’，换成‘(从)远处(说)’就不用 de 字了。只有第一个例子没有特殊原因——也许只是为了语言的节奏，念起来比‘创造新生活，新历史，新命运’更合拍些？

单音形容词前面有附属成分、后边带 de 的例子很多：

很大的、很短的、很好的｜挺高的、挺长的｜更多的、更美的｜最小的、最高的、最旺的、最大最长的｜多大的｜好大的｜霜雪一样白的｜没有小孩腰粗的｜离江面三十五公尺多高的

两个单音形容词用两个‘又’字连接起来，后边也一定带 de：

又软又厚的褥子毯子｜又深又浓的夜色｜又鲜又嫩的葡萄

(b) 双音形容词。双音形容词带 de 修饰名词，除了意思要适合外，没有什么别的条件。下面是书里出现的一百三十七个这样

的形容词的一部分(拼音字母 A－G)：

暗蓝色的，悲惨的，卑鄙的，蹩脚的，不同的，惨烈的，潮湿的，出色的，聪俊的，放浪的，丰富的，丰饶的，丰硕的，腐烂的，干旱的，高贵的，工细的，共同的，孤独的，古老的，光滑的，光辉的

这里边也有一部分例子带有附属成分——挺、满、怪、最、极、极其、十分、非常、完全、真正、更、更加、比较、比…、象…一样、无比(前加和后加)、好、多么、怎样、对…、一向、不、不大。这样的例子占总数的三分之一左右。

双音形容词所修饰的名词，以双音的为最多，一百六十多个例子里，[①] 双音名词有一百三十个，占总数五分之四左右。有少数单音名词，此外是三音节和更多音节的。

有不少两个双音形容词连用的例子：

矮小精干的，干净明亮的，光明磊落的，荒凉冷落的，艰难曲折的，结实精干的，精巧坚强的(手)，开阔平坦的，亲切可爱的，勤劳朴素的，热情能干的，虚伪狡诈的，雪白鲜嫩的，庄严神圣的，深沉寡言的，空明澄碧的，孤苦伶仃的，富丽堂皇的，虚无缥缈的

这里边大多数都是可以拆开用的，只有最后五个例子里的‘寡言’，‘空明’，‘伶仃’，‘堂皇’，‘虚无’一般不单用。此外还有两个中间加而字的例子：

伟大而光明的，古老而迷人的

比较以上 1A 和 1B 里单音形容词和双音形容词的例子，可以归纳出几点情况：

(1) 形容词和名词的音节数目。

单音形容词修饰单音名词为多，二者的组合多数象一个单词。

双音形容词修饰双音名词为多。

(2) 带 de 与否。

单音形容词不带 de 为多，带 de 是例外。

双音形容词带 de 为多，但是不带 de 的也常见。带 de 不带 de 有时候好象很随便（例如 136 页‘先进人物…先进的战士’，145 页‘把主要人物放在主要的斗争上’）。

两个双音形容词连用，或者两个单音形容词用‘又…又…’连接，都必须带 de。

（3）有附属成分与否。

单音形容词有附属成分，必须带 de（只出现一个例外：‘多大年纪’）；没有附属成分的单音形容词，绝大多数不带 de，例外很少。

双音形容词有附属成分，也必须带 de，但是没有附属成分的双音形容词不一定不带 de，事实上是带 de 的较多。

1C 重叠式＋名 重叠式一般都带 de，不带是例外，至少修饰名词的时候是这样。这里说‘重叠式’是为称说方便起见，实际上包括好几个类型。

（a）AA 式。有两种。一种是单音形容词重叠，见于材料中的有：

小小的白银飞鸽（蜡烛，野餐，‘个’字）｜高高的屋顶｜远远的排哨｜淡淡的清香（云雾）｜静静的晨烟｜细细的清香｜密密的纹路

一种是重叠后方才成为形容词，见于材料中的有：

茫茫的埃及原野｜漠漠的晓雾｜蒙蒙的长江｜漫漫的岁月｜（发出）连连的惊叹｜笃笃的声音

（b）ABB 式。有两种。一种是 AB 成词的：

冷清清的地方｜孤零零的人家｜亮堂堂的店铺｜滚烫烫的热土

一种是 AB 不成词的：

黑糊糊的大炮｜黄龙龙的谷子地｜绿葱葱的树木｜绿阴阴的花木｜冷森森的光芒｜暖洋洋的太阳光｜软绵绵的柳絮｜活生生的历史

(c) AABB式。有两种。一种是AB成词的：

渺渺茫茫的海市(天边)｜缥缥缈缈的奇景｜荒荒凉凉的黄河两岸｜破破烂烂的床铺锅灶｜普普通通的学生｜平平常常的工程师(洋铁)｜明明白白的事

一种是AB不成词的(AA都能单用,BB不一定)：

莽莽苍苍的齐鲁大原野(河北大平原)｜茫茫荡荡的大湖｜滚滚滔滔的底格里斯河｜累累垂垂的葡萄

(d) ABAB式。或者AB是一个形容词,或者B是形容词,A是附属成分。

碧蓝碧蓝的河水｜遥远遥远的少年时代｜很长很长的故事｜很浅很浅的一点东西｜极浓极浓的药香｜最浓最浓的秋色｜最亲最亲的父母

(e) 别种构造的四字式：

万紫千红的花朵｜不红不紫的长袍子

有五个例子是不带de的,其中有四个例子是名词前边有数量词的。

滚滚长江｜莽莽荡荡一个大湖泊｜孤孤零零一个人｜零零星星几滴雨声｜简简单单几句话

被修饰的名词多数是双音节,三音节以上的也不少,单音节的只有一个例子('事')。

没有出现重叠式形容词带附属成分的例子。

2A 形+动 动词前边的形容词,是形容词还是副词,现在还无定论,本文姑且依从一部分语法学者的意见,仍然称之为形容词。

(a) 单音形容词。

大哭(熟、摆筵席)｜新分(建、摘下来、缴获、从监狱里出来)｜乱打(扑打、转转)｜紧握(挨着、临着、端量)｜猛往上冲｜多停(疑)｜少睡(吃)｜早死(靠上来)｜慢走｜实说(告诉)｜真想｜净吃｜满是｜细听(看、算)｜远望｜闲坐｜微笑｜直立｜横绑(写)｜斜插｜虚掩｜反锁｜深埋(思、入)｜重视｜宽待｜干咳(喘)｜白吃｜瞎撞

跟前边 **1A**(a)的形名组合一样,这里的形动组合也有许多应该说是词而不是词组。两个成分里有一个不能单用,例如'新建','深思','微笑',当然是词。可是能不能说两个成分都能单用就一定是词组,例如'闲坐','宽待','直立'? 这里跟形名组合一样,困难在于怎样划界限。

形动组合也有两两相连的例子:

大惊小怪｜明察暗访

难和好是形容词,但是否修饰后边的动词是个问题:

火车好开,彰武难过。

(b) 双音形容词。

深切感到｜深刻体会到｜大胆创造｜单独负担(堵住)｜最终征服｜老远望见｜老实说｜通常用｜一定去｜正式动工｜共同绣着｜分明看见｜确实把…看做｜实在不着边际｜真正出现｜完全展开｜昂然立在…｜恍惚看见｜飘忽而过

有少数例子是形容词修饰形容词的,因为情况简单,不另立项目,附记在这里:

完全舒畅｜真正宏伟｜实在不容易

有一个例子里的形容词应该说是属于整个句子(或整个谓语)而不是只属于动词的:

如果有人追问我…,我干脆闹不清。

2B 形+de+动 材料里只有双音形容词的例子，没有出现单音形容词的例子。

高兴地，耐心地，客气地，英勇地，勇敢地，狂热地，虔诚地，急切地，殷切地，飞快地，风快地，秘密地，简洁地，恶毒地，初步地

下面是有附属成分的例子：

很谦虚地，挺严肃地，挺开朗地，挺温柔地，怪灵巧地，十分紧张地，比较完整地，那样热情地

两个形容词连用的例子有一个：

简单扼要地

形容词修饰动词的情况跟形容词修饰名词有很多相似之处，虽然不完全相同。

（1）形容词和动词的音节数目。

动词往往带着、下来等等，后者算不算在动词音节之内不好确定。但是大体上还是可以说，单音形容词修饰单音动词的较多，双音形容词修饰双音动词的较多。

（2）带 de 与否。

单音形容词带 de 修饰动词的例子材料里没有出现。

双音形容词修饰动词，带 de 不带 de 的都有，数量没有明显的差别。但是有一点跟形容词修饰名词不同。修饰名词的时候，带 de 的去掉 de，不带 de 的加上 de，都相当自由，除风格上的限制外没有别的限制。修饰动词的形容词，带 de 的，有的不能去掉，例如‘高兴地，客气地，谦虚地，灵巧地’等等；不带 de 的，有的加不上，例如‘真正，完全，通常，一定，共同’（这些形容词修饰名词时都是可以加 de 的）。

双音形容词两两连用时必须带 de，跟修饰名词时相同。

(3) 有附属成分与否。

单音形容词修饰动词时没有带附属成分的例子，这是跟修饰名词时不同的。[②] 双音形容词修饰动词时可以有附属成分，有附属成分必须带 de，这是跟修饰名词时相同的。

2C 重叠式十动 动词前边的重叠式跟名词前边的重叠式一样，从结构上也可以分成五个类型。

(a) AA 式。

细细看着｜轻轻放下(爬上来、问、叹口气)｜紧紧握住(搂着)｜早早睡下｜慢慢说(爬、落、消、熏烤)｜远远传来｜明明是个…(长的不错)｜暗暗骂(叫)｜好好读(上山)｜白白带在我的身边｜整整有三十一年｜足足等了两小时

以上是单音形容词重叠的例子。在下面的例子里，单音形容词现代已经罕见或者完全不用了：

渐渐接近｜略略有点弯｜遥遥对峙｜徐徐展开｜隐隐露出｜纷纷走了(投降)｜悄悄问(说、念、喊、开过站去、挤进门缝来)

下面是重叠以后才成为形容词的：

团团围住｜铮铮响起来

下面是动词之前有一字的例子：

微微一笑｜淡淡一笑｜细细一盘问

下面是形容词和动词被副词隔开的例子：

远远就闻到｜慢慢地便现出…

以上列举的都是不带 de 的形式。带 de(写做地)的形式有：

细细地检查｜慢慢地指导｜淡淡地一笑｜悄悄地活着(死了、消逝)｜重重地敲门｜默默地直盯着｜乖乖地叫他的排哨都缴了枪｜呜呜地哭嚎｜烟在笃笃地冒

这里边有同书也出现不带 de 的形式的，也有只出现这里所举的

带 de 的形式的。带 de 的形式的总数比不带 de 的形式少得多，好象是基本上用不带 de 的形式，只是在不带 de 念起来不顺口的场合才用带 de 的形式（只有‘细细地’，‘慢慢地’，‘淡淡地’三例是不带 de 也顺口的）。这样一种情况比较特殊，可能是作者的个人风格或者受方言影响，别的材料里是带 de 的比不带 de 的多，除了少数习惯上不带 de 的，如‘明明’，以及文言气较重的，如‘徐徐’，‘纷纷’等。

(b) ABB 式。AB 成词的少：

两眼机灵灵地直竖着｜冷淡淡地一笑

AB 不成词的比较多：

笑嘻嘻地望着远方｜笑眯眯地坐了一会儿｜羞答答地说（坐在炕沿上）｜稻穗…沉甸甸地垂着头｜火辣辣地痛｜急匆匆地奔到窑前｜直挺挺地站在窑里

没有出现不带 de 的形式。

(c) AABB 式。多数是 AB 成词的：

欢欢喜喜聚在一起｜畅畅快快喘一口气｜旺旺盛盛长起来｜从从容容搜寻（修剪枝叶）｜稳稳重重一笑｜浩浩荡荡涌向天安门｜恭恭敬敬打了个立正｜冷冷静静摸着下巴说｜清清凉凉洗个冷水澡｜清清楚楚暴露出｜隐隐约约现出（闪着亮光）｜零零乱乱翻着一卷历史稿本｜零零散散读了些章节｜惶惶惑惑说｜呜呜咽咽吹着‖蓬蓬勃勃地发展｜严严密密地闭死｜朦朦胧胧地跑出来｜含含糊糊地答应｜阴阴沉沉地坐着｜干干净净的靠手艺吃饭

双线后边是带 de 的（多数写做地，一个写做的）。以下是 AB 不成词的：

轰轰烈烈干起来｜影影绰绰走下一群黑影

以下的例子里重叠式和动词被一个单音形容词或一个副词隔开：

糊糊涂涂白吃了二十几年饭｜舒舒服服多睡一会｜呜呜咽咽只是哭｜陆陆续续又来了好几位

(d) ABAB式。只有两个例子：

轰隆轰隆响‖呼嗤呼嗤地干喘

(e) 别种构造的四字式。

慢条斯理说｜慢言慢语说｜轻手轻脚摸上去｜不紧不慢走在前面｜无缘无故会失踪‖诚心诚意地栽培｜有意无意地夸大｜穷凶极恶地挣扎

上面所列的各种重叠式的例子，很多是只能出现在动词前边，不能出现在名词前边的。这些是不是还能叫做形容词？这是个重大问题。如果只把既能修饰名词又能修饰动词的归入形容词，把只能修饰动词的归入副词，那就是把就这里来说是同形式同功能的一批词分成两类，未免有点割裂。如果把所有的动词前边的重叠式都归入副词，那就是否认形容词能修饰动词，连非重叠式（带de的和不带de的）也得同样处理，让很多的词兼属形、副两类。这个问题要经过更多材料的分析才好解决。

3　动＋形　直接出现在动词后边的形容词，对动词起补充的作用，有些语法书上也称之为补语。但是这跟出现在动词加得后边的补语颇有分别，应该看做两种成分。第一，直接出现在动词后边的形容词只有简单形式，没有带de的形式，更没有重叠式，而出现在动词加得后边的形容词则可以有各种形式。第二，直接出现在动词后边的除形容词外只有动词的简单形式，而出现在动词加得后边的则可以有带着各种附属成分的动词，还可以有主谓结构。第三，直接出现在动词后边的补语，在它和动词中间可以插入表示可能性的得、不，而在动词加得和补语中间则不能有这种得、不(如果有不字,也是单纯否定,不是可能性的否定)。因此有些语法学家认为动词直接加形容词(或动词)是一种构词方式,不是一种句法结构。

这样的动词加形容词的例子:

睡(戴、盖、修、熬、打、埋)好｜打(搞)坏｜挤(布、装、长)满｜长(放、睁)大｜磨(踢)破｜撕(跌)碎｜看清｜发(红、白、灰、亮、松)｜磨(平、快)｜挑(扭)亮｜烧糊｜站稳｜缩短｜砸烂｜看熟｜用滥｜做错｜起早睡迟｜说多了话｜你还能吃穷我?

上面都是单音动词加单音形容词的例子。双音形容词出现在这种位置的例子是不多的,在材料里只有一个'清楚':

谈(辨别、探听、追查)清楚

跟它配合的动词也以双音的为多。双音动词跟单音形容词组合的例子(如'收拾好')材料里没有出现。

下面是插入得、不的例子:

吃不饱｜穿不暖｜看不清

直接补充动词的形容词,绝大多数是不带附属成分的,但是也有例外。一种例外是形容词前边加最、极等副词:

生长最泼｜流传极广｜飞出去老远

可以注意的是这里的动词都不是单音节。另一种例外是形容词前边有数量词:

走出十来步远｜一跳一尺多高

象这两种例子,当然不是构词方式,是句法结构。

4A 动+得+形 得字在海市里有时写做得,有时写做的,引例照原样。(别的材料里也有同样情形。)

(a) 单音形容词。

说的对｜吃的饱，睡的足｜回来得晚

以下是带附属成分的例子：

飞得挺低｜你把我写的太好了｜炸的更凶｜建筑得更美更高｜想的更玄｜进展的那样快｜长的大一点‖烧得正旺｜长的可壮啦｜庄稼长的也好｜打的又巧｜回来的才这样迟｜你想的倒真远

双竖线以前的例子，形容词前边带程度副词或后边带数量补语。双竖线以后的例子，形容词前边带的是一般副词或一般副词加程度副词。

以下是用又字连接两个单音形容词的例子：

磨得又亮又快｜锁的又紧又牢｜眼睛哭的又红又肿｜火烧得又小又慢

(b) 双音形容词。

冻的赤红｜蒙的漆黑｜谈得热闹｜瞒得严密｜抢的精光｜越红得可爱｜长的高大健壮｜冲得溜光滚圆｜布置得整洁而朴素

以下是带附属成分的例子：

炸得很厉害｜绿得更加动人｜烧炼得更加纯正，更加刚强｜写得非常粗率｜变得异常晴朗‖日子过的还富余

从上面的例子看来，得字后面的补语多数是双音形容词或者单音形容词带附属成分，单独一个单音形容词这里只有三个例子。这似乎表示 **4A** 和 **3** 是互相补充的两种格式，单音节补语不用得，多音节补语用得。可是两方面都有例外。究竟这两种格式怎样分工，还需要进一步研究。

另外有两个特殊的例子：

［你］舀的一慢，船主就拿铅鱼浮子往你头上磕｜［你］救的稍微一慢，会糟蹋牲口的

这跟'你稍微一动，它就跑了'是同一种句法，可那里动是谓语，而

这里慢是补语，结构不同。这似乎能说明得字后面的补语的性质确实有几分近似谓语。③

4B 动＋得＋重叠式 出现在得字后边的形容词没有由简单式加 de 构成的形式，现在就接着看重叠式的例子。

(a) AA 式。

生得高高的｜生得矮矮的

(b) AABB 式。

洗得干干净净｜睡得蒙蒙眬眬的

(c) ABAB 式。

烧得血红血红的｜看得真亮真亮的

(d) 别种构造的四字式。

摸得一清二楚

上面的例子里没有 ABB 式，这是偶然缺少，别的材料里是有的。

AA 式必须带 de，其余的可带 de 可不带。

5A 名＋形 形容词的重要功能之一是做谓语，在海市里形容词做谓语的例子比做名词修饰语的还略微多点。现在先看一般的情况，然后提出一些特殊项目来谈谈。

(a) 单音形容词(不带附属成分)。

我小｜风硬｜煤好｜碱多｜土地坏｜水性好｜经验多｜结构散｜蝎子毒｜家里贫

有些主谓组合有相当大的凝固性：

年轻｜嘴钝｜手巧｜命苦

'年轻'已经被认为是一个词了，其余的是不是也可以援例呢？

下面是用又字连接两个单音形容词的例子：

另一个又黑又胖｜张德盛又急又躁｜[云雾]又浓又湿｜[我的心]又

软又热

下面是单音主语加单音谓语两两相连的四字句：

天高气爽｜天青海碧｜天荒地老｜雨横风狂｜年轻力壮｜胆大心细｜眼尖手快｜手忙脚乱｜腰酸腿软｜面黄肌瘦｜皮黄骨瘦｜家长里短

这里边很多是不能拆开用的。

下面也是不能拆开的两个名形组合相连的例子，但只有第一个例子可以认为是主谓结构：

[两个人便]一脚高一脚低…｜[山上的气候]一时晴，一时阴

(b) 双音形容词(不带附属成分)。

人丁兴旺｜生活富裕｜人地生疏｜市面冷落｜身量高大｜性格鲜明｜神态悠闲｜动作灵敏｜全国人民一致｜(在)中国人民危急(的时候)…(共三十例)

主语绝大多数是双音名词，跟谓语合起来构成一个四字句，这是汉语里占优势的一种节奏单位。

下面是两个形容词(或一个形容词和一个动词)联合作谓语的例子：

天也作美，明净高爽｜瞧这老家伙，溜明崭亮…｜涌现出更多的河流，翻腾澎湃｜丢下她一个人，孤苦伶仃｜他的话好象流水，滔滔不绝｜彼此默默无言｜空棺犹存，却早已残缺不堪｜…年青的工程师，能干而诚恳

这种两两相连的双音词形成一种四字熟语，结合很紧，往往有一个组成部分不能单用。从上面的例子里也可以看出，这样的谓语常常是承接上文而中间有停顿，在语音上自成段落。

做谓语的形容词，无论单音的还是双音的，都是带附属成分的比不带的多。所带附属成分又以表明程度的为最多，可以分为

四类：

（1）在形容词前边加程度副词。这样的副词有：

有点，有些，比较，很，挺，满，好，更，更加，最，极，极其，太，再…没有，真，实在，确实，十分，格外，分外，特别，这样，这么，那样，那么，多，多么

这里边的‘真’，‘实在’，‘确实’，‘特别’是不是还可以算形容词呢？这是形容词和副词分界问题的一部分。

（2）在形容词前边加比方的词语：

象父亲一样好｜［他十年前的话］还象昨天一样新鲜｜跟玉泉山顶一样平｜心比太阳还要热｜嘴唇皮比刀子都锋利｜一步比一步困难｜生活一天比一天宽，一天比一天强

（3）在形容词后边加表示程度的词语：

欢喜透了｜鲜艳极了｜清爽异常｜强百倍｜丰富多少倍｜比电线杆子高不多少

（4）在形容词后边加得再加表示程度或比方的词语：

细致得很｜冷的要命｜好的不能再好｜机灵得象只猫儿｜高得一直顶着太阳｜大得看不见边｜蓝得人心醉｜浓得好象要流下来似的

另一类附属成分是不表示程度的副词（一部分是形容词?）。例子很多，但所用的副词只有十几个，下面各举一例：

那孩子也真孝顺｜一戳便破碎｜他的影子渐渐也就淡了｜不顶你几句才怪｜霜雪又重｜胡子都白了｜［这叶子］还香呢｜可真自在｜风景却别致｜情况正紧｜越来越淡｜现时竟这样繁华｜病原不轻｜他当然高兴｜其实平常｜实在耐烦

此外还有不字，例子很多。

现在提出几个项目来谈谈。

（1）后边带了字。例子很多。

头发白了，人也老了｜夜深了｜你错了｜晚了｜远啦｜红叶红了没有？

形容词带了字就不再表示静态，因此有人认为这里的形容词已经转化成动词。我们觉得与其说这是转类的根据，无宁说这是形、动难于分为两类的理由。

(2) 前边有一字。例子有两类，一类是单独站得住的，一类是引起下文的。

头微微一低｜心里一阵酸｜我的心豁然一亮‖地势一高，气也清爽｜风一紧，河心就起波浪｜心一横，卖了两亩地，买了枝三八盒子枪

这也是动词谓语常用的格式，这里的形容词也不表示静态。

(3) 没有主语。形容词做谓语似乎比动词做谓语更容易没有主语。海市里这样的句子不少，前面举的例子里有的就是没有主语的，现在再举几个例子：

对｜奇怪｜好险｜多美啊｜漂亮啊‖也妙｜也真绝｜说起来也平常｜你看可恶不可恶？

双竖线前是感叹句。

(4) 主语是动词。例子不多。

(我寻思)送她点什么礼物好｜(手脚勤快)，做事细心

(5) 主语前边还有动词。例子也不多。

说我们野蛮愚昧｜不嫌我老｜别看它破｜等天黑

这些是不是都是所谓‘兼语式’，可以研究。

5B　名＋形＋de　形容词带 de 的形式基本上不用来做谓语，如果是字后边的‘…的’不算谓语的话。只有一个例外：形容词前边要是加上怪字，后边一定带 de。

看见张德胜怪和气的｜耳朵上摇着两只金色大耳环，怪好看的

5C 名+重叠式

(a) AA 式。

部队离我远远的｜年纪轻轻的｜声调懒懒的｜眼圈红红的｜学名叫海胆，圆圆的‖金光闪闪｜烟雾腾腾｜须髯飘飘｜怒气冲冲｜朝气勃勃｜绿荫森森｜人海茫茫｜波浪滔滔｜西风飒飒｜荒坟垒垒

双竖线前边的都是单音形容词重叠，双竖线后边的都是重叠之后才成为形容词的，其中前四例的'闪'，'腾'，'飘'，'冲'原来都是动词。前者都带 de，后者都不带 de。下面这个例子是意义相对待的两个单音形容词各自重叠，联合起来做谓语。

那是一片坟墓，高高低低…

(b) ABB 式。

浑身上下红彤彤的｜黑糊糊的，不辨东西｜黑沉沉的，竟不见月亮的消息｜天空阴沉沉的｜[沙漠]白茫茫的｜满山香喷喷的｜头就晕忽忽的｜嘴里喘吁吁的｜他身上有股劲…热烫烫的｜我的心…空落落的｜象他们那样赤裸裸的

这里边只有'阴沉沉的'是 AB 成词的，其余的都是 AB 不成词的。所有的例子都带 de。

下面三个例子里的 A 都不是形容词而是名词。

年轻轻的就守寡｜电镐周围烟腾腾的｜那利比亚沙漠，笼着月色，雾茫茫的

这些'ABB'好象不能分析为主谓结构，因为跟我们的语感不符。如果是主谓结构，主语大概会是个双音节。

(c) AABB 式。

那群黑影摇摇晃晃的｜金字塔的夜月，朦朦胧胧的，仿佛是…｜喜欢拿树根刻玩意儿，一刻就是神仙驾着云头，缥缥缈缈的｜象是老和尚的百衲衣，零零碎碎的，不知有多少小方块｜你的作品干干净净

‖底格里斯河滚滚滔滔｜大对虾也象一阵乌云似的涌到近海，密密层层｜市上游动着许多黑点，影影绰绰的

双竖线前边是AB成词的，后边是AB不成词的。这两种例子都是有带de的，有不带de的。另一可以注意之点是这种谓语多数在语音上自成段落。

(d) ABAB式。

海水碧蓝碧蓝的｜煤黑亮黑亮的｜火的洪流闪亮闪亮

(e) 别种构造的四字式。

红叶…半黄半红的｜非洲的二月，不冷不热的｜说话慢言慢语的

重叠式形容词做谓语，有时候跟修饰动词难以分辨，例如：

西北风呜呜扑着窗纸｜总漂在浮面上，油光光的有点刺眼｜高高低低修了好多座小水库‖火焰从烟囱冒出来，忽忽地，好象刮风｜也会结结巴巴的，说走了样｜嘟嘟囔囔的，直埋怨肚子饿｜还能老疯疯癫癫的，跟你们一起闹？

前三例是重叠式后边没有逗号的，后四例是有逗号的。好象可以就凭有没有逗号，把前三例当做修饰动词的，把后四例当做谓语。这是否有点'简单化'呢？可也想不出更好的办法。

6A 名＋是＋形 这可以认为是在用形容词做谓语的主谓结构的中间加了个是字。加是字有好几种原因。有的是为了加强肯定：

玉禄对电镐的感情是浓｜另一位同伴也嗅了嗅，叫：'哎呀！是香'｜有许多人提出我这部作品的结构散。是散，因为…

这里的是字重读。

有的是'欲擒故纵'，为下文转折作势：

灯是灵巧、好看，可是…

这里的是可以重读,可以不重读。

更多的是因为句内有副词,有个是字好象副词比较便于附着似的。

农庄实在是富足的很|性情却没变,还是那么厚道|我们人民的感情就是这样纯真,这样高贵|香山这地方也没别的好处,就是高|要是啃它几口,准是又酥又脆

有的是某些带几分系词性质的动词跟是结合在一起:

马算是不要紧了|写家庭和官场…也称得起是淋漓尽致了

此外的例子:

战士对祖国的爱是怎样深沉啊|我是多么渺小,多么的孤单啊|迎面出现一块大木牌子,是蓝色

前两个例子都是感叹句,形容词前边有怎样和多么。

6B 名+是+形+de 这种格式不能解释为主谓结构中间加是字,因为形容词带 de 的形式是难得用来做谓语的。在大多数'是字句'里,是字前后都是名词性成分,现在这种格式可不可以这样来理解,即'形+de'是隐含着一个名词呢?多数例子可以这样理解,如:

场面是十分动人的|工程是极其艰巨的|心情也该是轻松的|刚才那个[闺女]是最小的(共十九例)

'十分动人的'等于'十分动人的场面',虽然在一般的情况下我们不说'场面是十分动人的场面'。

另一些例子这样理解就有些困难,如:

个人的幸福和整体的幸福是一致的|要想象出…在我当时是不容易的|[这]是真的呀?(共七例)

'一致的'什么?'一致的幸福'是不好讲的。'不容易的'什么?

‘真的’什么？主语不是名词就更不好办。要说这里隐含着一个名词，就只能说是隐含着东西或事儿。

6C 名＋是＋重叠式 例子不多，都带de。

我的作风还是那么文绉绉的｜他是那么躲躲闪闪的｜那对大耳环不是孤孤零零的

7 形＋de，在别的位置上 ‘形加de’这个形式，除了以上各节里的用法之外，还出现在一些别的位置上。

（1）做宾语。

为什么你们专装大窑，光叫我们装小的？｜冒的全是蓝烟，不见白的｜花色也多，有白的，有红的，有粉的，有紫的｜往后砍树，只挑大的，留着小的好再长

这里的‘…的’都可以说是隐含着一个名词，前两例最为明白：‘小的’等于‘小窑’，‘白的’等于‘白烟’。

（2）做‘是字句’的主语。

黄的是沙，蓝的是水，绿的是…田地｜那在天边隐约闪亮的不就是黄河？｜顶可怕的是龙卷风｜最奇的是海上偶然间出现的幻景，叫海市

这里的‘…的’就不能说是隐含着同句的名词了：如果说‘黄的是沙’等于‘黄的沙是沙’，就变成另外一种意思，可以接着说‘白的沙也是沙’，可不能接着说‘蓝的是水’。但是这里的‘…的’的名词性还是明显的，隐含着的名词是东西或事儿。

（3）做复指成分。

捧着大把的花，黄的，紫的，粉的…拦着车叫卖

这里的‘黄的’等等，等于‘黄的花’等等。

（4）‘有什么…的’。

有什么好笑的｜没什么奇怪的

（5）其他。

一网最多的能捕二十多万条

这两类例子里的'…的'说不出隐含着什么名词。

8 简单形式的形容词的其他用法

（1）**动＋形**（形非补语） 下面的例子可以分好几类，现在把不同类的动词用双竖线隔开。

［绳子］有火柴头粗｜你看我有多大啦？｜你看敌人有多毒辣‖［他爬山］好象不快｜精神也透着特别轻快｜显得又庄严又平静｜落得这样惨‖我觉得不妙｜吃饭都不觉得香｜你嫌热，就回家去｜烧的总嫌太慢‖用字一定要明确精练｜比起那缥缈的幻景还要新奇

有、好象、透着、显得、落得都起着类似系词的作用。觉得、嫌后边象是一个没有主语的谓语。要字一般算做助动词，可是这里跟在要的后边的是形容词，不是动词（'助动词'本来应该作'辅助性动词'讲，不该作'助动词的词'讲）。这些动词里边，显得、觉得、要后边都可以出现重叠式，材料里只有显得的例子：

不言不语，显得愁闷闷的

（2）**形＋动**，形非修饰动

我也不耐烦再理他｜两个人砍的柴，恰恰足够装满第二窑

在句法上不知道该怎么分析。如果把'耐烦'和'足够'算做动词，是否可以勉强归入所谓'连动式'？

（3）**形＝名**

稻穗透了黄｜说长论短‖看见敌人那种残暴骄横｜感到沙漠的荒凉

前边两个例子的动形组合都是熟语性的，后边两个例子是形容词出现在特定的格式里，那里一般是出现名词的。这种例子里的形

容词似乎应该说还是形容词。

(4) **形作主语**(?)

耽心迟了误事

这里的'迟了'是'蒙窑蒙迟了'的意思,'蒙窑'没有说出来,'迟了'能不能说是代理主语呢?

结 束 语

上文叙述的形容词的三种形式和多种功能的关系可以归纳成一个简表:

A	**1**	**2**	**3**	**4**	**5**	**6**		**8**
B	**1**	**2**				**6**	**7**	
C	**1**	**2**		**4**	**5**	**6**		

从这个表上看,形容词的三种形式和形容词的各种句法功能之间的配合,好象虽然不是完全随意,可也没有明显的分工。

但这只是表面上如此。只要进一步分析,就可以看出:

(1) **1A,2A,3** 都不是真正的句法结构。不仅单音加单音的组合象是构词(事实上好多组合已经被认为是一个词),就是双音加双音或者单音加双音的组合也象是构成一种复合词,至少是一种封闭性短语。④

(2) **C** 式无论在形式上还是意义上都跟 **A-B** 式有所不同。在形式上,(**a**)**A** 式和 **B** 式的分别就在于有没有 de。这个 de 的有无,使它们的功能有所区别,而 **C** 式带 de 与否没有这种区别,至多只是风格上略有不同。(b)**A-B** 式常有附属成分,**C** 式一般没有附属成分。在意义上,**C** 式是描写性的,不是区别性的;没有相反的属性，不能用不来否定（只有‘不小（的）’，没有‘不小小的’，只有‘不普通（的）’，没有‘不普普通通的’）；没有程度的差别，不能加以程度修饰（只有‘很高（的）’，没有‘很高高的’，只有‘欢喜得说不出话来’，没有‘欢欢喜喜得说不出话来’）。

可以顺便指出：C 式是构词的产物，不是词形变化的产物。**A** 都可以变成 **B**，**B** 也都可以变成 **A**，但不是每一个 **A** 都可以变成 **C**，也不是每一个 **C** 都是由 **A** 变来的。如果 **A** 和 **B** 还可以说是同一个形容词的两个形式（这一点也有人不承认），**C** 就只能说是由另一种构成方式产生的另一个形容词。

（3）**6A** 和 **6B**，虽然形式上相似，其实作用不同。**6A** 的是是外加的，**6B** 的是则是这种句式的必要组成部分。这里的‘…的’具有一定程度的名词性，因而是字是必要的。

为了反映这些情况，可以利用字体的区别和附加数码的办法把上面的简表重写如下：

A	**1**	**2**	3	**4**	**5**	**6_1**		**8**
B	**1**	**2**				**6_2**	**7**	
C	*1*	*2*		*4*	*5*	*6*		

表里黑体字表示一般句法结构，一般字体表示构词或造成封闭性短语，斜体字表示形容词起的是描写作用，不是区别作用。这样，三种形式的分工还是相当清楚的。

最后，还得提一下 **A-B** 式的音节数目问题。上文在好些地方（**1B** 之后，**2B** 之后，以及别处）都谈到单音形容词和双音形容词的异同情况，现在再总括起来说一下。首先得说明，光是分别单音形容词和双音形容词是不够的，需要分成三类：（1）单音节（单独一个单音形容词），（2）双音节（单独一个双音形容词，两个单音形容词直接联合),(3)多音节(两个双音形容词,两个单音形容词用'又…又'连结,单音或双音形容词带附属成分,其中包括实际上只有两个音节的,如'很好')。

在 **1** 和 **2** 两种格式里,音节的多寡影响 **A** 式和 **B** 式的选择。多音节一概用 **B** 式,这是强迫性的。双音节用 **A** 式或 **B** 式是自由的。单音节倾向于 **A** 式,尤其在 **2** 的格式里几乎是强迫性的。

3、**4**、**5** 三种格式没有选择 **A** 式或 **B** 式的问题,但是在音节多寡上表现一定的倾向。**3** 以单音节为主,双音节不多,没有多音节(如果不算插在中间的得、不)。**4** 和 **5** 都是多音节较多,比单音节和双音节加起来还多。

注:

① 一百三十七个形容词里有的不止修饰一个名词,所以有一百六十多个例子。

② 有个别的例外,如'很好地','更多地',但是这份材料里没有出现。

③ 语法学家中间有把得后补语视为谓语的,如龙果夫(现代汉语语法研究,1958 年,科学出版社。§§86,87);也有认为这是递系式的次系的谓语的,如王力(中国现代语法,1954 年,中华书局。194—8 页)。

④ 参看范继淹:形名组合间'的'的语法作用,载中国语文,1958 年 5 月号,213—7 页。

(原载中国语文,1965 年 6 期)

单音形容词用法研究

——普通话三千常用词表(初稿)里 140 个
单音形容词的分析

0　引言　不久前我们把海市这部书里的形容词的使用情况做了一番考察,[①] 现在我们要把普通话三千常用词表(初稿)[②] 里的 451 个形容词拿来做一次分析。这两个工作的做法不同。考察海市里的形容词的时候,出现哪些形容词,就记下哪些,某一形容词有哪些种形式,哪种形式有哪些种功能,都只能以材料中看到的为限。这样,对于形容词作为一个词类的使用情况大致能全面地反映出来,可是在这部书里出现的几百个形容词之中,几乎没有一个的形式和功能得到全面的反映。这就是说,要研究'形容词'内部的一致或分歧的程度,这样的考察是无能为力的。本文采取另一种做法:选出若干个形容词作为考察的对象,把它们的形式和功能逐一分析,加以比较。用的是词表里的 451 个形容词。这并不意味着这些都是典型的形容词,这里边有典型的形容词,也有不太典型的形容词,有的甚至连是否形容词都成问题。总之,这 451 个词是非常多样化的,可是在一定程度上代表一般人心目中的'形容词',而这恰好是适合我们的研究目的的对象。我们的目的是要了解:一,形容词作为一类,它的各种用法的实际情况如何,这种或那种用法有没有什么条件,这种用法和那种用法之间有没有什么联系;二,这 451 个词的用法一致到什么程度,有哪些分歧，是否引起归类的问题。此外，对于与形容词有关的词类分合问题，例如形容词和副词怎样划分，形容词和动词怎样划分，甚至能否划分，也希望能得出一些可供参考的论据。

在考察一部书里的形容词使用情况的时候，我们说某一形容词有某种形式，某种形式有某种功能，都是‘有书为证’的。现在要研究一个词表里的几百个形容词的形式和功能，如果要每句话都‘有书为证’，那就不知道要检查多少万字的材料才能达到目的。某一形式的某一用法，尽管我们能肯定它是有的，也可能在上百万字的材料里就是一次也不出现。因此，只能凭个人的认识来给每个形容词记下它可能有的形式和功能，这里就有很大的主观性。如果能把这些设想的例子全部发表在这里，还可以让读者考核，可是篇幅的限制绝对不允许这么做。只能努力做到尽可能减少错误，希望得出的结果大体上正确，少数词的分析不当不至于影响总的结论。

词表里列为形容词的词有 451 个，其中单音的 140 个，单音带 de 的 1 个，双音的 297 个，双音带 de 的 4 个，三音节的 9 个。单音形容词和双音形容词在用法上很有些差异，底下分两节讲。为了讨论的方便，带 de 的形式和不带 de 的形式放在同一节讲，重叠形式另作一节。

词表里的一百四十个单音形容词是：

大 小 高 低 矮 长 短 粗 细 远 近 宽 窄 厚 薄 深 浅 干 湿 满 空(kōng) 亮 暗 强 弱 重 轻 浓 淡 稠 密 稀 硬 软 粘 滑 紧 松 净 脏 早 晚 快$_1$(锋利) 快$_2$(不慢) 慢 迟 生 熟 新 旧 贵(物价) 贱(物价) 热 冷 温 凉 响 静 胖 瘦 肥 壮 美 丑

老1（不嫩、年老） 老2（非新）嫩 好 坏 巧 笨 乖 傻 穷 狠 怪 乱 碎 稳 准 忙 闲

瞎 聋 瘸 哑1（哑巴） 哑2（沙哑）

饱 饿 渴 困 乏 累 闷 晕 疼 痛 痒 慌 羞 急1（着急） 急2（急促、紧急）

白 黑 红 黄 绿 青 蓝 紫

甜 酸 苦1（苦味） 苦2（痛苦、忍受痛苦） 辣 咸 涩 香 臭 腥 臊(sāo)

方 圆 扁 平 正 偏 歪 斜 弯 直1（不弯） 直2（竖） 横 尖 秃

真 假 对 错 行 差（不好） 难 多 少 够 完

这些词的次序和分组大体上依照词表，局部经过调整。分组基本上依据词义，用法上同组的词有某些共同点，但不完全一致。快，老，哑，急，苦，直都分别1和2，因为用法不一样。事实上很多形容词是多义的，有时候影响用法，有时候不影响用法。下面讨论各项用法的时候，遇有必要还要加2或3（不加的应理解为1），这里没有预先加以区别。

语法书上一般说形容词有这些特征：(1)受程度修饰，(2)能修饰名词，(3)一部分能修饰动词，(4)能直接补充动词，(5)能做‘动＋得’的补语，(6)能做谓语。此外，(7)一部分形容词后边能带宾语或类似宾语的名词性成分，有的可以认为已经转成动词，(8)一部分形容词能转成名词，或者用做名词性成分。下面依次讨论。

1 程度修饰 程度修饰包括：(1)前边加很，挺，有点儿，更(加)，最，太，多(么)等；(2)后边加得很，得利害，极了等。此外，

(3)不也可以看做一种程度修饰，表示程度等于零。这些修饰成分的适用面大小不等，也就是说，词表里 140 个单音'形'对于这些修饰成分的反应不完全一样：有的全用得上，有的只用得上一部分，有的全用不上。现在选用若干形容词做例子，说明这种情况，如下表：

	不	有点	很	极了	更	多？	多！
冷、重、硬	+	+	+	+	+	+	+
渴、黑、难	+	+	+	+	+	?	+
大、高、厚	+	?	+	+	+	+	+
空、好、直1	+	—	+	+	+	?	+
对	+	+	+	+	—	—	—
行、够	+	—	+	—	—	—	—
错、假	+	—	—	—	—	—	—
青、蓝、紫	—	+	—	—	—	—	?
真、横、直2	—	—	—	—	—	—	—

值得注意的是，意义上属于同类的词，甚至一对反义词，受程度修饰的情况可以不一样。例如对和错不同，真和假不同；同是表示颜色的词，黑、白、红和青、蓝、紫不同，黄、绿介乎二者之间；可以说'这箱子有点儿重'，不说'这箱子有点儿轻'，可以说'这香蕉有点儿生'，不说'这香蕉有点儿熟'；如此等等。

2　修饰名词　单音'形'修饰名词，大致可以分三种情形：

(1) 比较自由。这只有少数几个：

大，小，新，旧，好，坏，真，假

(2) 不太自由。大多数属于这一类。比较：

重担子：*重箱子｜短头发：*短辫子｜脏衣服：*脏鞋｜弯路：*弯街｜

高山、高峰：*高山峰｜闲工夫：*闲日子｜错字：*错数目｜难题：*难问题｜蓝墨水：*蓝海水｜红水河：*红水｜黑水洋：*黑水

再比较：

远道：*近道｜巧手：*笨手(除非连着‘笨脚’)｜高台阶：*低台阶｜粗线条：*细线条｜热炕头：*冷炕头｜冷板凳：*热板凳｜粗茶淡饭：*淡茶粗饭｜青山绿水：*绿山青水

最足以表明单音‘形’修饰名词的局限性的，莫过于跟同一‘形’做谓语比较。因为如果‘形’和‘名’在意义上不能配合，‘形’就不能做‘名’的谓语，能做谓语却不能做修饰语，可见不是意义不能配合(参看 6 节末)。

(3) 局限性很大，甚至完全不修饰名词。这也只有少数：

瞎…③(除‘哑$_2$’)，饱…(除‘急$_2$’)，贵，贱，紧，松，迟，美，稳，对，行，差，够，完④

单音‘形’修饰名词的局限性大小是一种连续变异，上面所分三类是没有严格的界限的，可是总的说来，单音‘形’修饰‘名’(尤其是单音的‘名’)，基本上是熟语性组合，其中很多已被人们视为单词。

单音‘形’(除上述‘大’等少数几个)要获得自由修饰名词的能力，得扩展成多音节，利用带 de 的形式。或者扩展为重叠或非重叠的描写式：

厚厚的雪｜高高的山峰｜重沉沉的箱子｜短橛橛的辫子｜弯弯曲曲的街道

或者加上一个实际上不怎么起作用的程度副词：

很厚的雪｜挺贵的价钱｜稀脏的鞋｜精瘦的手

或者换用一个同义的双音词：

空闲的日子｜困难的问题｜蔚蓝的海水｜紫色的树皮｜圆形的花

坛｜四方的院子

3 修饰动词 单音'形'修饰动词，也跟修饰名词一样，只有少数比较自由，多数都有局限性。(1)比较自由的有以下这些：

多，少，真，假，大，新，早，晚，乱，难，⑤直$_1$，直$_2$，横

另外有一些，修饰动词也比较自由，但是意义跟修饰名词的时候不同。在下面的例子里加数码以示区别：

硬$_2$(勉强、执拗)-撑，挺，拉，说，要｜偏$_2$(偏偏)-要，说，去｜好$_2$(可以，容易)⑥-认，记，回答，商量｜快$_3$(不迟延)-说，写，坐下，进来｜快$_4$(就要)-开会，到家，过年｜正$_2$(正在)-说着，下着雨｜早$_2$(已有相当时间)-走了，知道了｜准$_2$(一定)-去，知道，能行｜怪$_2$(非常)-懂事的，逗人喜欢的｜老$_3$(常常、一直)-记着，想他，闹病｜直$_3$(不停)-乐，哭，哆嗦｜净$_2$(只、全)-下雨，是土｜白$_2$(白白)-说，忙，跑一趟｜瞎$_2$(没根据、没理由、没结果)-说，闹，操心

这里边有的不但修饰动词比较自由，而且能修饰否定式动词。例如：

你是真不知道还是假不知道？｜大不愿意｜硬$_2$不答应｜偏$_2$不说｜快$_3$别说了｜早$_2$不在这里了｜准$_2$不会来｜怪$_2$没劲儿的｜老$_3$不出门｜不要白$_2$不要

(2) 大多数形动组合都是熟语性的，一部分已经可以算是单词(其中的'动'有的不能单用)；还有一些，文言味道较重，现代文里不常见。有些组合里的'形'的意义跟修饰名词的时候也有差别，差别较大的在下面例子里加上数码。⑦

小-坐，睡｜高-呼，举｜低飞｜长-叹，出一口气｜细-看，想，问｜远，近-看，听｜宽待，宽打窄用｜深-耕，思，信｜浅尝｜满$_1$载｜满$_2$-打算，以为，不在乎｜空$_2$-忙，跑｜暗-笑，想，含｜强$_2$-占，渡｜重-用，视｜轻视，轻抬轻放｜干$_1$-洗，馏，号，笑｜干$_2$-瞪眼，着急｜浓缩｜

密植｜稀释｜硬结｜软禁｜滑-行,翔｜紧-握,接,挨着｜净-存,欠｜快$_2$打猛打｜慢$_1$走｜慢$_2$(不亟亟)说,且慢开会｜迟到｜生$_1$吃｜生$_2$-擒,还｜熟-读,悉｜贵买贱卖｜热-轧,爱｜冷-吃,笑｜凉拌｜静-坐,养｜巧干｜笨干｜傻笑｜穷$_1$-忙,折腾｜穷$_2$迫｜狠抓｜稳拿,稳扎稳打｜饱-餐,看,经｜渴望｜痛$_2$-饮,恨,骂｜闲坐｜白-煮,描｜红烧｜苦$_2$-笑,干,练｜臭骂｜平-放,分｜正视｜偏-重,爱,听,信｜歪戴帽子｜斜-挂,插,劈｜尖叫｜错-记,算,怪

(3) 下面这些是没有修饰动词的例子的(有的也许有个别例子,一时没想起):

瞎$_1$…,饿,困…,黑,黄…,甜…(除'苦$_2$、臭'),方,圆,扁,对,行,差,够,[8]完,矮,短,粗,厚,薄,亮,强$_1$,弱,湿,淡,稠,硬$_1$,粘,松,脏,旧,温,响,胖,瘦,肥,壮,老$_{1、2}$,嫩,美,丑,好$_1$,坏,乖,怪$_1$,碎,准$_1$

上面三类单音'形'都有一部分(但都只有一部分)可以扩展成多音节带 de 的形式,从而取得修饰动词的更大的自由。例如:

大大地提高｜细细地计算｜粗粗地估计一下｜远远地走来一个人｜薄薄地涂上一层漆｜松松地拴上一根绳子｜好$_1$好地想想｜很好$_1$地学习｜很快$_2$地转过身来｜巧妙地通过封锁线｜沉重地打击敌人

好$_2$和难前边能加很,例如'很好讨论,很难讨论',但是'很好,很难'之后不能加 de,因此好$_2$和难对于后边的动词是否修饰关系还值得研究。也许该归入助动词?(比较'很可以讨论'。)

此外,在名词前边,不少单音'形'可以加点儿带 de,例如'大点儿的房子','浅点儿的书',可是动词前边只有早、晚、快、慢等少数几个可以加点儿,而且不能加 de,例如'早点儿去','晚点儿睡','快点儿说','慢点儿走'(比较'早点儿的场次要不要?''下午还有一趟比这慢点儿的车',在名词前边得带 de)。

4　直接补充动词　单音'形'直接补充动词有两种情形:或

者结合较松，能插入得、不，能经过扩展或不经过扩展而转换成'动＋得'的补语（有的只能有这两种变化中的一种）；或者结合较紧，不能有这两种变化。前者是比较自由的组合，后者是熟语性组合，一般认为是构词。

（1）较松的动形组合之后往往需要有点、些或了，举例有时从略。搞、弄、变这三个动词能跟许多形容词组合，下面尽可能用这以外的动词做例子。有个别形容词在这种组合里的意义跟在形名组合里的意义差别较大，也加上数码。

下面这几个形容词能加在很多动词后边，可以说是做直接补语的能力特别强：

多（了），少（了），够（了），完，好$_3$（定、妥：'说好、商量好、看好地点'）

一般的例子：

划，围，写－大、小｜站，飞，挂，抬－高｜飞，挂，压，唱－低｜（墙）砌矮了｜伸，拉，抻，住－长｜锯，剪－短｜磨，切，画－粗、细｜站，走，离，看－远｜坐，住，留－宽点｜留窄了｜铺，垫，絮－厚点、薄点｜挖，钻，写－深、浅｜填，装，灌，长，坐－满｜挖，掏，蛀，倒－空｜（灯）捻亮｜打，看，说－重、轻｜晒，晾，烘，烤－干｜淋，溻，打－湿｜熬－稠、稀｜（墨）磨浓｜排密点｜晒，烤－硬｜揉，泡－软｜握，捏，拉，拧，收，堵，塞，绑，捆，扎，系－紧｜捆，扎，系，震－松｜喝，用，搬－净｜穿，用－旧、脏｜来，起，睡，说－早了、晚了｜走，说，念－快$_2$点、慢点｜煮，炒，读－熟｜买，（价钱）定－贵了｜卖，（价钱）定－贱了｜烧，晒，烤－热｜吹响｜吃，养－胖｜饿瘦｜长，喂－肥、壮｜煮，炒，长－老了｜长丑了｜做，写，画－好点｜做，写，画，晒，淋－坏｜来巧了｜变－笨、乖｜吓傻｜吃穷｜逼，追－狠了｜走，说－乱了｜打，撕，碾，压－碎｜站，坐，放－稳｜看，瞄，想－准｜哭瞎｜震聋｜摔瘸｜喊哑$_2$｜吃，看，气－饱了｜走－饿、渴了｜熬困了｜站，走，说－乏了、累了｜转晕了｜碰，刺－痛、疼｜吓慌了｜说急$_1$了｜（菜）做－甜了、酸了、辣了、咸了、淡了｜盼,想,整-苦$_2$了｜搞臭｜搓,车-圆｜压扁｜铺,垫,填,削-平｜坐,立,摆,挂-正｜拉,捋-直$_1$｜(门)开偏了｜碰,戴,长-歪｜挂,画-斜｜扭,压-弯｜削,磨-尖｜(笔)写秃｜说,答,猜,算,做-对、错｜看,听-真$_2$(清楚)｜(题目)出难了

(2) 较紧的动形组合中,有两个动词能跟许多形容词组合,一个是加,一个是发。跟加组合的形容词都是一对反义词之中的意义属于积极方面的一个,如'加强、加快、加深、加宽、加重、加紧',等等。跟发组合的形容词以表示颜色、味道、触觉等感官印象的为主,如'发白、发甜、发亮、发暗、发硬、发粘、发冷',等等。

跟别的动词组合的例子:

扩大,放大,夸大｜收小,缩小｜升高｜降低,减低｜延长｜缩短｜靠近｜放宽,拓宽｜增强｜削弱｜减轻｜冲淡｜放松｜提早｜推迟｜放慢｜回生｜革新,更新,刷新｜转凉｜打响｜打乱｜刷白｜涂黑｜(脸)涨红｜返青

(3) 因为有搞、弄、变、加、发等适应面较广的动词,不大能出现在动词后边的单音'形'是不多的。下面这些也许属于这一类,其中有的也还可以用在变后边。

滑,温,静,嫩,美,怪,忙,闲,哑$_1$,闷,羞,涩,香,腥,臊,方,横,直$_2$,真$_1$,假,行,差

看来单音'形'补充'动'好象比修饰'动'要容易得多。这也是可以理解的,因为形容词所表示的主要是事物的特征而非动作的特征(只有早,晚,快,慢,迟,乱,稳,准等是例外)。动形组合的作用是表示某一事物通过这一动作取得某种性质或状态,'形'指向有关的事物,而形动组合的作用只是用'形'来说明动作,不联系事物。由于同一原因,动形组合中'形'的意义和形名组合中'形'的意义没有多大差别,而形动组合中'形'的意义则往往有所

引申(如‘新造’的新是新近的意思,‘暗笑’的暗是不露出来的意思),甚至变化很大(第3节举例中加数码的)。

因此,动形组合和形动组合一般不能转换。只有少数例子,如‘这一篇要熟读～读熟’,‘错算了～算错了五毛钱’,‘早来了～来早了十分钟’,是成分相同,意思也差不多的。另外有些例子,成分相同,但是意思不一样,例如‘乱说话’是不负责任,‘把话说乱了’是没掌握好,‘大闹技术革新’是轰轰烈烈地搞,‘事情闹大了’是弄得不可收拾。

动形组合和形动组合的句法功能也不一样。前者只有一部分可以把受事放在宾语的位置上,一般是让受事做主语,或者用把字提在前边;后者没有这种限制,跟简单的动词没有分别。

5 做‘动＋得’的补语 单音‘形’经常单独做这样的补语的只有少数:

多,少,早,晚,快,慢,好$_1$,巧,怪,稳,准,真$_2$,对

多数是虽然也有时候单独做补语,但更常见的是经过扩展的形式,例如:

这孩子长得胖～胖呼呼的～挺胖～胖极了～比早先胖多了～比先前胖了点儿

多、少等等有时候也以扩展的形式出现,例如:

雨下得太少|风刮得大了点儿|你来得真巧|这个人来得有点儿怪

有一部分单音‘形’必须或者几乎必须采取扩展的形式(包括加不)才能出现在‘动＋得’后边。例如:

水烧得不够热|天气忽然变得很冷|箱子要装得满点儿～空点儿|不能让它长得太老|笔写得太秃了|粮食晒得很干|浑身淋得精湿|衣服穿得很旧了～很脏了|汤做得太咸～太酸～太辣|变得

很乖～很傻～很笨｜跑得乏极了～累极了～渴极了～饿极了｜这条线画得一点儿不偏～不歪～不斜～不弯｜别把它压得太扁｜这东西做得太差｜这道题出得难了点儿｜睡得不太够

下面这些是或者不能扩展，或者即使扩展了也还是不大能出现在‘动＋得’后边的：

生，新，温，瞎…，闷，晕，痒…，黄…，涩，香，腥，臊，方，横，$直_2$，$直_1$，假，行，完

跟上节所列不能直接补充动词的单音‘形’比较，有相同的，也有不相同的，例如完经常直接补充动词，但是不能做‘动＋得’的补语，而差恰好相反。

‘形’直接补充‘动’和‘形’做‘动＋得’的补语，是形式相近而作用不同的两种格式。‘动＋形’是一个整体，‘形’成了‘动’的一部分，所表示的不是静止的状态或性质，而是状态或性质的变化；而‘(动＋得)＋形’则始终是两个部分，‘形’所表示的是静止的状态或性质，虽然这状态或性质是‘动’的结果。例如‘把水烧热’，伴随着烧的动作的是水的温度的变化，由不热变热；‘水烧得热’则主要是肯定水是热的(与‘水烧得不热’相对)，只是同时说明这是烧的结果。

有少数‘动＋形’的例子不适用上面的解释，例如‘摁重了’，‘来早了’，‘来巧了’，不能说是重、早、巧表示什么变化；这里的‘摁重了’等于‘摁得太重(了)’，‘来早了’等于‘来得太早(了)’，‘来巧了’等于‘来得巧’，两种格式的意义上的差别看不出来了。(另外有些例子可以有两种解释，如‘挂高了，不碍事了’，高有由低而高的意思，‘挂高了，得放低点’，高是太高的意思。)

尽管这样，总的还是可以说‘动＋形’和‘动＋得＋形’是作用

不同的两种格式：前者是一种叙述，后者是一种判断；前者可以用于命令，后者不能。有些语法学家把‘动＋得’后边的‘形’看做一种谓语，是有道理的。⑨可是一律看成以前边的动词为主语怕还有问题。无宁说是主语包括得前边的全部词语，而‘形’所着重说明的则多数为前边的名词（如‘水烧得热’），少数为前边的动词（如‘你来得巧’）。

6 做谓语 单音‘形’单独做谓语，一般只出现在问答和对比的场合：

(a) 会场大不大？——大。～不大。

(b) 这个大，那个不大｜这个大，那个更大｜一头重，一头轻。

对某些形容词来说，(a)有两种意义：一、单纯表示一种性质或状态，大就是‘大’。二、跟一定的标准比较，例如‘这双鞋大不大？’是太大不太大的意思。有些形容词提问的时候得加上个把副词，例如‘嗓子还哑$_2$不哑$_2$？’‘水还温不温？’这两句如果没有还字就问得有点不自然。回答可以只说‘哑’，‘温’。

有些形容词不大能在(a)式里做谓语，可是能在(b)式里做谓语。例如‘扁不扁？’‘差不差？’（差不作‘缺欠’讲），问得有些怪；‘这个扁（差），那个更扁（差）’却很自然。

有些形容词用在(a)式或(b)式都很勉强，甚至完全不行，可是带上一个‘了’，不用问答或者对比也能说了。属于这一类的有：

瞎，瘸，饱，红…，空，偏，歪，斜，弯，错，完

‘形＋了’也可以有单纯的和‘太…’两种意义，比较‘孩子大了’和‘这两个字大了’。

有些形容词能单独用做评论、感叹或命令性质的句子。例如：

对！｜行！｜好！｜快！｜笨！｜滑！小心摔着！｜我不吃。辣！

这些句子没有主语，可是不能不说这里的形容词是谓语性质。

在一般情况下，形容词做谓语总是有些附带成分的。例如：

会场很大｜听讲的非常多｜这两天热极了｜大家都闷得慌｜脸紫得象茄子｜你看这几个字，多美！｜是真的，假不了；是假的，真不了。

末了一个例子比较特别：能出现在‘…不了’这个格式里的形容词是很多的，可是真和假除了在这个格式里竟不大能做谓语（‘不假’做谓语是‘有这件事’的意思，不用于其他场合）。

有几个形容词，虽然不是不能做名词的谓语，但是更常见的是做动词或者主谓结构的谓语。（语法学家对于这种句子的分析有不同意见。拿第二句做例子，早的主语有人说是他，有人说是起床，有人说是他起床。但早是谓语是没问题的。）例如：

[人们]说话快，写字慢｜他起床早，睡觉晚｜他办事稳｜他打枪准

总的看来，一百四十个单音‘形’里只有极少几个是既不能单独做谓语，也不能带上附带成分做谓语的：

哑$_1$，方，直$_2$，横

修饰名词和做谓语是形容词的两项主要功能。按说，同一个‘形’对于同一个‘名’，能做修饰语就能做谓语，能做谓语就能做修饰语，如果把有附带成分的算上，情形的确是这样，例外很少。可是限于单独一个单音‘形’，那就很多不能转换。能做谓语不能做修饰语的例子：

（这里）雪厚：*厚雪｜（这扇）门宽：*宽门｜风景美：*美风景｜能力强：*强能力｜时间早：*早时间｜脾气大：*大脾气｜冬天冷：*冷冬天｜海水咸：*咸海水｜料子够：*够料子｜脑袋疼：*疼脑袋

这里有几种情形。多数例子只能说是因为这些形名组合缺乏熟语性；比较‘厚玻璃’，‘宽银幕’，‘美景’，‘强力’，‘早年’，‘大气（也不敢出）’。‘冬天冷’和‘海水咸’两个例子可以说是因为直接

加在名词前边的形容词有区别作用，可是冬天没有不冷的，海水没有不咸的，因此‘冷冬天’，‘咸海水’有点象废话。然而盐又可以说‘咸盐’，醋又可以说‘酸醋’，墨又可以说‘黑墨’，可见归根结底还是一个熟语性问题。末了两个例子的够和疼是从来不直接修饰名词的。

修饰语不能改做谓语，或者改变之后意思不同的例子：

老$_2$地方：*（这）地方老$_2$｜新同学：*（这些）同学新｜生铁：*（这）铁生｜大门：*（这）门大｜小玩意儿：*（这）玩意儿小｜闲工夫：*工夫闲｜横街：*（这）街横

这主要是因为同一形容词在不同的位置上表达了不同的意义。‘老地方’是原来的地方，‘新同学’是新来的同学，‘生铁’是没有煅过的铁，‘大门’是通外面的主要的门，‘小玩意儿’是算不了什么的玩意儿，这里的形容词的这些意义一般不在谓语里出现，谓语里的老，新，生，大，小只会分别被理解为‘年纪大或陈旧’，‘刚生成或刚出现’，‘没有成熟或者没有煮熟或者不认识’，‘不小’，‘不大’。总之，谓语里的形容词常常用它的本来的、一般的意义，而形名组合里的形容词非常容易取得引申的、专门的意义。这也就是大多数形名组合都带有一定程度的熟语性的主要原因。末了两个例子稍微不同些。闲做谓语，主语可以指人、指地方、指用物，可就是不指时间。横从来不做谓语（只能说‘是横的’）。

7　后面带名词性成分　单音‘形’后面出现的名词性成分有两种：一种是一般名词或代词，在语法上应该算是宾语；一种是数量词，语法书上一般称为数量补语。

形容词带宾语可以分别几种情形：⑩

（1）‘形’为使动意义（意义变化较大的加引号为记）。有些例子能用把字把名词提前，还有的几乎一定用把字。例如：

宽-心、期限｜满上一杯｜亮了亮杯底｜把他'干'(乾)起来｜硬着头皮｜紧-弦、螺丝钉｜松-手、口、气｜净净桌面｜热菜｜冷场｜温酒｜壮-胆、声势｜狠狠心｜坏-事、规矩[11]｜乱了-营、套｜把他稳住｜饱了私囊｜饿不着你｜累着他｜慌了手脚｜急杀人｜羞了他｜忙坏了一个人｜闲不了你｜苦了他｜圆-场、谎｜平-地、乱｜正正帽子｜偏着身子｜斜着眼睛｜歪着脑袋｜直$_1$起腰｜把扁担横过来｜尖着嗓子，尖起耳朵｜难他一难｜完了事

有不少形容词可以用在'…得他(我)…'的格式里，最常见的是疼、痛、急、羞、忙、累等，渴、饿、闷、晕、痒也能用。此外还可以举出一些别的形容词的例子：

滑得他摔了一交又一交｜热得他浑身冒汗｜冷得他直打哆索｜胖得他腰都弯不下｜'美'得他坐都坐不住了｜酸，辣，苦，涩-得他龇牙咧嘴

这个格式里的形容词也都有'使他…'的意思。有人认为这里的他不是前边的'形'的宾语而是后边的动词或主谓结构的主语。可是这些例子都可以改用'把他…得…'的格式，所以还是把他看做前边的'形'的宾语好些。

(2) '形'为意谓的意义。形容词的'意动'用法在古汉语里是很常见的，现代汉语里这种用法不多。例如：

厚今薄古｜重政治｜轻敌｜兵贵神速｜见怪不怪

(3) 以'施事'为宾语。例如：

瞎了一只眼｜瘸了一条腿｜暗了半边天｜红着脸｜黄了几片叶子｜对了三道题｜错了一个字｜地下横着一根扁担｜空着一双手｜响起一片掌声

这些例子里的名词也有人分析为主语倒装，这涉及整个句法体

系，这里不谈。

(4) 以用来比较的人或物为宾语。例如：

大你一岁｜高他一着｜低人一头

可以注意的是，如果没有后边的数量补语，也就不能有宾语。

(5) 别的例子（意义有了变化的加上引号）：

满二十岁｜够标准｜净忙些杂事｜不近人情｜你别多心｜少点事儿吧｜还少一个人｜还‘短’一篇｜不能‘怪’别人｜‘疼’孩子｜‘差’点儿事｜‘白’他一眼

总起来看，一百四十个单音‘形’里边有将近一半能在一定场合带宾语。这里的形容词应该说是已经变成动词了。

单音‘形’带数量补语是很普通的。例如：

长三尺｜短二寸｜轻半两｜远十里｜早一分钟

‘这根绳子长三尺’有两种意思：(a) 跟一定标准或另一根绳子比较，长了三尺，绳子的全长不止三尺；(b) 绳子本身的长是三尺，跟‘三尺长’是一样的意思。大，高，长，宽，厚，深，重等后边加数量补语都有这两种意思；相反，小，低，短，窄，薄，浅，轻等后边加数量补语都只有(a)的意义，也就是必然含有比较的意思。

由于只有少数属性能够有较精确的计量，所以只有少数形容词能带这种数量补语。可是如果不限于严格的计量单位，那就还有别的例子：

大一号｜肥一指｜矮半截｜深一层｜好三分

这些都只能有(a)义，不能有(b)义。能带这类数量补语的形容词也不多，只有‘…分’能用在较多的形容词后边。

此外还有一种数量补语是：

你们走开，让我静一静｜让事情冷一冷｜让胃里空一空｜忙一会儿，闲一会儿｜疼一阵，痒一阵这里的形容词的用法完全象动词。

8 ‘形’作‘名’用 很多单音‘形’有向名词转化的现象。可以分别好几种情形。

(1) 在某些熟语(主要是动宾结构)里‘形’出现在名词的位置上,但从意义方面说仍然只是一般地表示某种属性。例如:

登高,跳高 | 跳远,绕远 | 抄近 | 落空 | 要强,逞强 | 示弱 | 起早、赶早 | 加热 | 乘凉 | 入静 | 倚老卖老 | 装疯卖傻 | 取巧 | 捣乱 | 哭穷 | 作准 | 装聋作哑$_1$ | 解渴 | 解乏 | 解闷 | 受累 | 止痛 | 挠痒 | 告急$_2$,救急$_2$ | 着急 | 着慌 | 害羞,遮羞 | 帮忙 | 偷闲 | 吃苦 | 为难,畏难 | 没有个完

(2) 同上,但‘形’的意义已经专门化。例如:

护短(缺点) | 保密(秘密) | 退热,清热(病人身上的热) | 养老(老年) | 讨好,买好(好感) | 使坏(坏主意) | 平乱(叛乱) | 航空(天空) | 补白(空白) | 起早贪黑、摸黑(黑夜) | 拐弯(弯子)

(3) ‘形’指具有这种属性的具体事物(X=X 的)。例如:

一家大小 | 不分高低 | (从无到有,)从小到大 | 截长补短 | 避重就轻 | 除旧布新 | 迎新会 | 欺软怕硬 | 挑肥拣瘦 | 认生,欺生 | 披红,挂红 | 看青,放青 | 见怪不怪 | 逼真,以假乱真 | 搀假,做假 | 争多嫌少

(4) 同上,但‘形’的意义专门化,专指某一事物,有点近于用单字代替多音词。例如:

积肥,施肥(肥料) | 防空(空袭) | 晒蓝(蓝图等) | 土方,石方(立方米)

以上(1)(3)两项里的‘形’还保持形容词的词类意义,(2)(4)两项里有不少例子的‘形’已经具有名词的词类意义,但是不论是哪一项,‘形’都出现在一般由名词占据的位置上,并且具有名词

的句法功能，比如多数动宾结构的例子都能在‘形’的前边加个个或点儿。

此外还有完全是名词性质的例子。一种是抽象名词，如：长＝长度，高＝高度，重＝重量，温＝温度。一般见于合成词，例如：

身长｜体重，毛重，净重，比重，载重｜水深｜体温，气温

另一种是指具体事物。也是以合成词为多，例如：

蛋黄，韭黄，蟹黄，藤黄，硫黄，雄黄，牛黄，大黄｜铜绿，石绿｜石青｜橘红，祁红(祁门红茶)，口红｜大白，蛋白｜碳黑｜盐酸，醋酸｜肉松，鱼松｜饼干，豆腐干｜刀尖，笔尖

也有单独成词的，例如：

一横｜一直｜一股香

9 ‘形 de’ 如上所述，单音‘形’可以修饰名词，修饰动词，直接补充动词，做‘动＋得’的补语，做谓语，带宾语，用做名词，它的功能是很广泛的。对比起来，‘形 de’的用途就窄多了：它主要出现在(1)‘名’的前边，(2)相当于‘名’的位置上。

(1) 前面说过，单音‘形’修饰名词一般有局限性，‘形’与‘名’的搭配不是单纯取决于意义是否合适，而是具有熟语性质：能搭配的，说起来觉得很顺当；不能搭配的勉强放在一起，就觉得有点别扭，或者很别扭，是‘生造’。这种局限性各个‘形’不同，有大有小，局限性小的几乎完全自由，局限性大的几乎完全不行。

‘形 de’修饰‘名’也有局限性，可是另外一种局限性，是音节方面的约束：双音‘形’，或者单音‘形’带程度修饰语，加 de 之后修饰‘名’，觉得很自然，很顺当；不带附属成分，光一个单音‘形’加 de 修饰‘名’就觉得不那么顺口，有点别扭，虽然不是绝对不能说。这种约束对于所有的单音‘形’差不多是一视同仁，即使是不

能受程度修饰的。例如：

挺低的声音｜很强的能力｜太紧的鞋｜最远的村子｜多秃的笔（也能写字）｜大点儿的信封

如果去掉附属成分，成为：

低的声音｜强的能力｜紧的鞋｜远的村子｜秃的笔｜大的信封

就觉得很别扭。⑫

当然，有些‘形’不受程度修饰，如果凑巧碰上一个‘名’是不能跟它直接组合的（‘不熟’），那就得用别的方式化成多音节（参看第2节末），或者容忍‘形 de 名’的形式，可是并不因此不感觉不顺口，例如‘正的方向’，‘横的步子’。在书面上，有几个单音‘形’带 de 已经相当常见：新的厂址｜大的成绩｜好的效果，等等。

有少数单音‘形’难于用加 de 的形式修饰名词，不论能否带程度修饰语：

瞎…（除‘哑$_2$’）、饱…（除‘急$_2$’）、腥、臊、偏、歪、净、温、迟、稳、美、丑、行、差、多、少、够、完

有一个情况值得注意：有些‘形 de’能很顺当地修饰地方，时候，感觉，问题等名词，一点不别扭。先说后边三个名词的例子：

饱…，快，慢，胖，瘦，忙，闲的时候｜饱…，硬，软，粘，滑，热，冷的感觉｜紧，松，粘，滑，快，慢，热，冷，胖，瘦，穷，忙，渴，困，累，晕，疼，痛，痒，酸，涩，腥，臊的问题

很明显，这里的‘形 de’和时候、感觉、问题之间不是一般的修饰关系，我们不能用时候等做主语，用饱等等或者是饱的等等做谓语。从意义上讲，我们决不会把‘饱的时候’理解为‘饱’是‘时候’的属性，只会理解为当你（或我，或某人）饱的时候；同样，‘饱的感觉’是说‘饱’这种感觉，‘紧的问题’是说什么东西例如门、窗、抽屉太紧成为问题。

‘…的地方’好象有些不一样，因为一般可以把修饰语转换成谓语，如‘宽的地方：这地方宽’。可是实际上跟‘…的时候’等是同类的情形，比如，只有在‘这条河，宽的地方有五六丈’之类的话里，‘宽的地方’才觉得自然，要是说‘这是个宽的地方’，就觉得应该说‘这是个宽敞的地方’。这就是说，只有当形容词所表示的性质不属于‘地方’而另有所属的时候，‘…的地方’才显得自然。例如：

薄的地方容易破｜浅的地方可以蹚水过去｜粗的地方有碗口那么粗｜疼的地方碰不得｜亮的地方是车站｜密的地方一畦有八百棵｜画得不好，肥的地方太肥，瘦的地方太瘦

(2) 多数‘形 de’都可以用做动词的主语或宾语，相当于一个名词。但是最常见的是用在是字后边。绝大多数‘形 de’都能这样用，但是一般都带有对比、强调或让步的作用，例如：

这是大的，那是小的(对比)｜路程是远的(强调)｜算式是对的，可是答数错了(让步)

不带这些作用的测验格式是‘有…的，有…的’，例如‘有凉的，有热的’，‘有满的，有不满的’，‘有瞎的，有聋的，有瘸的’。

有些‘形 de’不大能用在上述两种格式里，但是能用在‘再没有比这更…的了’这样的格式里，不过‘形’已经带上附属成分，不是简单的‘形 de’了。

只有哑$_1$、羞、完等极少数几个词是不能以加 de 的形式出现在上述种种格式里的(哑$_1$在跟瞎、聋连举的时候，有可能说‘有哑的’)。

(3) 单音‘形’加 de 不能用来修饰动词。唯一的例外是‘真的’，以及跟‘真的’对着说的‘假的’，例如：‘你是真的不知道还是假的不知道？’

‘形 de’不做‘动＋得’的补语，除非带上‘怪’和‘挺’：‘走得怪累的’，‘飞得挺高的’。

‘形 de’有时候做谓语，不用是字。例如：‘那间屋子空的’，‘这个办法好的’。有些语法学者说这里的 de 是语气词。

注：

① 见本书 301 页。

② 中国文字改革委员会研究推广处：普通话三千常用词表（初稿），文字改革出版社，1959 年 9 月第一版。以下简称词表。

③ 省略号代表引言节词表里同组的词。如果写出来的词不是这一组的头一个词，省略号只代表它后边的词，不代表它前边的词。

④ 这里边有的有跟‘名’组合的个别例子，但是或者是成词、成语，如‘美人’，‘稳婆’，‘慌手慌脚’，‘哑剧’，‘瞎猫碰死耗子’，‘饱汉不知饿汉饥’，或者是意义跟基本意义已有相当距离，如‘紧邻’，‘乏话’。

⑤⑥ 难和好[2]是否修饰动词还有问题，见下。

⑦ 有些形动组合是名词：小吃｜冷饮｜热敷｜暗算｜巧合，巧遇。

⑧ 够也出现在动词前边，但是否修饰动词有问题，因为不光有‘够吃’，‘够用’，还有‘够十个人吃’，‘够你用三年’，不能说这两个够不是一回事。

⑨ 例如王力：中国现代语法，1954 年重印本，194—198 页；中国语法理论，1954 年重印本，188—197 页。

⑩ 有少数形容词作使动用时变了语音，应该算另外一个词，这里没有列入，如空（kòng），凉（liàng）。

⑪ 从历史上讲，坏的使动义倒是它的本义。

⑫ 有些方言里没有这种限制，‘紧的鞋’，‘秃的笔’，‘大的信封’是完全正常的说法，但是普通话有这种限制。因此，在讨论‘的’字问题的时候常用来做例子的‘白的纸’，在实际语言里是不大出现的。

（原载中国语文，1966 年 2 期）

【附记】作者原来的计划是用普通话三千常用词表里的四百多个形容词做材料，写一个比较全面的形容词用法研究，分为五节：(1)引言，(2)单音形容词，(3)双音形容词，(4)重叠形式，(5)'形容词'的问题。印在这里的是全稿的前一半，后一半也已经写好，并且已经排版，但就在这个时候，'文化大革命'的鼓声响了，刊物上不发表这类文章了。到了1978年中国语文复刊的时候，校样找不着了，作者的草稿也丢了，只好'半途而废'了。现在在原来的篇名前头加上'单音'二字，收入论文集，引言里的说明未加改动。

1982年5月19日

试论非谓形容词

一

现代汉语里有许多词,如小型,慢性,现行,亲生,上好,首要等等,它们的词性很难确定。如小型和慢性,构词上很象名词,但是,却不能说'改买一个小型','得了个慢性';如现行和亲生,构词上很象动词,但是,不能说'现行了制度','曾经亲生一男一女';如上好和首要,构词上很象形容词,但是,不能说'这种衣料上好','这个问题首要'。这些词有以下几点值得注意:(1)都可以直接修饰名词,例如'小型水库','上好衣料';(2)绝大多数可以加 de 修饰名词,例如'小型的水库','上好的衣料';(3)大多数可以加 de 用在是字后面,例如'这个水库是小型的',或者代替名词,例如'大型的不如小型的';(4)不能充当一般性的主语和宾语;(5)不能作谓语;(6)不能在前边加很;(7)否定用非,不用不。

从以上六点,可以看出这些词跟名词、动词、形容词都不同。看前三点,似乎跟名词、动词、形容词不易区别,看后四点,就可以跟名词、动词、形容词区别开来。

怎样处理小型,慢性,现行,亲生,上好,首要这些词的归类问题?一个办法是,另立一个词类。这样的词不仅是大量存在,而且是不断产生,其增殖率仅次于名词,让它们单独成为一类也还是值得的。它们表示的是事物的性质,可以管它们叫做属性词。

另一个办法是，不另立一个词类。如果要把它们暂时安顿在一个现成的词类里，那末把它们放在形容词里边比较合适，一般也都是这样处理的。但是，为了跟一般形容词有所区别，可以称为非谓形容词。

二

下面按构造分类列举一些非谓形容词的例子。双竖线后面的例子是不但能修饰名词也能修饰动词或形容词的（括号内举例）。小圈和小十字的说明见下面第三节。

（1）以名词性成分为基础的：

［X式］中式 西式 南式 男式 女式 新式 旧式 老式 时式 三八式 喷气式 解放式 梅花式 上海式 填鸭式° ‖ 正式（～成立）

［X型］大型 中型 小型 重型⁺ 微型⁺ 新型 流线型 东方红型 101型 1980型

［X性］真性 假性 良性 恶性 急性 慢性 阴性 阳性 中性 感性 烈性° 一般性 综合性 建设性 世界性 历史性° 经典性° 大陆性 ‖ 硬性（～规定） 创造性

［X色］白色° 黑色° 红色° 黄色° 桃色° 灰色 粉色 湖色 妃色 藕色 米色 茶色 栗色 酱色 彩色 三色 单色

［X等］上等 中等 下等 一等 二等 甲等 乙等 特等 超等 优等 次等 劣等 高等⁺ 初等⁺ ‖ 头等（～重要） 同等

［X级］高级 中级 初级 低级 一级 二级 甲级 乙级 特级 超级 次级 各级° 多级⁺（～火箭）

［X号］大号 中号 小号 一号 二号 四十号（～球鞋）

［（数）X］三角 三叉 四方（＝正方） 五彩 五金⁺ 五马力

[单、双、多X] 单瓣 单料 单细胞° 单性+(～生殖) 双料 双重° 双边 多边 多价°(～元素) 多民族°(～国家)‖单方面(～声明) 多方面

[其他] 全能 万能 专职 兼职 空心 实心 裸体 立体 流质 木质° 木本 草本 老牌° 名牌° 专业 业余 长途+ 短途+ 远程 中程 独幕 多幕 医务+ 邮务+ 常务+ 刑事° 民事° 上位+(～概念) 下位+ 上水+(～船) 下水+ 母系+(～社会) 父系+ 活期 远房° 外路(～货) 空头° 学龄+ 小农+ 袖珍+ 人工+(=人为) 高效° 巨额+ 高杆+ 良种+ 特种+ 全副+ 史前° 年中° 分内°‖积极 消极 大量° 少量° 大批° 通盘° 专门° 初步 分外° 意外° 额外 畸形 局部 高价 平价 廉价 长期 短期 定期(～检查) 高度(～近视) 高速°(～前进)

(2) 以动词性成分为基础的:

野生 水生° 胎生 孪生 亲生 新生° 专用 日用° 内服 外敷 对开 初印 平装 精装 高产° 低产° 现任 前任 现行 现有 固有° 稀有 上行 下行 外在° 内在° 潜在 新兴° 后起 后备° 后续+(部队) 先决° 偶发 特定° 特制 特约 特邀 直属° 直辖° 额定 混纺 棉纺+ 毛纺+ 直观° 假想° 函授+ 半自动° 半脱产°‖直接 间接 绝对 相对 自发 自动

人造 法定 祖传 口传 手摇 电动 铁制 机制 国营 国产 军用 民用 民办 社办 心爱° 水浇+‖人为 天生

冒牌 加料 搪瓷 绝缘° 切身° 临床° 临界+(～点) 死难° 启蒙° 当前° 耐火° 抗热° 抗病° 唯物 唯心 夹馅 看家°(～本领) 拔丝+(～山药) 保健° 保安° 勘误+(～表) 攻坚+(～战)‖当时° 连年° 历年° 历次° 临时 适时 超龄°(～服役) 加倍° 成倍° 成批° 成片° 随身° 终身° 忘我°

漫天°

(3) 以形容词性成分为基础的：

正方 长方 椭圆 腰圆 十足° 半大° 半旧° 全盛° 大好° 上好 绝妙° 绝密° 赤贫° 白热° 天然 首要 次要‖首先° 最初° 最终° 最后°

大红 粉红 水红 枣红 草绿 豆绿 葱绿 天青 藏青 金黄 杏黄 鹅黄 品蓝 宝蓝 银白 银灰

(4) 两个成分联合的：

中华⁺ 锦绣° 水彩 水墨 实足 独特° 必需 同一⁺ 单一° 公共° 永恒 机密 机要° 对等 嫡亲 边远° 封建⁺‖主要 永久 经常 真正° 共同 另外° 快速° 亲身°

医药⁺ 医疗⁺ 医护⁺ 机电⁺(～设备) 工矿⁺(～企业) 排灌⁺(～机械) 中小⁺(～城市)

黑白⁺(～片) 高低⁺(～杠) 京广⁺(～铁路) 汉英⁺(～词典)

(5) 杂类：

[有、无 X] 有形 有益 有关° 有机° 有色⁺(～金属) 有声⁺(～电影) 有线⁺(～广播) 有轨⁺(～电车) 有期⁺(～徒刑) 有生⁺(～力量) 无形 无益 无声⁺(～电影) 无轨⁺ 无期⁺ 无数° 无穷 无定 无名° 无辜 无烟⁺(～煤) 无记名⁺(～投票)‖有效 无私 无偿 无比 无限 无条件

[不、非 X] 不法° 不定⁺ 不良⁺ 不锈⁺(～钢) 不碎⁺(～玻璃) 不平等 不规则 不设防⁺(～城市) 非正规 非正义 非本质 非原则性 非对抗性 非无产阶级 非军事° 非生产° 非婚生⁺(～子女)‖不断° 非法 非常° 非正式

[其他] 任何° 其余 其他° 唯一° 一切° 所有° 所谓° 莫大° 应有° 应得° 日常° 零星° 法西斯⁺‖整个° 应届° 一贯 原来 本来°

三

我们在第一节里指出了识别非谓形容词的七点特征，前三点是积极的，是和一般形容词相同的，后四点是消极的，是借以区别于名词、动词以及一般形容词的。但是，并不是所有非谓形容词都具有前三点特征，并且非谓形容词跟一般形容词以及名词、动词都有一定程度的瓜葛，需要说明。同时，一部分非谓形容词还有是词还是构词成分的问题，也需要讨论。

(1) 很多非谓形容词带上 de 字也只能修饰名词，不能代替名词（放在是字后面或者别的位置上）。上面所举的例子里，凡是有这种情形的，都给加上一个小圈做标记。当然，这种地方很难说死，有绝对不行的，也有似乎可以，但是十分生硬的。因此，有些小圈加得不一定恰当，反之，也可能有该加而漏加的。

(2) 非谓形容词修饰名词，一般是可以带 de，也可以不带 de。可是也有不少是必不带 de 的，这种例子我们加上一个小十字做标记。这样的非谓形容词一般也不能加上 de 字代替名词。

与此相反，也有少数非谓形容词修饰名词的时候差不多必须带 de。例如：

有益的　无益的　加倍的　成批的　心爱的　辩证的

另外有一些，一般都带 de，不带 de 也可以，不过风格上近于文言。例如：

最初　唯一　莫大　相应　其余　历年　连年　半旧　适时　非法　无辜

非谓形容词修饰动词（或形容词），以不带 de 为常。带 de 的形式似乎在发展，好些早先不带 de 的，现在也有时带 de 了。不过还是有一些是必不带或者差不多必不带 de 的。例如：

共同　全部　另外　专门　永久　临时　原来　本来　当时　当年　连年　历年　历次　快速　高速　廉价　随身　亲身

与此相反，也有少数是差不多必须带 de 的。例如：

人为地　自发地　有效地　辩证地　创造性地

以上各种情形，除必不带 de 的例子加个小十字外，别的都没有加记号，以免记号太多，引起混乱。

(3) 上面提到有些非谓形容词修饰名词的时候必不带 de 的情形(加小十字的)，这就引起一个问题：这些字眼是词呢，还是只能算做构词成分？举例来说，'常务委员'里边的常务，它的活动能力并不比'常务'里边的常强多少，常不能算做词，常务似乎也可以不算做词。我们觉得，两个组合的长度不同，即使构造相同，也不宜于同等看待。要是不承认常务是一个词，就得把'常务委员'当做一个词。应用这个原则，就连'立式六轴半自动车床'，'无级调速直流快速电梯'等等也都得算做一个词。这是在实用方面通不过的。因此我们赞成承认常务等等是词。

第二节(4)所举联合式非谓形容词的第二小类的例子(都是加上小十字的)，问题更加复杂些。一方面，有是词不是词的问题，另一方面，又有一个词两个词的问题。例如'工矿(企业)'和'排灌(机械)'，如果不说工矿、排灌只是构词成分，是不是也可以不说各自是一个词而说各自是两个词呢？(工，矿，排，灌在别的地方都可以是词。)我们觉得，这四个字的意义在这里跟在别的地方不同，工是'工厂'，矿是'矿山'，排是'排水'，灌是'灌溉'，不在这种场合就没有这种意义，因而在这里难以说明它们还保持着词的身分。

与此类似而稍有不同的是第三小类的例子。在‘黑白片’和‘高低杠’里，尽管黑，白，高，低，在别的场合都是十足的词，可是在‘黑白片’和‘高低杠’里，黑白和高低都有了新的意义，都不能拆开讲，‘黑白片’不等于‘黑片’加‘白片’，‘高低杠’不等于‘高杠’加‘低杠’。因此，还是不把黑白和高低各自当作两个词好些。(黑白片和高低杠都可以认为是一个词，但这主要不是由于黑白和高低不够自由，而是由于片和杠不够自由。)

‘京广铁路’和‘汉英词典’又是一种情形，京，广，汉，英是不自由的(与黑，白，高，低不同)，京广、汉英仍然是不自由的(与黑白、高低相同)，但是铁路和词典是自由的，是词，因而很难不同时把词的资格给予京广和汉英。

(4) 一部分非谓形容词和名词的构词方式相同，但是由于功能上的差别，还是可以区别开来的。比较：理性(名)和感性(非谓)，毒性(名)和烈性(非谓)，酸性、碱性(名)和中性(非谓)，家务(名)和医务(非谓)，战前(名，如‘在战前’)和史前(非谓)，金黄色(名)和黄色(非谓)(可以说‘露出一线金黄色’，但不说‘露出一线黄色’，只说‘露出一线黄颜色’)。

有时候，由于意义上的差别，可以认为有同形的两个词，一个非谓形容词和一个名词，例如：意外(非谓，‘意外的收获’；名，‘免得发生意外’)，国际(非谓，‘国际组织’；名，‘第三国际’)，专业(非谓，‘专业剧团’；名，‘电子学专业’)，高度(非谓，‘高度责任感’；名，‘飞行的高度’)。

在某种场合，一个非谓形容词看起来很象名词。例如，有些非谓形容词可以不加 de 就出现在是字后边，如‘这枝是 101 型’，‘这种是二级’，‘只有一位是专职’；甚至可以出现在主语或宾语的位置上，如‘101 型卖完了’，‘给我包二两一级，二两二级’。我们认为是字后边的101型等等仍然是非谓形容词，因为出现在是字后边的本来不是非名词不可，比如，也可以说‘这两包药，这一包是内服，这一包是外敷’，不能据此就认为内服和外敷是名词。至于‘101 型卖完了’等句子里的101型等等，可以说是一种借用，本质上仍然是非谓形容词。这里的101型等都可以加上 de 而意思不变，要是真正的名词就不可能这样，例如‘玻璃卖完了’跟‘玻璃的卖完了’意思完全不同。也可以把隐藏着的名词说出来，例如‘101 型(的)金笔卖完了’，而‘玻璃卖完了’就不能随便说成‘玻璃茶杯卖完了’，因为原句里边的玻璃就是‘玻璃’，并不隐藏着‘茶杯’什么的。

(5) 非谓形容词和动词、一般形容词之间也有构词方式相同而词性不同的情形。例如：抗旱(动)和抗热(非谓)，重印(动)和初印(非谓)，有名(形)和无名(非谓)。意义很相近的不一定词性相同，例如：重要和必要是一般形容词，主要和首要是非谓形容词。

我们一方面要看到非谓形容词跟一般形容词有所不同，另一方面也应当认识到，非谓形容词很容易转变成一般形容词。比如主观，客观，具体，抽象这些词原来都是非谓形容词，现在已经变成一般形容词了，例如：‘不要那么主观，要客观些’，‘这样的讲法太抽象，不好懂，能不能讲得具体些?’又比如有些人的说话里有‘他家里人挺封建’，‘嘿！你这个真高级！’等等说法，这里的封建和高级就都成了一般形容词了。

不同风格的语言有时候会影响所用的词的词性，在非谓形容词的问题上尤其明显。在这种场合，只好拿现代汉语的较正式的文体作标准，把封建、高级之类还认为是非谓形容词。同样，也不能拿文言用法或成语作依据，例如'盛况空前'，'后患无穷'，'期限不定'，'罪有应得'等等，在这种地方，'空前'等等都应该拆开来讲，算做两个词——不是现代汉语里的词，当然。

四

上面举的非谓形容词的例子都是多语素的。有没有单语素的非谓形容词呢？有。比如'别的事情'的别，'旁的地方'的旁，'男教师，女教师'的男、女，'金戒指，银戒指'的金、银，'棉大衣，夹大衣'的棉、夹，照我们看来都是非谓形容词。此外，还有公、母（～羊），雌、雄（～鸡），正、副（～局长），正、负（～数），老、新（～朋友，地方），单、双（～眼皮），本、分（～校），总、分（～队），等。名词前边的上，下，中，前，后，左，右，东，西，南，北等（如果要跟名词后头的方位词有所区别的话），以及某些不能作谓语，不能前加不加很的表颜色的词，如青，紫，粉，灰等等，也都可以归入非谓形容词。不过总数是不多的，非谓形容词主要是多语素的。

单语素的非谓形容词比多语素的更容易被认为是构词成分即词素。可是，这些字眼（除上，下，前，后等）虽然在名词前边的时候多数难加 de，离开名词的时候差不多都能加 de。我们认为，只要是能加 de 的，都应当承认是一个词。（多语素非谓形容词不需要这个条件，上节已经讨论了。）

非谓形容词与别的词类之间存在这样那样的纠葛，这是不足为奇的，因为它正在发展、演变或者形成的过程之中，试看第二节所举的例子，十之八九都是最近三五十年里才出现的。由于它不在传统的词类框框里边，所以没有受到应有的注意，人们碰到这些词的时候，总是'因地制宜'地划入别的词类。我们在这里做了一番初步的探讨，可是，材料显然还不够充分，考虑也不够周密，不敢说一定能得出这样的结论，敬请读者指正。

（原载中国语文，1981 年 2 期）

【附记】本文 1965 年写成，题目是试论属性词，编入中国语文，1966 年第 3 期，碰上'文化大革命'，撤了下来。后来根据底稿稍加修改发表，换了篇名。

汉语里‘词’的问题概述

本文打算对最近若干年来中国学者对‘什么是汉语里的词?’这个问题的讨论作简短的叙述。①

给‘词’下定义,对于任何语言都不是很容易的事,对于汉语尤其如此。说实话,‘词’的问题在汉语研究中是个新问题。古代中国学者研究的对象是‘字’——用一个汉字来代表的、有一定意义的单音节,它在现代汉语里,从语言学上看,可能是一个词,也可能只是一个词的一部分。从前的人,无论是一般人或是语文学者,常常说到的是‘字’和‘句’,②——如有名的文心雕龙的作者刘勰说,‘人之立言,因字而生句’——从来没有人提出过任何在‘字’和‘句’中间的单位。现在用来表示词的意思的‘词’这个字,在古代有各种意义,但是没有一个意义是相当于俄语的 слово 或英语的 word 的意义的。把‘词’用于这个意义是不久以前的事。③毫无疑问,不但在古代,甚至在现代,这个有意义的单音节——‘字’,还是享有相当大的自主性,在说汉语的人的语言生活中起极其重要的作用,远过于象俄语这种语言里的‘词根’。但是无论如何,它不是语言学意义上的‘词’,而后者在现代汉语里所起的作用正在渐渐地重要起来。

‘词’的问题是个新问题,同时又是个亟待解决的问题。这是因为对于现代汉语的研究者来说,这个问题不仅具有理论意义(这是他跟他的研究西方语言的同行们共同的)，而且具有很大的实际意义，考虑到汉语有一天将要采用的拼音文字的正字法(这是他的上述的同行们所不必考虑的问题，因为他们所研究的语言的正字法已经确定，尽管也有不美满的情况)。如上所说，古代中国学者只有'字'的概念，没有'词'的概念；不但他们，连近代学者，象第一部用中文写的汉语语法马氏文通(1898)的作者马建忠和更晚的国文法草创(1922)的作者陈承泽，也并未清楚地意识到这两个概念的区别。一般地说，他们错误地把汉语里的'字'和西洋语言里的'词'等同起来：现在通用的'名词'、'动词'等术语，在他们的著作里是'名字'、'动字'。这不能怪他们，因为他们论述的对象是古汉语，而在古汉语里，'字'和'词'是基本上一致的(当然，并不完全一致)。在现代汉语里，很多'字'(或是就它的几个意义里的这一个或那一个说)已经不能单独使用，只是一个语素。④但是最早的研究现代汉语语法的学者对于这个问题也没有十分清楚的认识，只是大概地认识到一个词有时候包含两个或三个字，并未进行严格的科学研究。词的研究的动力来自别的地方，来自从事设计拼音文字的学者。如果汉语要采用拼音文字，很显然，就不能再象写汉字那样一个一个音节分开写。他们作了许多'连写'的尝试，起初以为这是很容易的事情，可是逐渐认识到并不是很简单。不但不同的人拼写得不一样，甚至同一个人的拼写也有很多不一致的地方。这才认识到非对于现代汉语的词作一番理论的研究不能胜利地解决这个问题。同时，语法学家们也开始认识到词在语法结构上的重要性。讨论这个问题的人多了起来，讨论也热烈了起来。

'词'是欧洲的语言学家以欧洲诸语言为材料发展出来的语言学概念。就大多数欧洲语言说，正字法上的词是现成的事实，语言学家提出种种关于词的理论是要设法概括这现成的事实。不管理论如何多种多样，实际上词的分界是主要地依靠形态标志。形态越丰富的语言，疑难问题越少，比如俄语里的词比英语里的词就明确得多。汉语的词之所以成为一个争论不休的问题，正是因为汉语的形态标志极其贫乏，汉语的主要构词手段不是派生而是复合，因而词的界限不能一望而知。

什么是汉语的词？这就是要求在汉语里划分词和非词的界限——在一些场合表现为词和词组的界限，在另一些场合表现为词和语素的界限。实际上这常常是同一个问题：如果AB是一个词，则A和B只能是语素；如果A和B都是词，则AB只能是一个词组。

但是较早一时期的语言学家并没有这样明确地向自己提出问题。他们大多从**意义**入手，他们说，一个词表示一个概念。[5]这样给词下定义显然是不会得到满意的结果的。什么是一个‘概念’？是不分复杂的和简单的呢，还是专指简单的？比如牛肉，就可以看成是一个概念（复杂的）或是两个概念（简单的）——牛和肉——的结合，也就是说，可以看成是一个词或两个词。这样，上面那种定义就完全失去作用。如果这里的‘概念’专指最简单的，那就等于说词是最小的有意义的语言单位。[6]然而这实在是‘语素’的定义。除非人们准备承认汉语里词和语素完全相等，没有任何分歧，否则人们就不能接受这个定义。

意义被用来作规定词的标准之另一常见的方式是说，如果两字连语的意义等于这两个字的意义的总和，那么这个连语是一个词组，如果它的意义不等于这两个字的意义的总和，就是说，已经发生了意义的扩大或缩小，那末这个连语只是一个词。常被用来作例的是吃饭：如果是吃米饭的意思，这是一个词组；如果是进餐的意思，这是一个词。[7]为难的是，是否发生了意义的变化，不同的语言学家常常有不同的看法。例如马车和铁路，一位语言学家认为都是词（理由：马车不一定用马拉，有时也可以用骡子拉；不但火车的轨道是用铁作的，电车的轨道也是用铁作的），[8]可是另一位语言学家恰恰把马车之类的连语认为是词组。[9]可见单纯根据意义是不容易分别词和词组的。

较后一时期的语言学家都宁愿在形式（广义）方面寻找词的标准。有些学者规定词是在成段的语言里用**同型替代**法分析出来的单位。[10]比如我吃饭里头，我可以用你、他来替代，吃可以用煮、盛来替代，饭可以用面、饺子来替代，归纳成简单的公式是：（我，你，他）·（吃，煮，盛）·（饭，面，饺子）。这个公式证明我、吃、饭都是词，同时也证明你、他、盛、煮、面、饺子都是词。这里的问题是：互相替代的项目要有几个才能使这个公式生效呢？如果要求的数目很小，比如说，两个，就很容易把一般认为只是语素的东西证明是词。例如从'（科，组）·（长，员）'可以证明科、组、长、员都是词，从'（英，日）·（语，文）'可以证明英、日、语、文都是词。但是恐怕很少人能同意除科、组以外的六个项目是词。如果把要求能互相替代的项数提高到，比如说，五个，就有很多用别的标准来衡量应该承认是词的东西不能满足这个条件。首先是某些虚词，象和、的、得（于'好得很'）以及句末的语气助词。实词也远远不是都能满足这个条件的。许多动宾结构内部的替换就很有限制，例如开幕，请假，打盹儿，翻跟头，等等。是不是一概承认这些结构是词而不是词组呢？

近几年来最常常被提出来的词的定义是'语言里可以**自由运**

用(或**自由活动**)的最小单位’。[11]这个定义跟 Bloomfield 的定义‘最小的自由形式’(minimum free form)相似而不相同。Bloomfield 的‘自由’的意思是能游离出来,也就是说,可以在适当的条件下作为一句完全的话说出来。[12]这个定义有它的优点:简单,明确。缺点是太狭窄,很难包括介词、连词、冠词等等。应用到汉语上,不但绝大多数虚词不能游离出来,有些实词也不能游离出来,例如量词,一部分代词(这、那、哪、这么、那么、多么),还有好些名词象结婚里的婚,洗澡里的澡。所以中国语言学家只说‘自由运用’,包括能‘独立’的(能游离的)和能‘独用’的(不能游离的)。问题也就出在这里。独立和不独立是比较容易辨别的,可是怎么分别‘独用’和‘不独用’呢?仍然需要有更具体的标准。在另一方面,象马车、铁路之类的连语的组成成分马、车、铁、路都是能够孤立地说出来的,因此它们不是最小的自由活动的单位,于是就得承认马车和铁路是词组。事实上也确实有语法学家主张它们是词组。问题是会出现这种情形:茶和壶都能单说,所以茶壶是词组;而杯不能单说(单说是杯子),所以茶杯是词。这在一般人的语感上是不能接受的,他们要求把这两个连语一样看待:或者都是词组,或者都是词,多数人大概倾向于后者。

很多学者认为词的特征是它的**不可分割性**:如果一个连语能够通过在中间插入别的成分来扩展,象白(的)纸,它是一个词组;如果不能扩展,象信纸,它就是一个词。这个标准有充分的理论根据,词既然是一种**单位**,就不应该被允许分成两段;在实用上,它也有很大价值。但是在实际运用这个标准的时候,不是没有困难。首先是一个理论上颇为重要的问题:什么是可以合法地插入的成分?比如:(1)羊(的)肉、挂(的)图;(2)马(走的)路;(3)(盛)饭

(的)碗,圆(的)桌(子)——这里被括号里边的成分隔开的两部分是否可以或应该承认是词组呢?显然不是任何插入的成分都是合法的,得有一定的条件。条件之一是扩展之后不能让意义有显著的改变,这就排除了第(2)类例子。另一个条件是不能在前一成分之前或后一成分之后添上别的成分,这就排除了第(3)类例子。最引起争论的是第(1)类例子。有的学者认为这些都是词组。有的学者认为应该定下这样一个限制:扩展后的形式要能够搁回到句子里去。[13]这就确定羊肉、挂图是词,因为人们不说'我买了一斤羊的肉',或'墙上有一幅挂的图'。这是问题的一面。另一方面,人们也有理由问:是不是不能扩展的形式无条件地都是词?人的姓和名,比如梅兰芳,绝对没有法子扩展,可是都能单说:'尊姓?'——'梅';'大名?'——'兰芳'。梅兰芳是一个词呢还是两个词?

有两种结构——一部分动宾结构和一部分动补结构,常常被提出来作为上述原则的例外,这就是说,虽然可以扩展,还应该承认是词。在这里,好象词的不可分割性这个原则应该对词的**内部互相倚赖性**这个原则作一定的让步。有关的动宾结构是这一类型的:鞠躬、鼓掌、放学、起草、服务等等。这些连语都能拆开:'鞠了一个躬','鼓了一阵掌','放了一天学','起了一个草','服一次务',但是或者宾语不能离开动词单说(象前边四个例子),或者动词不能离开宾语单说,宾语也不能离开动词单说(象末了一个例子)。有些学者认为这些连语不论是分是合都是词——一种'可分离词'。[14]有些学者不这样极端,他们认为这些连语不分开的时候是一个词,但是分开的时候是两个词,他们称之为'离合词'。[15]这样处理在实用上会引起极大的不便,因为动宾结构是汉语里极占优势的结构形式,数量极大,它们在句子里的活动方式基本上相同(比较上面的例子和看书、写字等等),如果把这种结构分成词和词组两类,而其区别是那么不明显,在拼音文字的书写上势必离不开词典。另一个较小的困难是当动词重复的时候怎么写——'鼓鼓掌'还是'鼓鼓 掌'?

动补结构,(1)有的不能扩展,象加强、延长;(2)有的只能有限制地扩展,只能插入表示可能与不可能的得和不,象写(得/不)完,放(得/不)下,送(得/不)出去;(3)有的能自由扩展,象吃(得很/得有八分)饱,看(得很/得不十分)准。第(1)类是词,第(3)类是词组,可以说没有不同的意见。对于第(2)类例子,跟对于上述动宾结构相同,有人认为在任何情况下都是词,[16]有人认为只是在不分开的时候是词。[17]这样处理没有上面所说有关动宾结构的困难,因为没有另一组同型的词组跟它们对立,引起难于掌握的分辨。

好些学者曾经注意到词的语音性质。比如说,一个词只有一个**重音**。[18]这是不错的,但是对于划定词的界限只有有限的用处。可以说,在一段话里,有几个重音就至少有几个词,但是不能说,在一段话里,有几个重音就只有几个词,因为有些单音词(主要是虚词)放在成段的话里是没有重音的。

关于汉语里的重音现在还没有一致的见解;相反,轻声是比较容易认识的事实。**轻声**也常常被用来证明一个双音节或三音节是词。[19]可是它的用处同样是有限度的,一方面既不能说没有轻声的双音节或三音节必然是词组,另一方面也不能说轻声音节都不是词。

汉语里有**变调**现象,也曾经被用来作为划分词的一种依据。[20]在某些方言里,变调也许在一定场合有辨别词和词组的作用,[21]可是拿北京语音来说,这个标准是没有作用的。大多数词不具备变调的条件；具备了变调的条件，词组甚至句子也变调，象我^{3}买^3→我^{2}买^3；买^{3}米^3→买^{2}米^3；我^{3}买^{3}米^3→我^{2}买^{1}米^3。

不少学者注意到语音停顿（实现了的和可能的）可以看作词的分界的一种标志。[22]表示迟疑的声音——e，eng，这个——这个——，一定不会落在一个多音节词的中间。如果让一个没有特别研究过划分汉语的词这个问题但是多少了解词是什么的人用拼音字母写一段话，他大概不会把可能被语音停顿隔开的两个单位连起来写。可是反过来说中间不能有停顿的一个片段只能是一个词，就不一定对。句末语气助词之前不能有停顿。‘你去跟他说’的跟和他中间，‘我来了三天了’的三和天中间，不可能有停顿，可是都不能不算做两个词。

从上面所说，获得一系列的结论：

（1）能从一段话里游离出来的是词，但不是所有的词都能游离出来。

（2）词能作为同型替代的单位，但不是所有能互相替代的单位都是词。

（3）词不能拆开，但不是所有不能拆开的都是词，而能拆开的也不一定都不是词。

（4）一个词不能有两个重音，但不是一段话里有几个重音段就只有几个词。

（5）一个词之内可以有轻声音节，但不是每一个词都有轻声音节，更不能说凡是轻声音节都不是词。

（6）词的内部不能有语音停顿，但是也有两个词中间不能有停顿。

这些规律作为划分词的积极的标准不如作为消极的条件。

如果我们企图用一个并且只有一个手段来划分所有的词，显然是不可能。可是如果我们承认有不同种类的词，那末适当地利用上述各种标准，还是有可能达到我们的目的。近几年来中国语言学家已经渐渐取得这样的认识：不是所有的词都具备同样身份。有(1)典型的、完备的词；(2)不完备的词，也就是接近于构词语素的词；(3)扩大的词，也就是接近于词组的词。大概说起来，典型的词可以用游离的方法来鉴别，这里边包括大多数‘实词’。在一段话里把所有典型的词提出来之后，剩下的是不完备的词，这里边包括‘虚词’和一部分‘实词’。[23]问题在于区别不完备的词和附加成分。这里用得到词的不可分割性这一原则，也就是说，可以用扩展法来作鉴别的手段。借助于这个手段，副词、介词、连词和语气助词都能跟附加成分区别开。唯一有点麻烦的是分别象的、得之类的助词和附加成分。助词也是一种附加成分，不过它不限定附加在一个词上，因而如果把它和跟它邻接的词截取下来，往往不能单独说。至于区别扩大的词和词组，语音停顿和其他语音标志都是可以利用的手段，而扩展法也有一定的用处。多数中国语言学家能同意这样的结论。当然这只是关于划分汉语的词的原则，到了细节上，由于问题的复杂性，争论还是免不了的。

注：

① 本文是一种概述，竭力求其简短，陈述各家见解时都不引原文，只择要注明出处。如果因为叙述的简短，使读者对于某一作者的论点有不全面或不正确的了解，应该由本文作者负责。

② 传统的‘句’也跟语法学家的‘句子’的意义不同，主要依据语音停顿，一般比‘句子’短。比如一首二十个字的诗，常常说是‘五言四句’。

③ 在我所见过的文献里边，首先提出‘词’作为现代语言学意义的术

语、并且跟'字'加以区别的是章士钊的中等国文典(1907)。

④ morpheme这个术语在语言学家中间有各种不同的定义。本文用这个术语，除了一个地方，都指分解词所得、不能再分解的、具有一定意义的片段，这也是在苏联语言学家中较为通行的定义(例如在苏联科学院俄语语法第一卷§6)。上述除外的那一个地方在从本小节算起的第四小节，那里这个术语被用于较广的意义，即不限于词的部分，也包括单独构成一个词的。

⑤ 黎锦熙：新著国语文法(1924年出版，本文参考的是1951年版)，2—3页。

⑥ 王力：中国语法理论(1944)，上册，18页。作者对于'最小的'有他自己的解释，例如他认为英语triangle这个词不包含两个而只包含一个最小的意义单位。

⑦ 林汉达(a)：动词的连写问题。中国语文1953年10月号，7页。

⑧ 林汉达(b)：什么不是词儿。中国语文1955年4月号，8页。

⑨ 王力：汉语语法纲要(1946年出版，1957年新版)，22—3页。但作者在后来的一篇文章里承认马车等等是'复合词'，见中国语文1953年9月号，4页。

⑩ 陆志韦：北京话单音词词汇(1951)，13页以次。参考作者后来所写对于这个方法的批判的文章，见中国语文1955年4月号，11页。另外两位作者陆宗达、俞敏在他们所写的现代汉语语法(1954)，40页，也用'成段的话里能活动替换的单位'作为词的定义，但是他们加上重音这一条件。

⑪ 张志公等：汉语(初级中学课本)，第一、二册合编(1956)，13页。陆志韦等：汉语的构词法(1957)，1页。

⑫ Bloomfield：Language(1933)，178页。早在1876年，英国语言学家H.Sweet就提出用游离的方法来划分词，不过他没有说所有的词都必需满足这个条件。见Words, Logic, and Grammar，收入Collected Papers(1913)，5—6页。

⑬ 陆志韦等：前引书，8页，22页。

⑭ 彭楚南：两种词儿和三个连写标准。中国语文，1954年4月号，7页。

⑮ 陆志韦等：前引书，90—92页。

⑯ 陆宗达、俞敏：前引书，36页，118页。本书作者和另外一些作者都

称这种得和不是‘词嵌’。

⑰ 陆志韦等:前引书,78—82页。林汉达(b):前引文,9页。

⑱ 陆宗达、俞敏:前引书,41页,55页,73页。

⑲ 陆志韦等:前引书,多处。应注意‘轻声’和‘重音’,不是对立物,轻声的音节一定是非重音的,但是非重音的音节不一定变成轻声。

⑳ 彭楚南:前引文,8页。

㉑ 例如浙江省海盐县通园的方言,据胡明扬同志说。

㉒ 陆志韦等:前引书,28页和别处。林汉达(b):前引文,6页,9页。赵元任:Mandarin Primer (1948),37页。

㉓ 关于完备的词和不完备的词,请看陆志韦等,前引书,14页。这也就是H.Sweet所说‘full word’和‘half word’,见前引文,6页。参看A.П. Смирницкий: Проблема «отдельности слова», в сборнике Вопросы теории и истории языка (1952), стр. 192—3.

(为苏联语言学问题杂志纪念中华人民共和国成立十周年作,俄语译文载该刊1959年5期)

说‘自由’和‘粘着’

一

美国学派的语言学家很重视‘自由形式’和‘粘着形式’的区别，几乎一致主张用‘最小的自由形式’来作为‘词’的定义。一般认为首先提出这个理论的是 Leonard Bloomfield，其实早在 1876 年英国语言学家 Henry Sweet 就已经有过类似的议论：

> …最后提出一些语音群，有独立的意义，不能再往小里划分。测验有没有独立意义用游离法，也就是能构成独立的句子的能力。因此我们不妨给词下一个定义：词是终极的，不能再分解的句子。①

Bloomfield 在 1926 年发表的为语言科学用的一套公设里说：

> 可以作为一句话来说的形式是自由形式。不是自由形式的形式是粘着形式。…一个最小的自由形式是一个词。这样，词就是一个可以单独说（并且有意义）但是不能分析成（全都）可以单独说（并且有意义）的几个部分的形式。②

在他的语言论里他又加以发挥：

> 一个全部由两个或更多的较小的自由形式组成的自由形式，例如‘poor John’（可怜的约翰）或是‘John ran away’（约翰跑了）或是‘yes，sir’（是，您哪），是一个短语。一个不是短语的自由形式是一个词。那末，一个词就是一个不是全部由（两个或更多的）较小的自由形式组成的自由形式；说得简单些，一个词是一个最小的自由形式。③

能不能用‘最小的自由形式’作为词的定义，首先要看一个形式在正常的情况下是否自由。我们说某一个形式是自由的或是不自由的，应该是指它在正常的情况下能单独说或是不能单独说，正如同我们说一只手有五个指头的时候不去考虑那些六指儿一样。Bloomfield 的看法不是这样。他说：

> 我们可以设想一段对话：‘Is？——No；was.’（现在是？——不；过去是）。‘Because’（因为）这个词据说是女人们的回答。一个性子急的听话人常常要说‘And?’（后来呢？）我们也可以想象一个人吞吞吐吐地说‘The…’（这个…）而为对方所了解。[4]

这是因为 is，because，and，the 这些虚词在一般情况下都是不单独说的，可是他也无法否认这些词作为词的资格，才不得不诌出这些希奇古怪的例子来。连他自己也说这是‘想入非非’（far-fetched）。

他的学生 Charles F. Hockett 也举过一个非常特殊的例子。他说他曾经实实在在听见过一段对话，可以证明 outside 不是一个词而是两个词：[5]

A：Where're you going？（你哪儿去？）
B：Out.（出）
A：Out where？（出哪儿？）
B：Side.（去）[6]

他这段话受到了应有的批评：

> 他好象没有想到，这种‘只此一回’的用法，如果用它来作凭据，必然引导我们完全放弃自由和粘着的概念；我们都曾经听见过有人说‘Drive slow’（[把车]开慢点儿），旁边爱开玩笑的朋友给他加个‘-ly’（=应该说‘Drive slowly’），或是有人问‘Did you say friendly or unfriendly?’（你说的是友好还是非友好？），回答是‘un-’（非）。不必把实例看得那么神圣，以至于必须把偶发的和希奇的[实例]用来作一条规

则或定义的基础。[7]

对于这些词，也就是一般所谓虚词，Sweet 倒是有一种比较通达的见解：

…在[əmæn]（一个人）和[dhəmæn]（这个人）的情形，则是一个词或两个词，在一定程度上是个可争论的问题。似乎最好是分别两种词，一种是全词，一种是半词，[mæn]（人）是全词，[dhə]（这）是半词。[8]

Sweet 还提出另外一条原则：类比。例如 goes 不能单独说，可是可以跟命令式 go！类比，后者是可以单独说的。Bloomfield 也说：the 这个词虽然难得单独说，可是作用跟 this，that 差不多，后者是可以单独说的，类比作用让我们把 the 也算作一个词。接受类比法，那就意味着不能严格遵守最小自由形式的原则。

另一方面，复合词常常可以分解成两个或更多的词。语法学家爱用重音型式来辨别复合词和短语，但是也常常遇到难以对付的情况，Bloomfield 就举了 devil-may-care（满不在乎的），jack-in-the-pulpit（北美洲植物，学名 Arisaema atrorubens）作例子。[9]

比复合词更尴尬的是 the man I saw yesterday's [daughter]（我昨天看见的那个人的[女儿]）之类的例子。Bloomfield 说，这里的 's 是一个粘着形式，所以整个这一串只是一个词。[10] 这是不容易令人接受的，Hockett 就不同意这种看法。Hockett 认为不能在'词'和'最小自由形式'之间划等号。他说，twenty-eighth（第二十八）是一个最小自由形式，可是是两个词。[11]

连 Bloomfield 自己，说了一大堆之后还是得承认：

这些标准没有一个能严格应用：许多形式处于粘着形式和词的边界上，或是处于词和短语的边界上；不可能在能够和不能够孤立地说出来的形式之间划下一道鸿沟。[12]

二

要把自由和粘着的概念应用到汉语的词和非词的问题上来，首先遇到的也就是上面所说的怎样就算或才算自由的问题。汉语里的语素绝大多数是单音节。用一个单音节当作单独一句话来说，在汉语里比在例如英语里，似乎更受限制。一个人主动说话的时候，不大会只说一个字，除了发命令或是表示惊叹，象‘来！’‘蛇！’之类。因此‘能单独说’常常只是‘能单独回答问话’的意思。[13]‘这是什么？’——‘笔。’证明‘笔’能单独说。‘这种笔好不好？’——‘好。’证明‘好’能单独说。可是回答问话也有个自然不自然，也就是是常例还是特例的问题。比如说，要试验‘棋’字能不能单独说，你问‘这是什么？’人家只会回答‘象棋’或是‘围棋’或是‘跳棋’，决不会回答‘棋’。要试验‘错’能不能单独说，无论你问‘对不对？’或是‘错不错？’回答都不会是‘错’，只会是‘错了’。又如‘醒’，只能问‘醒了没有？’或‘醒没醒？’不可能问‘醒不醒？’回答自然也只会是‘醒了’。有时候连发问都为难。比如姓张姓李的‘姓’，怎么个问法？总不能说‘让你姓张，你姓不姓？’吧？

要是应用类比法，那就不但这些字，比这些更难游离的也不难证明是词。[14]

赢了球：赢了棋	坏不了：错不了
过了河：过了期	睡得早：醒得早
回个信：回个礼	搬过家：离过家
中了箭：中了暑	嫁了人了：姓了张了
新办法：老办法	一座山：一座楼
难回答：好回答	一桌饭：一桌席

说不完:说不尽　　　　一个人:一个工
想对了:想左了　　　　一门手艺:一门课

上面例子里加点的字都是不能单说的，可是都能跟能单说的对比，算是自由形式呢，还是粘着形式呢？也许可以算是‘半自由’吧。多数讲汉语语法的书里不说词可以‘单说’，只说是可以‘单用’（‘独立运用’、‘自由运用’），用意就在于要包括这类字（以及虚词）。

不管是单说还是单用，又都会遇到另一方面的问题，那就是：有些字在一种环境里能单说或单用，在另一种环境里不能单说或单用，那末作为一个语素，它是自由的还是粘着的呢？这跟一个自由语素也可以作构词成分（如笔可以出现在毛笔、水笔、笔锋、笔误里边）不一样，那是所有自由语素的共同特点，不牵涉到某些特殊情况。这些情况是：

(1) 方言不同。有些语素在某些方言里可以单说，在另一些方言里不能单说。例如：

鞋:鞋子　　　　面:面条
梨:梨子　　　　馍:馍馍

按说，一种方言自成一个系统，一个语素尽可以在不同的方言里具有不同的身分。问题在于这些并行的形式都在书面上出现，也都在一般应该算是说着普通话的人嘴里出现。也就是说，普通话的规范还没有确定到那么一个程度，可以让我们说：这是普通话，那不是普通话。

(2) 书面语和口语不同。有些字书面上单用，可是口语里不单用。例如：

但:但是　　　　云:云彩
或:或是　　　　雁:大雁

最突出的是‘儿化词’，书面上经常不把儿写出来。比方说的是花儿，写的是花，说的是一会儿，写的是一会。连剧本、小说里都常有这种情形，别的文章就更不用说了。底下是骆驼祥子里的一些例子：⑮

他脸上有了点[儿]笑意。

拉包月就是凑合事[儿]，一年是一年的事[儿]，腿知道！

我叫小马儿去，我的小孙子，在外面[儿]看着车呢！

老者一边[儿]走还一边[儿]说话。

老车夫的头慢慢[儿]的往下低。

把老车夫的脖领[儿]解开。

糖水刚放在老车夫的嘴边[儿]上。

儿子当兵去了，一去不回头；媳妇[儿]……

还有一种情形，书面上常用(没有文体的限制)，口语里不说(另用别的字眼)。例如：

上午九时：上午九点
二月十二日：二月十二号

象这种种情形，是以口语为准呢，还是以书面为准？研究语言么，自然该以口语为凭。可是书面语难道可以一笔抹杀？尤其象儿化词的情形，学普通话的人十个有九个是通过阅读，谁敢担保若干年之后，随着普通话的推广，这些个儿字在多数人的嘴里还老是那么硬朗。

(3) 文体不同。有些字专科文献里可以单用，但是一般不能单用。例如：

耳、鼻(医学)：耳朵、鼻子
金、氧(化学)：金子、氧气
虎、鲫(动物)：老虎、鲫鱼

叶、柳（植物）：叶子、柳树

此外象报纸上‘新华社讯’的讯，画刊里照相附注‘某某摄’的摄，也都是只有在这种特殊场合才能这样单用。

（4）风格不同。有些字一般不能单用，但是在成语、熟语里能单用。例如：

一问一答	前怕狼，后怕虎
不知不觉	你一言，我一语
就事论事	不分男、女、老、少
微乎其微	自编自导自演

（5）所处结构不同。有些字只在某种结构里可以单用，在别种结构里就得扩充成一个双音节的同义词。上面用来作类比法的例子里就有这种情形，如期：期限，席：酒席。再举几个例子：

画画儿出了名：名声可大啦

夏秋两季：夏季、秋季

桌、椅、板凳：桌子、椅子

从左往右：左边，右边

这类例子里的单字是自由语素还是粘着语素，最难下结论了。这里既没有方言的分别，也没有书面语和口语的分别，也没有文体、风格的差异。

（6）意义不完全相同。比如下车的下，可以问：‘下车不下？’回答：‘下’。可是下班的下就不能这样问、这样答。下面的例子里，加圈的是能单说的，加点的是不能单说的：

下车：下班，下课	推车：今天推明天
搁点儿盐：搁哪儿？	发了封信：没发过信

也许可以把同一个字看作两个同音的语素，一个能单说，一个不能单说？这就牵涉到划分语素的原则问题：意义差别到多大才可

以算是两个语素？象上面例子的下和搁各自分作两个语素是不是恰当？

以上这些情况，总起来说，出于一个根源。这些单字，不管古汉语里有没有这个字，有没有这个字义，按照古汉语语法全能单用。汉语语法演变的趋势是越来越多的单字不能单用，可是并没有让一切单字在一切情况下都不单用（也完全没有这种必要）。这样就形成了现在的局面：有些字是绝对自由，象来、去、手、脚；有些字是绝对粘着，象辉、煌、惶、惑；很多字是介乎二者之间，在这样或那样的条件下，有较大或较小的自由。

三

显然，要用‘最小的自由形式’来规定‘词’，至少在汉语里是行不通的了。可是这不等于说自由和粘着的概念在语法分析里没有什么用处。不，通过自由和粘着的分别，我们可以更好地了解好些个语法问题。但是不能把‘自由’扩大为‘自由运用’，因为‘自由运用’的界限不明确，也很不容易明确。必须守住‘自由’的原来的意义，也就是能单说，并且必须是在正常的情况下能单说。

要谈的第一个问题是虚词。虚词是许多语言里都有的。虚词的取得词的资格，并不是因为它们象 Bloomfield 企图证明的那样，在特殊的情况下也能单说。也不是因为可以类比。The 可以跟 this，that 相比，of，for，as，than 这些词可以跟什么本身能单说的词相比呢？虚词的取得词的资格是因为它不是另一个词的一部分。是用的剩余法，就是在一个语言片段里，把成为词的部分提开，剩下的东西既不能看作它前面的或后面的词的一个部分，就不得不承认它们本身是词。[16]

分别实字和虚字是我国语法学的传统理论。可是现代学者划分实词和虚词,又多多少少跟传统的办法有些不同。一般是说:实词的意义比较具体,能够单独成句;虚词没有具体的意义,不能单独成句。[17]这表明语法学家虽然已经不再用自由和粘着来区别词和非词,却仍然要用它来区别实词和虚词。这样划分,仔细推敲起来是有问题的。虚词不能单说,对的,除了极个别的例外(如不)。实词都能单说,不尽然。名词和谓词(动词和形容词)都有不能单说的例子,上文已经说过。不过就总的情况来说,这两类词的确多数都能单说。可是实词里边有整个的大类或小类是不能单说的,是粘着形式:量词、单音方位词、部分代词(它、大家、人家、自己、这、那、哪、几、多)。为什么把这些个放在实词里边呢?原来现代学者划分实词和虚词还有一个没有明白说出来的标准:能作句子成分(主、谓、宾、补、定、状)的是实词,其余的是虚词。按照这个标准,上面指出来的量词等等是可以归入实词的。可是副词就又不应该归入虚词了。总之这两个标准是不能得出一致的结果来的,现在的划分是依违两者之间。我国古代学者所说的虚字,如助字辨略里的'助字',经传释词里的'词',范围都比较宽,代词、助动词、副词都包括在内。[18]这是用的什么标准呢?古人虽然不讲究下定义,倒也不是任意取舍。这些虚词类都有两个特征:(1)每一类词的数目都比较少,差不多可以列举;(2)在较短的时期内不容易有新的词加入。如果我们愿意采用这个标准,就可以给虚词下一个定义:属于成员少而开放性小的那些类的词。跟虚词相反,实词的特征是类的成员多,并且随时有新的成员加入。在语义方面,这两类的区别是:实词的词汇意义和语法意义能分开,虚词的词汇意义和语法意义分不开，甚至没有多少词汇意义。从语法的角度看，实词只要研究每一类词的共性（包括大类和小类，总之是成类的），虚词则不仅要研究每一类词的共性，还得研究每一个词的个性。至于自由和粘着，虚词大都是粘着形式，实词则很多是自由形式，但是粘着形式也不少。

其次，除了单个的语素可以分别自由和粘着以外，我们还可以研究一下，是不是语素组合也有自由和粘着的分别。Bloomfield 只说'永远不单说的形式是粘着形式；所有别的形式都是自由形式'，[19]没说粘着形式限于简单形式（语素）。可是他的书里讲到粘着形式总是讲的简单形式，这就很容易给人一种错觉，仿佛复杂形式（语素组合）总是自由形式似的。事实并不是如此。不但是包含粘着语素在内的形式有的能单说，如自由，有的不能单说，如自动（步枪、控制），甚至原来都能单说的形式，组合在一起反而不能单说了，例如人和造都能单说，但是人造不能单说，只出现在人造丝、人造石油、人造卫星这些更大的组合里。又如这一问（问得好），一天天（好起来），从这里（往南去），一跳（跳过去），你越说（他越恼），你既然知道（干吗不说?），也都是不能单说的，是不是该算是粘着形式？这情形不限于汉语，英语里象 day in (day out)（一天天），the sooner,(the better)（越快越好），也都很难设想可以单说。

后面这一类例子，这一问等等，都是比词大的形式，是短语，甚至是句子（分句）。这些形式是自由的还是粘着的，还是一个只有理论意义的问题。不仅有理论意义的是前面那类自动、人造等例子：这些组合是词不是词？这种组合在现代汉语里多极了，象高射（炮、机关枪），野战（军、医院），国际（关系），星际（旅行），越野（赛跑），越冬（作物），无穷（大、小、远），无机（化学、肥料、盐），无名(英雄、作家、高地),多项(式),多边(形、协定),多幕(剧),多级(火箭),等等,等等,要几千有几千。不仅是数目大,而且正在不断地、大量地增加。因此承认还是不承认它们是词,关系不小。要是不承认它们是词,就只能说是构词成分,只有跟括号里的语素连在一起才是词,在拼音文字里就全得连写。这在实用上是极大的不便。还有比这更长的,例如同分异构(体)、双轮双铧(犁)、宇称守恒(定律)、可控制(热核反应)、特宽角多倍(测量仪)、脉冲频率远距离(测量)、线性可移算随机(函数方程式)。要把这些个全都连写,简直是不可想象。在理论上也大可商量。既然小于词的语素可以有自由有粘着,大于词的短语也可以有自由有粘着,为什么词这一级就必得是自由形式,不许有粘着形式呢?光从自由或粘着这个角度来考虑,没有肯定它们是词的理由,也没有否定它们是词的理由,门是敞开着的。要肯定,要否定,都得另有根据,也就是说,得给词另下定义。

另一个问题,除了一个语言形式本身是自由的还是粘着的之外,我们还可以检查一下,如果它是一个粘着形式,它所粘着的对象是什么?是一个粘着语素还是一个词?或者是一个短语,一个句子?还可以再检查一下由这个粘着形式跟它所粘着的对象组成的形式是自由的还是粘着的。

不同的词类在这方面也往往有所不同。比如量词,它总是跟数词组合,组成的短语如果数词限于'一',就不能单说(溅了一身泥、笑了一笑),如果数词不限于'一',就可以单说(一件、两件、一次、三次)。

介词的粘着对象是名词或名词性短语,连词的粘着对象是句子(句子形式)或谓词性短语(谓语形式),即使只是一个词,也代

表一个句子或短语，这是这两类词不同之处。但是它们又有共同之点：粘着的对象是自由的（介词有例外），但是组合的结果是粘着的（把这件事、对于他；要是能去、要是你能去）。连词里边，和、跟、同、与这一类跟其余的有所不同，粘着的对象是词或短语，不是短语或句子。这又有两种分析法。一种分析：和等粘着于一前一后的两个对象，组合的短语一般是自由的。另一种分析：和等只粘着于后面的词或短语，组成的短语是粘着的——这就非常接近介词了。（类似的还有或、或是、或者，但是、或是、或者也可以粘着于句子，那就跟一般连词相同。）

助词的情形最复杂。(1)语气助词粘着于句子，这句子不论带不带语气助词都是自由的。这是语气助词跟别的助词不同之处，因此常常被划出来单独成为一个词类。(2)另一极端是着和们，它们的粘着对象一般只是一个词，组合的结果是一个自由形式（词?）。可是着也往往粘着于一个粘着语素，组合的结果更常常是一个粘着形式，如侧着（身子），背着（人），想着（还给他），（一家子）指着（他）。(3)‘笑得直不起腰来’的得，粘着的对象总是一个词，组合的结果却是一个粘着形式（笑得不能单说），可是这是个词还是个短语好象还没有被作为问题提出来。(4)‘数得清、数不清’的得和不，粘着于一个短语（动补结构），组合的结果是自由的短语。(5)了和过粘着于一个词或短语（动补结构或并立结构），组合的结果是自由的短语。了、过、着的语法意义是同一类，都表示动态，因此好些语法学家认为是词尾（构形的）。但是在了和过上有困难：‘把腿都坐麻了’，‘哪儿真有人哭断过肠子！’难于说坐麻和哭断是词。(6)的和所的粘着对象都可以是一个词（说的、所说），一个短语（说了不止一次的、所已经说过），一个句子

(我说的、我所说),但是的的组合结果是自由的(有例外),所的组合结果是粘着的。此外还有别种情形,暂时不能列举,因为助词的成员有哪些,到现在为止还没有人说过肯定的话。

汉语构词基本上只有一个方式:复合。一般的复合词,构词的成分可以都是自由的,也可以都是粘着的,也可以是有的是自由的,有的是粘着的;这就是说,自由语素和粘着语素相互之间没有任何选择性,不论是相容还是不相容。组合的结果也是或者自由,或者粘着,不受构词成分的性质的约束。在底下的例子里,加点的字是粘着语素,加圈的是自由语素。

(自由)	(粘着)
国家;有心	国有(土地);有线(电报)
国庆;有意	国际(关系);有声(电影)
民兵;无心	民办(小学);无线(电报)
民族;无意	民间(文艺);无声(电影)

再拿那些用附加成分构成的词来看,词尾总是粘着的,可是所谓词根就不一定都是粘着的。比较:

桌子、椅子	刀子、饼子
木头、石头	甜头、苦头
患者、著者	编者、读者

说词尾总是粘着的,指的是者、然、乎、子、儿、头这些个,至于那些只是有点象词尾的,就不一定,有完全自由的,如人,有半自由的,如家、界、员、度、量。所谓词头,情形也差不多,很多是自由或半自由的。这就是说,在汉语的构词法里很难区别复合和派生。

关于汉语里的'词头'和'词尾',还有许多话可说,只是与本题无关,只能将来有机会时另写文章了。

注：

① 'Word, Logic, Grammar', *Transactions of the Philological Society*, 1875—6。译文见中国语文 1961 年 9 月号，引文见 37 页。

② 'A Set of Postulates for the Science of Language', *Language*, 第 2 卷(1926)，155—6 页。

③ *Language* (1933)，178 页。

④ 同上，179 页。

⑤ *A Course in Modern Linguistics* (1958)，167 页。

⑥ 'side'不等于'去'，但是在这一段对话里'outside'只好译作'出去'。

⑦ R.Quirk：Towards a Description of English Usage, *Transactions of the Philological Society*, 1960，46—47 页。

⑧ 前引文，译文 37 页。

⑨ 前引书 180 页。

⑩ 前引书 178 页。

⑪ 前引书 168—9 页。

⑫ 前引书 181 页。

⑬ 人民教育出版社编：汉语知识(1960)，17—18 页。

⑭ 类比法很象替换法。替换法如果不加以限制，得出来的只是语素，不是词。加以限制，指的是在类比的格式里没有把有关的语素看成跟它前面或后面的语素合成一个词的可能。这实际上等于剩余法，见下文第三节。

⑮ 这些例子都在骆驼祥子第十章，这里边的儿字都是根据作者老舍先生几年前在中央人民广播电台朗诵这一章(不全)的时候的实际发音加上去的。例子里包括了一些儿化的语素组合。

⑯ 参看 А.И.Смирницкий'词的分离性'，译文见陆志韦等著汉语构词法(1957)附录。

⑰ 例如北京大学汉语教研室编现代汉语上册 152 页；人民教育出版社编汉语知识 17—18 页。

⑱ 王了一先生在中国现代语法(21—24页)里把副词定为'半实词',把代词定为'半虚词',大概也是在意义标准和句子成分标准的冲突之下想出来的办法,不过王先生仍然把它们都列在'语法成分'也就是广义的虚词之下,这是跟传统的虚字符合的。

⑲ 前引书160页。

(原载中国语文,1962年1期)

关于‘语言单位的同一性’等等

一

1.0 中国语文1961年12月号发表了朱德熙同志的说‘的’，1962年8—9月号又发表了黄景欣同志的读〈说‘的’〉并论现代汉语语法研究的几个方法论问题。这两篇论文引起了我们很大的兴趣。研究汉语语法，采用什么样的方法才能取得比较圆满的结果，这是多年来未能很好解决的问题。这两篇论文讨论的虽然只是一个的字，却涉及研究语法的整个方法论问题，自然会引起我们的兴趣。在苏联和西方语法学界，无论是所谓传统学派，或是所谓结构主义学派，尽管彼此之间乃至它们内部的流派之间有种种争论，却都能各自拿出一整套办法来，并且用具体成就来证明这些办法行之有效。而在汉语语法研究方面，过去借用他们的传统研究法，困难重重，没得到令人满意的结果，近年来尝试采用较新的研究法，也还没有多少成熟的经验，还不能判断是不是一条康庄大道。这两篇论文恰好在一个具体问题上作方法论的探讨，更不能不引起我们的兴趣。

1.1 说‘的’的作者所要论证的是：我们平常称之为词尾或助词的的字不是一个语素而是形式相同的三个语素：的$_1$，的$_2$，的$_3$。的$_1$的作用是附加在某些双音节副词、某些双音节形容词等等之后，造成副词性单位。的$_2$的作用是附加在形容词重叠式、某些程度副词加形容词等等之后，造成形容词性单位。的$_3$的作用是附加在名词、动词、形容词等等之后，造成名词性单位。①

读〈说‘的’〉的作者在具体结论上所不能同意的有四点。他认为：(1)‘慢慢的、快快的、早早的、白白的、狠狠的’等不尽都能做谓语、定语、补语，所以不是和‘绿绿的、新新的’同一类，而是和‘明明的、渐渐的’同一类。它们后面的的是的$_1$，不是的$_2$。(2)‘白的纸’里的‘白的’不同于‘这张纸是白的’里的‘白的’，而同于‘白白的纸’里的‘白白的’。后面有名词的‘白的’是白加的$_2$，后面没有名词的‘白的’是白加的$_3$。(3)‘他会来的’、‘他会抽烟的’里边的的不是的$_3$而是的$_4$，不是词尾或结构助词而是语气词。(4)形容词前的程度副词不能分成很、挺、怪、非常和最、更、顶、太两类。‘程度副词＋形容词＋的’在主、宾语位置上是名词性单位，在别的位置上是形容词性单位。(后一部分作者没有说明确，我体会他的意思是如此。)这四点之中，(2)(3)两点是主要的，(1)(4)两点是次要的。

两位作者在具体结论上的分歧，一部分由于对于一些事实即用例的认识不同，一部分由于对于研究方法的看法不同。前者本文不打算多谈，我们更感兴趣的是后者。上面所列举的四点，(1)(4)两点涉及事实方面较多，而(2)(3)两点涉及事实问题较少，差不多全是方法论问题，所以我们说(2)(3)两点比(1)(4)两点重要。

1.2 德熙同志在说‘的’一文中谈到他的研究方法，比较重要的有四处。(1)‘本文分析的字的基本方法是比较不带的的语法单位——假定为X——跟加上的之后的格式X的在语法功能上的差别，由此分离出的的性质来'（1 右）。（2）'本文所采取的方法是把带的的格式功能上的异或同归结为后附成分的的异或同'（13 右）。（3）'S 的$_a$和 S 的$_b$的分布范围是互补的：S 的$_a$只在定语位置上出现，不在其他位置上出现；S 的$_b$只在定语以外的位置上出现，不在定语位置上出现。这两个格式的分布范围加在一起正好跟名词的分布范围相当。'因此'S 的$_a$和 S 的$_b$是同一个语言成分 S 的，是一个名词性结构'（8 左）。（4）'一个格式可以有某种变换式（如'我会写的'可以变换为'我是会写的'）。同一格式可以有几种变形（如'我（从前）会写的'，'我（昨天）写的（诗）'，'我昨天写的（诗）'，'我（昨天）写的诗'是同一个格式的不同的变形）。某几个形式相同实质不同的格式（I，II，III，IV）里有形式相同的语素（如的），如果不能直接证明它们是同一个语素，并且是什么性质的语素，可以用同一方式（如加是）分别造成变换式（I′，II′，III′，IV′），只要能在这些变换式里证明那同形式的语素（的）是同一语素，并且是什么性质的语素（名词性单位的后附成分，即的$_3$），就可以间接证明那几个原式（I，II，III，IV）里的同形式语素（的）也是同一语素，并且是什么性质的语素（的$_3$）。'（9—10）

景欣同志对于德熙同志的研究方法的批评有六点。（1）把'功能'归结为'分布'，实际上是一种纯位次论的观点（369 右）。对于'分布'的理解也不全面，在确定的字的语法性质时只考虑到的字前面的情况而没有考虑到它后面的情况，也没有考虑到可能出现的情况（369 左）。（2）'常数，变数'取譬不当。语法中的'常数'只能是关系的常数、功能的常数，而不是实质的常数（370—1 左）。（3）没有正确地引进'常体'和'变体'、'模式'和'变式'等概念。同时，在使用一些近似的概念如'格式、模式、变式'等时（按朱文只有‘变形’和‘变换式’，没有‘变式’），由于没有给予确切的规定，因而存在着混乱的现象（371 左）。（4）没有弄清楚结构的层次，常把不同层次中表面相同的形式看成是同一的东西。最明显的例子是对于‘MD 的’的格式的分析（372 右，373 左）。（5）很少考虑到历史的因素（373）。（6）把现代汉语形容词分为‘性质形容词’和‘状态形容词’是根据意义，和说‘的’一文所采用的方法是不相容的（373 右）。末了这一点似乎是一种误会。德熙同志在现代汉语形容词研究一文中把形容词的简单形式和复杂形式分别称为甲类成分和乙类成分，说明它们的语法功能是不一样的，同时它们在意义上也有区别，前者表示性质，后者表示这种性质的状况或情态。可见并没有把形容词分为‘性质形容词’和‘状态形容词’两类，而甲类成分和乙类成分的分别也不单纯在意义上。第（5）点提到历史因素。做平面的语法分析是否能够完全不考虑历史因素，本是可以讨论的问题，但是景欣同志没有指明在的字问题上应该如何考虑历史因素，也就无从讨论。总起来说，景欣同志的意见是描写语言学的方法是可以批判地接受的（368 右，372 右，373），但是说‘的’的作者既未能批判地接受，也未能正确地运用。

1.3 那末，描写语言学的方法究竟是怎么回事呢？两位作者都在他们的论文里引进了一些有关的概念（术语）：功能、分布、层次、同一性、常体、变体，等等。景欣同志说德熙同志没有对于所用的术语给予确切的规定，因而不免有些混乱。可是景欣同志对于自己使用的一些术语也没有一一给予确切的规定和举例，因而我们读完了他的论文，对于他的方法论也还是没有获得系统的了解。景欣同志在论文的脚注里指引我们去看一些文献，我们看完了这些文献，对于当前问题的理解仍然得不到多大帮助。没办法，只好凭自己的一知半解去琢磨。我们的目的不在于判断两篇论文的是非曲直，我们的目的是要弄明白描写语言学的方法究竟是怎么个方法，又如何应用在汉语研究上。可是因为关于描写语言学我们知道的实在太少，有些问题我们自以为懂得是怎么回事了，也不敢担保准是这么回事。至于琢磨来琢磨去还是弄不明白的，只好老实说不知道，请读者指教。

最好先把问题摆一摆；如果可能，把几个重要的概念也从常识的角度先理解一下。景欣同志说：'因此，在方法论上，问题就显然集中于：在语法研究中同一性指的是什么东西，各种语言单位的同一性表现在什么地方，我们应该如何来确定这种同一性？'(368 左)我们不妨就从这个问题开始：什么是'语言单位的同一性'？语言里有各种各样的单位，有语音单位，有语法单位，有语汇单位。音素、音节、声母、韵母、重音，这些都是语音单位。语素、词、词组、句子、的字结构、介词结构以及其他各种结构，这些都是语法单位。语素和词也是语汇单位：比如红作为形容词性语素和形容词，旗作为名词性语素，红旗作为名词和形名修饰结构，是语法单位；红区别于其他颜色，旗区别于其他器物，红旗作为一种旗子和一种杂志的名称，是语汇单位。这些本来都是不成问题的，可是联系到'同一性'就不免发生问题。'同一性'指事物的异同。两个东西之间总是有异有同，很难得完全相同。假如我说'我昨天写到第 3 页，今天从第 3 页往下写'，这两个'第 3 页'可以说是绝对同一。假如我说'请大家翻到第 3 页'，当然大家拿的是同一本书，可是总还不是同一本书(注意这两个'同一本书'就是两个意思)，因而这里的'第 3 页'的同一性又是另外一种同一性。假如我说'这个图书馆在每本书的同一页就是第3页上加盖图章’，这里的‘第3页’不是同一本书的第3页，但是不妨害我们说‘同一页’。这又是一种同一性。假如我说‘这本书每页的行数、字数都相同’，那末这本书的各页尽管在具体内容上不同，却同是这本书的一页，在行款格式上无不相同。这又是另一种同一性。语言单位的同一性指的是哪一种同一性呢？还是有的语言单位可以有这种同一性，有的语言单位只能有那种同一性，而有的语言单位既可以有这种同一性又可以有那种同一性呢？（2）景欣同志引 Z.S.Harris 的话说：‘同一性…只能解释为替换的可能性’。这替换的可能性似乎也是有条件的。比如说你要看京剧，当然不能用话剧或越剧来替换，可是所有京剧剧目都可以互相替换，因为你没指定要看哪一出。如果你指定要看青衣戏，那就只有玉堂春、宇宙锋这些戏可以互相替换，空城计、将相和这些戏就不能拿来替换了。如果你指定要看玉堂春，那末杜近芳、张君秋或者别位演员，无论谁演都成。可如果你指定要看杜近芳的玉堂春，那就完全没有替换的可能了。在检验语言单位的同一性的时候，是不是也有各种各样的替换可能性呢？（3）其次一个问题是常体和变体。可以互相替换的东西互为变体。比如说，我把‘语’字写成‘語’，你没意见，这是可以替换。如果我把‘语言’的‘言’写成‘讠’，你就不同意了，这是不能替换。但是你承认‘讠’就是‘言’，也就是说，这是一个字的两个变体。是只有做偏旁的时候可以说是两个变体呢？还是作为偏旁的‘讠’和作为单字的‘言’也是两个变体呢？这两个形式之中又是哪一个是‘常体’呢？我们这些繁体字出身的人会不假思索地说‘言’是常体，‘讠’是变体。但是简体字出身的同志未必会同意。再拿上面玉堂春这出戏做例子，杜近芳演的玉堂春，张君秋演的玉堂春，以及任何演员演的玉堂春，都是玉堂春这出戏的变体，可是这个常体玉堂春是抽象的，是只有通过变体才能跟观众见面的。我们能不能也给“言”和“讠”这两个变体抽象出一个常体来呢？显然不能。那就只能有变而无常了。语言里的变体问题跟同一性和替换可能性紧密相连，也是很复杂的。(4)变体之外又有所谓变换式，二者是一码事还是两码事？看来是两码事。有变体的场合不一定有常体，而变换式无一不有原式。描写语言学派代表人之一 Z.S.Harris 也谈变换，可只是作为分析大片段语言时的补充手段。以变换为主要研究法的 N.Chomsky 等人也谈层次分析，但只限于他们所说的‘核心句’，从核心句产生一切类型的句子都是通过变换。他们说‘传统的’描写语法只能分析现成的语言形式，只有他们的‘发生语法’才能让人造出一切合乎语法的语言形式。可见他们已经独树一帜，是否还应该包括在描写语言学派之内，还需要研究。这且不去管它。德熙同志在说‘的’里用了一下‘变换式’，好象目的仅仅在于借助于变换式来证明原式所未能证明的论点。这也不是新事情。作为一种论证的手段，变换法以往也常常被语法学家运用(当然只是临时地，非系统地)。问题在于如何运用才是恰当。变换肯定是语法研究中一种有极大潜力的方法，但是如何运用这种方法以及托付给它多大的任务，还有待进一步的研究。(5)什么叫层次？层次跟同一性又有什么样的关系？$2H+O \rightarrow H_2O$ 这个式子里两处的 H 不同，两处的 O 也不同，因为所处层次不同：在前一场合是氢原子和氧原子，在后一场合则为水的分子的组成部分，处于不同的化学状态。另一方面，在 $3x(3x-1)$ 这个式子里也有两个层次，可是括弧里面的 3 和 x 跟括弧外面的 3 和 x 似乎没有什么不同，括弧里面 3 和 x 的关系跟括弧外面的 3 和 x 的关系也没有什么不同。语言里的层次是哪一种层次呢？还是两种层次都有呢？或者跟这两种层次都不一样呢？(6)什么是功能？什么是分布？描写语言学派把一个语言成分所能出现的环境，几个语言成分在某一位置上能否互相替换，以及替换后的各种情况，用一个术语来概括，叫做'分布'，并且认为语言成分的异同完全可以凭分布来决定。这一学派的学者或者根本不用'功能'这个术语（如 Z.S. Harris），或者把功能归结为分布（如 Leonard Bloomfield，可是他没有把'分布'当作术语来用，也许正因为如此他才保留了'功能'这个术语）。如果我们不同意功能等于分布，我们必得说明我们所说的功能是什么，并且证明它是不能转换成分布的。

上面这一系列问题说明这些术语的含义都是很不简单的。具体问题的讨论常常得不到满意的结果，其原因之一往往就在于讨论者没有意识到彼此对于术语的理解有分歧。

二

2.0 特别强调分布，把它作为中心概念而发展出一整套的语言分析方法的，诚然是美国的描写语言学派，但是利用语言成分的分布特征来进行语言分析却不是从描写语言学派开始的。早先创制字母和制定正字法的人以及传统的语法的著者们，都在一定程度上应用了这一原则。系统地应用分布来分析语言，最早并且最有成效的领域是语音。让我们先大致地看看语音领域内的情况，然后看这种方法应用到语法领域内，是不是问题相同，是不是同等有效。举例尽量用汉语，借此看看这种方法用在汉语分析上效果如何。由于我们所知道的实在肤浅，很可能我们以为难以解决的问题并不难解决,而我们以为已经解决的问题并未真正解决。这些都盼望对描写语言学有研究的同志指教。

2.1 分析一种语言的语音系统,首先把整段的说话切断成最小的单位,一个一个的'音'(如何是'最小'也有不少问题,这里不谈)。然后辨别它们的异同,归纳成若干互相区别的'音素'(或称'音位')。一个音素的实际发音并不一定相同。比如在一段话里 a 这个音素出现了一百次,很可能是一百个样子,a_1,a_2…a_{100}.可是这一百个 a 有共同之处,足以跟 e,i,o,u 等音素相区别,我们就认定这是同一个音素 a.描写语言学派归纳音素的方法,总的说来是通过'分布特征',分开来说是用'替换试验'和发现'互补分布'。先说一个字或者一个短语,重复若干次,把其中的某一个音说得每次都有些不同,看听的人的反应如何,是否有分别。再用别的字或短语来试验。如果反复试验的结果证明这些音是没有分别的,也就是可以互相替换的,那就是同一个音素的变体,这种变异叫做'自由变异'。如果试验的结果证明是有分别的,也就是不能互相替换的,那就分属于两个或几个音素,这些音素在一定的位置上'对立'。这些音素是初步归纳的结果,是暂定的,还得进一步观察它们的分布情况。如果发现有两个暂定的音素,一个只在某些位置上出现,不在与之相应的另一些位置上出现,另一个的出现情况恰好相反,于是就说它们的分布是'互补'的,它们也是一个音素的变体,这种变异是'条件变异'。比如 d-,t-,s-等音素发音的时候,舌尖可能跟下齿的背面接触,也可能跟上齿龈接触,接触点可能前些,可能后些,在汉语里一般不会造成不同的结果,这是自由变异。汉语的某些方言里声母 n-和 l-不分,某些方言里

f-和 hu-不分，都可以随便说，也是自由变异。'知、痴、诗'里的元音跟'资、雌、私'里的元音不一样，但是可以认为是同一个音素，它们的音值是由前面的辅音决定的，是条件变异。又如'蛙、弯、烟、央'四个字里的元音 a，实际发音不同，也是由语音环境决定的，也是条件变异。对立、自由变异、条件变异，这是'分布'这一术语所概括的三种基本情况，还有种种复杂情况，这里不必细说。一个音素可以出现在哪些位置上，跟哪些音素对立，有哪些条件变体，这些是这个音素的'分布特征'。

语音分析不能停留在区别音素上，还得进一步说明语音结构。为了这个目的，首先得把音素分类。汉语普通话有二千多个音节（包括儿化音节），如果不给普通话的音素和一些音素组合分分类，就只能列举这二千多个音节，无法概括说明这些音节的结构。因此才分别元音、辅音、声母、韵母，等等。音素的分类实际上常常是根据发音部位和发音方法的，但是也反映在分布特征上。例如普通话的声母通常分为六组：(1) b-，p-，m-，f-，(2) d-，t-，n-，l-，(3) g-，k-，h-，(4) j-，q-，x-，(5) zh-，ch-，sh-，r-，(6) z-，c-，s-。它们的分布，除(5)和(6)外，没有两组相同的。

	-a，-e，-o 前	-u 前	-ï 前	-i 前	-ü 前
(1) 组	+	+	－	+①	－
(2) 组	+	+	－	+	+②
(3) 组	+	+	－	－	－
(4) 组	－	－	－	+	+
(5,6) 组	+	+	+	－	－

① f-不出现在-i 前。　② d-，t-不出现在-ü 前。

归纳音素和给音素分类，虽然都运用分布特征，可是情况并不一样。第一,归纳音素的时候,分布相同的许多个音可以属于一个音素(自由变异),也可以属于几个音素(对立)。给音素分类的时候,分布相同的音素只能归为一类,不能分为两类。第二,归纳音素的时候要考虑一切环境,只要发现一处有对立,就得分别两个音素。给音素分类的时候不必也不能考虑一切环境,如果考虑一切环境,发现两个音素在某一点上分布不同就分为两类,那就几乎会有多少音素得分多少类了。比如 b-,p-,m-,f-这一组的分布就有参差:

	-i 之前	-ou 之前	-iou 之前
b-	+	—	—
p-	+	+	—
m-	+	+	+
f-	—	+	—

如果把这些情况都考虑进去,b-,p-,m-,f-就得分成四组。任何分类都必须在可凭以分类的条件中有所选择,选择有关重要或符合当前目的的,舍弃无关重要或不合当前目的的(甚至是纯属偶然的,如 b-不在-ou 之前出现)。第三,归纳音素,虽然几个分析者得出的结果可以有一定的参差,但是可以互相'折合'。给音素分类,为了不同的目的可以选择不同的条件,得出完全不同的类别。例如为了一种目的分别声母、韵母,为了另一种目的分别元音、辅音。选用的条件是一个或几个,得出来的类也就多寡不同。例如刚才提到的声母分六组,是按发音部位分的。如果按发音方法分,就可以得出塞音、擦音、塞擦音、鼻音、边音;清音、浊音;送气音、不送气音等类。如果同时用这两个条件,普通话的 21 个声母就得分为 21 类。

要了解语音上的同一性问题，得先分清语音结构的层次。如果语音相同指‘音’的物理性质相同，那末同一性问题是很容易解决的，只要有几架精密的声学仪器就成了。正因为不同的‘音’可以是相同的音素，才有同一性问题。对于这个事实的正确理解要求认识‘音’和音素是两个层次。在‘音’这一级不同的东西，在比‘音’高的一级，音素这一级，成了相同的东西。同样，在音素这一级不同的东西，到了音节这一级成了相同的东西。比如我们说‘-i韵字’，就指的是符合‘C-i’这个公式的字，C代表所有能进入这个公式的声母，即 b-，p-，m-，d-，t-，n-，l-，j-，q-，x-这十个声母。在这个公式里这十个声母构成一个类，可以互相替换，不妨把它们写成 C_1，C_2……C_{10}.这十个声母的关系因层次不同而不同：作为个别的音素，它们是互相对立的；作为类的成员，它们又是可以互相替换的。景欣同志在他的论文里说，单纯从分布上来看，很难发现 j，q，x 三个辅音有什么分别，它们之所以有分别是因为它们具有某种‘相离功能’（369 右）。这就是由于没有看明白这三个辅音的双重身分：作为个别音素和作为类的成员。他所说的‘相离功能’就是‘对立’，对立是分布的三种基本情况之一。

同类事物之间，总是既有共性，又有个性。个体与个体不同，是因为有个性；作为类的成员又相同，是因为这个时候只计及其共性而不计及其个性。可见类的同一性和个体的同一性是不同性质的同一性。为避免混淆起见，下文把‘同一性’限制在个体上，把类的同一性改称为‘同类性’。

2.2 语素的分析比音素的分析复杂，因为第一，语素不仅有音，而且有义，第二，语素既是语汇的最小单位，又是语法的最小单位，语素的意义里既有语汇意义，又有语法意义。语素分析的初步结果是一些最小的音义结合体，描写语言学派称之为 morph，汉语似乎还没有适当的译名（不能译为‘语素变体’，那是 allomorph，是有了语素之后才有的）。在下面的讨论中我们不得不利用现成的‘字’字。[②]两个字的语音可以相同，相近，或者完全不同；两个字的意义也可以相同，相关，或者完全不相关。描写语言学派不谈意义，而用分布特征来替代。

语音的异同和意义的异同配合起来就产生多种情况。先从简单的情况说起。(1)语音相同而意义又相同，只能是同一个语素（也就是不可能成为两个字，除了文字上的异体）。(2)两个字语音不同，意义也不同，当然是两个语素。这两个字如果在相同的环境出现，必然对立（改变整个语素组合的意义），例如‘他来了’和‘他走了’。(3)两个字的意义毫无关涉，尽管语音很相近，甚至相同，那只是凑巧，仍然是两个语素。两个同音字在相同的环境出现就产生‘歧义’，例如‘我要书’和‘我要输’。要确定是这两个语素里的哪一个，就得把环境放大，例如在‘我要＿，不要笔’这个环境里出现的就一定是书而不会是输。(4)两个字语音不同而意义相同或相近，仍然是两个语素，两个同义字或近义字。同义和近义是个程度问题，也就是分布吻合到什么程度的问题。严格说，完全同义的语素是不大会有的，至少有风格上的差别（要从分布上证明，得把环境放得很大）。[③]以上这几种情况是比较简单的，比较复杂的是音同义近、音近义同、音近义近这几种情况。(5)一个有意义的音节可以有很多意义。如果两个意义联系不到一块儿，象上面举的书和输的例子，这无疑问是同音的两个语素。如果两个意义可以联系到一块儿，如‘白纸’的白和‘白卷’的白，就可以说这只是一个语素。(如果不允许把几个互相关联的意义归并在一个语素之内,一个语言里的语素将多到不可计数。)但是介乎这两种情况之间的例子多的是,于是如何区别一字多义和两字同音就成为语汇学上的难题之一。如何根据分布来决定语素的异同似乎也是描写语言学未能解决的问题之一,因为两个同音的语素的分布固然不会相同,一个语素的不同意义的分布也不会相同。汉字的写法对我们的想法有很大的影响。比如棵和颗,枝和支,可不可以合并呢?我们不把它们合并,不仅是因为它们分布不同,也因为一直写成不同的汉字。可以跟把比较。'一把刀'的把和'一把米'的把的分布也不同,可是我们觉得好象可以不分。如果缌和穗写成一个字,穫和獲写成一个字,冠(衣冠)和冠(鸡冠)、镜(穿衣镜)和镜(眼镜)、信(信用)和信(书信)分别写成两个字,我们的感觉也会跟现在有所不同。噜、唸、按(装)、绱(鞋)等俗字的产生不是没有原因的。(6)很多字意义不变而有语音相近的两读或三读,都可以认为是一个语素的几个变体。如果没有什么条件,那就是自由变异,例如谁shuí～shéi,跃yuè～yào。如果在一定的条件下出现一定的变体,那就是互补分布。例如是a,去ia,走ua,看na,听nga这些组合里的第二个成分,不论汉字写成一个或几个,只是一个语素啊,它的变异是语音条件决定的。虹字单用是jiàng,在合成词里是hóng(如虹彩),剥字单用是bāo,在合成词里是bō(如剥削),它们的变异是语法条件决定的。指字有三个音:zhī(指甲)～zhí(指头)～zhǐ(手指),它的变异是语汇条件决定的。这些例子用互补分布来解释是恰当的。可是这里也有汉字的影响。如果母mǔ和妈mā写成一个字,似乎也可以算一个语素。(7)如果两个字的语音相近而意义也只是相近而不是相同,例如环huán和圆yuán,那就不具备合并的条件,至多只能说这两个语素可能是同源的。

再谈谈语素的分类。语素分类问题基本上就是词类问题。当然,粘着语素的分类比自由语素要困难些,但是原则上没有什么不同。我国谈词类分别的学者爱用形态、意义、功能三结合作为分类的标准。描写语言学派的标准是分布。这里面最成问题也最不成问题的是意义。如果象某些语法学家所说,一种动作或一种性质,当你把它当作一种抽象的事物看的时候,它就具有名词的性质,那末,意义真是个最听话、最不捣乱的乖孩子,可以请过一边。形态是个硬家伙,可是如果遇到汉语这种缺少印欧语系屈折变化即所谓狭义形态的语言,把词类之间的结合可能性(选择性)乃至语序都称之为形态的话,形态也就无以异于功能。而功能,如果指担任某种结构里的某种成分的能力(景欣同志不同意这一看法,369 右),也很容易转换成分布,即在某一环境出现。这样,在不习惯于在术语里面打转的人看来,形态、功能、分布就差不多只是一回事。

汉语词类问题的症结在于不能用单一标准来规定一个类,而必得列举几项特点。比如说,名词的特点是(1)前面可以加数量词,(2)前面不能加副词,(3)作谓语的时候前面有是(参看人民教育出版社编汉语知识 1959 年版,60 页)。要拿这三项作为规定名词的标准,立刻就来了麻烦,有的名词前面不能加数量词啦,有时候名词前面出现副词啦,名词作谓语时前面不一定有是,动词、形容词作谓语时前面也可以有是啦,等等。如果几个标准的结果总是一致的,标准再多也不怕;如果结果是参差的,事情就不好办。从组合来说:两个标准可以得出 3 类(A,B,AB,一个字母代表符合一个标准),三个标准可以得出 7 类(A,B,C,AB,AC,BC,ABC),四个标准可以得出 15 类,五个标准可以得出 31 类,六个标准可以得出 63 类，依此类推。说‘的’的作者和论〈说‘的’〉的作者之间在某些具体结论上的分歧（上文 1.1 的（1）（2）（4））就可以溯源到这个多标准问题。德熙同志用来区别‘的字结构’的性质时用能否作某种句法成分作标准，如下表：

	主宾语	定语	状语	谓语	补语
X 的$_1$			+		
X 的$_2$		+	+	+	+
X 的$_3$	+	+		+	

景欣同志指出，X 的$_2$ 也可以作主宾语，④而定、状、谓、补四种功能也不是每一个 X 的$_2$ 都具备。这就足够引起分类上的争执了。

另一个问题，某一语素的几种功能有没有主次之分或一般与特殊之分呢？用分布来说，如果某一语素在三种环境出现，但是出现的频率是 90∶9∶1，可以不可以把这三种环境等量齐观呢？⑤

怎么办呢？也许不能不‘观其大势’。举一个简单化了的例子。如果有 100 个语素，有三种分布：A，45％；B，45％；AB，10％；我们就说这里有 A，B 两类，有些语素兼属两类（是否作为两个同音语素，下面再谈）。如果这三种分布的比率是：A，10％；B，5％；AB，85％；我们就说这里只有一类语素，不过其中有少数不在 B 环境出现，有少数不在 A 环境出现（都可以列举）。如果其比率是：A，30％；B，35％；AB，35％；我们就说这里有三个类。在第一种情况，如果有 AB 分布的语素都是经常在 A 环境出现，难得在 B 环境出现，我们就把它们归入 A 类，交代一句：‘A 类语素有少数间或出现在 B 环境（列举），但是 B 类语素不出现在 A 环境。’能不能这样处理呢？也许实际工作中不得不如此，可是算不算有理论根据呢？我们不知道。

语素的同一性问题，由于语素的音和义两方面都可以有不同情况，其复杂远过于音素。意义之中又有语汇意义与语法意义两部分（后者反映在语素的类别上），而语法意义的异同和语汇意义的异同并不总是一致的，语汇意义无分别或无大分别的也可能分属语法上的两个类。这在语素的异同上又增加一个问题。与此有关的有四种情形。（1）音近，汉字不同：如知（zhī，动）和智（zhì，形、名），背（bèi，名、动）和揹（bēi，动）。（2）音近，汉字同：如磨（mó，动）和磨（mò，名），间（jiān，名）和间（jiàn，动）。（3）音同，汉字不同：如坐（动）和座（名），倚（动）和椅（名）。这三种例子里，语法上不同类的，语汇意义的差别也较大，分成两个语素是没有问题的。（4）音同、字同：（a）白（形）和白蛋白（名），黄（形）和黄藤黄（名），锁（动）和锁（名），费（动）和费（名）；（b）亲亲人（形）和亲亲属（名），竖（形）和竖（动），捆（动）和捆（量），碗（名）和碗（量），长（形）和长身长（名），‘白（形）纸的白（名?）’。（a）类大概也可以分成两个语素，（b）类呢？这里的问题是：不同类的语素是不是必然是两个语素（因为分布不同）？允许不允许一个语素同时属于两个类（解释为互补分布）？描写语言学派内部的意见不很一致，有人倾向于多合少分，允许一个语素跨类，不但上面（4a）（4b），连（3）也可以归并成一个语素。可是这又怎么能拦住（1）和（2）呢？语音的变异不是可以作为互补分布处理吗？Harris 说语音相同类别相同的语素，不管语汇意义有多大不同，只是一个语素（Methods，258 页）。在同页注 29 里又说是可分可合，要适应分类的整个格局，接着又说这只是个名称问题，无关重要。

只有语法意义的语素（助词之类），分析起来另有一种困难：它们的分布特征往往是独一无二的，无可比较。的字就属于这一类。了字、呢字、吧字也都有一个还是两个的问题。

总之,语素的同一性本来是个很复杂的问题。描写语言学归纳语素主要应用互补分布,可是互补分布这一原则在这里颇不容易掌握。说二者互补,必须有第三者作比较:A 的分布加 B 的分布相当于 C 的分布,才可以说 A 和 B 是互补的。这在语素的范围内比在音素的范围内,考核起来困难得多。可以用互补解释的事例固然不少,似乎用得上又似乎用不上的事例也很多。

在马氏文通时代,字和词还不怎么区分,自然不会有分析语素的问题。要是现在还一切凭汉字作主,写成一个字就是一个语素,写成两个字就是两个语素,那当然是太天真了。况且汉字的写法也就够乱的。不过汉字的写法也还是有一定的参考价值,因为它部分地反映人们的想法。

2.3 语素是最小的语法单位,也是最小的语汇单位,语素的同一性里边包含语汇上的同一性和语法上的同一性(同类性)。这两种同一性的分别到了语素组合的阶段就更加明显了。比如高山和大海在语汇上是截然不同的东西,可是在语法上是同一结构,'形名修饰结构'。在语汇领域内,语素和语素组合处于同一平面,都是语汇单位,可以互相比较,例如可以提出'妈和妈妈是不是同一个语汇单位的两个变体'这样的问题。但是在语法领域内,妈和妈妈完全是两回事,妈只是一个语素,妈妈是重叠同一语素而成的一个结构体。

按照描写语言学的理论,不但语素和结构体处于不同层次,结构体也是一层包一层的。比如登上一座高山,它的直接成分(immediate constituents,简称 IC)是登上和一座高山,登上的 IC 是登和上,一座高山的 IC 是一座和高山,一座的 IC 是一和座,高山的 IC 是高和山。(妈妈的 IC 按一种分析法是妈和妈,按另一种分析法是妈和‘重叠’。)每个结构体有它的类,也是由它的分布特征决定的。因此,结构体的类别跟语素的类别基本上相同,如‘名’、‘动’、‘形’,等等。

结构体的直接成分之间又有一定的‘结构关系’,如并列关系、修饰关系、主谓关系、支配关系,等等。描写语言学派分别结构关系为‘内中心’和‘外中心’两类,前者又分为‘并列’和‘从属’两类,这是一致的,再分下去就不很一致。事实上他们在这个问题上不是太热心。汉语里的结构关系究竟能分多少种,如何从形式上一一加以区别,还是有待研究的问题。

这里得提一提一个理论上的问题。在分别词类的时候,我们常常利用结构关系,例如说能在支配关系的结构体中作支配成分(简单点说是能带宾语)的是动词,等等。在分别结构关系的时候,我们又常常利用词类,例如说动词和它的宾语之间的关系是支配关系。怎样解决这‘先有蛋还是先有鸡’的问题?

与语法结构(结构体)的同一性问题有关的有三个因素:(1)结构体的类,(2)结构体的直接成分的类,(3)结构体内部即它的直接成分之间的结构关系。是要求这三样都相同,两个结构体才算相同呢?还是只要求其中某两样相同,或是只要求其中某一样相同?举几个例子来说明:

	结构体	结构体的类	直接成分的类	结构关系
A.	砖头 | 瓦片	名	名 | 名	并列
B.	砖 | 墙	名	名 | 名	修饰
C.	高 | 墙	名	形 | 名	修饰
D.	新 | 书	名	形 | 名	修饰

E.	一本｜新书	名	数量｜名	修饰⑥
F.	新｜买	动	形｜动	修饰
G.	举｜手	动	动｜名	支配
H.	随｜手	副	动｜名	支配
I.	(快)煮｜饺子	动	动｜名	支配
J.	(吃)煮｜饺子	名	动｜名	修饰

三个因素的异同比较(八种可能,各举一例):

例	类异同	成分异同	关系异同
C∶D	+	+	+
A∶B	+	+	−
B∶C	+	−	+
A∶C	+	−	−
G∶H	−	+	+
I∶J	−	+	−
D∶F	−	−	+
A∶F	−	−	−

这里边,除了三个"＋"号的一组(C∶D)之中两个结构体的同一性毫无疑问,三个"－"号的一组(A∶F)也无须考虑外,其余各组的同一性如何就要看各人对于这三个因素的要求如何,许多争执和误会都是由此产生的。

结构体的同一性跟它们的繁简也就是层次多寡无关,因为只有直接成分的异同有关系。例如'史｜诗'、'历史｜小说'、'中国古代哲学史｜资料'是同一结构。

德熙同志最近发表的论句法结构(中国语文,1962年8—9月号)讲的也是语法结构的同一性问题,跟这里讲的大致相同,可以参看。朱文的'异类同构'的'类'指直接成分的类,'构'指结构关系和结构体的类;朱文的'同型结构'的'型'只指结构关系。

三

3.1 现在可以来讨论一下说'的'和读〈说'的'〉里的几个主要具体问题(上文1.1的(2)(3)两点)。首先是说'的'里面的的字。这个的字也许是一个语素,也许是几个语素(不一定就是三个),也许是一个语素的几个同音的变体:这是可以设想的几种可能。我们不知道按分布的理论来分析,哪种可能最可能。的是个虚字,只有语法意义,而所能出现的环境又极其复杂,分析起来是不容易的。

德熙同志的结论是这里有三个语素,$的_1$,$的_2$,$的_3$。他所用的方法,照他自己说,是比较X和X的在语法功能上的差别,由此分离出的的性质来的(1右)。景欣同志则指责德熙同志在确定的字的语法性质时只考虑的字前面的情况而没有考虑它后面的情况。事实上德熙同志并没有考虑的字前面的情况,倒是在一定程度上考虑了的字后面的情况,例如只能在动词或形容词之前出现而不能在名词之前出现的是$的_1$,能在动词或形容词之前出现,也能在名词之前出现的是$的_2$,只能在名词之前出现而不能在动词或形容词之前出现的是$的_3$。更正确点说,德熙同志是根据X的这一整个结构体的功能(亦即分布)来决定把的字分作三个语素的,X和X的的功能的或同或异并没有影响他的结论,看14页上的表可知。

德熙同志也不认为这是唯一可能的解决法,他说把这三个的归并为一个语素也是一种可能,只是这样一来这个的字就没有固定的语法意义了。其实还不止这两种,一共可以有四种处理法。假定有这五种情况(的字的情况比这复杂得多,可是只假定五种情况已经足以说明问题了)：

A＋的＝A　A＋的＝B　B＋的＝C　D＋的＝B　E＋的＝C

四种处理法：(1)只看的字前面的成分的性质。这样就有四个的：的$_1$只出现在A之后，的$_2$只出现在B之后，的$_3$只出现在D之后，的$_4$只出现在E之后。(2)只看等号后面的成分的性质。这样就有三个的：的$_1$是A类结构体的标志，的$_2$是B类结构体的标志，的$_3$是C类结构体的标志。(3)兼看这两种成分的性质。这样就有五个的：的$_1$加在A后面，造成A类结构体，的$_2$加在A后面，造成B类结构体，的$_3$加在B后面，造成C类结构体，的$_4$加在D后面，造成B类结构体，的$_5$加在E后面，造成C类结构体。(4)只有一个的，它的作用是造成X的(的字结构)，可是这X的有三种性质：(X的)$_1$，(X的)$_2$，(X的)$_3$。德熙同志不赞成第四种处理法，认为这样的一个的字没有固定的语法功能。他要'把带的的格式语法功能上的异或同归结为的的异或同'(2左，13右)。是不是可以这么归结呢？假定有两个结构体XY和XZ，它们的不同显然应该归结为Y和Z这两个成分的不同，但是如果这两个结构体(XY)$_1$和(XY)$_2$，如细心的(人)和细心的(看)，难道必须归结为X的不同或Y的不同吗？不能说这不同只存在于(XY)这整个结构体本身吗？不带的的结构体也可以有两种分布，如到底(去不去)？和(坚持)到底。一个最小的单位(语素)也可以有两种分布，如快(马)和快(跑)。这不同又归结为什么成分的不同呢？至于说如果只有一个的，它就没有固定的语法功能，似乎也无妨说它的功能就是造成'的字结构'，它的分布是独一无二的。我们这样说，不等于说把的字作为一个语素处理一定比其他三种处理法强，只是说这一说法也未尝没有可以用来辩护的理由而已。

德熙同志引英语的两个语尾-s 来作为佐证(15 右)。我们觉得情况不同。这两个语尾的分布是:

A+-s=A　　B+-s=B

按我们设想的(1)(2)(3)三种办法来处理,都是两个-s,只有按(4)处理才会是一个-s。既没有象的字这种错综复杂的情况,而英语语法的整个系统中附加成分(构形的和构词的)一般都只有单一的功能,自然以作为两个语尾较好。(如果一定要把它们当作一个语素,也不难找理由:它有一定的功能,表示数的区别,在名词后则表示复数,在动词后则表示第三人称单数,是这个语素的两个条件变体,它们的分布是互补的。不过这样一来,它的总的分布是独一无二的罢了。描写语言学派的著作中不是绝对没有这种非常怪异之论。)

3.2　其次一个问题是'白的纸'里白的的性质。德熙同志认为这里的白的是名词性的。景欣同志认为是形容词性的,具体说起来包含两点:(1)'白的纸'等于'白纸',也等于'白白儿的纸',[⑦] 因而白的等于白,也等于白白儿的;(2)纸前面的白、白的、白白儿的都是形容词性,其中的的都是的$_2$,只有'这张纸是白的'里的白的是名词性,其中的的是的$_3$。这两点是互相倚赖的,但是可以分开来讨论。先说第一点。白纸、白的纸、白白儿的纸这三个结构体之间有同类性,这是可以肯定的,但是有没有同一性却要看它们的相应的 IC 是否同类,以及它们内部的结构关系是否相同(参看上文 2.3)。不能反过来从几个结构体同类得出它们的相应的 IC 也同类的结论,例如不能从新房子和木头房子同类得出新和木头同类的结论。纸前面的白、白的、白白儿的是否同类呢?不同类，因为分布不同。它们只在某一个位置上，而不是在所有位置上，能够替换，能够互为变体。它们都能出现在名词前面，但是三者共同之处到此为止。例如：

试验环境	白	白的	白白儿的
这张纸____	+	(+)	+
这张纸是____	(+)	+	(+)
我要一张____	−	+	+
这堵墙刷得____	+	−	+
再用大白把它____刷上一层就更漂亮了	−	−	+

景欣同志会说：白的有两个，不能混为一谈。可是白的是一个还是两个，恰好是这里所要证明的结论，不能先拿来作前提，目前只能先看分布。以分布而论，不但白的跟白和白白儿的不同类，白和白白儿的也不同类。

再说第二点，纸前面的白、白的、白白儿的是不是都是形容词性。景欣同志认为白的是形容词性，可是承认木头房子，人家的书本，我的父亲等等结构体里的木头、人家的、我的是名词性成分(365左)。木头房子这个例子不带的，跟目前讨论的问题无关，不妨把它换成木头的房子。再加两个例子：你给我的书、我买的书，这里面的你给我的、我买的不知道景欣同志认为是什么词性，也许也是名词性的？现在的问题是这些X的跟白的的分布有什么不同？在'这是____东西'，'这东西是__'，'__那个'，'__好'，'我喜欢__'这些环境里，木头的、人家的、我的、我买的、你给我的、白的都同样可以出现，在'这东西__'这个环境里也都同样可以勉强出现，频率较低。在'大家来__'，'使它更加__'，'一点不__'，'__看(或其他动词)'等等环境里它们都同样不能出现。根据什么把它们分成名词性的和形容词性的两类呢？在这样的分布情况面前，有三条路可供选择：(A)按照后面有无名词来分，后面有名词的是形容词性的，后面没有名词的是名词性的；(B)一概是形容词性的；(C)一概是名词性的。景欣同志的主张却跟这三种都不同(D)。如图：

A

	X的Y	X的
木头的，我的，等	形	名
白的	形	名

B

	X的Y	X的
木头的，我的，等	形	形
白的	形	形

C

	X的Y	X的
木头的，我的，等	名	名
白的	名	名

D

	X的Y	X的
木头的，我的，等	名	名
白的	形	名

(A)是多数语法书里的说法。(B)是不是有语法书这样说过，记不清了。(C)是德熙同志的主张。就当前的小范围事例说，这三种主张都可以自圆其说(是不是能在整个语法系统里安排得妥帖是另一问题)，只有景欣同志的主张(D)最难辩护。

要为(D)说辩护，只有求助于'零形式'，可是这也不能圆满地解决问题。说'的'在提到非常、十分、忽然、简直、格外、不住、明明、渐渐、偏偏、暗暗等副词的时候，说它们'什么时候带的，什么时候不带，我们说不出条件来，看来好象是自由的'(3左)。按描写语言学派分析语言形式的原则，这里可以给的字设定一个变体‘零’，用 Ø 代表。非常等副词的构造式是：X 的$_1$～X Ø$_1$。其次，我们知道，干干净净、干巴巴、糊里糊涂、希里哗啦这些也有带的和不带的的两种形式，说‘的’里管这个的叫的$_2$(12—13)。如果用‘零’变体来处理，干干净净(的)等等的构造式是：X 的$_2$～X Ø$_2$。照此类推，白的纸和白纸似乎也可以归纳为：‘X 的$_3$ Y～X Ø$_3$ Y’。这一构造式也适用于‘木头(的)房子’、‘我(的)父亲’。引进的字的‘零’变体，对于名词前面的 X 的的词性会产生什么后果呢？如果采取上面的(C)说，认为这个 X 的是名词性的，那末它的变体 X Ø 也必得是名词性的，也就是说，白纸里的白是名词。这是颇为尴尬的结论。如果采取(A)说或(B)说，认为这个 X 的是形容词性的，那末它的变体 X Ø 也必得是形容词性的，也就是说，木头房子里的木头和我父亲里的我是形容词。这也是现在不大有人肯接受的结论，虽然早先也曾经有人主张过。倒是(D)说似乎可以‘两全其美’：木头(的～Ø)房子里的木头的和木头都是名词性的，白(的～Ø)纸里的白的和白都是形容词性的。但是仍然存在着上文所说的缺点：虽然木头和白的功能不同，木头的和白的的功能却完全相同，把它们划作两类未免是一种割裂。更重要的是，我买的、你给我的等等 X 的的词性又怎样去确定呢？显然不能从变体上打主意(它们根本没有不带的的形式)，无论说成名词性的或是形容词性的都得另找依据。如果根据它们能修饰名词的功能而认为是形容词性的，那末，木头的、我的怎么又是名词性的？如果根据它们的有时候能代替名词的功能而认为是名词性的，那末，白的怎么又是形容词的？总之，木头的和白的的词性非统一起来不可。否则事情就不好办，除非把我买的作为与木头的和白的都不同的第三类。实际上这就是回到新著国语文法的体系，采取完全不同的另一原则来处理X的，就是基本上依据X的性质来定的的性质：白的的的是形容词语尾；木头的和我的的的是特种介词；买的和我买的的的是准介词；这些X的后面没有名词的时候，的字是联接代名词(这是照顾X的后面的情况)。这样一个多元化的的字体系的优点缺点，已经有过不少讨论，这里就不谈了。

3.3　再讨论一个问题：有没有语气词的。德熙同志认为'我会写的'这一类句子跟'这本书我的'之类的句子同一类型，其中的的字都是的$_3$，景欣同志认为二者不同，'我会写的'的的字是语气词。

德熙同志用来证明的方法是把'我会写的'等等变换成'我是会写的'等等(9—10)。我们认为这个证明是不成功的。'手上干干净净的'也可以变换成'手上是干干净净的'，岂不是这个的也将被证明为的$_3$了吗？这个是字好象哪儿都钻得进去似的，要它来作证是靠不住的。

景欣同志的论证有三点：(1)'我会写的'后面加不上名词(X的不能用X的Y来替换)(366左)；(2)'我会写的'和'你会写吗？'相应(的可以用吗来替换)(367左)；(3)I，II，III，IV四式的结构层次不同，在'我写的'(回答'谁写的？')和'我写的诗'(回答'你写的什么？')这两式里面，我和写不是句子这一层的IC，只是词组这一层的IC，所以后面的的是的$_3$，而'我会写的'(回答'你会不会写？')和'我昨天写的'(回答'你什么时候写的？')里的我和会写、我和昨天写是句子这一层的IC，所以后面的的是语气词(373左)。这三点里面，前两点都有一定的理由，可也不是无隙可乘。第一点，‘X 的’后面加不上名词的，不一定都能把的解释成语气词，例如‘瞧我的！’‘好，听你的！’‘你忙你的，别管我！’‘吓！真有你的！’第二点，‘我会写的’，‘他会来的’，‘你知道的’，‘他不抽烟的’等等都可以用吗来替换的，还可以用吧替换，一部分还可以用呢替换，可是‘我昨天写的’，‘他去年来北京的’等等就不能用吗、吧、呢替换。至于第三点，景欣同志所说的层次跟 IC 分析法的层次不是一回事，这且不去管它。可是说相同的结构在不同的层次就不能相提并论，却不太能说服人。这四句里的我和写、会写、昨天写之间的关系不都是主谓关系吗？怎么‘关系的性质也不同’呢？揣摩景欣同志的意思，他是要说：一种情形是：‘(这｜是)我写的’，‘我写的｜(是)诗’，另一种情形是‘我会写｜的’，‘我昨天写｜的’，两处的的字性质不同，后一个的字是语气词。可这不正是所要证明的结论吗？拿所要证明的结论作为证明的本身，只是‘断言’，不是‘推理’。

用的字煞尾的句子，的确有一些是丝毫不带语气作用，只能解释为其中包含一个‘X 的$_3$’。也的确有一些是有明显的语气作用，似乎非把这个的字另眼相看不可。也许历史上这个的字是由的$_3$演变来的，可是演变到一定程度就成为另一物，这是语言史上常有的事。困难在于：这两种情形之间，语感上是渐变的，形式上尤其是划不清界限。同时，存在着平行的‘是…的’格式，那里面的语气作用也是从零渐渐增加到非常突出。可是在‘是…的’这个格式里，语气的负荷者与其说是的字，无宁说是是字。看起来，这个问题还不是那么容易解决，还得进一步研究。⑧

四

我们在上面对描写语言学处理语言单位同一性的方法做了些粗浅的说明,不知道说得对的有几分。也试着把这种方法应用到汉语语法分析上去,也不知道用得合适的有几处。如何评价描写语言学,我们所知太少,不敢随便说长道短。对待一种新事物,我们的意见是,先好好儿的研究研究,不要作过早的肯定,也不要作过早的否定,也不要作过早的‘批判地接受’。比如外国有一种农业生产上的新技术,我们最好先学习他们的经验,成功的和失败的,结合他们的自然条件了解它的效用及其限度。然后在我们这里试验试验,看它是否适应我们的条件,完全适应还是不完全适应,还是完全不适应,然后决定采用不采用,如何采用。对待语言学上的新理论、新方法也不妨采取这样的态度。可以拿来试试,也应该拿来试试。见效当然很好,不见效或不太见效还得研究一下,是我们学得不到家,还是它本来就不成。近二十年来,结构主义语言学,包括美国的描写语言学在内,真可以说是‘风靡天下’,而‘名之所至,谤亦随之’。但是无论是毁是誉,人家的意见总归是人家的意见,参考是可以参考的,可是我们的意见还得从我们的实践中总结出来。因此,说‘的’和读〈说‘的’〉这样的文章是值得欢迎的。

注:

① 本文提到朱、黄两文内容的地方,均请参看原文,无必要时不注明页码。摘引原文的时候,注明页码并加‘左、右’,以便寻找。

② 汉语的‘字’在大多数场合代表一个语素,但是也常常代表两个同音的语素,也可能只是一个语素的一部分(如‘蟋’),也可能本身包含两个语

素(如'您')。这在讨论时会带来一些不便,但是没有办法,讨论汉语的时候回避不了这个'字'字。

③ 这里牵涉到方法论上的另一问题。比如北京话里表示'被'的意思的叫和让好象完全同义,实际是说叫的人难得说让,说让的人难得说叫,而按描写语言学派的原则,分析的对象该是'个人语言'(idiolect)。至于叫和被,让和被,风格上的差别是很明显的。

④ 黄文 362,363。原文举的几个例子都有几分生硬,但是这样的例子是有的,如:走近细看,头发,头发,这毛蓬蓬的全是头发呀(林斤澜:发绳)|这地,俩牲口也拉不动犁杖。怕得使三个,还得棒棒的(林斤澜:春雷)|我不要这种脏 libājī 的,给我两个干干净净的。但是多确实是不多,并且多半伴随着指示词或数量词。

⑤ 一个语素类或结构类的功能也有这种情形。例如景欣同志说单音形容词加的可以修饰动词,举真的、猛的为例(363 右)。事实是猛的、霍的、刷的、轰的等等,在口语里已经属于拟声词一类,真正的'形+的'修饰动词,除真的外还有一个总的(总的说来),此外一时还想不出第三个。

⑥ 数量组合和名词之间的关系是否一般的修饰关系,还有待于进一步研究。在一定的环境,数量组合可以替换数量名组合,跟'X 的'与'X 的 Y'的情况相同。

⑦ 原文是白白的。为符合实际情况,这里改写为白白儿的。

⑧ 下面这些例子,如果认为其中的的字是$的_3$,划起 IC 来都或多或少有点儿麻烦:是的,他无疑的可以成为最出色的车夫(老舍:骆驼祥子)|是的,红楼梦的味儿,一个十岁的孩子哪里能领略呢?(朱自清:儿女)|他说前一晚已来找过我了,我不在家;所以这回又特地来的(朱自清:哀韦杰三君)|你别慌,我告诉你,有办法的(吴祖光:少年游)|昨天就该给她钱的(同上)|不要紧,不要紧的(陈士和评书:考弊司)|是的,我今天散朝回来就写好啦,早就准备这么办的(同上:续黄粱)|她娘说就是李成当干部才把媳妇娇惯了的(赵树理:传家宝)|不错,有这回事的|总会有这一天的。

(原载中国语文,1962 年 11 期)

现代汉语单双音节问题初探

本文所说‘单音节’指有意义的单字，‘双音节’指两个单字的组合，虽然在多数场合指不能拆开的，但是不限于不能拆开的。我没有用‘单音词’和‘双音词’，因为汉语里如何划定‘词’的界限，到现在为止还没有一致的结论，我写这篇文章的目的之一也就是想对于划分‘词’的问题提供一些值得参考的情况。

在现代汉语里，单音节多半不能单说，双音节单位越来越多，这是大家都知道的。本文将陈述一些具体事例，使人对于这双音化倾向有一个更清楚的印象。三音节以上的语言片段，多数是由单音节和双音节组成的。按说其中单音节已不再处于孤立的地位，单双音节的搭配应该没有什么限制，可是事实上仍然表现出某些倾向，有某些适宜和禁忌。这些，也把我所见到的略述一二。

对于这些现象，能解释的也酌量试作解释，可是这种解释是十分没有把握的。说实在的，本文的企图只是把单双音节问题作为一个问题提出来。这似乎是个性质颇为复杂的问题，其中有语法问题，也有语汇问题，修辞问题。本文只是一个初步探索，希望研究现代汉语的同志们深入发掘情况，分析因素，找出些明细的规律来。

一 单音节的活动受限制

现代汉语里有很多单字，象语，言，初，始，等等，不但不能单独说，在句子里也难以构成一个句法单位。另外有些单字，象单，独，句，题，等等，在句子里有时候不能不承认它自成一个句法单位，可是很难单说。这些，我在另外一篇文章里已经谈过。① 现在再拿人名、地名、数目字来做例子(这些都是不能看作只是构词成分的)，说明单音节的活动远不及双音节自由，不但单说受限制，在句子里也受些限制。

汉人的姓有单音的，有双音的。比如有一个人姓张，人家问他'贵姓?'他可以回答'姓张'，也可以回答'张'。要是人家问他'你姓什么?'他多半得回答'姓张'或是'我姓张'，不大能够只回答'张'一个字。可是如果这个人姓欧阳，他大概就回答'欧阳'，不必再带上个'姓'字。熟人中间打招呼，常常听到的是'老张!''小王!''欧阳!'，不大听见'张!''王!'，更不会听见'老欧阳!'别人在说话中间提到他们也是如此，单音的姓要在姓上加个'老'或'小'，否则就连姓带名说，可是双音的姓就可以光说姓。

用名字来称呼的时候，如果一个人是双名，比如说'张子平'，一般都叫他'子平同志'，只有陌生人才会叫他'张子平同志'。可是如果他单名一个'平'字，人家没法儿叫他'平同志'，多熟的人也只能连姓带名叫他'张平同志'。

外国人的姓，一般译出来不止一个字，称说的时候光用姓就够了，比如高尔基(仿佛姓高名尔基似的)。也有译出来只一个字的，就不得不连名字一块儿说，比如萧伯讷(这可真是姓萧名伯讷)。要不就给他加个'氏'字,管他叫'萧氏'。可是多音的姓也能援例,比如也管莎士比亚叫'莎氏'。

地名也有类似的情形。县名有两个字的,也有一个字的;两个字的可以不带'县'字,一个字的必得带'县'字。说话是这样,地图上也是这样。连在一块儿说的时候,常常是'大兴、通县、顺义等县',虽然末了有'县'字,通县的'县'仍然不能省。市名不用一个字,所以湖北省有个'沙市市',四川省有个'万县市'。

山名也是这样。峨眉,普陀,不带'山'字也可以说;泰山,华山,必得带'山'字。

国名也是这样。英国,法国,单说非带'国'字不可;印度,哥伦比亚,难得听见带'国'字。1956 年 6 月 7 日的北京日报有两条标题,一条是'欢迎在美、英、法、日等国的科学家和留学生回到祖国来',一条是'中国展览团同法国等国企业作成大量交易'。尽管后面同样有'等国'二字,第一条只要一个'法'字,第二条就非用'法国'两个字不可。

拿数目字来说,一位数和多位数的活动力也不一样。一个月的头十天必得说'一号…十号',阴历是'初一…初十','十一'以后光说数目也行。

说到一个人的岁数,'三岁','十岁'没有第二种说法,'十三岁','三十岁'也可以说'十三','三十'。

数目前面加'第'字,如果是一位数,'第'字不能省,例如'第三页第五行',至少口头上不说'三页五行'。可是'第十三页第十五行'的'第'字就完全可以不说。(这是一般的情形,有好些例外,如'一九六三年三月','五楼'(第五层楼或第五号楼),'一营二连'。)

'十八尊罗汉'可以说'十八罗汉','三尊菩萨'不能说'三菩萨’。最有意思的是，不说‘四天王’，‘四金刚’而说‘四大天王’，‘四大金刚’，可是不带数目的时候，只有‘天王’和‘金刚’，没有什么大的和小的。又如‘四大名旦’，已经‘名’了，还要加个‘大’。故宫的‘三大殿’，西山的‘八大处’，以及‘七大奇迹’，‘十大罪状’等等，都是同类的例子。当然，要这事物在一定意义上当得起这个‘大’字，但是它的主要作用并不在于表示大。

从以上这些例子可以看出，在现代汉语里，单音节成分的活动是常常受到一定的限制的。

二 双音化的倾向

2.1 单音节的活动受到限制，结果是倾向于扩充为双音节。双音化的主要方式有两种：或者在前面或后面加上一个不增加多少意义的字；或者把两个意义相同或相近的字合起来用。

双音化的倾向在名词里最显著。在前面加字，大家最熟悉的是加老字。用于动物的有‘老虎，老鼠，老鹰，老雕，老鸹，老鸦’等等；用于人的主要是在人伦关系和行第上，如‘老公，老婆，老兄，老弟，老表，老乡，老师，老大，老二…’，此外有‘老道，老美、老英’等等。这里的老都已经失去原有的意义，例如可以说‘小老虎、小老婆、小老道’等等。跟老相对的小也有同样的作用。‘小子’可以有‘小小子儿’，‘小孩儿’可以有‘大小孩儿’，可见小也已经失去原有的意义。此外象‘小偷，小贩，小照，小注’等，也都没有对立的‘*大偷，*大贩，*大照，*大注’，那个小字也没有多少意义。

颜色作为某种动物的特征，也常常用作前加字。例如‘乌龟，乌鳢，黄莺，黄鳝，麻雀，苍蝇’。这里边有些个，后一个字已经在动物学上用作类名(科或属),前一个字有区别作用,但是一般使用者并不这样理解。从历史上说恐怕多数也是本无区别作用的。

此外象'飞禽,走兽,喜鹊,仙鹤,跳蚤,宝剑,宝塔,咸盐(方言),酸醋(方言),黑墨(方言)'等,也都是加上一个不起区别作用的字,借以达到双音化的目的。

2.2 谈到后面加字,立刻会想到子,儿,头,可是这里边得有个分别。'厨子,瞎子,剪子'跟'厨师,盲人,剪刀'一样,由指处所、属性、动作的字眼(厨,瞎,盲,剪)转为指人指物,不是单纯的双音化。但是大多数后加的子字已经没有意义,只是双音化的一种手段。同样,'念头,想头,苦头,甜头'不是单纯的双音化,只有'石头,木头,竹头(方言),纸头(方言)'等才是。

加儿也有两种情形。有对立的形式的('X 儿'跟'X'或'X 子'都出现),儿有指小的作用。如果带儿的是唯一的形式,那就只有双音化的作用了。儿在多数方言里已经失去音节独立性,在有些方言里还自成音节,在戏曲唱词里也常常是独立的音节。

在单音的动植物名字后面加上个类名,这也是一种双音化的手段。一般的情形,单音节后面的类名必不可少,双音节后面就可有可无,三音节以上的一般不再加类名。比较:

桃花:碧桃(花):夹竹桃　　鲤鱼,鲫鱼:河豚(鱼),乌贼(鱼)

杨树:白杨(树):毛白杨　　韭菜,芥菜:茼蒿,芫荽

'父亲,母亲'的亲,'心脏,肝脏,脾脏'的脏,'诗经,书经,易经'的经,也都是为了双音化而加类名的例子。('诗经'等可与'毛诗,尚书,周易'比较。)

在单音节物名后加量词,有集体的意义,同时也有双音化的

作用，因为不加量词也可以有集体的意义。比较‘书本上的话’和‘书上的话’，‘纸张问题’和‘纸的问题’。象‘文件，牲口’之类，不但指集体，也可以指个体，加数量词，竟跟一般名词没有什么两样了。

方位字也有类似的作用。比较‘手里拿着杯茶’和‘右手拿着杯茶’，‘眼睛望着天上’和‘眼睛望着天空’。又如‘一边耳朵听着，一边心里想着’。

此外还有一些后加字，部分地起着双音化的作用。例如‘鸟类，鱼类，肉类，豆类，酒类，鞋类’的**类**，‘果品，药品’的**品**，‘药物，谷物’的**物**，‘头部，胸部’的**部**，‘省分，县分’的**分**，‘年度，季度’的**度**等等，都不是意义上不可缺少，而是带有衬字添音的作用的。

虚词里也有一些后加字的例子，如‘虽然，既然，果然，已然，竟然，全然’等等的**然**，某些句子里的‘就是，还是，可是，倒是，只是，都是’等等的**是**。

2.3　两字并列是汉语造词广泛应用的格式。有的，原来的单字意义有分别，造出来的词包括两个字的意义，不只等于其中一个。例如‘诊疗’包括诊断和治疗，‘钢铁’不只是钢，也不只是铁。

但是很多是两字同义，至少在这里是同义，造成的词仍然是这个意义，只是双音化了。例如‘身体’，‘身’就是‘体’，‘体’就是‘身’，‘身体’还是这个意思。同样的例子如‘皮肤，牙齿，背脊，年龄，衣服，树木，房屋，田地，墙壁，状况，姿态，遗漏，驱逐，叙述，询问，购买，委托，健康，美丽，亲密，柔软，伟大，艰难，坚固，急促，全都，刚才’等等。

另一种情形是以一个字为主体，连上一个意义相近或有关的字作陪衬。例如‘眼睛，肩膀，窗户，书籍，报纸，灯火，云彩，雾气，国家,事情,位置,占有,据有,拥有,缝制,印制,调制(以上主体字在前),干净,热闹,老实,结实,容易,仔细,打扫,打扮,打赌,打搅,打捞,发抖,发觉(以上主体字在后)'等等,双音化的用意尤其明显。

2.4 重叠作为双音化的手段,普通话用得不多。名词除某些个亲属称谓外,只有'星星,乖乖,宝宝'等少数几个。有些方言里多些,如四川话。叠字动词更少,'痒痒'是一个,'吵吵'是一个。'嚷嚷'跟单字的声调不同(单字上声,叠字阴平),意思也稍微变了点。(动词和形容词的重叠形式有语法作用,而且不限于单音的,双音的也可以重叠,不在讨论之列。)

有些双音词的构成很特别,是一种'截搭题'方式。比如'年级',原来只有'一年级,二年级'等等,它们的组合方式是'一年'加'级',后来被理解成'一'加'年级',于是可以有'高年级,低年级,这两个年级'等等组合。同样,'卅二开|本'被理解成'卅二|开本',于是可以说'开本大小'。'医学|院'(类似'化学|系')被理解成'医|学院'(类似'医|科'),于是可以说'八大学院'。

2.5 上面讲的是把单音节扩充成双音节的例子。跟这个相反而相成的倾向是把三音节压缩成双音节,例如:'落花生→花生','长生果＞生果'(方言),'山茶花＞茶花','川贝母＞川贝','生地黄＞生地'。有些例子是三音节形式和双音节形式都通行,例如:'外(国)语,(照)相机,机(关)枪'。

很多偏正结构的物品名称,可以省去后面的类名成分而留下前面的区别成分。例如:'连史(纸),毛边(纸),羊毫(笔),狼毫

(笔),高粱(酒),大曲(酒)’。通过这一方式,许多地名变成物品的名称:‘龙井(茶),茅台(酒),寿山(石)’。

2.6 单用要扩充的字,在组合(偏正,动宾,并列)之内不扩充。下面是无数实例中的几个:

衣服:棉衣,衣料,穿衣吃饭	重要:首要,次要,择要
工人:女工,工会,工农联盟	名字:姓名,签名,点名
翻译:口译,译文,编译	儿子,女儿:儿女

有不少字,作名词的时候要加子,作量词的时候就不加。例如‘一个杯子:一杯水’,‘一付担子:一担柴’。这是因为量词在语音上附着在数词(或末位数词)之后。

非单字扩充的双音词,在组合之内也常常被压缩成一个字。例如:

牛奶:奶粉,奶酪	电影:影片,影院,影评
黄豆:豆浆,豆腐,豆油	荒地:生荒,熟荒,垦荒
赤豆:豆沙	电台:中央台,地方台
芝麻:麻油,麻饼,麻酱	轮船:江轮,海轮,江新轮
胡琴:二胡,京胡,板胡,高胡	封面:里封
宣纸:生宣,熟宣	地雷,水雷:布雷,扫雷

甚至还可以辗转压缩,如‘豆腐’在‘腐乳,腐竹’里只剩一个‘腐’字,‘豆沙’在‘澄沙’里只剩一个‘沙’字。

2.7 在现代汉语的语句里,双音节是占优势的基本语音段落。正如周有光先生所说:‘把单音节的补充成双音节,把超过两个音节的减缩为双音节…。双音节化是现代汉语的主要节奏倾向。’②

作为现代汉语里的语汇单位，双音节比单音节多得多。至于这些双音节是不是全都可以算作‘词’，那是另一问题。普通话三千常用词表(初稿)[3]收名词1621个，其中多音的(绝大多数是双音的)1379个，占85%；收形容词451个，其中多音的(绝大多数是双音的)311个，占69%；收动词941个，其中双音的573个，占61%(另有三音节的2个)。从这里可以看出：这三类词里都是双音的占优势，而以名词为最甚。[4]

三　从双音节到四音节

3.1　在三音节和四音节的语音段落里有单音节和双音节的搭配问题。三音节的语音段落，大多数是由一个双音节加一个单音节(2+1)或是一个单音节加一个双音节(1+2)构成的。从结构关系上看，除少数情况外，都属于偏正或动宾两类。偏正组合可以按能否在中间加de字分成松、紧两种。较松的即能加de字的(有的较自然，有的较勉强)，留在4.3节里讨论。不能加de字的组合似乎是不成问题的构词方式。其中2+1式(如‘动物学，示意图，辩证法，可见度’)比1+2式(如‘副作用，手风琴’)要多得多，跟在前或在后的单字的性质和可以这样用的单字的数量有关系，还可以进一步研究。

三音节的动宾组合差不多都是可以拆开的，比如可以在动词后面加‘了’字，可以在中间加数量词(至少是可以加个‘个’字)。跟偏正组合的情形相反，三音节的动宾组合是1+2式(如‘买东西，写文章’)多于2+1式(如‘吓唬人，糟踏钱’)。这跟常用动词中单音的较多有关系，可是是否完全由于这个因素，也还需要进一步分析。

四音节的语音段落,除少数情况外,语音上可以分2+2,3+1,1+3三种,结构上属于并列,偏正,动宾三类。并列组合都是2+2,这是很自然的,可是偏正组合和动宾组合(指动词不带'了、着'等,名词不带数量词的)也都是2+2远远多于3+1或1+3,数目的悬殊不能完全用成分本身音节多寡来解释(三音节的词并不少),不得不承认2+2的四音节也是现代汉语里的一种重要的节奏倾向。

3.2 四音节的倾向表现在某些个组合里一个双音节成分要求另一个成分也是双音节。

(1)'进行,加以,予以'以及某些双音副词的后面要求双音动词。例如:

进行调查(研究,讨论,分析,试验)
加以整顿(考虑,审查,表扬,批评)
互相支持(倚赖,监督,利用,埋怨)
共同使用(居住,管理,爱护,研究)
各自处理(解决,掌握,负担,照管)
一律看待(邀请,欢迎,接受,拒绝)
分别对待(处理,存放,讨论,答复)
日益巩固(增多,减少,繁荣,衰退)

这些双音动词都不能改用单音节,例如不说'*进行查,*加以整,*互相怨,*共同用,*各自管,*一律请,*分别放,*日益多,'等等。

(2)很多双音动词要求后面的名词宾语至少有两个音节(单音节宾语限于代词)。例如:

调查事实　　了解情况　　发生作用

操纵机器　　管理图书　　开垦荒地

这里的宾语都不能改用单音名词，例如不说'*管理书，*开垦地'等等。

(3)名词在前动词在后的组合(整个组合是名词性)同样要求名词至少是双音节。例如：

钢铁生产　　余粮收购　　货物运输

地质勘探　　音乐欣赏　　干部培养

这种组合更不能改成三音节，象'*钢生产，*粮收购，*货运输'等等。例外如'胃切除，肺切除'是很少的。

(4)某些双音形容词只出现在双音名词之前。例如：

伟大人物　　辉煌成绩　　宝贵意见

先进经验　　强大队伍　　严重后果

这些形容词，有的也可以用在单音名词前面，可是必得在中间加个 de，例如'伟大的人，宝贵的书'等等(参看下面 4.3)。有的加了 de 也还是要求双音名词，例如不说'*辉煌的城，*强大的国'等等。

以上这几类例子可注意的一点是这些双音词绝大多数是最近几十年里产生的所谓'新名词'，或是原来只用于文言，最近才在白话文里活跃起来的。它们跟单音名词和单音动词不大能搭配，也许是因为属于不同的词汇层，带有不同的修辞色彩。

(5)两个同类并且意义相近的双音词常常联合起来造成一个短语。例如：

文化教育　　财政经济　　图书仪器

风俗习惯　　强迫命令　　小心谨慎

聪明伶俐　　轻松愉快　　阴险毒辣

这种短语中间一般不用(有的绝对不用)和、而且等连词，这表示它们具有一定程度的熟语性，可是其程度不及'四字格'，两个成分还可以分别跟别的双音词搭配。

3.3 由于单音节和双音节有通过扩充和压缩互相转换的可能，我们常常可以看到同一内容有时候用四个字来说，有时候用两个字来说，也就是有伸缩的可能。但是并不是所有的组合都能这样伸缩，有的只能用四个字，有的只能用两个字。这完全是习惯问题，也就是熟语性问题。可注意的是很少能改为三音节。底下是动宾组合的例子：

四字～两字	四字/两字
打扫街道～扫街	打扫房屋/扫地
编写剧本～编剧	编辑资料/编报
保护森林～护林	保护文物/保墒

这种动宾组合有的可以改为三音节，但是限于单音动词加双音宾语，不能倒过来。例如可以说‘扫街道，编剧本，编资料’，不能说‘*打扫街，*编写剧，*编辑报’等等。

副词和动词的组合也有类似的例子：

互相帮助～互助	互相尊重/相亲相爱
——	自我批评/自豪，自满

这两组例子充分表明这类组合的熟语性。不仅所有的例子都不能改成三音节，并且除‘互助’一例外，四音节的不能换成两音节，两音节的不能换成四音节，而且‘互相尊重’不能说成‘*互尊互重’，‘相亲相爱’也不能说成‘*互相亲爱’。

名词性的组合也有类似的情形。例如：

英国国王～英王	瑞典国王，英国女王
华侨事务～侨务	民族事务/财务，教务
化学工业～化工	纺织工业，机械工业

—— 财政制度/币制，学制

这些例子也都是或者四音节，或者两音节，没有能改成三音节的。[5]

双音节和四音节胜过三音节的优势还表现在另外一些例子上。‘大学，中学，小学’曾经称为‘大学校，中学校，小学校’(更早是‘大学堂’等等)，后来都从三音节缩成两音节了，但是‘师范学校，农业学校’等等却不能省去‘校’字，要省得省去两个音节，只留下一个双音节：‘师范’和‘农校’。

作为学科的名称，‘物理学，生物学’可以说成‘物理，生物’。另一方面，不但是‘数学，化学’显然不能省去‘学’字，‘微生物学，古生物学’也不大省去‘学’字。物理学报不重复‘学’字，可是数学学报没有省成数学报(但是‘数学会’不叫‘数学学会’)。

‘外交部部长，总务处处长’有时候说成‘外交部长，总务处长’。五音节可以压缩成四音节。另一方面，部的领导人叫‘部长’，处的领导人叫‘处长’，而办公厅，办公室的领导人就叫‘主任’，不叫‘厅主任，室主任’。两音节不必扩充成三音节。[6]

同类的例子在其他场合还可以遇到。

3.4 四音节的优势特别表现在现代汉语里存在着大量四音节熟语即‘四字格’这一事实上。四字格的语法结构是多种多样的，甚至哪些是四字格，哪些不是，也不容易划清界限。[7]本文不打算在理论上讨论这个问题，只就四字格里涉及单双音节的问题谈一谈。

(1) 四字格里最常见的格式是由两个双音节组成，语法上是有平行而又有交叉：前段和后段的结构相同，第一第三字同类，第二第四字同类($A_1B_1A_2B_2$)。例如：

丰衣足食	枪林弹雨	安家落户
修桥补路	心平气和	风调雨顺

音节的限制使四字格里容纳许多别处不能单用的字，象第一例'丰衣足食'就没有一个字能单用。可是利用单双音节同义互换的可能性来满足四音节的需要，更清楚地表现在以下各类，其中四个字只代表三个甚至两个不同的成分。

(2) 有些并列结构的四字格，用四个字说三样东西或三件事情。例如'绸缎布匹'。这三样东西，分开来说的时候是'绸子，缎子，布'，在四字格里'绸'和'缎'都不带'子'，反而把'布'字扩充成'布匹'。别的例子：

日月星辰	牛羊马匹	桌椅板凳
门窗墙壁	瓜菜豆角	耳鼻咽喉
老弱残废	坐卧行走	吃喝玩乐

(3)有些四字格的第二个字和第四个字是同一个字(A_1B A_2B)。例如：

大事小事	新书旧书	男客女客
中药西药	英侨法侨	收信发信
进门出门	横看竖看	左想右想

这种四字格不允许省去相重的字，改成三音节，例如不说'*大小事，*新旧书'等等。可是如果把相同的那个字扩充成同义的双音词($A_1A_2\mathit{BB}$)，四个字还它四个字，就完全通得过。例如：

大小事务	新旧图书	男女客人
中西药品	英法侨民	收发信件

当然不是所有的 A_1BA_2B 都可以换成 $A_1A_2\mathit{BB}$，例如'横看竖看，左想右想'就不能更改。

A_1A_2BB 这种格式是四字格里极常见的一种。有许多例子只能用这种格式，不能用 A_1BA_2B 那种格式。例如：

大小机器　　新旧教师　　男女演员
轻重工业　　上下水道　　主副食品
城乡居民　　水陆交通　　零整交易
花素绸缎　　水暖工程　　大专学校

这里面有的能拆开说，如前六例（大机器，小机器…主食品，副食品），有的不能拆开说，如后六例。

(4) 有些四字格的第一个字和第三个字是同一个字（AB_1AB_2）。例如：

真刀真枪　　屋前屋后　　动手动脚
戒骄戒躁　　有声有色　　非亲非故

这种四字格也不允许省去相重的字，改成三音节，例如不说'*真刀枪，*屋前后'等等。

(5) 有些四字格形式上跟上一类一样，可是实际上第二个字和第四个字是一个已经固定的双音词被拆成两处（$ABAB$）。例如：

旧衣旧裳　　闲是闲非　　怪模怪样
一模一样　　无拘无束　　老夫老妻

这种四字格有的省去相重的字也还可以说，例如'旧衣裳，闲是非'，可见原来的四个字只包含两个成分。

(6) 有些不重字的四字格实际上也只包含两个成分。例如把一个双音词拆开，分别在前面（有时候在后面或中间）加两个数目字表示数量多或程度深：

三朋四友　　千辛万苦　　千头万绪
一干二净　　一清二楚　　七零八落

七颠八倒　　　　颠三倒四

附加数目字以外的字眼的例子：

天公地道　　　欢天喜地　　　鸡零狗碎

(7) 有些四字熟语(算不算四字格?)是把一个双音词拆开，或是重复一个单字(或是重复双音词中的一个字)，再加上'衬字'性质的虚字凑成四个音节。例如：

荒乎其唐　　　冤哉枉也　　　微乎其微

难而又难　　　久而久之　　　自然而然

这一类四字熟语跟'慌里慌张，糊里糊涂'之类已经相差无几了。

四　与某些虚字有关的音节问题

4.1 **不**。现代汉语里有很多在一个单音节前面加不字造成的双音词，而表示跟它相对的意义的时候必须把这个单音节扩充成双音节。例如：

不可：可以	不必：必须
不宜：宜于	不便：便于
不忍：忍心	不甘：甘心
不顾：顾及	不免：免得
不确：确实	不妥：妥当
不良：良好	不满：满意
不快：愉快	不定：一定
不同：相同	不利：有利
不幸(名)：幸运	不幸(副)：幸而
(用意)不明：明白	(天时)不正：正常
(招待)不周：周到	(自命)不凡：平凡

有些字是可以单用的，可是也常常双音化。例如：

不能：能(够)	不敢：敢(于)
不该：(应)该	不许：(准)许
不难：难(以)，难(于)	不巧：(凑)巧

非字也有类似的情形，只是例子不多：

非常：平常	非分：本分

毫不之后的动词或形容词必须是双音节，合起来构成一个四音节，例如：'毫不退让，毫不迟疑，毫不客气，毫不奇怪'。毫无之后的名词也必须是双音节，例如：'毫无道理，毫无消息，毫无准备，毫无作为'。但是'丝毫不'之后又是单音节为多，例如：'丝毫不让，丝毫不拿'，虽然双音节也出现，例如：'丝毫不退让，丝毫不可惜'。

4.2 **和，与，或。** 和类连词用来连接动词的时候，不但要求动词是双音节的，并且如果后面有宾语，也必得至少有两个音节。例如可以说'编辑和出版刊物'，可是不能说'*编和出刊物'，或是'*编辑和出版书'，或是'*编和出书'。两个单音动词，习惯上可以连用的就连用，例如'编印刊物'。如果习惯上不连用，就重复宾语，例如'编刊物和出刊物'(多半带'和'字)，'编书出书'(多半不带'和'字)。

和类连词连接名词的时候，没有太多的限制，但是一般也要求前后匀称。例如：'有自己的力气与洋车，睁开眼就可以有饭吃。'(老舍：骆驼祥子，人民文学出版社 1955 年版，4 页)就是因为'力气'是双音节，'车'也就不得不说成'洋车'。(比较同书 9 页的'人与车'：'而且车既是自己的心血，简直没什么不可以把人与车算在一块的地方。')如果名词都是单音节，又合起来作一个单音动词的宾语，一般是不用‘和’而重复动词，或是把两个名词连起来说，如果习惯上可以连用。例如不说‘*编书和报’而说‘编书编报’和‘编报刊’。

4.3 **de.** 与de字有关的音节问题包括调整de字前后音节的问题，但是主要是de字本身用与不用的问题。这个问题很复杂，这里所谈的以只有用一个de字的可能并且前后都不超过两个音节的组合为限。组合的两部分只要有一个是不能单用的，中间照例不能有de字，因而不在讨论之列。

de字后面是名词的时候，前面可以是名词，动词，形容词或代词。如果是代词(人称代词)，一般有de字，‘我哥哥，我们学校’等是例外。如果是动词(及其连带成分)，不论音节多寡，后面的de字不可少，不用de字是构词的方式。

de字前面如果是名词，有没有de字跟音节的数目就有关系。如果前后都是单音节，一般没有de字。‘羊的毛’很少见，‘布的鞋’更难遇到。如果前后都是双音节，或者其中之一是双音节，要看中间是什么关系。如果是领属关系，有de的较多，没有的也不少。如果不是领属关系，没有de的较多，两可的也不少。没有de的名名组合，两音节和三音节的一般都认为是复合词。四音节的——例如‘玻璃灯罩，塑料鞋底，经济基础，气候条件，健康情况，科学常识，语法问题，外交礼貌’，这种组合多得很——是不是也是复合词呢？这是可以讨论的一个问题。

de字前面如果是形容词，有没有de，除前后的音节数目外，形容词的类型也是一个因素，并且在较小的程度上还跟名词的性质有关。形容词和名词都是双音节的时候，一般的情形是中间可

以有 de,也可以没有 de。例如:

现成(的)例子　　详细(的)计划
普通(的)墨水　　贵重(的)药品
幸福(的)生活　　奇怪(的)现象

有些组合,虽然加得进去 de,可是习惯上不用。例如:

重要新闻　　紧急措施　　临时任务

甚至完全加不进去 de。例如:

绝对高度　　高等教育　　普通化学

这些组合具有一定的凝固性,跟上面引的'玻璃灯罩'等例子相似,都有点象复合词了。

有些形容词后面带 de 的时候多些。例如:

雪白的桌布　　出色的作品　　有用的材料
容易的功课　　可笑的姿态　　不同的环境

这一类形容词用作谓语的时候较多,这一事实跟它们用作修饰语的时候常带 de 字也许不无关系。

如果形容词是双音节而名词是单音节,不但是刚才说的这一类形容词后面仍然要有 de 字,连一般形容词后面也多半要有个 de 字。例如:

雪白的墙　　出色的画　　有用的书
容易的字　　可笑的人　　不同的树
现成的车　　详细的图　　普通的水
贵重的酒　　幸福的人　　奇怪的梦

也有一些不带 de 的组合。这些组合的不带 de 看起来象是跟前面是哪些形容词的关系较小,而跟后面是哪些名词的关系较大。'人、事儿、话'等不多几个名词最容易造成这种组合,例如'普通人,一般人,老实人,规矩人,聪明人,明白人,糊涂人;要紧事儿，新鲜事儿，稀奇事儿，危险事儿，麻烦事儿，便宜事儿；老实话，糊涂话，漂亮话，轻松话，客气话，现成话'。此外的例子如'便宜货，枣红马，天然气，光荣榜，自由诗'等等，其中形容词和名词之间的选择性更强，也就更象是复合词了。

反过来，前面是单音形容词，后面是双音名词，一般都没有 de 字。例如：

新产品	好东西	笨主意
远地方	黑头发	光脑袋

书面上有时候可以看到'新的产品，好的东西'之类的例子，念起来很拗口。在口语里，只有前面的形容词已经扩充成两个音节的时候，中间才会有 de 字。例如：

最新的产品	挺好的东西	很笨的主意
老远的地方	乌黑的头发	溜光的脑袋

前后都是单音节的形名组合，当中带 de 的就更少了。跟上面最后一类的例子一样，要就是'高山，热水，重病，怪字'等等，要就是'高高的山，滚热的水，沉重的病，古怪的字'等等。

单音节加 de 修饰动词，除'真的'（'真的看过'）和'总的'（'总的说来'）外很难找到别的例子。多音节加 de 修饰动词，传统的格式限于重叠式，部分重叠式，或各种四字格，例如'慢慢儿的，慢吞吞的，慢慢吞吞的，慢条斯理的'等等。'缓慢地走过来'这种说法是比较晚近的格式，可是书面上已经很普通。在曹禺日出（曹禺剧本选，人民文学出版社，1956 年版）第一幕前四页（171—4 页）的舞台动作说明中有 30 个带'地'字的例子，其中只有 5 个（加点的）是合于传统的模式的：一言不发地，冷冷地，不安地，故意地，厌恶地，周围地（望望），挑衅地，惊喜地，兴高采烈地，急切地，败兴地，很苍老地，鼓励地，久经世故地，不在意地，冷冷地，奚落地，爽直地，拘谨地，轻轻地，善意地，熟练地，巧妙地，忍不住地，同情而忧伤地，感慨地，难过地，毫不以为意地，神秘地，摇摇晃晃地。

4.4 **得，不。** 动词和它的补足成分之间的得、不表示这个动作的某种结果能否实现。这种组合里面的动词可以是单音节，也可以是双音节，例如'拿不了，收拾不了，猜不出，琢磨不出，笑不起来，高兴不起来'，但是事实上是单音动词占绝对优势。例如：

这是不是斗争？是不是两条道路，看谁斗得过谁？（林斤澜：春雷，作家出版社，1958年版，31页）

第一句用'斗争'，可是第二句不说'斗争得过'，只说'斗得过'。

4.5 **得。** 得字紧接在动词或形容词后面，引进补语。补语没有音节的限制，可以是一个字，也可以是很长的一句话。单音节的例子有'坐得正，立得直，飞得高，跌得重，来得早，来得巧，来得好，好得很，好得多'等等。另一方面，比较下面无得和有得的例子：

喝醉了：喝得大醉	煮熟了：煮得烂熟
磨光了：磨得溜光	搞糟了：搞得稀糟

'喝得醉'只会被理解为'喝不醉'的反面。如果要得字表示已经实现的结果，就觉得一个'醉'字站不住。什么条件决定这两种情况，还有待研究。[8]

跟得字作用相同的个字也有类似的情形。例如：

衣服叫霜湿透…。赶傍晚，大家衣服才干，一上桥，一宿又湿个稀透。（杨朔：三千里江山，人民文学出版社，1956年版，166页）

即使得字和补语中间有名词隔开，单音节的补语仍然站不住。例如可以或者说'逗得那些孩子哈哈大笑'，或者说'把那些孩子逗笑了’，可是不说‘*逗得那些孩子笑了’。

4.6 重复动词，中间有一、了、不。单音动词和双音动词都可以重叠，例如：‘你说说，我们听听，大家商量商量。’可是如果中间有一或了，双音动词重叠的就不大遇到，虽然不是绝对没有。例如：

听说你们很有些反对清算斗争。但是这一次清算斗争是事出有因的，必得清一清，算一算，斗一斗，争一争。（毛泽东选集，人民出版社，1960年版，1399页）

所以要把“清算”和“斗争”都拆开来重叠，不应该看成单纯是为了增强气势，而是因为‘清算一清算，斗争一斗争’是属于比较少见的格式。

单音动词和双音动词都可以有‘X不X’的问话格式，例如：‘肯不肯？’‘知道不知道？’可是后者有五个音节，不太符合现代汉语的节奏倾向，因此口语里已经出现‘知不知道’这样一种压缩形式。例如：

他怎么样啦？要不要紧？（三千里江山，161页）

谁知道爸爸答不答应呢？（春雷，126页）

毛驴不入，社里倒可以。单看你们自己合不合算。（同上，23页）

不管你同不同意，衣服我今晚非拿走不可。（人民文学，1955年12月号，94页）

动补加得、不的正反组合，也常常出现这种压缩形式。例如：

桥临时抢修好，谁知经不经得起这大的分量…（三千里江山，217页）

你说行，咱明天就到学校去报名，还不一定插不插得上班呢。（欧阳山：三家巷，48页）

这两句里的动词组合本来应该是‘经得起经不起’，‘插得上插不

上’。底下这句里是另一种正反组合,‘见着了没见着’,现在压缩成:

见不见着无关紧要,横竖人家想的开,不会恼她。(同上,76页)

4.7 **给,在,向。**给、在、向这三个介词常常出现在动词后面。如果那个动词是单音节,就和这些介词构成一个语音段落,因而引起语法上的变化。比较这两句:

出售或者出借给公社。

卖给或者借给公社。

第二句不可能照第一句的样子说成‘*卖或者借给公社’。可以说‘卖给公社或者借给公社’,其中给字似乎属前属后都说得通。可是如果加了字,只能加在给后头,不能加在‘卖’和‘借’后头,把给字认为属前比较好。底下的例子更能证明给字已经附着于前面的动词:

别瞎张罗啦,先教老品教给教给你们吧。(文艺报,2卷8期)

翻译员指给了我们的住房,就回头走了。(中国作家协会编,1956年短篇小说选,41页)

三四月间没米吃的时候借给点米吃。(人民文学,1955年12月号,12页)

爸爸说…人家不卖给再回来。(人民日报,1957年2月28日,8版)

过去一字学不会,找人教给跑折腿。现在遇到字不识,把嘴一张就拼会。(人民日报,1958年9月18日,7版)

包裹里…一块毛巾,是祖国人民赠给的慰劳品。(1956年短篇小说选,53页)

在和向也有附着于单音动词的倾向。下面例句里的了字的位置可以证明这一点:

走到小店门口，他一软就坐在了地上。（骆驼祥子，29 页）

还是那两条烟，放在了敌人仓库的木箱上。（人民文学，1955 年 12 月号，108 页）

她急忙打开了箱子，把麦子放在了箱子里。（剧本，1955 年 4 月号，11 页）

反复地读着邓子恢同志的报告，我的心飞向了很远很远的时代，很远很远的地方。（文艺报，1955 年 15 期，3 页）

战士们连使用冲锋枪都嫌慢，就用满把满把的手榴弹砸向了敌人。（人民日报，1956 年 7 月 11 日，8 版）

双音动词后面不出现这种情况。例如‘软瘫了在地上’，不会把了字搁在在字后面；‘飞奔向很远的地方’，不会在向字后面加了。

从古汉语里吸收来的于、以、自，语音上也都附着在前面的动词或形容词上。于字还可以有‘大于或等于…’之类的格式。

动词后的到附着在动词上，也是没有问题的。但是到字和动词中间可以加进得、不，它的语法性质更近于上、下、进、出一类，不属于给、在、向一类。

五　试谈几个问题

由于调整音节的需要而对词语加以扩充或压缩，古人也早已注意到了，清代学者如顾炎武的日知录，赵翼的陔余丛考，钱大昕的十驾斋养新录，俞正燮的癸巳类稿，俞樾的古书疑义举例等书对此屡有论述。二十多年以前，郭绍虞先生写过一篇论文中国语词的弹性作用，[⑨]引了多方面的事例来说明这一现象。绍虞先生讲的都是古汉语的情况，主要说明语词的伸缩是汉语修辞的特点。我这里讲的是现代汉语的情况，并且觉得这里面有修辞问题，也还有语法问题。比如可以说‘打扫街道’，也可以说‘扫街’，什么时候用哪个形式，这是修辞问题。又比如可以说‘签名，签个名，签了名，名还没签’等等，而单说的时候必得说‘名字’，这就成了语法问题。可是可以说‘扫街道’而不能说‘打扫街’，这又是什么性质的问题呢？还可以进一步提出这样的问题：究竟哪些是修辞现象，哪些是语法现象？修辞和语法的界限在哪里？修辞现象能不能转化成语法规律？这是很值得研究的理论问题。我在上面罗列了很多事例，究竟这里面包含哪些问题，一时还说不清楚，只能就所想到的提出几点来简单地谈一谈。

（1）既然古代也有把单音节扩充为双音节的例子，发‘雨雪其霏’，‘投畀有北’，把多音节压缩为双音节的例子，如称东方朔为方朔，称司马迁为马迁，能不能说双音化的倾向是古今一贯的呢？似乎不能这样说。不错，古代也有扩充有压缩，可是似乎只是在适应‘句’的节奏的时候才出现这从两头向双音节变化的情况，因而是流动的，临时的。如果离开‘句’来看‘词’，就好象只有压缩的倾向。以对外来语的处理为例，可以看出古代和现代的不同倾向。古代常常把多音节的外来语压缩成双音节，例如‘安石榴＞石榴’，‘波棱菜＞菠菜’，‘菩提萨埵＞菩萨’，但是也常常把它压缩成单音节，例如‘佛陀＞佛’，‘僧伽＞僧’，‘塔婆＞塔’，‘比丘尼＞尼’，现代则常常在译音上附加译意字，使单音节扩充为双音节，如‘卡车、卡片、啤酒’，双音节扩充为三音节，如‘太妃糖、吉普车’。又比如同一双音节形式，例如‘父母’，因为‘父’和‘母’古代能单用，现代不能单用，所以‘父母’在古代汉语宜于看作词组，在现代汉语应该看作单词。因此，一般的说法，古代汉语以单音词为主，现代汉语里双音词占优势，大体上是正确的。

(2) 为什么现代汉语词汇有强烈的双音化的倾向？同音字多应该说是一个重要原因。由于语音的演变，很多古代不同音的字到现代都成为同音字了，双音化是一种补偿手段。北方话里同音字较多，双音化的倾向也较强。广东、福建等地的方言里同音字比较少些，双音化的倾向也就差些。可是不能认为同音字现在还在积极推动双音化。北方话的语音面貌在最近几百年里并没有多大变化，可是双音词的增加以近百年为最甚，而且大部分是与经济、政治和文化生活有关的所谓'新名词'。可见同音字在现代主要是起消极限制作用，就是说，要创造新的单音词是极其困难的了。

(3) 音节多寡能不能作为划分'词'的一个条件？讲古代汉语，不区别'字'和'词'关系不大，讲现代汉语不能不有所区别。然而划清现代汉语里'词'和'非词'的界限的确不是十分容易的事情。最常常用来作为划分词的两个标准是：一，能否单说或单用；二，能否'扩展'，即能否拆开，能否插入别的成分。这两个标准应用起来都会遇到困难，两者之间又常闹矛盾，我们现在不去讨论，[10] 只谈谈与音节多寡有关的问题。我们常有这样的经验：两个语言片段，语法结构相同，能否单说能否扩展的条件相同，只是音节多寡不同，比如说，一个是双音节，一个是四音节，我们觉得前者更象一个词，后者更象一个词组。例如：'公路：公共汽车'，'另算：另外计算'(前面一个成分不能单说，中间不能插入别的成分)；'水缸：泡菜坛子'(前后两个成分都能单说，中间不能插入别的成分)；'新书：新鲜蔬菜'(前后两个成分都能单说，中间能插入 de)。如果把音节数目作为一个重要条件，似乎也可以把双音节的(和三音节的)和四音节的(和四音节以上的)分别对待，不按同样的标准处理。这些是偏正组合的例子，动宾组合的情形又不同些。双音的动宾组合基本上都能拆开，这该是词组的特点，但是很多是其中的名词必须跟动词同时出现的，即所谓‘宾不离动’，这又该是词的特点。从语音上看，拆开的时候和不拆开的时候给人的感觉也不一样。语法学家称之为‘离合词’，也真是有点不得已。

(4) 现代汉语里有许多语素组合公认为‘略语’或‘简称’，也就是说，本质上是词组。但是多数所谓略语的构成方式跟一般复合词没有什么两样，很难截然分开。一般用有无相应的完全形式(‘全称’)来作为区别略语和单词的标准。这个标准用在机关、团体、职务的名称上是有效的，可是用在别的例子上就不无困难。第一，会把结构完全相同的形式一部分划作略语，一部分划作单词。例如：‘侨务(华侨事务)：财务’，‘农校(农业学校)：党校’，‘化肥(化学肥料)：绿肥’，‘苏南(江苏南部)：闽南’，‘脱产(脱离生产)：在职’。其次，有些组合处于一种中间状态或模糊状态，可以说有相应的完全形式，也可以说这只是一种‘释义’，它不是由此省略而成的。例如：‘外交’可以肯定是单词，‘外贸’无妨作为略语，可是‘外事，外汇，外销’划在哪一边呢？‘理疗、电疗、水疗’是不是略语？(比较‘药物疗法’。)‘编导’(编剧兼导演)算不算略语？如果算，‘编选，译注’等算不算？还有，所谓略语又常常用来作构词成分，例如：‘苏联人，高中生，文教科，土改关’。那末，单用的时候是不是也可以算是单词呢？此外，有许多组合明明是略语，但是因为常用，大家已经不再同时想起它的完全形式，例如：‘精简(精兵简政)，七律(七言律诗)，急电(加急电报)，抗战(抗日战争)’。似乎不能不承认略语可以因常用而转化为单词，可是常用是个程度问题，因而略语和单词的界限又模糊了。

(5) 音节伸缩的修辞作用，绍虞先生的论文里已经多方举例。

现代也有利用单双音节以适应节奏要求的例子：

一亩园子十亩地，一亩鱼塘三亩园。（春雷，8页，引农谚）

难道说他们生的是三个脑袋九只眼，六只胳膊仨脊梁。（山东快书武松传，作家出版社，1957年版，24页）

他半辈子里不是风，就是雨，不是血，就是泪。（三千里江山，17页）

它通过所谓'援助'，要求受'援'国家割让军事基地，在军事上、政治上和经济上承担对他们不利的义务。（人民日报，1956年1月30日）

男的去当游击队，女的参加妇救会。（孙犁：白洋淀纪事，140页）

我们在第三节里讨论了一些四音节形式，着眼于四音节和双音节的错综关系，因而讨论的只是一些短语，而且限于音节上是2+2的，语法结构也是有限的几种。如果放开这些限制，并且从历史上来观察，就会发现，四音节好象一直都是汉语使用者非常爱好的语音段落。最早的诗集诗经里的诗以四言为主。启蒙的课本千字文、百家姓、李氏蒙求、龙文鞭影等等都是四言。亭台楼阁常常有四言的横额。品评诗文和人物也多用四个字（或八个字）的评语。流传最广的成语也是四言为多。这种种例子，除百家姓外，多半四言成'句'，内部的语法结构是多种多样的。

在上古，四言句主要用于诗。汉魏以后，诗由四言延长为五言，可是差不多同时，四言句却在无韵之文里大大地盛行起来，不但是文学作品如此，应用文，甚至象佛经的译文，也都受到它的影响。直到唐宋古文运动胜利之后，四言句才失去它在成篇的文章里的统治地位。如果说，古代某个时期或某种文体曾经以四言句为它的主要节奏单位，那末，非程式化的散文即所谓'古文'的节奏规律是怎样的？更重要的，现代散文的节奏规律，基本上也就是现代口语的节奏规律，又是怎样的？虽然叫做散文，当然不是一盘散沙。无论是古代的文章或是现代的文章，念起来都有顺口或拗口的分别,这里面必然有规律性。在现代汉语里,四音节只是部分的、特殊的节奏规律,全面的、系统的节奏规律还有待于研究。这里面不仅有音节数目搭配问题,还有轻重音配列问题。(古文还有平仄问题,恐怕就是在现代文里平仄也不是完全没有作用。)本文并不准备谈现代汉语的节奏问题,只是所谈的既然跟这个沾了点边儿,也就顺便把它作为一个问题提出来。

本文多少带有尝试的性质,观察不周和推论不当之处一定很多,有些该做的工作也没有都做到。第一,这里谈的是某些个倾向。倾向不同于规律,规律能否成立只看有没有反证,倾向是数量多寡的问题,没有统计作支持总不免是主观印象。可是要做统计,不但要有充分的时间,还得先解决一系列'怎样统计'的问题。其次,特别在第三节里,谈到的只是一些比较简单的现象,有些比较复杂的情况还没有摸清。例如把某种组合拆开之后,音节的限制是否还存在?(比较'*参加会'和'参加了两个会','*等候信'和'等候北京来的信'。)把某种组合放在更大的片段里面,音节的要求有些什么变化?(比较'*他劝他们互助'和'他劝他们互相帮助','他们能互助,能合作,所以成绩好'。)这些情况都有待于进一步研究。把这样一篇很不成熟的文章贸然发表,无非是希望引起研究现代汉语的同志们对这个问题的注意罢了。

注:

① 说'自由'和'粘着',见本书 370 页。

② 汉字改革概论,文字改革出版社,1961 年版,245 页。

③ 文字改革出版社,1959 年版。

④ 关于这个统计,作几点补充说明。(1)没有统计虚词。(2)普通话三千常用词表里所收多音节名词和动词有一些也许该算作'词组',这样,收

词的总数就得减少一些。另一方面，所收单音词有的是不能单说的，如果不算'词'，单音词的数目也得减少一些。两方相抵，百分比不会有太大的变化。(3)这是就词表计算。如果照出现次数计算，单音词的百分比会大大增加，因为单音词大多数是最常用的。可是另一方面，如果把计算的范围扩大到三千词以外，单音词的比重会缩小。汉语拼音词汇(初稿)(文字改革出版社 1958 年)收词大约二万个，我曾经拿 Y，Z 两个字母统计，共 3056 个词，其中单音的 251 个，只占 8%强。

⑤　压缩要服从习惯，因此有时候会出现列举同类事物而或缩或不缩的情形，例如：'鞍钢、重钢、太钢、大冶钢厂开展钢铁高产高质运动'(人民日报，1959 年 3 月 5 日报头)。(在修辞上，这种情形可避免时应该避免。象这一句就可以改为："鞍山、重庆、太原、大冶等钢厂开展钢铁高产高质运动"，只多一个字。)又如下面这个例子：

> 今冬明春进行一批，明年冬天和后年春天再进行一批(1963 年李富春在人民代表大会上的报告)

'今冬'和'明春'都是压缩形式。后半句因为'后春'生硬，只能说'后年春天'，连带'明年冬天'可压缩也不压缩了。

⑥　但是'研究室主任'可以称为'室主任'。

⑦　参看陆志韦：汉语的并立四字格，载语言研究第一期(1956 年)；陆志韦等：汉语的构词法(科学出版社，1957 年)第十七、十八、十九章。

⑧　因此，这两个得字大有在字形上加以区别的需要，比如说，把'喝得大醉'写做'喝㝵大醉'。

⑨　载燕京学报 24 期，1938 年。收入作者的论文集语文通论，开明书店，1941 年。上述清代学者著作中谈到这一问题的，郭先生论文中均有摘引。

⑩　参看汉语的词儿和拼写法论文集(第一辑，中华书局，1955 年)；陆志韦等：汉语的构词法(科学出版社，1957 年)；吕叔湘：汉语里'词'的问题概述，本书 359 页；说'自由'和'粘着'，本书 370 页。

(原载中国语文，1963 年 1 期)

从主语、宾语的分别谈国语句子的分析

一 引言

这篇文章的初稿的题目是国语里的主语，宾语，和它们的位置，目的是要把这两个句子成分的各种位置和与此相关的条件分别说一说。写着写着，困难就来了，有些句子里的某一位置上的某一个语词，到底是主语呀还是宾语，颇难确定。换句话说，什么是主语，什么是宾语，还需要再检讨检讨。①

主语(或主词，主格，即 subject)和宾语(或宾词，宾格，目的格，即 object)② 是语法里最基本的概念，没有一本讲语法的书不讲到，而且都讲的很明白，很容易辨别。但是这些书，尤其是为教学用而写的那些，里面的例句都是经过一番选择的；实际上可能遇见的一些‘疑难杂症’都有意或无意地避免了。可是这类例子可能影响整个的造句观，即句子分析法，是国语语法里极重要的一个问题。

国语的句法分析比较印欧系语言困难，有两个原因：一，隐藏和省略的部分太多③；二，缺少语形变化的依据。一般地说，用来分别或帮助分别主语和宾语的评准有五项：

(1) 代词和名词(以及冠词)的‘格变’(case-form)：这些语词本身的形式就足以决定它是主语还是宾语。

（2）动词的'身'，'数'，'语态'（voice），尤其是'语态'：自动语态句里的宾语到了被动语态句里就成了主语。

（3）前后位置：例如'主语——动词——宾语'，或'主语——宾语——动词'。

（4）施受关系：除被动句外，施事的（the actor）是主语，受事的（the acted upon）是宾语。[④]

（5）把主语和谓语对立起来：例如说，主语是'陈述的对象'（'what is talked about'，'the person or thing about which something is said'，etc.），谓语是'陈述主语的话'（'what is said about the subject'，etc.）。

凡是具有相当完备的格变的语言，对于位置就不很拘泥，例如拉丁语'女见男'这句话就可以有 Hominem femina videt 或 Femina hominem videt 或 Hominem videt femina 或 Videt femina hominem 种种说法。反之，如英语，名词和一部分代词已经没有格变，就不得不主要地依赖位置；如 The boy likes the dog 和 The dog likes the boy 这两句话就完全由位置来决定哪是主语，哪是宾语。但是位置不能决定一切，例如 So much I admit，（but no more）和 So much is admitted，这两句里 so much 的位置相同，但是在第一句里是宾语，在第二句里是主语。这里见出动词形式的决定作用。在大多数句子里，主语和宾语的分别恰恰就是施事和受事的分别，但在刚才这两句里头，so much 都是受事，而不都是宾语。更明显的如 John 在 John gave a book 里是施事，在 John was given a book 里是受事，而同是主语。这也是由于语态不同。

格变，语态，位置，这三样都是形式的评准；施事受事的分别，和主语谓语的分别，这两样是意念的评准。印欧系的语言，无论像拉丁那样完全倚赖格变和语态，或是像英语那样一半倚赖格变一半倚赖位置，总之都是倚赖形式的评准。对于这些语言，主语和宾语的意念的内容只是语法学者的论题，只有理论的兴趣，没有实用的价值的。但是国语的情形就不同了，名词和代词没有格变，[5]动词没有语态。主语是'陈述的对象'，这只是一句空话。我们所能凭借的只有位置和施受关系这两项，而这两项评准给我们的答案，有时候一致，有时候不一致。

因此，比较妥当的方法是先依照位置和施受关系分别一些句子类型，然后再讨论各种可能的分析法。如此，即使讨论方面得不着什么结果，讨论的基础还在，不至于'把车子套在马前头'，注定了非失败不可。

因为施事和受事因对比而显，我们不妨先讨论包含两个重要实体词的句子，后讨论只有一个重要实体词的句子。'实体词'包括名词和代词，以及别的语词或词群用在常用名词代词的地位上的。实体词必须是重要的，就是必须和动词密切相关，有施事或受事的作用的，所以像'我等了三天'，'他一只脚站着'之类的句子归入只有一个重要实体词的一类。同时，包含三个或更多的重要实体词的句子如'你给我一个信'之类，暂时也不另项讨论，因为这类句子的分析不足以根本影响主语和宾语的分析。

二　句式

要是我们拿'甲、乙'代表实体词，拿 V 代表动词，那末所有的动词句，除了极少数例外（如'来！''明天呢？'），可以基本上归入四群：(1)甲 V 乙；(2)甲乙 V；(3)甲 V；(4)V 甲。每一群又可以分别几个类型。

(1) 甲 V 乙群

这类句子又可以分成两个类型，一类常见，一类比较不常见。

(1a) **甲施事，乙受事。**这是最常见的一个类型，例如：

大鱼吃小鱼，小鱼吃虾米，虾米拱起背。

有钱的出钱，有力的出力。

这里头，甲是主语，乙是宾语，谁都是这么分析。要是用 S 代表主语，O 代表宾语，那末这个句型可以写作 S V O。[⑥]

(1b) **甲乙都是受事。**比较上一类型，这个类型的句子少得多，但是也还常常遇得着。例如：

这块玉…只好碾一个南海观音。(京 10.5)

忽然听得本科探花点了个旗人。(儿 36.21)

驻华大使也换了马歇尔。(日报)

这几样都各包号上名字了。(红 77.2)

这早晚后门早已上了锁了。

你们鬼鬼祟祟干的那些事也瞒不过我去。(红 31.5)

秦钟的头……打去一层油皮。(又 9.13)

实棒槌灌米汤，滴水不进。

怎忍教枯草打严霜。(元 92.3.10)

这些句子，要是按甲乙跟动词的关系来看，显然还可以分成好几组，但至少有一点是相同的：甲和乙没有一个是施事，都可以算是受事，就这个名称的最广义说。这里的动词对于甲似乎应该视为被动意义的，但对于乙又显然是主动意义的。它们的分析式，笼统点儿也许可以写作 S V^b O(^{b} 代表被动意义)，如果要精密点，还得加用别的符号或改用别种写法。

(2) 甲乙V群

这一群里也有两个类型。

(2a) **甲施事,乙受事。**这种词序最常见的是在'乙'前头有连字或隐含连字的场合,连字在早期近代语里也用和。(关于连字的讨论,见下文第四节。)例如:

只他连这个也无,所以无进处。(朱语 166)

他那得似子静……他和禅识不得。(又 218)

我若是交马处不拿了那个泼奴才,我可敢和姓也改。(元 30.2.2)

你……怎么连亲戚也都得罪起来?(红 59.11)

不但笑话我,人家连叔叔都要笑话了。(又 118.17)

荀杨'性'也不识,更说甚'道'?(程语 279)

你怎么外套也不穿就跑出去了?

其次,在有什么不或谁不的反诘句和有什么都或什么也不的无论句里,也用这种词序。例如:

这十来个人,从小儿什么话儿不说,什么事儿不做?(红 46.9)

县政府里那些人,我谁不认识?

我瞧我们这位姑老爷呀,真算得什么事儿都懂得。(儿 38.15)

你什么也不用管,静听好消息就是了。

受事词是周遍性的,后头或有全、都等字或没有,也用这种词序。例如:

因他一床乐器都会,一府里人都叫[他]做李乐娘。(京 12.6)

若收了时,我也是一场痴心白使了。(红 72.13)

两事对比或平行的场所也往往采用这种词序。例如:

他言也不答,头也不回,只顾低了头洗他的菜。(儿 14.15)

我不能像你,相干的也问,不相干的也问,问得的也问,问不得的也

问。(又 17.34)

他呀,天不怕,地不怕,只怕太太一声叫。

一事单提,含有若论、至于的意思的,有时候也用这种词序。例如:

我牛马也做了几十年了。(曹禺,北 172)

我学生也教过多了,没有教过你这样儿的。

这些句子的分析式可以写作 S O V。

(2b) **甲受事,乙施事。**引致这种词序的情况有许多和(2a)相同。例如用什么等词的:

什么事我不知道?(红 37.18)

上海,北京,关外,南洋,哪儿我都到过。

受事是周遍性的:

有什么可说的?你的话我都知道了。(红 32.10)

连吃的带你老人家的酒,我临来时候都打点妥当了。(儿 20.2)

他们那种忍笑相视的神情,我都看在眼里。(男士,女 27)

两事对比或平行的:

大树大皮裹,小树小皮缠。(老学庵笔记 3.7)

果子留下罢,这个酒儿姐姐只管拿回去。(红 90.16)

干他的事他也作,不干他的事他也作;作的来的他也作,作不来的他也作。(儿 16.10)

他走了,他的父亲我可以替他伺候,他的孩子我可以替他照料,他爱的字画我管,他爱的鸽子我喂。(曹禺,北 277)

可是跟(2a)比较起来,有一点值得注意。用或隐藏连字的句子,采用(2b)的词序的远不及采用(2a)的多:

连我们两个所知所能的,你还不知不能呢。(红 22.14)

鬼我都不怕,我怕什么人?

而单提一事的却正相反,大多数采用(2b)的词序;我们竟不妨说,采用(2b)的词序的句子十有九是属于这一类的。这里边,有'若论、至于'的口气是极明显的，如：

干的我管不得，你是我自己生出来的，难道也不敢管你不成？（红 59.9）

别的我不知道，我只知道他不是本省人。

如今人家交咱们的东西来，人家的东西咱们倒一时交不出去，怎么样呢？（儿 17.13）

这几句里头也有对比，不过只有一头采取（2b）的词序，另一头却采取（1a）的词序，可算是前面的对比的一组和底下的单提的一组的中间群。其实对比的句子也含有'若论、至于'的口气，这两组句子采取这种词序的心理基础是一非二。其他有明显的'若论、至于'的口气的例句如：

宰相吕微仲须做，只是这汉俗。（上蔡，上 6）

大毛儿衣服，我也包好了交给小子们去了。（红 9.2）

书我何尝不读，只是……。（儿 18.22）

饭我是刚偏过。（聊 17.6）⑦

我叫她不搬就是了，牌我是不打了。（袁俊，美 139）

可是最常见的单提一事的句子还得数受事词是这、那或是冠有这、那或是冠有领格代词的句子。例如：

雪峰到浦泉，辞去，入簷里坐。泉云，'这个四人舁，那个几人舁？'（汾阳 613）

这件事老太太肯行吗？（红 19.15）

这个理我就不明白了。（又 97.4）

这个不是索性我耽了罢。（又 117.22）

这个我不知道。（儿 17.34）

这儿女的数儿他自己那里定得准呢？（又 20.23）

这西山我也没逛够。（又 29.34）

新来的那位林先生，你认识的吧？（袁俊，万 2）

难道我的孩儿我不知道？（元 3.0 白）

你的绢子我拾在这里呢。（红 24.22）

姑娘的心事我们也都知道。（又 97.11）

我的事情，你在这里几个月，还有什么不知道的。（又 113.17）

这里面虽然有些是多少带着‘若论’的意思（如末二例），大多数却没有这种口气。此外的例句如：

打量上次为茶攆茜雪的事我不知道呢！（红 19.10）

宝姑娘送来的药我给二爷敷上了。（又 34.8）

刚才我说的话，你横竖心里明白。（又 88.16）

是谁加进去的，我暂时尚不忙着追究呢。（残 18.10）

你快来看，北京人的影子我铰好了。（曹禺，北 164）

爸爸，花你怎么还没有换呀？（袁俊，万 5）

前面的几个例子受事词较长，有一停顿，但末了一个例子的受事词只有一个字。这些句子的受事词前头虽然没有这或那，可是隐隐有指示词在内；‘……那件事’，‘……那个药’，‘是谁加进去的这个问题’。

事实上，所有（2b）型的句子，它的受事词必须是有定的，不是有指示词（写出或隐藏）或领格限定，就是周遍性的。我们遇不着无定性的例子。如‘一个字我不认得’，要是‘一个字’是‘有一个字’的意思，这句话就不能用这种词序。⑧

这个类型的句子，通常认为甲是倒装的宾语，作为 O S V 分析。

（3） 甲 V 群

只有一个重要的实体词而位置在动词之前的句子，可以分四个类型，有一类的实体词是施事，有三类的实体词是受事。

(3a) **甲施事。**这个类型的句子和(1a)型一样的常见，分析起来也一样的最无问题，显然是S V。例如：

大狗叫，小狗跳。

先生讲，学生听。

第二例是有受事词而省略了的，在特殊的场所也许要写作S V O^0(右角零号表潜在)，但一般的情形不必这样写。

(3b) **甲受事，前头有省略的施事。**这是(2a)的省略式，上文(2a)例句中有好几句是承接上文的施事词的，这是还可以再举几个承上及当前省略(如'你、我')的例：

[彼]既已投拜为质于贼，甚么话不曾说？(挥麈录2.77)

你怎么发呆？连他也不认得？(红24.3)

我们村庄上，种地种菜，每年每日，春夏秋冬，风里雨里……什么奇奇怪怪的事不见呢？(又39.12)

哦！[你]交杯盏儿还没吃，就上了头了！(又20.6)

[我]酒也喝，只是喝不多。

在承接上文的句子里，施事不必表示，只要写作O V；当前省略的句子，可以写作S^0O V。

(3c) **甲受事，施事不见，不因省略。**我们采取这种句式，有种种的动机。或是因为施事泛指，如好些成语里所见：

只要工夫深，铁杵磨成针。

一番生活两番做。

死马权当活马医。

以及许多动词前面附有要、好、难、容易等或后面附有表可能性的得、不的句子，如：

酒要一口一口地吃。

常调官好做，家常饭好吃。(侯鲭录8.1)

中国话容易学，中国文字难学。

纵使青春留得住。（六一词 20）

偷来的锣鼓打不得。

注定的祸避不来，非分的福求不到。（儿 14.3）

或是因为施事不明，或不言而喻，例如：

只见昨日宝玉系的那条汗巾子系在自己腰里了。（红 28.27）（不知谁系）

锁也扭断了，门也撬开了。（不知谁扭谁撬）

各家客店都住满了。（残 12.3）（客人）

船一雇到，即刻起行。（儿 20.19）（派去雇船的人）

那铺盖包袱也都取到。（又 20.22）（派去取铺盖包袱的人）

一定又是警报放迟了。（袁俊，万 115）（管警报的人）

或是施事为我、你、他、这，当前自明，不用多说，例如：

今日这一天的心力可就都白费了。（儿 20.17）（我们白费心力）

这里话没说结，我又不敢让进来。（又 20.4）（你们在这里说话）

一番话说得言言逆耳，字字诛心。（又 5.7）（那女子这番话）

戴勤家的经这一问，一时倒朦住了。（又 14.5）（让这一问朦住）

一辈子的不好也都遮过去了。（红 119.3）（让这件事遮盖）

好人都会弄坏了，还养那家子的病！（吴祖光，少 68）（让这种环境）

总之，都是因为受事比施事重要。

还有施事依然出现，但是已经变成受事的加语的。这固然是因为动词之后有后加成分，受事词不好安排，可也因为受事跟动词的关系比施事跟动词的关系更重要，否则是还有别种句法可以应用的。例如：

你的字写在那里呢？（红 70.8）

只见凤姐的血一口一口的吐个不住。（又 110.19）

你看他这‘成’字‘取’字下得是何等分量！（儿 19.3）

人家那心还肯搁在书上去呀？（又 29.25）

你的账记得清楚。（老舍，归 45）

你的假话还没说出来，脸已经红了。（吴祖光，少 51）

他的足球踢得最好，网球也打得不坏。

这个类型的句子和印欧语里的被动句大致相当，虽然国语里的动词并没有语态的标记。要是按照这个分析，这个句式可以写作 SV^b，最后一组的例句可以写作 $S(1^2(S^a)1)V^b$（这里 1 代表实体词，2 代表实体词的加语，1^2 代表领格，S^a 代表改取主动式的时候的主语）。

(3d) **甲受事，V 前有省略的施事。**这是 2b 的省略式，即 OS^0V。有一些命令句属于这个类型（命令句通常省主语），例如：

它人弓莫挽，它人马休骑。（太平 9.6）

今后得问的问，不得问的休胡说。（西厢 1.2.13 白）

这件事总得给人家弄成了。（儿 36.33）

糖请自己放吧。（袁俊，万 27）

你那花言巧语别望着我说。（红 22.8）$O(1^2(S)1)S^0V$

除此而外，可以决定属于这个类型的句子就不多了（大多要靠上下文决定），例如：

此中人所问大率如此，好理会处[他们]不理会，不当理会处[他们]却支离去说。（朱语 204）

我如今接着管事，这些亲戚们[我]又都不大知道。（红 6.18）

眼面前儿的[他]倒想不起来……。（又 19.26）

母亲的我也不忍穿，我那颜色衣裳[我]又暂且穿不着。（儿 17.7）

大多数例句是不容易分别它是 3c 还是 3d 的，例如：

某平日与老兄说底话，想都忘了。（陆语 290）

父对着孩儿告，那吃饭处霎时间行到。（元 45.3.7）

临安伯老太太生日的礼，已经打点了。（红 7.11）

前儿的丸药都吃完了没有？（又 23.7）

这牲口拉到槽上喂上罢？（儿 4.16）

电话打通没有？（丁西林，独 27）

信寄了没有？

该看的人和该看的地方，都看过了。（男士，女 95）

这些句子应该归入（3d）‘好理会处不理会’一类呢？还是归入（3c）‘一天心力白费’一类呢？甚而至于可以问：（3c）那一组例子一定不能归入（3d），（3d）那几个例子一定不能归入（3c）吗？这中间有没有一个截然的界限？无论如何，这一组两可的例子——数目不少——应该如何处理，是颇使分析的人为难的一个问题。

（4） V 甲群

只有一个重要的实体词而位置在动词之后的句子给予分析的人更多的困难。这一群也可以大略分成四个类型，一类的实体词是施事，三类的实体词是受事。

（4a）**甲施事。**这是很有趣味的一个类型，普通认为这里边的实体词是倒装的主语，它的分析式是 V S。可是我们要注意，说是说倒装，可并不是说它们原来该放在动词的前头，放在动词后头是变例。事实上，这类句子里的施事在后乃是通例。

这个类型的句子常见的有三组。第一组里用坐、立等动词，大多数带着字，少数带了字。例如：

榻上坐着一老子。（诚斋集 23.221）

我心头横着这莺莺。（董西厢 182）

柜身里却立着崔待诏的浑家。（京 10.14）

碌轴上掩着个琵琶。（白雪，前 2.17）

晚间挤了一屋子的人。（儒 5.43）

忽见街北蹲着两个大石狮子。(红 3.4)

只见一张榻上独歪着一位老婆婆。(又 39.9)

我们后头走着个姓白的伙计。(儿 3.16)

谁知脚底下横不楞子爬着条浪狗。(又 38.34)

围了一大圈子听热闹的。(又 38.29)

在斜对门的豆腐店里确乎终日坐着一个杨二嫂。(鲁迅,呐喊 87)

第二组例句用来、到等动词(大率带了),或用出(来)、进(来)、上(来)、下(来)等做动词或动词的附属成分。例如:

来了你呵,黄莺儿也懒更啼……来了你呵,再不见那绿阴深处把青骢系。(元 77.3.12)

今儿偏偏来了个刘老老。(红 7.9)

来了一个人,年纪不大,好俊样儿。(侠 42.4)

前日还到了个瞧希希罕儿的。(儿 38.24)

便跳出你那七代先灵也做不的主。(元 32.3.11)

女儿愁,绣房里钻出个大马猴。(红 28.22)

冒出了你这个小兔崽子。(曹禺,北 19)

好容易出来这件事,你又夺了去。(红 23.3)

只见众中走出一个行首来。(恒言 31.399)

只听的可磕擦闪出个人来。(元 14.4.4)

羊群里跑出骆驼来了。(红 88.4)

但见凭空里就现出许多人来。(儿,首 5)

落后从下场门儿里钻出个歪不楞的大脑袋小旦来。(又 32.12)

各家大半懒洋洋的踱出一个国民来。(鲁迅,呐 62)

正想着,只见外面走进一个人来。(侠 34.6)

缓缓踱进来孔秋萍——一个专司抄写的小职员。(曹禺,蜕 15)

早见从台阶底下抢上一个人来。(儿 30.32)

恰便似九霄云外滴溜溜飞下一纸赦书来。(元 45.2.10)

第三组例句用去、走等动词,大多数带了字。例如:

去了红娘闷转加。(董西厢 138)

去了金的,又是银的。(红 40.13)

去了穿红的,还有挂绿的。(聊 1.3)

走不了你个撮合山师父唐三藏。(元 87.2.4)

东隔壁店里,午后走了一帮客。(残 12.3)

哗的就飞了一个。(曹禺,北 30)

近来死了一两人。(恒言 31.397)

难道……普天下死绝了男人了?(红 68.13)

倒了高家堰,淮扬不见面。(儿 1.18)

眼泪好像断了线儿的珍珠。(聊 17.27)

这些句子有几个特点可以注意:(1)里边的动词是很有限制的,不但是必须是无受事的(所谓内动词,自动词,不及物动词),并且大多数是指示身体的运动或变化的。(2)除第三组外,动词前头大多数有表处所或时间的附加语,极少直接用动词起头的。(3)这个施事实体词大多数是无定性的,可以用有字把它提到动词前的位置上去,如'榻上坐着一老子'可以改成'榻上有一老子坐着'。[9]但是这一条有明显的例外,好些句子里头是个专名,这是有定性的人或物;可是其中已经有加用一个的(杨二嫂,刘老老),仿佛把这些作无定性的人或物看待似的。

这三组例句,第一组都有'以某种姿态存在'的意思,第二组都有'出现'的意思。第三组都有'消失'的意思。这三组可以总括起来称为'存在句',以表示'存在和它的开始和终止'为目的;可以改说'有……',有是最单纯地表示存在的动词。

除这种存在句外,还有一些例句采取这样的词序,不受上面所说三个特点的拘束。可是这种例句不多,口语里更少听见,下面的例句里除末例外都出于韵文:

红了樱桃,绿了芭蕉。(蒋捷,全宋词 275.12)

空岩外,老了梁栋材。(白雪,后 1.58)

我只见通红了半壁天衢。(元 48.3.2)

失败了哥输翰。(又 21.2.12)

斗不得三两合,早输了一个人。(清平 15.6)

(4b) **甲受事,V 前有省略的施事。**这是(1a)的省略式,在国语里是极常见的,尤其在接着上文说下来的时候。省说的施事词有在上文本是施事的,如:

上次他告诉我说,[他]在家里做活做到三更天。(红 32.13)

那丫头……笑道:'我正要告诉奶奶去呢,可巧奶奶来了'。凤姐道:'[你要]告诉我什么?'(又 44.6)

也有在上文不是施事的,如:

怪道上月我求他打十根蝴蝶儿结子,[他]过了那些日子才打发人送来。(红 32.13)

问了你一声,[你]也犯不着生气呀。(又 90.9)

对面说话的时候,你或我,乃至第三者,也往往因当前自明,省略不说。例如:

[你]带个信给他,[他]非来不可。

[你]吃了饭啦?——[我]吃了。

嘿,你看![她]烫了头发了!

这是粗打的,[她]且在别处将就使罢;[她]要匀净的,等[我]明日来住着,再好生打。(红 32.13)

那婆子……又向平儿道:'[二奶奶]说了,[她]使唤你来,你就贪住嘴不去了![她]叫你少喝锺儿罢'。平儿笑道:'[我]多喝了[她]又把我怎么样?'(又 39.2)

这些句子都可以写作 S^0 V O;在紧承上文的施事的时候,如'那刘老老入了坐,拿起箸来',可以单写作 V O,不必再标 S^0。

(4c) **甲受事,施事不见,不因省略。**这个类型包括三组句子。第一组例句的施事是泛指性的。例如:

栽个跟头学个乖。

据我看,这又是个骗局。

依我的主意,咱们竟找花大姐姐去。(红 19.5)

我们家的姑娘就算他是个尖儿。(又 100.12)

且不必论他的模样儿,只看那派打扮儿,就没有一个安静的。(儿 38.33)

这里可以说隐藏着'你'或是'咱们'或是'任谁',反正是一个意思。又有泛指上文,仿佛是省了个'这'的,例如:

如今有他经管着,就省着我一半子心呢。(儿 40.51)

真亏了你,怎么来的这么巧?(又 31.2)

这一组的分析式可以写作 S^0 V O,也许有人赞成干脆就作 V O。

第二组例句的施事者不是泛指而是不明或不言而喻,是无从说或者不值得说的,分析起来似乎 V O 比 S^0 V O 更合式些。例如:

打钟了;上课了;放学了。

放学没有? 散会没有? 开车没有?

还没放学呢;还没散会呢。

还没唱山门,你就装疯了。(红 22.7)

那儿干什么?——那儿做道场呢;那儿开运动会呢;那儿打死人了。

这些句子有可以把受事搬在前头而没有被动的意思的,我们不能不承认它已经变成施事,例如:

赶到那里,火车已经开了。

会已经散了有一会儿了。

也有受事移前就有被动的意思的,如'山门已经唱过了'。

第三组例句,以施事而论,也是不明或不言而喻,但是整个句子给我们的印象不同。这些句子是：

门外是一间小房，点着一盏灯。(京 13.6)

法堂里摆列着诸天圣像。(董西厢 47)

认得是个天书，又写着三十六个姓名。(宣和 2.1)

右边竖着一座二十个字的碑。(儒 14.112)

后面又画着几缕飞云，一湾逝水。(红 5.11)

殿前放着个大香炉，又砌着个大香池子。(儿 38.30)

上面还点着个红点儿。(又 38.27)

太阳上还贴着两贴青缎子膏药。(又 38.38)

一看炕上，扔着一嘟噜钥匙。(聊 11.8)

这些句子完全和(4a)的第一组是一个型式，也是表'以某种姿态存在'，动词前头也大率有处所附加语，实体词也是无定性的，也可以用有字提在前头(如'小房里有一盏灯点着')，所不同的只是这儿的实体词是受事不是施事。它和第二组有很大的一点不同：那儿我们有时还可以安上一个施事词去(如'他们已经散会了')，这儿可怎么也安不上，要勉强安上一个，就得把着字换了(如'外间小房里有人点了一盏灯')。老实说，我们完全不意识到施事者，我们的注意完全在受事的事物，从各方面看来，这都是存在句的一类。

这个类型的句子应该怎样分析呢？王了一先生在中国语法理论(上，65 页)里认为也是无主句，即 V O，这可以代表一种看法。作者在中国文法要略(上，68 页)里试认这里的实体词为主语，或者也不失为一种看法。

有一些句子是介乎第一二组和第三组之间的，例如：

须臾，点上灯来。(儿 20.22)

只见靠东这扇窗户上……早烧了个小窟窿，插进枝香来。(又 31.14)

右角的桌子被拉向中央来，打起了一桌麻将。(袁俊，美 133)

在我底下，一连串的又生下来了三个弟弟。(男士，女 12)

这些句子可以当作隐藏施事的一类(前三例‘有人’，例四‘母亲’)。但是都有‘出现’的意思，跟(4a)的第二组例句十分相像，只是这里的实体词是受事。这个差别正如上面第三组例句跟(4a)第一组的差别一样。这些例句使我们觉得把第三组例句分析为 V O 较为方便，因为这些句子也就毫无问题的是 V O，否则就不得不在 V O 和 V^b S 之间有所抉择。

可是另一方面又有些句子让我们觉得(4c)第三组跟(4a)同样处理较为方便。例如：

屋簷底下挂着一条条的冰柱。

正中挂着一幅松石大中堂。

不想这班人里头夹着个灵官庙的姑子。(儿 38.38)

句句话里头夹着个‘的话’。

山顶上一年到头都盖着一层雪。

身上只盖着一条破军毯。

这些句子里的动词都是有及物和不及物两用的，所以这些句子也都可以(4a)和(4c 三)两属。在这里，或许可以把例一、三、五归入(4a)，把例二、四、六归入(4c 三)，但这不是处处都容易辨别的，有些句子里竟不可能。要是(4c 三)作 V^b S，这些句子可以写作 $V^{a/b}$S，问题便简单了。

(4d) **甲受事，动词原则上无施事。**这就是普通所谓‘无主动词’的一类；这类句子的分析式该是 V O。这类动词可以分为三组。第一组是无主的有、没有、多、少等，用这些动词造成的句子可以说是标准的存在句。例如：

有个唐僧取经，就有个白马来驮着他；[有个]刘智远打天下，就有个瓜精来送盔甲；有个凤丫头，就有个你。(红 39.2)

少一个心上才郎，多一个脚头丈夫。（太平 8.36）

有了这么个好医生……真不知添了多少麻烦。（曹禺，蜕 54）

单剩下湘云翠缕两个。（红 31.16）

只差三天就是整整两个月了。

第二组是叙述天时变化的那些，例如：

下雨；下雪；下雹子。

打雷；打闪；打霜。

刮了一夜北风，到处都上冻了。

到时候儿就开车。

看看交了酉初二刻。（儿 27.34）

过了冬至，年就快了。

第三组是少数其他动词，例如：

其日却好正轮着张主管值宿。（京 13.6）

今儿不该我的班儿。（红 27.8）

今儿个可不兴吃饭哪。（儿 27.24）

可得你起来我才喝呢。（又 28.2）

这些字是动词，可是它们离开'行为'的意思很远，它们所表达的概念近于一般副词所表达的。

我们说这些动词原则上没有施事。这并不是说这些动词在任何场所都没有施事——随便举两个例：'你吃不了就别添，既添了就别剩'；'王小二过年'——是说用在上面这些句子里，我们不感觉这些行为有发动者，因此安不上一个施事词，和省略施事词的不同。

这些动词还有一个特点：其中有许多可以把受事词搬到前面去。比较：

有了题目了：题目有了。

多了点醋，少了点糖：醋多了，糖少了。

下着毛毛雨:毛毛雨,下个不停。

出太阳了:太阳出来了。

还没到时候儿呢:时候儿还没到呢。

过了冬至,年就快了:冬至过了,年就快了。

一天轮你,一天轮我:你轮一天,我轮一天。

单就实体词可前可后这一点而论,这些句子和(4a)型的句子很相像,只是(4a)型的实体词无论在前在后都觉得是施事,而这里的实体词在前就像是施事,在后就像是受事。

可是也有真正和(4a)难于分辨的例子。如:

过了几年。

一会儿又飘起雪花来。

这里的'年'和'雪花',自然是像受事;可是:

一转眼又过去了三个年头。

见那空中一片一片的飘下许多雪花来。(残 6.8)

又就很有点像是施事了。比较:'一转眼又三个年头过去了','只见那空中一片一片的雪花飘了下来';又比较:'刚才过去一队人马','上流飘来一只破船'。又如:

我再敢说这些话,嘴上就长个疔。(红 26.13)

花儿落了,结个大倭瓜。(又 40.26)

这里的'疔'和'倭瓜'是受事呢,还是施事呢?是自长自结呢,还是被长被结?可见在(4d)这个类型里,辨别那个实体词是受事还是施事是很难的。

此外又有一些句子是可以有(4a)和(4d)两种看法的。例如:

看荞麦开花,绿豆生芽;无是无非,快活煞庄家。(白雪,前 2.17)

正是困人天气,啼杀流莺,叫死晨鸡。(太平 7.21)

这三个月中,急坏了 S,苦坏了孩子,累坏了我。(男士,女 89)

拳头上立得人，胳膊上走得马。（水 24.30）

这个礼堂里坐得下五六百人。

要是把那些动词作为是自动的意义，那些实体词（‘庄家’等）就是倒装的主语，属于存在句以外的 V S 型。若是把那些动词作为有‘致动’的意义，使庄家快活（例二、三同），让人立（例五同），那就属于无主动词一类，因为使和让的施事是说不出来的（前三例是上文的情境；后二例也许可以把‘拳头上’等作为施事，那就成为 S V O 型）。

三 分析

句子的类型大致如此。我们回到本文起头的问题：主语和宾语究竟应该如何分辨？

上节各个类型附列的分析式大体上可以代表通行的看法。只要略一思索，就知道这个分析体系不是从单一的评准出发的。要是纯然拿施受关系做标准，则(3c)和(4c)的实体词都是受事，可是一个定为主语，一个定为宾语；要是纯然拿位置先后做标准，则(4a)的实体词在动词之后，又应该算是宾语，不应该算是主语。可见这个体系是参合施受和位置这两个标准而成的；要说得具体一点，就是原则上以施事词为主语，以受事词为宾语；但在只有受事词的句子里，要是受事词位置在动词之前，也算是主语。

有人要说，不然，这个体系自有它的评准，是拿‘陈述的对象’做主语的。可是这个标准空洞得很。要是我们问，‘如何就是陈述的对象？’恐怕惟一能得着的回答又只有‘做句子的主语的就是陈述的对象’，这就陷入循环论证，毫无结果。这个主语的定义，是印欧语语法学者定出来的。他们怎么会定出这么个空洞的定义来的？因为印欧系语言里的主语早已由语形变化（一部分兼由位置）决定了，语法学者要给这个既成事实找理论说明，既不能说施事的是主语（因为不但有受事作主语的被动句，还有施事不作主语的，如〔英〕methinks，〔法〕me voici，〔德〕mich friert），也不能说位于动词之前的是主语（因为很多主语在动词之后），更不能说主格就是主语（主格不一定是主语），无可奈何才弄出这么个空洞而不切实用的定义来。[10]不切实用，对于印欧系语言没有关系，因为本来不是为了实用而制定。要是说凭借这个定义来分析国语句子，可以获得实际的结果，那就是自欺欺人之谈了。所以我说通行的分析体系实际上是参合施受和位置这两个标准而成的。

何以要有这样的参合？因为要尽可能地给每句句子找一个主语，这可以称为'主脑主义的'或'主语主义的'分析法。这显然是受了印欧语语法学者的主语谓语二分法的影响。我们模仿他们的分析法，同时接受了他们的主语的定义。可是我们的语法和印欧语的语法毕竟有些距离，有许多句子是不具备印欧式的主语的，因此我们又承认国语里有'无主句'。所以这个主语主义还只是相对的主语主义。

要是不存成见，单为分析国语语句的方便而定标准，求其简单而具体，那就不妨纯依施受关系，或是全凭前后位置，或是比相对的主语主义更进一步，取绝对的主语主义。这样分析的结果，如下页附表的 A，C，D 三行所示；B 行是通行的相对的主语主义的分析法。[11]

乍一看，A，C，D 这三种分析法都有扞格难通之处。其实只要我们承认它们的各自的前提，都有理由可说。比如 A 式，拿施事做

<table>
<tr><th>类型和例句</th><th>A
依施受
关系</th><th>B
相对主
语主义</th><th>C
依位置
先后</th><th>D
绝对主
语主义</th><th>外　拟</th></tr>
<tr><td>(1a) 大鱼吃小鱼，小鱼吃虾米。</td><td colspan="4">S V O</td><td></td></tr>
<tr><td>(1b) 本科探花点了个旗人。</td><td>O_1VO_2</td><td colspan="3">SV^bO</td><td>S^b V O</td></tr>
<tr><td>(2a) 他言也不答，头也不回。</td><td colspan="4">S O V</td><td></td></tr>
<tr><td>(2b) 大树大皮裹，小树小皮缠。</td><td colspan="2">O S V</td><td colspan="2">$S(O^*)S_2V^*$</td><td>S^bSV，SS^aV，$[1^*]SVO^{0*}$</td></tr>
<tr><td>(3a) 大狗叫，小狗跳。</td><td colspan="4">S V</td><td></td></tr>
<tr><td>(3b) [你]这也不知道？</td><td colspan="4">S^0 O V</td><td></td></tr>
<tr><td>(3c) 一番生活两番做。</td><td>O V</td><td colspan="3">S V^b</td><td rowspan="2">S^b V</td></tr>
<tr><td>(3d) 它人弓[你]莫挽，它人马[你]休骑。</td><td>O V</td><td>O S^0 V</td><td colspan="2">S V^b</td></tr>
<tr><td>(4a) 榻上坐着一老子。</td><td colspan="2">V S</td><td>V O</td><td>V S</td><td>VO^a</td></tr>
<tr><td>(4b) [你]带个信给他。</td><td colspan="4">S^0 V O</td><td></td></tr>
<tr><td>$(4c_1)$ 栽个跟头学个乖。</td><td rowspan="2">V O</td><td rowspan="2">VO 或
S^0VO</td><td rowspan="2">VO</td><td rowspan="3">V^b S</td><td>S^∞ V O</td></tr>
<tr><td>$(4c_2)$ 打钟了，上课了。</td><td rowspan="2">VS^b</td></tr>
<tr><td>$(4c_3)$ 上面还点着个红点儿。</td><td colspan="3">V O</td></tr>
<tr><td>(4d) 有个凤丫头，就有个你。</td><td colspan="3">V O</td><td>$V^{a/b}S$</td><td>$VS^{a/b}$，VS/O</td></tr>
</table>

主语,受事做宾语,是有很坚强的心理根据的;各种语言的分析法的结果往往大体上和这个相符,就是因为基本上都从这个施受关系出发,不过各自顾到它的特殊语法而不得不有所修改。国语既没有语形等等顾虑,又何妨把这个原则充分应用开来;除了极少数的例外,每个句子里实体词和动词的施受关系是不难决定的。既把主语限于施事词,没有施事词的句子就算没有主语,不必再有被动句的说法。可是我们必须承认这种分析法的前提:句子不必都有主语。要是觉得这样不合式,也不妨不立'主语'和'宾语'的名目,干脆就称为'施事'和'受事'。(动句确是不妨这么办,但名句就非有'主语'不可,而这两类句子并不能完全隔断。这是A式的困难。)

C式拿动词前后的位置做分别主语和宾语的标准。这个简单的标准对于两个重要实体词都在动词前的句子(2a,2b)本来不能有所决定。要是兼采施受标准,无妨分别作为SOV和OSV。可是如果要贯彻位置主义的精神,就不必顾及施受,应该全把第一个实体词作为主语。这种分析法好像完全是机械主义似的,然而不然。且拿这个分析法最足以招致非难的地方,也就是和主施宾受的观念最相径庭的地方2b和4a来说。2b把受事提前,4a把施事退后,都不仅仅是修辞性的变化;应用这种句式有种种条件,而具备这种种条件时,这种词序竟是强迫性的或半强迫性的。只要看2b提前的受事没有一个不是有定性,不是特别指定的,就是周遍性的;4a退后的施事大多数是无定性,甚至有定如人名也作无定性看待(加'一个')——只要看清这两点,就知道这两种词序实在出于同一心理,2b是要把听者的心里已有的事物先提出来,然后加以申说;4a是把听者心中所无的事物暂且捺住,先从环境说起头，然后引出那个未知的事物：总之，是要把已知的部分说在前，新知的部分说在后，由'熟'而及'生'。

由'熟'而及'生'是我们说话的一般的趋势。这不完全是为了听者的便利，说话的人心里也是已知的先浮现（也可以说是由上文遗留下来），新知的跟着来。大多数句子都是施事者是已知的部分，所施事是新知的部分，例如"大鱼吃小鱼，小鱼吃虾米，虾米拱起背"，说到第二句'小鱼'已见于上文，'吃虾米'是新添的部分，到了第三句，'虾米'又成了已知的部分，'拱起背'是新添的部分。所以很有些语言学者拿这个分别来说明主语和谓语的性质。[12]现在2b和4a的词序在语言心理上恰恰和这个一般的趋势一致，可以说是'由已知而新知'的原则应用到充类至尽。C式分析法把2b的甲和乙作为两个主语，4a的甲作为宾语，不能说是纯粹机械主义，实在也同时遵从某一种语言心理的指示。可是照这样分析，就得把主语和宾语的定义修改：'和动词密切相关，位置在它的前头，作为一个陈述的起点的实体词是主语；和动词密切相关，通常位置在它的后头，不作一个陈述的起点的实体词是宾语。'要是觉得这样不合式，也不妨不用'主语'和'宾语'这两个名称，改称'起语'和'止语'。[13]

要是C式把'来了一个人'的'人'算作宾语让人看着不顺眼，D式把'下雨''打钟'的'雨'和'钟'认为主语一定更透着有点无理取闹。这还是因为我们不能忘怀于施受分别。可是细想起来，'施'和'受'本是对待之词，严格说，无'受'也就无'施'，只有'系'。一个具体的行为必须系属于事物，或是只系属于一个事物，或是同时系属于两个或三个事物。系属于两个或三个事物的时候，通常有施和受的分别；只系属于一个事物的时候，我们只觉得这么一个动作和这么一件事物有关系，施和受的分别根本就不大清楚。(4d)的实体词往往也可以挪到动词前头去，就是这个道理。要是在动词前头的时候是主语，在动词后头的时候又何以不能算是主语？在通常系属于两个事物的行为，而实际上只有一个事物出现时，自然也不妨就认它做主语，无论它在前在后，是施事还是受事。这就解决了所有只有一个重要实体词的句子。至于有两个或三个重要实体词的句子，自然该把第一个当作主语，因为那是更'主脑的'位置。D 式分析法可以不改变通行的主语定义，'陈述的对象'，而只把它的解释更放宽。但是也可以改变一下，说是唯一的重要实体词，为动词所系属的，或几个重要实体词之中的最先的一个，为动词所主要地系属的。照这个看法，动词的'及物、不及物'，'自动、他动'、'内动、外动'等名称皆不甚妥当，因为都含有'只有受事的一头有有无之分，凡动词皆有施事'这个观念。照这个看法，动词可分'双系'与'单系'，双系的是积极性动词(active verb)，单系的是中性动词(neuter verb)。

这三种分析法，要是各自承认它的前提，都可以言之成理，至少不比 B 式更难辩护。现在不去比较它们理论的短长，且从实用方面来看。'点心的证明在吃'，理论是为了驾驭事实而产生，哪一种分析法能分别的类型最多而遗留下来的问题最少，哪一种分析法就最有实用的价值。各种分析法结果相同的那些类型(1a，2a 等)不必讨论，其余的可以分三组。

第一组是 1b，三式作 S V^bO，只有 A 式作 O_1V O_2。要是我们抛弃不了'动词前的重要实体词必然是(或必然有一个是)主语'的观念，这个分析式自然接受不了；无论如何，这个分析式里前后有两个宾语，比了认一个做主语的，更需要增加符号来分别，单单分别第一和第二还是不够。

第二组是 2b 和 3c,3d。先拿 3c 来说,虽然 A 式的 O V 自有它独特的立场,可是我们不能不说 S V^b 的分析式较为方便,因为我们常常遇到 3a 和 3c 骈列的句子。例如:

更不闻,鸡不语。(清平 7.3)

现在料也买齐全了,验收委员也验收过了。(残 12.10)

骈句虽然不能拿来做分析的依据,但是不失为一种参考;可以骈列的句子最好能作大致相近的分析。

照 B 式分析,3c 和 3d 一个是被动主语,一个是倒装宾语,因此,一些两可的例子(3d 后附)就很难处理,而这种两可的句子偏偏又很多。这是 B 式分析所遇的困难之一,在其余三式都不成问题:A 都 作 O V,C 和 D 都作 S V^b。B 式能不能也把 3d 分析作 S V^b 呢?不能,因为 3d 是 2b 的省略,而 2b 是作 O S V 的。C 和 D 就不同了,它们把 2b 分析作 S(O^*) $S_2 V^*$(S_2 表第二个主语,* * 表关连而分置的部分),那末 3d 就是 S(O^*)$S_2{}^0 V^*$,省作 SV^b,实际上没有多大出入。

C 和 D 把 2b 那么分析,不但是因为

那本书我买不着(2b),

那本书[我]买不着(3d),

那本书买不着了(卖完了)(3c),

给我们的意象相近,而且在如下的例句里:

这个饭,猪不吃,狗不觑。(刘知远 17)

这毛病,人人易犯,处处皆同。(儿 27.4)

毛豆太贵(3a),茄子你又不吃(2b),白菜还没有上市(1a),我真不知道买什么菜。

漂亮的不要我(1a),不漂亮的我不要(2b)。

> 大孩子就放在周公馆(3c),刚生的孩子她抱在怀里(2b)。(曹禺,雷 157)

也都是以第一个实体词析作主语为便。当然,我们不能不承认 B 式的 O S V 也有一个好处,简捷。

第三组分析不一致的是 4a,4c,4d。分析这三个类型,一方面最好能让它们有分别,另一方面要考虑到那些疑似和两可的句子,还要考虑到一些类型不同而骈列的句子,如:

> 刚刚的倒了一个巡海夜叉(4a),又添了三个镇山太岁(4d)。(红 55.4)
>
> 别弄的去了三个(4a),又饶上一个(4d)。(又 77.15)
>
> 离门约有一箭多远横着一道溪河(4a),河上架着个板桥(4c 三)。(儿 14.15)

说得更具体一点,还是把 4a 和其余两类作相似的分析好些,还是作不同的分析好些?

AB 两式把 4a 的实体词作主语,把 4c 和 4d 的实体词作宾语,对于分别类型自然有点用处(虽然 4c 和 4d 还是分不开),可是对于异类骈列的句子固然不能表示出它们的相似,对于疑似和两可的句子尤其不胜其辨别取舍之烦。反之,C 式把三类的实体词同作宾语,D 式把它们同作主语,对于处置疑似和两可的句子确是省去不少麻烦。可是 C 式三个类型全无分别,未免失之粗疏,D 式就要细密些。可是 D 式也有不妥当的地方,那就是 4c 第一组的处理。D 式照它的句中只有一个重要实体词就算主语的立场,自然写作 V^bS,可是一则我们并不感觉这一组句子的行为主要地系属于其后的实体词(比较没有这个实体词的,如'不打不成相识'的'打'),二则像'栽个跟头学个乖'这类句子里两个行为明明系属于一个人,把它们分别系属于后面的实体词就表示不出,不

如作为 S^0VO，如果要跟 4b 分别，也不妨用 S^∞ 表示泛指性的隐藏主语。

四种分析式互有短长，可是比较起来，AC 都是硬性的，BD 较多弹性。譬如 3d，B 式也不妨改从 SV^b，A 式就不能，因为它原则上无所谓被动；B 式不妨把 4d 写作 VS/O，C 式就不能，因为实体词的位置在后。

还有一点可商。除 A 式外，其余三式都用 V^b 这个符号：国语里的动词本无语态的形式变化，这完全是从意念方面决定的。然则何妨改用 S^b，表示主语是受事性的？这可以使 2b 的 C 式和 D 式简单一点，作 S^bSV 或 SS^aV，甚至可以把 4a 的 C 式写作 VO^a，和 4c，4d 分别。而且这也可以说是采取了一点 A 式的精神。

四　余论

和主语宾语的分析有关，还有几种句子型式值得提一提。

第一，同一事物，先用一个名词说出，又用一个代词复说。这复说的事物有的是施事，例如：

秀秀养娘他如何也在这里？（京 10.10）

这洛阳城刘员外，他是个有钱贼。（元 4.4.1）

刚才那个和你说话的，他可是叫小红？（红 26.9）

不行，我的先生他在等着我。（丁西林，妙 23）

济南省城，那是大地方，不用说。（残 7.14）

有的是受事，例如：

但只是那拣的人你就不谢他么？（红 27.4）

王奶妈养着他，将来好送黛玉的灵柩回南。（又 100.4）

再者，你们相公今儿晚上也该叫他受用受用了。（侠 37.10）

可是这个厨子我劝你换了他。(丁西林,独 68)

这些句子可以有两种分析法,看你把名词还是代词当作造句成分。要是把名词当作造句成分,那末那个代词就是个形式的成分,可以用小写 S 和 O 来标写。拿‘我的先生’和‘那拣的人’这两句做例,前者可以写作 S_sVO,后者可以写作 OSV_0(AB 式)或 $S^*S_2V_0{}^*$(CD 式)。(其余例句有牵涉别的问题的,但是大概可以类推。)

要是把代词当作造句成分,名词就处于‘外位’,可以用[1]来标写,1 表实体词。上面那两句句子分别写作[1]S V O 和[1^*]S V O^*。

一般地说,析作外位比较合式。可是有时候有复说和不复说的句子连在一块儿,那又好像不作外位分析比较整齐些。例如:

翠姐就来,�姑她还有点事,(要等等儿。)

SV,[1]SVO 或 SV,S_sVO.

(不是喜贺大爷,)那位奴才见过;这个人奴才不认得他。(儿 38.51)

OSV,[1^*]SVO^*或 OSV,OSVo.(A,B)

S(O^*)S_2V^*,[1^*]SVO^*或 S(O^*)S_2V^*,SS_2Vo(S).(C,D)

第一例(施事复说)还不怎么样,第二例(受事复说)无论 AB 式还是 CD 式都显然以不作外位为便。尤其是 CD 式用外位分析法显得特别不调和。我们甚至可以说,如果采取外位看法,CD 式不妨连 S(O^*)S_2V^*也改作[1^*]SVO^{0*},依国语里常常省说宾语的习惯,这里的 O^0 的假设也不能算是过分。

第二种要讨论的句法是事物(名词)和它的数量(加语)分在两处说的,例如:

八位客人才来了三位。

我们(1)拿‘八位客人’做主语呢?还是(2)拿‘三位(客人)’做主语?还是(3)把‘八位客人……三位’当做主语?这三种分析法的

式子是：

(1) $S(2^{q*}1)V2^{q*}$.

(2) $[2^{q*}1]VS(2^{q*}1^{0})$.

(3) $\frac{1}{2}S(2^{q*}1)V\frac{1}{2}S(2^{q*})$.

这里边 2^{q} 表数量加语，$\frac{1}{2}S\cdots\cdots\frac{1}{2}S$ 表主语分裂。这三种分析法都说得通：来了的客人是三位，不是八位，应该从(2)；来了的客人是八位里头的三位，这是(3)的理由；来了的是客人，八位和三位只是数量的限制，(1)也不为无理。以形式而论，(1)比较简便些。以下举几个不同类型的例子，附以(1)种分析式：

无移时，两大桶酒吃了一桶。(水 4.11) $S(2^{q*}1)V^{b}2^{q*}$.(A 式 S 作 O)

只有隔壁大老爹家五个亲侄子一个也不到。(儒 5.41) $S(2^{q*}1)2^{q*}V$.

呱哒一声，皂靴头掉了一只。(侠 33.5) $S^{*}V2^{q*}$.

里间炕很大，我同你一边睡一个。(残 15.15) $S3^{*}V2^{q*}$.

我来了，你茶也不倒一杯。$SO^{*}V2^{q*}$.

昨天那些表格你又赶出来多少？(曹禺，蜕 27) $O^{*}SV2^{q*}$ (A，B)，或 $S^{*}S_{2}VO(2^{q*})$ (C，D).

这光便有二分了。(水 24.40) $O^{*}V2^{q*}$ (A，B)，或 $S^{*}VO(2^{q*})$ (C，D).

第三件事情要讨论的是把、被、连三个字。

前面讨论‘甲$_{施}$乙$_{受}$ V’句型的时候，没有提到用把字(从前也用将字)的句式。这是近代汉语里用得极多的一种句式，作者另有一篇文字讨论，现在只从句子分析方面略说几句。这个把字原来是个动词，可是现在已经不再指示‘把握’，只有把宾语提前的作用，它的语音也从 bǎ 变成 bǎi 了，所以普通认为是个介词。[14]要是用小写 p 代表介词，用把字的句子的分析式可以这样写：

我把你的茶喝了。SpOV.

要是还算它动词，就得写作 $SVOV_2O^0$。

被，现代口语里多用叫或让，古时也用吃，这些字的性质和把相同，一般也认为是介词，虽然原来也都是完全的动词。⑮ 当作介词，我提议这样分析：

你的大衣让你哥哥穿了去了。$S(O^*)pS^aV^*$.

S^a 是主动式的主语的意思；这里若是作 S_2 也未尝不可。⑯ 这个例句去了让字就成了 2b 型：

你的大衣你哥哥穿了去了。

比较这两句的构造，CD 式把后者分析作 $S(O^*)S_2V^*$ 是很合式的。

要是把叫、让等字还当动词看（因为这两个字各有'使、听任、被'三义，这三个意义密切相连，不容易切断），可以有两种分析法：或是照刘复氏的'兼格'说（手头无刘氏书，据王著中国语法理论，上 193 及 225 注四三），作 $S(O_2{}^*)V\{OS_2\}V_2{}^*$；或是照叶斯丕孙的宾语为词结说，作 $S(O_2{}^*)VO(S_2V_2{}^*)$。

有一些用被字的句子，受事词不在被字前而在动词后；这种句子宋元时颇多，现代间或也还有。例如：

曾点，不知是如何，合下便被他绰见得这个物事。（朱语 176）

当下被内前等子拿住这妇人。（宣和 2.36）

被你风魔了人也嗏。（董西厢 19）

被我瞒他四十年。（太平 5.30）

被咱家说破他行止。（元 7.4.4）

被我都分付了镇上的人。（水 37.54）

反叫你们三个来管起我来了。（红 37.8）

却被一封书便救活了两条性命。（残 17.4）

这些句子的分析式可以写作 pSVO。

更有趣的是同一句里头又用被又用把的句子。多数是先被后把，如：

对景还销瘦，被个人把人调戏。（山谷词 7）

苦被那祇候公人把我拽过来。（元 10.2.12）

被这些穷家活把我没乱煞。（又 57.1.4）

被藕丝嫩把柔肠厮系定。（太平 8.16）

被这几文钱把这小人儿瞒过。（白雪，前 3.32）

只怕叫那些混账东西把老爷的性命都坑了呢。（红 103.1）

却又被河边上的凌把几只渡船都冻的死死的。（残 12.4）

被你一阵胡搅把我的诗也搅到那“酒色过度”的鸭子里去了。（又 12.18）

间或还有先把后被的，现代少见。例如：

把哥哥闲传示……被我都撧撧的扯做纸条儿。（元 41.4.13）

把丑都教他出尽了。（金 35.397）

却把孔孟的儒教被宋儒弄的小而又小。（残 9.8）

这些句子，要是把被和把认为介词，可以分析为 pSpOV 和 pOpSV。要是把它们作为动词，就很为难了。

前面列举句子类型的时候，有过用连字把受事提在动词前的例子，如：

他连小学都没有进过。

还有提在施事前的例子，如：

连我们两个所知所能的，你还不知不能呢。（红 22.14）

此外还有在施事前头用连字的例，如：

连我自己都不知道。

这个连字算什么词呢？除名词、代词、形容词它决不是之外，其余的都有点扯得上。它原来是动词，它有时有联结的作用（‘连人带马'),它有时又连上一个名词合成一个仂语('连根拔'),而在上面的三个例句里它的意思又和英语的 even 相同。光从最后这一点着眼,自然该把它当作副词。可是如果顾及这儿的连字也还有管辖实体词的作用,又不如仍然作为介词,也省得跟联结作用的连字分列两个词类。有了被字当头的例,至少我们不怕在主语的前头安上一个介词;宾语前头的连字和把字的性质很相近,更不用说。那末,上面所引三句的分析式可以分别写作 SpOV 和 pOSV(或 pSS_2V)和 pSV。或是更精确些写作 SO(p1)V 和 O(p1)SV(或 $S(p1)S_2V$)和 S(p1)V,因为'连小学'是'一切学校,连小学在内'的意思,其余类推,所以也可以把连字包括在宾语和主语里头而不放在外类。[17]

一篇文章写完,似乎该有个结论。可是这里不想作什么肯定的论断,因为本文的主要目的在于提出析句方面的一个问题。甘愿冒重复啰唆的危险,再把这个问题说一遍:分析国语的句子是不是可以只讲施事受事,不谈主语宾语?如果要有'主语'和'宾语',采取哪一个评准来分辨?纯依施受关系?纯依位置先后?还是尽量的给每句找一个主语?还是斟酌去取,采取折衷的办法?无论如何,这个评准必须简单,具体,容易依据,还要有点弹性,能辨别句子的多种类型。

注:

① 这里所谈的都是'动句',本来想在篇末略谈'名句',可是篇幅已不许可,只能等将来有机会时另文讨论。

② 从主语谓语两分法的立场来看,宾语只是谓语的一部分,不能和主语相提并论。如果取动词中心观(动句里可以这样看),宾语和主语是对立

的，都是限制动词的。

③ ‘省略’是通例说出而此处不说出，‘隐藏’是照例不说出。

④ 本文所说‘施、受’应该从极广义的解说。如‘我看见一条狗’，事实上狗的形象映入我眼中，‘我等个人’，事实上我听命于人，处于消极的被动地位。但是在这些句子里我们还是把‘我’当做施事，‘狗’和‘人’当做受事。

⑤ 古代汉语里的一部分代词也许曾经有过格变，如‘吾、我’之别和‘之、其’之别，但在近代汉语里早已没有这种区别；至于名词，从来没有过类似格变的情形。

⑥ 本文所用分析符号大体上依照 Otto Jespersen，Analytic Syntax 里的用法。叶氏主张用符号析句，认为比图解法可以更加辨析入微，而且不必把原文词语重写一遍。

⑦ 这句和下句，虽然有是字，不能归入‘名句’。

⑧ 但是‘一个字我都不认得’就可以说，因为这等于‘个个字我都不认得’，受事是周遍性的。‘一个字我不认得，那一个字是“庐”’也行，因为这‘一个字’指两个字之中‘庐’字以外的那一个字。

⑨ 当然也可以说‘有一个老头儿在榻上坐着’或‘坐在榻上’。但是这样改过来的时候，处所词前头必须有在、从等字。

⑩ 这个定义在理论上也还有问题。叶氏在语法哲学 p.146 说：‘这个定义虽然适用于大多数句子，可是实际上没有什么用处。要是问一个普通人，“某甲给某乙一个戒指”这句话里陈述的对象是什么，他必定说是四样：某甲，某乙，戒指，给。’又 P.B.Ballard 在思想与语言，1934，p.90 说：‘一般认为句子的主语是说话人要说及的事物。请问在“我昨天在城里看见漫天大火，火焰高至三丈”这一句里，我说及的事物是什么？语法说是“我”；常识说是“漫天大火”……语法上重要的部分恰恰是逻辑上不重要的部分；因为“我看见”这三个字实在是拉进来作为报告漫天大火的借口的，是准备听的人放在他的意识的边缘的。’（叶氏 Anal. Syn.，p.135 引）

⑪ ABCD 的次序是依照画表时分合的便利定的；若照本文陈说的先后，B 和 C 该互换。

⑫ 如 Walter B. Pillsbury 与 Clarence L. Meader 合著语言心理学p.258说:'连贯的说话有一个差不多普遍的特征,就是,后一句重复前一句的一部分(或是大段地重复,如法律文件,或简括地重复,或含蓄地重复),而加添一个新的成分……重复的部分通常,虽然不是必须,构成句子的主语或主语的一部分,新添的成分则通常含于谓语之中。'叶氏语法哲学 p.145 里也提到这个说法:'有人说主语是比较熟习的成分,谓语则是加添在这后头的新的成分。'但是接着批评道:'这个说法适用于大多数句子,但非全数的句子都如此。"谁说的?""彼得说的。"彼得是新的成分。'

⑬ 我在中国文法要略里借用马氏文通的'起词'和'止词'指施事者和受事者,而另立'主语'一名。现在我觉得那两个不如干脆就称'施事'和'受事'。这里'起语'一名更近于马氏'起词'的原义。

⑭⑮ 王了一先生把把和被认为助动词(中国现代语法,上 20,中国语法理论,上 30),那也无妨,反正跟普通动词不一样。

⑯ 叶氏分析英法等语的被动句如 He was beaten by John 作 $SV^b pS^a$,我这里用 V 不用 V^b,因为动词紧接在主动式的主语(施事)之后,和被动式的主语(受事)隔开,给我们的意象是主动的而不是被动的。基于同一理由,我觉得也可以不用 S^a 只作 S_2。

⑰ 叶氏 Anal. Syn., p.32 有几个和我们用连字的句子非常相似的例子:

(法) Jusqu'aux enfants furent massacrés (连小孩都杀了).S(pl) V^b.

(西) Hasta yo lo sé (连我都知道这个).S(pl)OV.

(原载开明书店二十周年纪念文集,1946)

汉语语法分析问题

前 言

多年来想写一篇文章谈谈汉语的语法分析问题。主要是为了说明汉语语法体系中存在的问题何以成为问题,说明问题的来龙去脉,借以活泼思想,减少执着。同时也可以安抚一下要求有一个说一不二的语法体系的同志们的不耐烦情绪,让他们了解,体系问题的未能甚至不可能定于一,不能完全归咎于语法学者的固执或无能。这是本文的主要用意。当然,如果通过对问题的分析和说明,能把研究工作向前推进一步,那也是'固所愿也'。

中国之有语法学,如果从马氏文通的发表算起,到今年恰好是八十年。这八十年可以分成前后两个四十年。前四十年是各家著书立说,基本上没有提出问题来讨论。1938 年在上海,有几位语法学者发起了一场'文法革新'的讨论,持续了两三年。这以后,虽然专门著作还是继续有人在写,问题的讨论却只是间断了几年,在中华人民共和国成立之后又蓬勃展开。除零星的商讨外,几次较大的讨论,如 1953—54 年关于词类问题的讨论,1955—56 年关于主语宾语的讨论,1957 年关于单句复句的讨论,在深度和广度上都有所前进。后来也许由于学校教学方面已经有了一个暂行体系,这方面的讨论就渐渐冷了下来。最近这十来年,文化教育工作普遍受到'四人帮'的疯狂破坏,语法研究自然也谈不上了。然而讨论的趋于沉寂并不意味着问题已经得到解决。就以学校教学而论,不少在大学和师范学院教课的同志就常常遇到学生提出问题,这个词属哪一类,这个句子应该怎么分析,不能在现有的教材中找到答案。

有问题就得求解决。解决的途径首先在于对实际用例多做调查。很多人一提到语法研究，往往只想到语法体系方面的大问题，忘了这个和那个词语的用法（在句子里的作用），这个和那个格式的用法（适用的场合）和变化（加减其中的成分，变换其中的次序，等等），忘了这些也都是语法研究的课题。这方面的研究，过去是很不够的。这种研究看上去好象琐碎，好象'无关宏旨'，实际上极其重要。首先，教学上需要。一个词语，一个格式，怎么用是合乎汉语的语法，怎么用是不合汉语的语法，要教给学生的不正是这些个吗？其次，这种个别词语、个别格式的研究和语法体系的研究是互相支持、互相促进的。这两方面的工作，说得简单点，一个是摆事实为主，一个是讲道理为主。事实摆得不够，道理也就难于说清。弄清楚各别词语、各种格式的用法，才能对语法分析提供可靠的依据。反过来说，没有比较好的语法分析，用法的说明就难于概括；同时，语法分析的探讨也常常给用法研究提出新的课题。有了这两方面的配合，语法研究才能顺利地前进。

一方面要广泛地调查实际用例，一方面也要不断地把问题拿出来理一理，看看这个问题是不是有可能或者有必要从一个新的角度或者更深入一层去考察，看看一个问题的探讨是不是牵动另一个问题。这样可以开拓思路，有利于寻求解决问题的途径。曾经在什么地方看见过引用一位物理学家的话，说是在科学上提出正确的问题比寻求正确的答案还要难。这个话是不是有点说过了头，也许还可以研究，可是问题提得对路，解决起来就比较容易，这个经验是人人都有的。

本文的宗旨是摆问题。问题摆出来了，有时候只提几种看法加以比较；有时候提出自己的意见，也只是聊备一说，以供参考。

这些意见比较零散，不足以构成什么体系。其中也很少能说是作者的'创见'。有的是很多人说过的，不用交代出处；有的只记得有人说过，出在哪本书或者哪篇文章上已经查不出来，只好在这里总的声明一句：没有掠美的意思。

提出各种看法，目的在于促使读者进行观察和思考。所希望得到的反应，不是简单的'这个我赞成'，'那个我不同意'，而是'原来这里边还大有讲究'，因而引起研究的兴趣。如果进一步研究的结果，我这些意见全都被推翻，我也认为已经达到我写这本小书的目的了。

这本书原来是作为一篇论文来写的。虽然现在的篇幅已经不能容纳在期刊里而只能印成小册子，我还是准备读者把它当一篇论文来读。为了让读者能够痛痛快快地读下去，我把一些补充的材料，一些枝节的话，都写在附注里，并且放在全书之后。

一 引言

1 本文试图对汉语语法体系中存在的问题做一番检讨，看看这些问题何以成为问题，何以会有不同意见，这些不同的处理法的利弊得失又如何。

语法是语言的一个方面，对于语言的性质，特别是对于人们怎样学会一种语言，可以有不同看法，这自然要影响到研究语法的方法。现在国外的语法研究可以大致分为三大派：传统语法，结构主义语法，转换生成语法，我国语法学界比较熟悉的是传统语法。结构主义语法和转换生成语法各有一套理论，往往是引几个例子谈一个问题，的确能说得头头是道，因此我们应当对它们进行研究，弄明白究竟是怎么回事。可是到现在为止,还没有看到过应用结构主义语法理论或转换生成语法理论,全面地、详细地叙述一种发达的、有文学历史的语言的语法的著作,可以拿来跟用传统方法写出来的一些有名的著作相比较,这就未免有'雷声大,雨点小'的缺点。这是偶然抑或不是偶然,现在还很难说。下面谈问题,基本上还是在传统语法的间架之内谈,别的学派有可取之处也不排斥。

2 摆问题自然摆的是实质性问题,纯粹名称问题不去纠缠,比如'量词'、'单位词'和'单位名词',就不值得争论。也有不纯粹是名称问题的名称问题,比如'短语'、'词组'和'结构'。词组,一般理解为必须包含两个以上的实词,一个实词搭上一个虚词象'我们的|从这里'之类就不大好叫做词组(只能叫做'的字结构'、'介词结构'什么的),可是管它们叫短语就没什么可为难的。又如'来不及|看中了'之类介乎词和短语之间的东西,可以叫做'短语词',可决不能叫做'词组词'。至于'结构',一般要戴上个帽子,什么什么结构,光说'这是一个结构,不是一个词',似乎不行;而且'结构'既用来指关系,又用来指实体,有时候挺别扭,例如说:'这是一个动宾结构的词,不是一个动宾结构的结构'。

3 本文所用的术语,绝大多数都是现在通行的或者曾经有人用过的。关于术语,创新和利旧各有利弊。新的概念最好用新的术语来表示,但是不免增加读者的负担;反之,利用旧的术语而改变它的涵义,不论怎么声明,总是难以避免读者误解。本文不是为了提出一个新的语法体系,所以还是尽量利用旧的术语。但是有时候经过一番议论把一个名称或多或少的改变了它的内容,那么在这以前和这以后这个术语的意义就不一样了。这对于读者是一种不便,可是也想不出很好的办法。

此外还有一个使用上的严格和变通的问题。比如用‘动词’代表‘动词和动词短语’,或者用‘动词’代表‘谓语动词’,这都是变通,在不至于误会的场合,似乎比较省事,可以避免烦琐。当然,最好是用字母做代号,但是考虑到有些读者见了代号就不爱看,本文没有用代号。

4 比起西方语言来,汉语的语法分析引起意见分歧的地方特别多,为什么?根本原因是汉语缺少严格意义的形态变化。一般地说,有两个半东西可以做语法分析的依据:形态和功能是两个,意义是半个,——遇到三者不一致的时候,或者结论可此可彼的时候,以形态为准。重要的是末了这句话。例如安全剃刀,论功能,论意义,安全都该是形容词,可是如果这个语言(比如英语)里安全在这里带上名词语尾,那它就只能是名词。又如我冷,论词序,论意义,我都该是主语,可是如果这个语言(比如德语)里我在这里带的是非主格语尾,冷在这里带的是第三人称语尾,那就只能说这是个无主句。又如铁路,论意义可以是一个短语,也可以是一个词,如果铁和路都有一定的语尾(甚至中间有一个介词),铁路就是一个短语,如果只有路后头有一定的语尾,铁路就是一个词。

5 汉语有没有形态变化?要说有,也是既不全面也不地道的玩意儿,在分析上发挥不了太大的作用。由于汉语缺少发达的形态,许多语法现象就是渐变而不是顿变,在语法分析上就容易遇到各种‘中间状态’。词和非词(比词小的,比词大的)的界限,词类的界限,各种句子成分的界限,划分起来都难于处处‘一刀切’。这是客观事实,无法排除,也不必掩盖。但是这不等于说一切都是浑然一体,前后左右全然分不清,正如中高纬度地方不象赤道地方昼和夜的交替在顷刻之间,而是黎明和黄昏都比较长,但是不能就此说那里没有昼和夜的分别。积累多少个‘大同小异’就会形成一个‘大不一样’。这是讨论语法分析问题的时候须要记住的一件事。

6 由于汉语缺少发达的形态，因而在做出一个决定的时候往往难于根据单一标准，而是常常要综合几方面的标准。例如不能只凭一个片段能否单用决定它是不是一个词，不能只凭一个词能否跟数量词组合决定它是不是名词，不能只凭一个名词在动词之前或之后决定它是主语还是宾语，如此等等。既然要综合几方面的标准，就有哪为主哪为次、哪个先哪个后的问题，就会得出不同的结论。这其间可能有这个较好那个较差的分别，很难说这个是绝对的是，那个是绝对的非。这是研究语法分析问题的时候须要记住的另一件事。

7 在语法分析上，意义不能作为主要的依据，更不能作为唯一的依据，但是不失为重要的参考项。它有时候有‘速记’的作用，例如在辨认一般的（不是疑难的）名词、动词、形容词的时候。有时候它又有‘启发’的作用，例如在调查哪些形容词能受程度状语修饰的时候，又如在区别不同种类的宾语的时候。至于一个‘语法实体’（一个词类，一种句子成分）归纳出来之后，不能光有一个名目，不给它一点意义内容，那就更不用说了。传统语法在一定程度上利用意义，可是对于如何利用，又如何控制，没有很好的论述，这是它在理论方面的弱点。但是跟某些结构主义学者的拼命回避意义、一头钻进死胡同比起来，不失为聪明；跟某些转换生成语法学家的明明从意义出发、却矢口否认比起来，不失为老实。

下面分三章分别谈单位、分类和结构三方面的问题。

二　单位

8 对语言进行语法分析，就是分析各种语言片段的结构。要分析一个语言片段的结构，必须先把它分解成多少个较小的片段，这些小片段又可以分解成更小的片段。结构就是由较小的片段组合成较大的片段的方式。所以，要做语法结构的分析，首先得确定一些大、中、小的单位，例如'句子'、'短语'、'词'。

中国的传统的用语是'字'和'句'。再上去就是'章'和'篇'，按照现代的学科分工，已经不在语法论述的范围之内了。传统的'字'，既指书面上的一个个方块字，也指说话里边的一个个音节，不管它在多大程度上独立的起表达作用。传统的'句'指说话和读书的时候两个停顿之间的一个片段，不管意义上是否告一段落。用传统的'字'和'句'来分析古汉语的语法结构，也许还可以试试，用来分析现代汉语，显然行不通了。现在用'词'和'句子'来代替'字'和'句'，'词'比'字'大，'句子'比'句'大。多少跟'字'相当的单位，现在管它叫'语素'；多少跟'句'相当的单位，有的管它叫'小句'(分句)，有的管它叫'短语'(词组)。讲西方语言的语法，词和句子是主要的单位，语素、短语、小句是次要的。(这是就传统语法说，结构主义语法里边语素的地位比词重要。)讲汉语的语法，由于历史的原因，语素和短语的重要性不亚于词，小句的重要性不亚于句子。

9 **语素。**最小的语法单位是语素，语素可以定义为'最小的语音语义结合体'。也可以拿'词素'做最小的单位，只包括不能单独成为词的语素。比较起来，用语素好些，因为语素的划分可以先于词的划分，词素的划分必得后于词的划分，而汉语的词的划分是问题比较多的。(这里说的‘先’和‘后’指逻辑上的先后,不是历史上的先后。)语素有三方面的问题:大小问题,异同问题,以及与汉字对应的问题。

10 汉语的语素,单音节的多,也有双音节的,如疙瘩,逍遥,还有三个音节以上的,如巧克力,奥林匹克,都是译音。有很多双音节,里边是两个语素还是一个语素可以讨论,例如含胡(比较含混,胡涂),什么(比较这么,那么,怎么)。这是语素大小问题。

11 一个语素可以有几个意思,只要这几个意思联得上,仍然是一个语素,例如工有工作、技术、精巧等意思,都联得上,只是一个语素。如果几个意思联不上,就得算几个语素。例如公有共同、公平等意思,又有公[侯]、公[婆]、公的[母的]等意思,这两组意思联不上,得算两个语素。有时候,几个意思联得上联不上难于决定,例如快速、锐利的快和愉快、痛快的快。这是语素异同问题。

这两个问题都可以说是‘一个还是两个?’的问题,不过前一个是一根绳子切不切成两段的问题,后一个是一根绳子掰不掰成两股的问题。

12 辨认语素跟读没读过古书有关系。读过点古书的人在大小问题上倾向于小,在异同问题上倾向于同。大小问题如经济,一般人觉得它跟逻辑一样,不能分析,读过古书的人就说这是‘经世济民’的意思,经和济可以分开讲,是两个语素。异同问题如书信的信和信用、信任的信,一般人觉得联不上,念过古书的人知道可以通过信使的信(古时候可以单用)把前面说的两种意思联起来,认为信只是一个语素。

13 **语素和汉字。**汉语的语素和汉字,多数是一对一的关系,但是也有别种情况。语音、语义、字形这三样的异同互相搭配,共有八种可能：两同一异的有三种，一同两异的有三种，全同的和全异的各一种。

(音)	(义)	(形)	(例)	(语素)	(字)
同	同	同	圆	1	1
同	同	异	圜、园	1	1(异体字)
同	异*	同	会合　会能	2	1(多义字)
异	同	同	妨 fāng～fáng	1	1(多音字)
异	异*	同	行 xíng～háng	2	1(多音多义字)
异	同	异	行、走	2	2(同义字)
同	异	异	圆、园	2	2(同音字)
异	异	异	圆、方	2	2

* 指有联不到一块的几个或几组意义，联得上的仍算'同'。

以上所说三个问题的情况，都是在一定程度上简单化了的。实际情况比这复杂，疑难问题是不少的。

14 关于语素，还有一个问题。有时候一个语素可以用于两个词类，意思密切相关，例如'一把锁'和'锁上门'的锁，'一个姓'和'他姓姚'的姓。是一个语素、一个词呢，还是两个语素、两个词？一般认为词类不同就得算两个词，可是基本意义不变只是一个语素，这样就该作为一个语素、两个词。如果可以这样处理，那么象'把门'的把，'把门锁上'的把，'一把锁'的把，就是一个语素三个词。

15 **词。**比语素高一级的单位是词。词的定义很难下，一般说它是'最小的自由活动的语言片段'，这仍然不十分明确，因为什么算是'自由活动'还有待于说明。最好是用具体事例来给词划界。词在两头都有划界问题：一头是如何区别单独成词的语素和单独不成词的语素；另一头是如何决定什么样的语素组合只是一个词，什么样的语素组合构成一个短语。

先说第一个问题，即一个语素成词不成词的问题。第一条，可以单独作为一句话来说的，比如可以回答问话的，是不成问题的词。第二条，一句话里边把所有可以单说的部分都提开，剩下来不能单说，可也不是一个词的一部分的，也是词。例如'我下午再来'这句话里边，把我，下午，来提开，剩下再是一个词，虽然它不能单说。可是如果在'比赛现在开始'这句话里边，把比赛，现在提开之后，又把开提开，说始是剩余下来的词，那就不对，因为始是开始这个词的一部分。上面定义里边说的'自由活动'，不但包括来这一类语素，也包括再这一类语素，但是不包括始这一类语素。

大概说来，能单说的多数是实词，少数是虚词；大多数虚词是靠第二条划出来的，少数实词也靠这一条。

16 以上有意把问题说得简单些，借以突出要点。实际情况比这复杂，下面是几种值得研究的情况。

(1)一般不单用，但在一定的格式里可以单用('单用'包括来等和再等两类)。

楼：楼房，大楼，前楼，后楼(一般)；但三号楼。

院：医院，剧院，研究院(一般)；但院领导，院一级。

(2)一般不单用，但在专科文献里可以单用。

氧气(一般)；氧(化学)。

叶子，树叶(一般)；叶(植物学)。

(3)一般不单用，成语、熟语里可以单用。

老虎(一般)；前怕狼，后怕虎(成语)。

言语(一般)；你一言，我一语(熟语)。

(4)说话不单用，文章里可以单用。

云彩(说话)；云(文章)。

时候(说话)；时(文章)。

象这些情况该怎么处理？按说，能单用的语素不一定只能单用，有时候也跟别的语素组合成词，比如来也出现在‘来源|来宾|将来|往来’这些词里，再也出现在‘一再|再三|再会|再版’这些词里。能不能援这个例，无条件地承认楼，叶，虎等等也是能单用的语素，是一般的词呢？要是这样，就抹杀了一个重要的事实：这些语素在一般场合是不能单用的。

17 一个语素可以有互相联系的好几个意义，其中有的能单用，有的不能单用。例如工，在工人，工艺，工业这些意义上是不能单用的，在工作（如上工），工程（如开工），计工单位（如三工）这些意义上是可以单用的。遇到这种情形，如果受汉字的拘束，就要在工字是词不是词上头决断不下。可不可以说：工这个语素有两个变体（似乎不必作为两个语素），一个能单用，是词，一个不能单用，是构词的语素？

18 总起来说，语素可以分成四种。(1)能单用的，单用的时候是词，不单用的时候是构词成分。(2)一般不单用，在特殊条件下单用的，单用的时候是词。(3)不单用，但是活动能力较强，结合面较宽，有单向性，即只位于别的语素之前，或别的语素之后，或两个语素之间。这是所谓‘前缀’，‘后缀’，‘中缀’，可以总的称为‘词缀’或‘语缀’。‘语缀’这个名称也许较好，因为其中有几个不限于构词，也可以加在短语的前边（如第）或后边（如 de）。语缀和词的界限也难划，例如单音方位词和某些量词就很象后缀。(4)不单用，结合面较窄，但不限于在前或在后，专作构词成分，可以称为‘词根’。

19 **词和短语。**现在来讨论第二个问题，一个语素组合是词还是短语的问题。前面谈一个语素是词不是词的问题，要考虑的只有一个因素:能不能单用。语素组合的问题就复杂了,大致涉及五个因素:第一,这个组合能不能单用,这个组合的成分能不能单用;第二,这个组合能不能拆开,也就是这个组合的成分能不能变换位置或者让别的语素隔开;第三,这个组合的成分能不能扩展;第四,这个组合的意义是不是等于它的成分的意义的总和;第五,这个组合包含多少个语素,也就是它有多长。这五个因素不是互不相关,可是不相一致,常常有矛盾,问题讨论起来够复杂的。这里不能详细讨论,只能提出几个问题来谈谈。

20 先说一个组合的成分能不能单用的问题。除了所有的成分都不能单用就不可能是短语外,似乎成分的能不能单用跟整体的能不能单用、是词还是短语,没有一定的关系。看下面的例子:

单用	+单用	→短语	工人农民
		→词	田地
		→不单用	高射
单用	+不单用	→短语	老师同学们
		→词	高兴
		→不单用	高速
不单用	+不单用	→词	典型
		→不单用	微型

单纯用有没有不单用的成分来决定一个组合是词还是短语,显然行不通。有一个过去常引用的例子,说是如果因为驼和鸭不能单用,所以驼毛和鸭蛋是词,因为羊和鸡可以单用,所以羊毛和鸡蛋是短语,那是非常可笑的。应该认为羊毛和鸡蛋也是词。

再说,如果一个组合里有一个不单用的成分就认为这个组合是词,那么,一个带语助词的句子就也得算是一个词,因为语助词是绝对不能单用的。能有那么长的词吗?

21 其次，整个组合如果能单用就是词（或短语），如果不能单用就不是词而只是构词的成分，这样规定看上去是合理的。可是遇到一个问题：比如说高射不是词，高射炮才是一个词，孤立起来看这个例子，说得通，但是高射机关枪呢？就有点为难了。高射不能单说，这是事实，能不能算是可以单用呢？值得考虑。有很多语素组合是属于高射一类的，这一类组合又常常跟别的组合（不能单用的和能单用的）连成很长一串，例如‘袖珍英汉词典|大型彩色纪录片|同步稳相回旋加速器|多弹头分导重入大气层运载工具’，等等。说这些都只是一个词，行吗？从语法理论这方面讲，没什么不可以，但是一般人不会同意。一般人心目中的词是不太长不太复杂的语音语义单位，大致跟词典里的词目差不多。这可以叫做‘词汇的词’，以区别于‘语法的词’。咱们不能忘了，词这个东西，不光是语法单位，也是词汇单位。二者有时候一致，有时候不一致，因为所用标准不同。袖珍，英汉，大型，彩色，同步，稳相，多弹头，这些都可以算是词汇词。语法上是不是也可以承认它们是词呢？要找根据也不难，语助词不能是不能单说的？还有介词、多数连词和多数副词，也都是不能单说的。

上面举的是名词的前加成分的例子，同样的情况也见于动词的前加成分，如‘超额完成|加倍努力|按劳分配|准时到达|定期汇报|高价收购’。这里边的超额，加倍，按劳，准时，定期，高价，也都是不能单说的，但是如果不承认它们可以单用，因而可以算是词，就不好办。

22 从词汇的角度看，双语素的组合多半可以算一个词，即使两个成分都可以单说，如电灯，黄豆。四个语素的组合多半可以算两个词，即使其中有一个不能单说，如无轨电车，社办工厂。

三个语素的组合也是多数以作为一个词较好。例如人造丝可以向人造纤维看齐，作为两个词，但是人造革只能作为一个词，与其把人造丝和人造革作不同处理（类似鸡蛋和鸭蛋问题），不如让人造丝和人造纤维有所不同。同类的例子有'耐火一材料：耐火砖|生物一制品：豆制品|高压一电线：高压线|自由一体操：自由泳'。不妨说，拿到一个双语素的组合，比较省事的办法是暂时不寻找有无作为一个词的特点，而是先假定它是词，然后看是否有别的理由该认为是短语。同样，拿到一个四语素的组合，可以先假定它是两个词，然后看是否有别的理由该认为是一个词。在这里，语素组合的长短这个因素起了很大的作用。

23 现在来谈谈有没有专门意义的问题。向来有一种意见，认为如果一个组合的意义等于它的成分的意义的总和，那么这个组合是一个短语；如果不是这样，这个组合就是一个词。同一个'吃饭'，如果吃的是米饭，吃饭是短语；如果吃的是馒头或者面条，吃饭是'进餐'的意思，那就是一个词。又如'大车'是个词，因为不是所有大的车都能叫做大车，只有牲口拉的两个车轮的载重车才叫大车；相反，'大树'是个短语，因为意思就是大的树。这个意见也是从词汇的角度考虑的结果。有专门意义的组合是一个新的词汇单位，没有专门意义的组合没有增加新的东西。从语法的角度看，有没有专门意义只有参考价值，没有决定作用。拿'吃饭'来说，只是饭的意义不同，吃和饭的关系没有什么不同，一切语法格式变化，如'吃着饭|饭不吃了'等等，对两种意义的'吃饭'都适用，没什么两样。同样，'大树'和'大车'在语法上也难于分别。

24 '大树'和'大车'都是形容词加名词。我们知道，形名组合不是很自由的，特别是单音形容词。例如我们说'高山'，不说

‘高树’，说“错字‘，不说”错数目’，说‘脏衣服’，不说‘脏鞋’，说‘闲工夫’，不说‘闲日子’，说‘巧手’，不说‘笨手’，说‘热炕头’，不说‘冷炕头’，等等。组合不自由，就是有熟语性，这是复合词的特点。短语的组成，原则上应该是自由的，应该是除意义之外没有任何限制的。

25 有人说‘大树’可以换成‘大 de 树’，‘大车’不能换成‘大 de 车’，这是语法上的分别。不对，这仍然是‘大车’的词汇意义所加的限制。并且‘大树’和‘大 de 树’也不是一回事，在语法上是很有分别的。把‘大 de 树’和‘大树’等同起来，好象有没有一个 de 字没有什么关系，这就小看了这个 de 字了。de 字虽小，它的作用可不小。没有 de 字，前边的形容词和后边的名词都不能随便扩展，有 de 字就行了，例如‘挺大 de 一棵百年老树’(‘大树’至多能换成‘大松树’，‘大柳树’)。可见有 de 和没有 de 是很不相同的两种结构，即使都叫做短语，也应该有所区别。事实上碰巧‘大’和‘树’中间可以加个 de，有很多单音形容词和名词的组合是不大能在中间加 de 的，例如‘大雪|小雨|清水|闲人|怪事|胖娃娃’。不用单音形容词而用双音形容词做例子，也是不加 de 字则形容词和名词都不能扩展：‘老实人：非常老实 de 老人|整齐房子：很整齐 de 新房子|干净衣服：干干净净 de 一套衣服’。又例如，我们说‘历史研究和历史教学’，也说‘历史 de 研究和教学’，但是‘历史研究和教学’就不是真正的口语形式，只能作为标题或者书刊的名称。

形动或副动组合也有这种情形，例如：‘仔细检查：很仔细 de 检查|老实说：老老实实 de 说出来|偶然遇见：极偶然 de 遇见’。(另外，有很多单音加单音的组合中间不能加 de，如‘大干|快上|

高举’。)

动形组合也有这种情形,例如:‘变老实了:变得非常老实了|摆整齐:摆得挺整齐的|洗干净:洗得十分干净’。

以上举例的几种类型的组合,那些加进去 de 和得因而它的成分可以扩展的,是短语,不成问题。那些没有加进去 de 和得因而它的成分不能扩展的组合,它的地位介乎词和短语之间。如果把它算在短语里边,可以叫做‘基本短语’,而把前边那一种叫做‘扩展了的短语’;如果把它算在词里边,可以称为‘复合词’,但是那样就得给一般所说的复合词如看重,改正,加强,扩大之类(这些都是不能在两个成分中间加进任何字眼的)换个名称以示区别。要是这有困难,就只好把这种短语式的词简单点叫做‘短语词’了。

26 动形组合除能在中间加进去助词得外,还有一种变化,在动词和形容词中间加进去表示可能性的得和不,如‘看清|看得清|看不清’。动词加趋向动词的组合的情况跟动形组合差不多,不过变化形式还要多些:‘拿出|拿得出|拿不出|拿出来/去|拿得出来/去|拿不出来/去|拿了出来/去’。这两种组合,没有加进去得、不的时候,象一般的复合词;加进去得、不之后,前后两部分仍然不能扩展,因而还不象一般的短语,还只能算是短语词。

27 最后谈谈一个语素组合能不能拆开的问题。按说,一个组合的成分要是可以拆开,可以变换位置,这个组合只能是短语。可是有些组合只有单一的意义,难于把这个意义分割开来交给这个组合的成分,例如‘走路|洗澡|睡觉|吵架|打仗’,等等,因此有人主张管这种组合叫‘离合词’,不分开的时候是词,分开的时候是短语。可是这种组合的语法特点跟一般的动名组合没有什么两样。例如:

看了半天书　打了三年仗　睡了一会儿觉

看新书　打胜仗　睡午觉

书看完了　仗打赢了　觉睡够了

这里又遇到了语法和词汇的矛盾。从词汇的角度看,‘睡觉’,‘打仗’等等都可以算做一个词,可是从语法的角度看,不得不认为这些组合是短语。

28 一般称为‘简称’的那种组合,其地位也是介乎词和短语之间。从意义方面看,简称代表全称,是短语性质,可是从形式方面看,简称不同于全称,更象一个词。实际上简称是一种过渡形式,用得多,用得久,就变成一个词,以致很多人都忘了它原来是一个简称了,例如:语文,科技,党委,支书,归侨,外贸。当然,有些简称会长期保持它的简称的身分,例如机关、学校的名称,象‘北大|长影’,以及带数字的简称,象‘三反|四害’。它们的性质比较近于短语词。

29 还有一种组合,有几分象简称,但是不能叫做简称。例如:‘轻重工业’,‘上下水道’,是由‘轻工业重工业’,‘上水道下水道’省并而成;‘新旧图书’,‘中西药品’,是由‘新书旧书’,‘中药西药’省并加字而成;‘水陆交通’是由‘水上陆地’省缩加‘交通’而成,‘城乡居民’是由‘城市乡村’省缩加‘居民’而成(‘水陆’和‘城乡’都不能单用,因而不能算简称)。这类组合是一种凝固的短语。

30 **小句和句子。**一般认为比短语高一级的单位是句子,句子有单句复句之分,一个复句里边包含几个分句。除单句复句问题留在97节讨论外,有三个问题想在这里谈一谈。

第一个问题似乎只是一个小问题,一个名称问题:叫做分句好还是叫做小句好?叫做分句是假定句子是基本单位,先有句子,分句是从句子里划分出来的。叫做小句就无须作这样的假定,就可以说:小句是基本单位,几个小句组成一个大句即句子。这样就可以沟通单句和复句,说单句是由一个小句组成的句子。如果改用分句,说单句是由一个分句组成的句子,就显得别扭。(这个情形跟'语素'还是'词素'的问题十分相似,参 9 节。)用小句而不用句子做基本单位,较能适应汉语的情况,因为汉语口语里特多流水句,一个小句接一个小句,很多地方可断可连。试比较一种旧小说的几个不同的标点本,常常有这个本子用句号那个本子用逗号或者这个本子用逗号那个本子用句号的情形。

第二个问题是小句包括不包括有些书上叫做子句、有些书上叫做主谓短语的那种组合。这两种办法各有利弊,何去何从是一个值得考虑的问题。权衡得失,似乎还是叫做主谓短语从而排除在小句之外为好。这主要是联系下一个问题来考虑的结果。

31 第三个问题是短语和句子是不是一个单纯上下级关系的问题。从一个角度看,短语比句子小,句子里边常常包含短语,短语里边难得包含'句子',显然句子是比短语高一级的单位。可是从另一个角度看,句子跟词和短语又有一个重要的分词:词,短语,包括主谓短语,都是语言的静态单位,备用单位;而句子则是语言的动态单位,使用单位。说话起码得说'一句'。这'一句'可以很简单,简单到只有一个单语素的词,如'好!',也可以很复杂,复杂到包含上百个语素,组成多少个词,多少个短语。而词和短语则是按复杂的程度区分,各有各的范围,尽管有时候界限不清或者长短颠倒(如'照相'是短语,照相机是词)。更重要的是,句子说出来必得有语调,并且可以用不同的语调表示不同的意义;而词和短语,如果不单独作为一句话来说,则只有一种念法,没有几种语调。虽然从结构上说,句子大多具有主语和谓语两部分，可是这不是绝对的标准。即使只是一个短语或一个词，只要用某种语调说出来，就是句子，听的人就知道这句话完了；即使已经具备主语和谓语，只要用另一种语调说出来，就不是句子，听的人就等着你说下去。书面上，句子终了的语调用句号、问号、叹号来代表，有时候也用分号。（需要注意的是，往往在句子应该已经终了的地方用的不是句号而是逗号，做语法分析的时候不能以此为依据。这固然跟作者使用标点符号的习惯有关，但是也有客观的原因，就是上面说过的，汉语口语里用得特别多的是流水句，很多地方可断可连，如果‘句子’观念不强，就会让逗号代替了句号。）

总起来说，语言的静态单位是：语素，词，短语（包括主谓短语），以及介乎词和短语之间的短语词，其中语素是基本单位。语言的动态单位是：小句，句子（一个或几个小句），小句是基本单位。静态单位和动态单位之间的关系是：一个小句一般是一个主谓短语；也常常是一个动词短语（包括只有一个动词）；在少数情况下是一个名词短语（包括只有一个名词）。这三种情况同样适用于独立的小句（＝句子）和非独立的小句。如下：

	独立小句	非独立小句
主谓短语	你知道？	你知道，[我可不知道。]
动词短语	快来！	[你要看，]快来！
名词短语	一个脚印！	一个脚印罢了，[也值得大惊小怪！]

32 比句子大的单位是段，大段，全篇（或章，节）。一般讲语法只讲到句子为止，篇章段落的分析是作文法的范围。事实上，句和句之间的联系，段和段之间的联系，往往也应用语法手段（主要是虚词）；但是除此之外还有其他手段，如偶句，排句，问答等

等;还常常只依靠意义上的连贯,没有形式标志。因此,篇章段落的分析方法和句子内部的分析方法有较大的差别,语法分析基本上到句子为止,还是有点理由的。

33 **小结。**现在可以把以上说的做个小结。这里边包括一些还没有定论的问题,只是既叫做小结,就不宜于罗列纷繁,只好姑且把个人的不成熟的意见写在里边。

(1) 语素有能单用的,有不能单用的。能单用的又有两种:一种是能单说的,如来;一种是不能单说但是也可以不跟别的语素组成一个词的,如再。这两种都是词。不能单用的语素,或者是语缀,或者是词根。

(2) 词可以分为单语素词和多语素词。单语素词和多语素词的活动能力不一样,前者受到一些限制,如16 节所举的例子。又如一个字的地名,一个字的姓,一个字的名字,一般不能单说,必得凑上一个字:比较大兴和通县|欧阳和小杨|秀芳和阿秀。还有许多别的事例。这种限制起源于语音(双音化的趋势),影响到语法。

(3) 词的组合是短语。在词和短语的划分上,语法原则和词汇原则有时候有矛盾。语法原则强调的是这个组合不容易拆开,它的组成部分不能随意扩展。词汇原则强调的是这个组合不太长,有比较统一的意义。如果能用不同的名称来称呼'语法的词'和'词汇的词',这个矛盾就解决了;但是现在还没能做到,还不能不共用一个名称。

(4) 语法原则和词汇原则的矛盾表现在:

(a) 语法上可以认为是一个词,而词汇上宁可认为是一个短语:

大树|老实人|干净衣服|袖珍英汉词典

大干|老实说|超额完成|仔细检查

说清楚|看不完|拿得出|笑了起来

这些例子形成一种词和短语的中间物，可以称为基本短语或短语词。

(b) 词汇上可以认为是一个词，而语法上宁可认为是一个短语：

走路|打仗|睡觉

这种例子最好还是归入短语。

(5) 简称和'轻重工业'之类是短语的凝固形式，也可以视为特殊的短语词。

(6) 不用主谓关系的有无来区别句子和短语。句子可以在形式上不具备主语和谓语两部分；短语可以包括主谓短语。

(7) 语素、词、短语是静态单位，小句和句子是动态单位。

三 分类

34 首先一个问题是为什么要给词语分类(首先是词，其次是短语)？回答是主要为了讲语句结构：不同类的词或短语在语句结构里有不同的活动方式。有人说，区分词类不是为了讲语句结构，而是因为词本身的特点值得分类，需要分类。这个话，对于有发达的形态的语言也许适用，对于汉语不适用，因为'词本身的特点'实际上就指的是形态变化。有发达的形态的语言，不同词类有不同的形态变化，甚至同一词类的形态变化还分类型，哪些词属 A 型，哪些词属 B 型，一点儿错不得，分了类才好记好查；汉语没这种问题。即便拿形态发达的语言来说，划分词类是为了讲语句结构这句话仍然是对的，因为词只有在语句里边才有各种变化形式，孤立的词，词典里的词，是从这个词的众多形式中抽象出来的基本形式，不把它用到语句里去是不需要知道它的形态变化的。

35 **结构分类和功能分类。**说到给词语分类，首先要辨别一种语言单位的分类有‘向下看’和‘向上看’两个角度。‘向下看’的意思是看这个单位是怎样由下级单位组成的，例如把词分成简单词，复合词，又把复合词分成并列式，主从式等等。这叫做按结构分类。‘向上看’则相反，是看这个单位在上级单位里担任什么角色。例如有一些词经常在句子里做谓语，算是一个类，称为动词；另有一些词经常跟动词发生施事、受事以及别种关系，算是另一个类，称为名词。这叫做按功能分类，也就是一般所说的分词类。词和短语是中间单位，都可以有两种分类法。语素是最低一级的单位，只能按功能分类。句子一般说是最高一级的单位，只能按结构分类，其实也还可以按功能分类，不过这方面过去不怎么理会。

36 西方语法用形态变化做划分词类的依据，一方面可以归入按结构分类法，因为形态变化可以包括在广义的结构之内，另一方面又跟按功能分类有联系，因为形态变化不同的词在语句里的功能也不同。作为分类的依据，形态变化比句法功能更可靠，因为词在语句里的用法有固有的、转变的、活用的各种情况，而形态变化是‘说一不二’的。汉语没有严格意义的形态变化，就不能不主要依靠句法功能（广义的，包括与特定的词的接触）。在有形态变化的语言里，词性的转变或活用也在形态上表示出来，而汉语则没有这种标志，因而在处理词性转变问题上常常会出现不同的意见，底下再谈（参看53 节）。同时我们也不要忘了，就是有形态变化的语言，也少不了有一些没有形态变化的‘小词’，要给它们分类也得依靠句法功能。

37 用句法功能做划分词类的依据，有单一标准和多重标准的问题。单一标准当然最好，但是往往找不着理想的标准。理想的标准应该是对内有普遍性，对外有排他性（不开放性），也就是说，用这个标准划定的一类词确实是‘应有尽有，应无尽无’，否则就有‘失入’或者‘失出’的毛病。（这个话好象有点‘唯心’，似乎已经先划定了范围再找形式上的标准似的。不是这样。应该这样来理解：标准要选得好，恰好抓住本质性的特点。太宽了，划出来的类的内部就难免混杂；太窄了，有些基本上特点相同的词被排除在外。）找不着这种理想的标准，就不得不采用多重标准，而多重标准的结果总是参差的，就有协调的问题。以动词为例，如果拿能做谓语做标准，就把形容词包括进来了；即使认为形容词可以跟动词合并，也还有介词带名词做谓语的；即使连介词也算动词，仍然有名词或数量词直接做谓语的问题。于是不得不用另外的标准来补充，如：能否用不来否定，能否带了，过，着，能否重叠等等。而这些标准也没有一种是恰到好处的，必须解决如何综合利用的问题。

38 再一个问题，词类的划分是否分成几个大类就够了，还是要进一步分小类？事实是在分大类的时候已经常常涉及小类，例如方位词是单独作为一类好呢，还是作为名词的一个小类好？指别词和代词是合成一类好呢，还是分做两类好？本来，分类的目的是显示事物的异同，世界上各种事物，包括有形的和无形的，总是有同有异，有大同小异，有小同大异，情况极其复杂。这一切都反映在语词的形式上，反映在语词的用法上，光是分成十个八个类是不够说明问题的。语词的分类（语法上的分类，不是语义上的分类）虽然不能够也用不着象生物分类那样，按门，纲，目，科，属，种一层层分下去，但是有的类分个两次三次还是有用处的，例如动词就很有细分的需要。这也是推进语法研究的途径之一。

39 另一方面，又有概括性更大的超级大类的问题。不少语法著作里提到实词、虚词的分别，可是对于怎样划分有不同的主张，例如指代词和副词算实词还是虚词，意见就不一致。按中国古来传统，指代词属于虚词，是从意义上考虑。要是从句法功能看，指代词大多数与名词、形容词相当，就应当归入实词。副词呢，从句法功能看，也应当归入实词，可是它们的意义有比较实的，也有比较虚的，少数是虚而又虚，如：就，才，还，也，又。因此有的书上把指代词称为'半虚词'，把副词称为'半实词'，这也可见虚词和实词难于截然划分了。又如有些书上把方位词列为名词的附类，把判断词（是），助动词，趋向动词列为动词的附类，也是因为这几类词虽然包括在实词（名，动）范围之内，但是它们的作用是辅助性的，跟虚词相近。看来光在'虚'、'实'二字上琢磨，不会有明确的结论；虚、实二类的分别，实用意义也不很大。

倒是可列举的词类（又叫封闭的类）和不能列举的词类（又叫开放的类）的分别，它的用处还大些。指代词，方位词，数词，量词，趋向动词，助动词（范围有问题），介词，连词，助词是可列举的词类；名词，一般动词，形容词，副词是不能列举的词类。可列举的词类也不都是大门关得严严的，比如数词是不大会有新的出现的，可是量词就很难说，不定哪天冒出一个新的来，但是决不会不断地有新的参加；名词等类就不同了，新的名词几乎每天都在产生，动词、形容词也时常有新的出现，副词差点儿。一部较详细的语法书，从原则上讲，应当把每个可列举的词类的成员全部列举，不应当满足于举例。

另外,也可以把词类概括为体词,谓词,小词三类。体词包括名词,指代词,数词,量词,方位词,这些词类的功能有共同之处,所以体词这个名称有用。谓词只包括动词和形容词两类;如果形容词合并在动词里边,那么谓词就跟动词是一回事了。

下面按一般认可的词类分别谈谈存在的问题,最后谈谈兼类即跨类的问题。

40 **名词。**名词里边除指具体事物的一般名词外,专有名词、集体名词、抽象名词都各自成为特殊的小类,跟能不能用数量词以及适用哪一类量词有关。名词这个类里边最困难的问题还是怎样区别哪些动词已经转变成名词(兼属两类),哪些动词只是可以'名用',还没有转变成名词。

41 **方位词。**方位词一般作为名词的一个附类,其实也可以考虑单独作为一类。方位词跟名词的关系类似介词跟动词的关系,在句法功能上都已经有明显的分化。单音方位词和双音方位词的性质也有所不同,单音方位词主要是附在名词之后,构成方位短语。只有在'往里','向上'这类组合里不是附着于名词,但也不一定非算做词不可,把'往里','向上'整个地算做词也是可以的(比较从前,往后)。另外,有人把用在名词前边的方位词算做形容词,如'前门'的前,'东城'的东,这也是不必要的。我们可以说单音方位词有三种用途:(1)构成方位短语,(2)做复合名词中的前加成分,(3)跟介词组合成副词。双音方位词只有两种用途:(1)构成方位短语,(2)单用('之×','以×'除外)。

42 **量词。**有的语法著作里把量词也作为名词的一个附类,但是从句法功能看,量词比方位词更有理由独立成为一类。量词

和数词也许是词类中问题最少的两类。只是量词有一个小问题，就是有那么一些词，前边可以直接数词而后边不要求有名词，如年，季，天，夜，块（元），毛，分，卷，章，节，页等。这些词可以算是特殊的名词，能直接跟数词组合，中间排斥量词；也可以算是特殊的量词，语义上可以自足，不需要另有名词。比较起来，似乎后一种处理较好，因为这种'自主量词'有时候也可以象一般量词那样用，如'一年时间|三天工夫|两块钱|一章绪论|四页插图（≠四幅插图）'。

43 **动词和形容词。** 动词这个类涉及一些相当复杂的问题。首先是形容词和动词的分合问题。在西方语言里，动词和形容词，无论在形态上还是在功能上，都大不相同，该分两类。但是汉语的形容词和动词有很多共同特点，并且是重要的特点：都可以直接做谓语，都可以用不否定，都可以用'X 不 X'的格式提问，等等。因此，如果把它们分成两个词类，在讲句子格式的时候就常常要说'动词或形容词'，很累赘。当然，在有些特点上，二者有区别，例如动词多数能用没否定，能带了，不少能带着，过，双音动词很多能整个重叠（ABAB），形容词能这样用的不是很多。但是这只是多和少的分别，不是有和无的分别；而且一般承认是动词的词里边，也有不少是动作的意味比较弱，也就往往不完全具备这些特点，本来就难以跟形容词划分清楚的。如果把形容词合并于动词，把它作为一种半独立的小类，也不失为一种办法。只有一件事为难：一般所说形容词，其中有的只能修饰名词，不能做谓语，如果形容词并入动词，这一部分是带不过去的。

44 **非谓形容词。** 这种形容词，单语素的不多，只有男，女，雌，雄，正，副，横，竖，青，紫，单，夹等。多数是双语素的，如个别，共同，主要，新生，慢性等；还有一些是三语素的，如多年生，无记名等。前面21节的袖珍，大型，彩色，同步，稳相，多弹头等都属于这一类。由于现代科学、技术的发展，这类词正在每日每时地大量产生。这些词修饰名词的时候一般不加的，也有必须加的和必不加的的。这些词可以放在是字后边做谓语，一般要加的字，也有可以不要的字的。除不能直接做谓语外，它们还在一个重要特点上跟一般形容词不同：否定形式不是加不，而是加非（有的没有否定形式），在这一点上接近名词，名词也是否定用非。这些词在词类系统中的地位非常特殊，它们跟实词里边的两大类都有距离：既不具备名词的主要特征（做主语，做宾语），又不具备谓词即动词和一般形容词的主要特征（做谓语）。把它们归入形容词，实在勉强得很。如果不打算单独作一词类，至少应当给它一个名称叫'非谓形容词'，以便跟一般形容词有所区别。是不是有与此相反的'唯谓形容词'呢？难，容易，多，少，对，错等等有点象。可是怎样区别于表示状态的不及物动词又是个问题。

45 **动词和介词。**跟动词有牵连的还有介词。我国语法学界一直有一种流传颇广的意见，认为现代汉语没有介词，所谓介词实际都是动词。这个话有一定的道理，汉语里的介词的确跟西方语言里的介词不一样，几乎全都是由动词变来的。可是从另一方面看，它们一般已经失去做谓语的能力，就不便还算做动词了。有时候一个介词带上一个名词可以做谓语（有是或者没有是），如：'这样处理是按照党的政策|成与不成就凭这一招了|我这是冲老梁。冲你，什么都不给'。可是能这样用的介词不多，而且就是在这种场合，介词也跟动词不同，多数动词可以在一定条件下甩开宾语，例如'我已经买了一个，你买不买？'介词办不到，例如

不能说'党的政策摆在这里,你按照不按照?'当然,兼属动词和介词两类的词是有的,也还不是很少。

介词内部也不均齐。把和被跟其余的不同,只有句法功能,没有实在意义,绝对不能当动词用。有些介词可以带上宾语作谓语,因而才有该不该从动词分出来的不同意见,把和被没有这个问题。给字兼有这两类的性质,有时候有'给与'的意思,有时候意思空泛,接近把、被。从和由(=从)的意思倒是比较实在,但是绝对不能带上宾语作谓语,毫无动词的味道,跟它们的反义词到大不相同。

46 动词分成**及物**(外动,他动)和**不及物**(内动,自动),是很有用的分类,可也是个界限不清的分类。按定义,能带宾语的是及物动词,不能带宾语的是不及物动词;一个动词有几个义项,有的能带宾语,有的不能,这个动词就兼属及物和不及物两类。问题在于'宾语'的范围:是不是动词后边的名词都是'宾语'?要是这样,汉语里的动词,就真的象有些语法学者所说,很少是不及物的了。如果把'宾语'限于代表受事者的名词,那么及物不及物的分别还有点用处,虽然'受事'的范围也还需要进一步规定。事实上及物动词内部的情况仍然很不单纯。从一个角度看,有一般的及物,有使动性的及物,如'上漆|平地|斗鸡',有容许性的及物,如'桥上走火车,桥下过汽车'。从另一个角度看,动词的宾语可以是名词,也可以是动词,还可以是主谓短语,有的动词只能带其中的一种,有的能带其中的两种或三种,有的动词能带两个名词宾语,有的动词能带一个名词宾语和一个动词宾语,有的动词允许或者要求在所带名词宾语之后续上一个语义上属于宾语的动词,如此等等。及物动词的再分类,是个很值得探讨的问题,这方

面的工作过去是做得不够的。(参看96 节)

47 很多语法书在动词之下列出三个附类:趋向动词,助动词(能愿动词),判断词(系词:是)。把**趋向动词**提出来作为一个小类是有理由的,因为它附在别的动词之后构成复合动词(短语词)比单独用的时候还要多。**是**是个很特殊的动词,无疑应该单独作为一个小类。叫做判断词还是叫做系词是个小问题,重要的在于怎样看待它的句法功能,这在后面90 节再谈。另外一个动词**有**,也可以自成一个小类,它的句法功能也很有特殊之处。

关于**助动词**,首先要清除一种相当常见的误解。助动词这个名称是从英语语法引进来的,原文的意思是'辅助性的动词。很多人以为是'辅助动词的词',那是误会。

助动词是个有问题的类。助动词里边有一部分是表示可能与必要的,有一部分是表示愿望之类的意思的,所以又叫做'能愿动词'。前一种接近副词,后一种接近一般要求带动词做宾语的动词,这两方面的界限都很不容易划清。我们常常可以遇到助动词和副词并列的例子,如:'可以并且曾经进行实地观察|他是参加了那个会的,应该知道,必定知道';也常常可以遇到助动词和一般动词并列的例子,如:'愿意并且实行和工农兵结合|他一不会抽烟,二不爱喝酒'。有的书上把助动词划归副词,有的书上把助动词并入一般动词,就是由于上面所说的情况。

另外有几个词,单独说的时候不象动词,可是在一定的格式里,最恰当的解释是把它们当做助动词,例如:你高兴参加就参加得了|我也懒得去找他|反正没事儿,乐得去走走|人家这么求你,你好意思不答应?|你快决定,我好去回报|这个问题好(容易,难)解决|这一间就够住五个人。此外,来得及,免不了,不至于,

便于，敢于，勇于等等也都象助动词。

48 **副词。** 副词这个类的大问题是形容词修饰动词的时候要不要划入副词。这个问题本来就不简单，又由于书面上分别'的'和'地'，问题就更加复杂起来。现在通行的说法是形容词可以修饰动词，只有在语义有明显分别的场合才算是同形的副词；'的'和'地'的区别跟词类无关，'的'是定语的标志，'地'是状语的标志。这样处理还是比较妥当，不过也不是没有问题。第一，怎样就算语义有分别，难于避免主观。第二，象突然和忽然，都是修饰动词的，但是突然间或也修饰名词，如'突然事故'，要照上面的原则处理，突然是形容词，忽然是副词，是不是也有点别扭？此外还有全速，高价，稳步，大力等等，从结构上看，很象前面说过的非谓形容词，但是经常修饰动词，很难得修饰名词，是不是该归入副词？

副词内部需要分类，可是不容易分得干净利索，因为副词本来就是个大杂烩。

49 **代词。** 代词这个类，成员不很多，可是相当杂。原因是代词不是按照句法功能分出来的类。论句法功能，代词有的跟名词相当，有的跟形容词相当，有的跟副词相当，个别的跟动词相当，跟数词相当。其所以能提出来自成一类是因为有一个共同的特征叫做'代'。不但是'无定'代词象谁，什么所指无定，就是与无定代词相对的'有定'代词象我，这，其实也是无定的，谁说话，谁就是我，手指着什么，什么就是这，其余可以类推。换句话说，如果别的词类是竖的分出来的，代词就是横切一刀切下来的。因此代词在总的范围方面和内部分类方面都一直有不同意见。较早的语法书把这些词分属于代名词（人称，指示，疑问），形容词（指示，疑问），副词（指示，疑问）三类。这个分法在逻辑上有缺点：既然把指示形容词（副词）和疑问形容词（副词）纳入形容词（副词）之内，为什么又把人称代名词等等提在名词之外，单独成为一类呢？现在比较通行的办法是把这些词归为一类，只分人称，指示，疑问，不分代名词，形容词，副词。这是继承马氏文通的传统，至少在逻辑上较为一贯。

但是这些词并不是都有称代的作用，有的只有指别的作用。指别和称代是不同的句法功能，代词之中兼有这两种功能的固然不少，而只有一种功能的似乎更多。把代词分成代词和指别词两类（一部分兼属两类），也许更合理些。如果仍然合为一类，也是把名称改为指代词较好，因为指别是这类词不同于他类词的主要特征，至于称代，反而不是这类词独有的功能，数量词组合也可以代替名词，de 字短语也可以代替名词。

50 **介词。**介词除了跟动词的分合问题外，还有跟连词的分界问题。马氏文通列举古汉语中最常用的介词有五个：之，于，以，与，为。这五个介词里边倒有一个半现在的语法书里不认为是介词了。现代汉语里跟之字大体上相当的的，也曾经被认为是'领摄介词'，但是现在多数语法著作里已经把它划归助词。跟与相当的和，跟，同都是兼属连词和介词两类：'笔和墨都现成'里边的和是连词，'笔要和墨放在一块儿'里边的和是介词。现在的连、介划分法来自西方语法。按照这种划分法，凡是连接小句和小句的，不论是并列关系还是主从关系，都是连词；至于连接词和词的，就得看是哪一种关系，表示并列关系的还是连词，只有表示词和词之间的主从关系的才是介词。四分天下而连词有其三，介词只有其一，抽象地看来很不合理，但是从西方语言的形态出发，非得这样划分不可。介词是连接名词于别的词的，名词的变格决定于介词;连词连接小句或名词以外的词的时候固然没有变格问题,连接两个名词的时候仍然没有变格问题(名词是要有变格的,但是不决定于连词)。汉语没有名词变格的问题,马建忠按照连接的对象是小句还是词来划分连词和介词是有道理的。同样看到沿袭西方语法划分连、介的不合理而提出另一种主张的是国文法之研究的著者金兆梓,他认为应当撇开句和词的分别而着眼于并列和主从的分别,表示并列关系的是连词,表示主从关系的是介词。这个主张不切实际,因为汉语里边辨别小句或句子之间是并列关系还是主从关系既不容易,也无实用,不象西方语言里从句往往在'时态'和'语气'上跟主句有所不同。

51 **连词。**连词也有范围问题,一方面要跟有关联作用的副词(又,越,就,才等)划界,另一方面要跟有关联作用的短语(一方面,总而言之等)划界。第一个问题容易解决,可以出现在主语前边,也可以出现在主语后边的是连词,如虽然,如果等;不能出现在主语前边(指没有停顿的),只能出现在主语后边的是副词,如又,越,就,才等。第二个问题本来也好解决,只是因为缺少一个'关联短语'或'关联状语'之类的名称,才把一方面,总而言之等等笼统叫做连词的。

52 **助词。**助词的问题在别的方面:有些助词的'词'的资格不牢靠。比如动词后边的了和着,赞成把它们作为动词后缀的恐怕会比赞成作为单词的多。de 能够保留'词'的资格,全靠用在短语(包括主谓短语)后边的例子(领导交给我们 de 工作|不分昼夜 de 赶工);有人就主张把 de 分成两个,一个是助词(上例),一个是后缀(我 de|布 de|现成 de)。大概除语气助词外,都在不同程度上有能否保留'词'的资格的问题。这个问题现在还与实用无

关，将来如果实行拼音文字，势必会由分写连写的问题牵连到是词不是词的问题。

53 **词类转变。**词类转变是相当复杂因而争论也比较多的问题。有一种简单的，也可以说是简单化的办法：把词类跟句子成分的关系固定下来：甲类词做 A 成分，乙类词做 B 成分，甲类词做了 B 成分就不再是甲类词而是乙类词了。这个办法在理论上有一个极大的缺点：既然词类和句子成分之间是一对一的关系，那就不需要两套名目，一套就够了。句子成分是 A，B，C，D……，词类也是 A，B，C，D……，岂不省事？跟这个相反的办法是按照不同的情况分别对待。主要的原则是：凡是在相同的条件下，同类的词都可以这样用的，不算词类转变；凡是在相同的条件下，同类的词不是都能这样用，而是决定于习惯的，是词类转变。语义变化可以作为参考，不作为判断的标准。

大致有四种情况。(1)在一定的条件下，同类的词都能这样用，因而这种用法可以列入这类词的功能之内。例如名词的主要功能是做句子的主语和动词的宾语，但是也能修饰别的名词，不说是变成形容词。同样，形容词修饰动词的时候，如果语义没有明显的变化，不算转变成副词。又如双音动词都可以放在进行或予以后头做宾语，不因此就变成名词。又如‘修旧利废’，‘交旧领新’，这里边的新，旧，废指具有这种性质的事物，别的形容词在适当的上下文里也可以这样用，不算是变成名词。(2)语义的变化比较特殊，只是偶而这样用，没有经常化，这算是临时‘活用’，不同于永久性的词类转变。例如‘我五好都好了四好了，就这一好我就好不上啦？’里边的‘好了’和‘好不上’的好就是临时活用作动词(‘五好、四好、一好’的好属于上面的第一种情况)。又如‘看

远些！别这么近视眼！'里边的近视眼也是临时活用作动词。这种活用如果经常化了，就成为词类转变了。例如'别废话！'里边的废话就应该算是正式的动词。(3)语义有明显的变化，同类的词不能随意仿效，是词类转变。例如'锁门'的锁是由名词转变成动词，'一挑柴'的挑是由动词转变成量词。我们说'锁门|锁柜子'，但是不说'网鸟、网鱼'；说'一挑柴|一挑水'，但是不说'一抬柴|一抬草'。(4)语义没有明显的变化，但是语法特点有不同程度的改变，改变到什么程度就该认为词类已经转变，颇难决定。这个问题主要发生在'动词名用'上，情况相当复杂，需要专门研究。有人主张一概称为'动名词'，以为可以解决问题。其实这是不能解决问题的，因为'动名词'只适用于一般的'动词名用'，不能兼指已经转变成表示动作的真正名词。例如'挨批评'的批评只是动词名用，而'文艺批评'的批评则是正式的名词，二者是有区别的。甲类词乙类用，一般要丧失原词类的部分功能。如'挨了批评'里边的批评不受副词修饰，只能说'又挨了批评'，不能说'挨了又批评'。同样，'木头房子'里的木头丧失了名词的部分功能，不能说'一百二十根木头房子'，必须说'一百二十根木头 de 房子'。(这是有 de 和无 de 是两种结构的又一个例证。)

54 以上是词的分类，下面谈谈比词小的和比词大的单位的分类问题。比词小的单位是语素。独立的语素是词，不独立的语素是构词成分，包括词根和语缀。**词根**可以分为名词性的，动词性的，形容词性的和其他的。词根的分类没法子从构词方式中归纳。比如说，前加式复合名词的主体词根是名词性的，这一条似乎可以成立，事实上却很多例外，如：'位置，助教，蛋白，冬青，土方，银圆，特长，误差，豆腐干，糖稀'等等。动词、形容词也都有这种情形。因此，词根的分类主要还得看它在古汉语里的用法。

55 **语缀**一般分为前缀，后缀，中缀。汉语里地道的语缀不很多，**前缀**有阿，第，初，老(鼠，虎，师，表)，小(鸡儿，孩儿，辫儿)等，**后缀**有子，儿，头，巴，者，们，然等，**中缀**只有得，不(看得出，看不出)。有不少语素差不多可以算是前缀或后缀，然而还是差点儿，只可以称为类前缀和类后缀。**类前缀**有可，好，难，准，类，亚，次，超，半，单，多，不，无，非，反，自，前，代等；**类后缀**有员，家，人，民，界，物，品(商品，药品)，具(用具，炊具，雨具)，件(文件，邮件，信件)，子(分子，原子，电子，转子)，种(军种，兵种，工种，剧种)，类，别(性别，级别，国别)，度，率，法，学，体(磁体，导体，抗体，垂体)，质，力，气(脾气，才气，勇气，运气)，性，化等。说它们作为前缀和后缀还差点儿，还得加个'类'字，是因为它们在语义上还没有完全虚化，有时候还以词根的面貌出现。例如：人员，专家，各界，物品，器物，器具，物件等等。存在这种类前缀和类后缀可以说是汉语语缀的第一个特点。汉语语缀的第二个特点是有些语缀(主要是后缀)的附着对象可以不仅是词根或词，还可以是短语。例如：世界战争不可避免论者|战斗英雄、劳动模范们|第三百二十四号；还有划入助词的了，过，的等，还有一般语法书里没有明确其性质的似的，的话等。不把前缀、后缀总称为词缀而总称为'语缀'，就可以概括不仅是词的而且是短语的接头接尾成分，连那些不安于位的助词也不愁没有地方收容了。

56 关于语缀还有一点可以提一下的是能产和不能产的分别，说得通俗点就是活和死的分别。有些语缀是活的，能产生新词的，例如第可以加在任何数词前边，者，们，性，化等都可以随意用来造新词。相反，象初，老，子，然等就是死的，不能产生新词，比

如不能说‘初十一’，不能说‘老猫，老狗’（只能理解为老的猫狗），不能说‘床子|书子’，不能说‘空然|危然’。又如有一个只在几个词里出现的中缀乎其：‘神乎其神|微乎其微|荒乎其唐’；我们不能仿造说‘妙乎其妙|细乎其细|慷乎其慨’。但是这里也存在一种中间状态，就是有些语缀一般不能随意用来造新词，可还是陆陆续续有新词出现。比如员，我们不能随意制造‘办公员|总务员’等等，但是‘办事员|乘务员|卫生员’等等也都是不久以前出现的，以后也还会有新的什么员出现。又如家，除‘书家|画家|作家|小说家’这些是‘古已有之’的以外，不很久以前又产生了一批。可是现在已经不能仿造，例如有‘作曲家’，没有‘演奏家’，有‘美术家’，没有‘工艺家’，有‘发明家’，没有‘研究家’，有‘旅行家’，没有‘游历家’，有‘冒险家’，没有‘投机家’，等等。看起来，家已经失去造新词的能力。但挂在学字后头还是活力充沛，有个‘什么学’就有个‘什么学家’。

57 **短语分类。** 短语分类可以按结构，也可以按功能。按结构分类，短语可以分为：(1)并列式，如‘工业和农业|调查研究’；(2)主从式，又可以分为：(a)前加式，如‘自然条件|认真学习’；(b)后加式，如‘调查清楚|走了一趟’；(3)主谓式，如‘[不怕]事情多，[只怕]时间紧’（参看31节，60节）。(4)其他方式，如介名短语，de字短语。

58 **de字短语**应用广泛，情况复杂，很值得深入探讨。大概说来，有两种de字短语，可以称为D1短语和D2短语。D1短语如‘我de|买de|找你de|你找de’；D2短语如‘高高de|亮堂堂de|仔仔细细de|说说笑笑de’。D1短语和D2短语的分别主要在于：(1)D1短语去掉de字就不是de字短语，有de没有de句法功

能大不相同,例如‘我 de’和‘我’不同,‘大 de’和‘大’不同,‘你找 de’跟‘你找’不同;D2 短语有 de 没有 de 一个样,例如‘他仔仔细细[de]看了一遍|干吗这么慌慌张张[de]? 所以 D2 短语可以包括省去 de 字的,只是有的不能省就是了;(2)D2 短语绝大多数能做谓语,D1 短语必须配合是字才能做谓语。形容词加 de 构成的短语,性质介乎二者之间,有 de 没 de 都可以修饰名词,可是不跟是字配合不能做谓语。

59 按功能分类,短语可以分为三类:名词性短语,动词性短语,其他。(1)**名词性短语**包括:(a)基本名词短语,如‘高大建筑物|无产阶级专政’;(b)方位短语,如‘会场上|天安门前面’;(c)指数量短语,如‘这三件|三件|这件’;(d)动名词短语,如‘这个作品 de 发表,家庭访问’;(e)D1 短语,如‘小 de[比]大 de[难做]|[这是]我找了半年才找到 de’;(f)扩展了的名词短语,如‘这两座去年才完工 de 高大建筑物’。(2)**动词性短语**包括:(a)基本动词短语,如‘做完|做完了|做不完|写出|写出来|写得出来’;(b)扩展了的动词短语,如‘急急忙忙 de 发了个电报’;(c)形容词短语,如‘三米高|大一号|很高兴’;(d)D2 短语;(e)用似的和一样结尾的短语;(f)‘你一言我一语|高一脚低一脚’之类的短语。(3)其他性质的短语:如介名短语,主要附属于动词,也可以附属于形容词,如‘[他]比你[小]’。

60 **主谓短语**在句子里主要是用来做主语或宾语,是名词短语的性质。如果要用它修饰名词,得加个 de 字,就变成 de 字短语,不再是主谓短语了。如果要用它修饰动词或形容词,得加上象…似的/那样之类的字眼,也不再是主谓短语了。

主谓短语和动词短语,孤立地看是显然不同,一个有主语,一

个没有主语。可是用在句子里边，主谓短语可以省略主语，形式上就跟动词短语没什么两样，这是常常被忽略，值得引起注意的一种现象。例如：'会不长，话不多，大家觉得解决问题。'这句话乍一看是拿动词短语'解决问题'做动词'觉得'的宾语，可是拿来跟'他觉得冷|他觉得使不上劲'比较，就会发现不一样。冷是'他'冷，使不上劲是'他'使不上劲，可是解决问题不是'大家'解决问题，是'会'和'话'解决问题。

61 **四字语。**现代汉语里有大量的四字语，这是一种特殊的短语，它的结构上的特点是：一，分前后两段，两段的结构相同；二，前后两段的意思或者平行，或者对称；三，一般不能单用的语素在四字语里当单词用。至于每个两字段的内部结构，那是各种类型都有。这是大多数四字语的情况，有少数不分前后段，或者分段而不对称。下面按各种结构举例。

分段并前后平行或对称：

主谓：山青水秀|人强马壮

主从：

主体是名词：铜墙铁壁|粗眉大眼

主体是动词：

动词在后：千锤百炼|前思后想

动词在前：

从属是名词：欢天喜地|彻头彻尾

从属是形、动：颠来倒去|吃饱喝足

主体是形容词：千真万确|大同小异

前后非对称：轻松愉快|直截了当

前后不分段：锦上添花|乱七八糟

四字语的特殊形式也影响它的句法功能。第一，它很容易加 de 字构成 de 字短语，尤其是 D2 短语。第二，主谓结构的四字语用法多，如做谓语：'这个古迹已经名存实亡了'；做宾语：'这件事一定要有个水落石出'；做后置状语：'何必为这点小事闹得天翻地覆'。第三，主体成分为名词的四字语常常不当名词用：'你们不要七嘴八舌，等他一个人说（像动词）|这个人长得粗眉大眼（像形容词）'。

62 **句子分类。**句子按结构分类，可以首先分为主谓句和非主谓句，主谓句再分为动词谓语句，形容词谓语句，名词谓语句，主谓谓语句。形容词作谓语跟不及物动词作谓语几乎没有什么不同，也可以不另作一类。名词谓语句包括（也可以不包括）有是字的句子。是字句是一种特殊的句式，动词谓语句和主谓谓语句也都可以加进是字去。换句话说，是字句跟这几种句子交叉，它分别属于动词谓语句等等，而总起来又是是字句（参看90 节。）非主谓句可以分为无主句，存现句，名词句。无主句指真正没有主语的句子，如：'有没有人不同意？|还没有轮到你呢。'省略主语的句子不算无主句。是字开头的句子，如'是谁告诉你的？'也是一种无主句；这本来是个主谓句，让是字在头里一站，把后边的全打成谓语了。存现句其实也是一种无主句，不过它有个假主语在头里。名词句指'我的帽子呢？|喏，你的帽子！|好大的雨！'之类。此外常常提到的还有把字句，被字句，以及连动式，兼语式等，这些都是动词谓语句里的特殊类型。

63 一般讲语法，到句子为止，句子是最大的语法单位，因此句子只有结构分类，没有功能分类。其实这也是一种老框框。若干句子组成一个段落，句子和句子之间不仅有意义上的联系，也常常有形式上的联系，比如这，那等指代词，首先，其次，总之等关联词语，这些都应该算是语法手段。所以，按句子在段落里的功能来分类，不是不可能。这里，得先明确一件事，一般所说陈述句，疑问句，命令句，感叹句，那是按句子的用途分的，凭这个句子本身就能决定它是陈述句还是疑问句或其他句式，不必管它在一串句子里的地位和作用。要是按一个句子在一串句子里的地位和作用，也就是按功能来分类，可以分为始发句和后续句。这在语法上是有区别的，比如始发句里不大能用你、我以外的指代词，不大能省略主语和宾语。后续句多数是承上句，可也有启下句，比如用首先或第一或一方面开头的句子都有启下的作用，而用其次或第二或另一方面开头的句子则是承上句。在两个人或几个人对话的时候，除第一个说话的人的第一句话一定是始发句外，别人的话即使是第一句也不一定是始发句，也可能是接着别人的话说的。问话不一定是始发句，答话却一定是后续句。一段结尾的句子可能有标志，但是不一定有。

四 结构

64 在讨论句子结构之前，先谈两件事；一是结构层次，二是结构关系。

结构层次。任何一个语言片段都是由若干个语素组成的，但不是一次组成，而是，比如说，先有两个语素的组合，然后跟第三个语素组合，或者跟别的语素组合相结合，这样一层一层组织起来的。因此，拿一个现成的片段来分析，总是先一分为二，然后一层一层分下去，分到全部都是单个语素为止。这种分析法叫做**直**

接成分分析法(非正式的名称叫做‘二分法’,其实也不一定是二分,比如遇到并列的三项,那就只能三分了)。

这种分析法可以用图形来表示。图形有好几种画法:图形里面的 A,B,C,D 代表基层单位:语素(或者词,如果不需要分析到语素)。X,Y,Z 代表较大的单位,如名词,名词短语,句子,等。

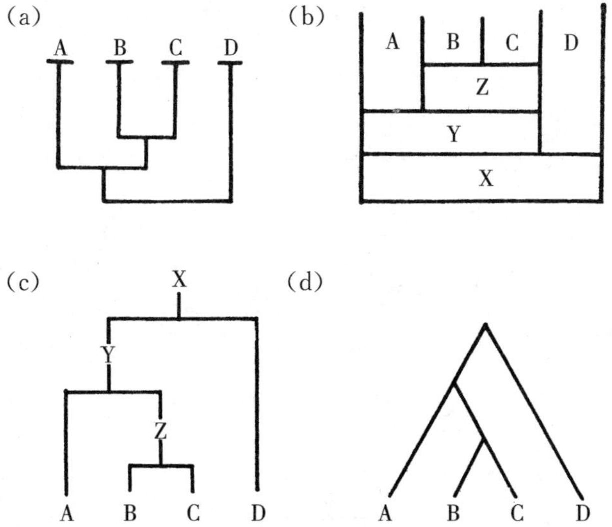

65 分析结构层次,对于词语的理解有帮助。比如有些个有歧义的片段就可以通过层次分析来说明。象这两个句子:‘(a)假如在这时候不适当地灌水施肥,就会造成徒长|(b)假如在这时候不适当地灌水施肥,就会使棉铃因缺乏营养而脱落。’两句里面都有‘不适当地灌水施肥’这八个字,可是意思大不相同,就因为结构层次不同:

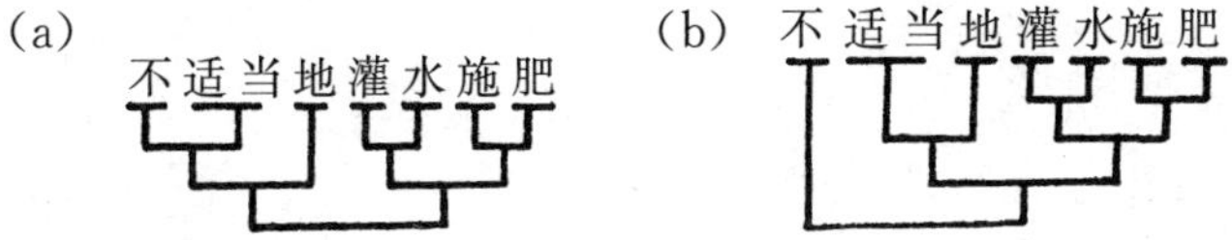

66 一般说，两个直接成分总是紧挨着的，但也有被另一层次的成分隔开的情况。例如：

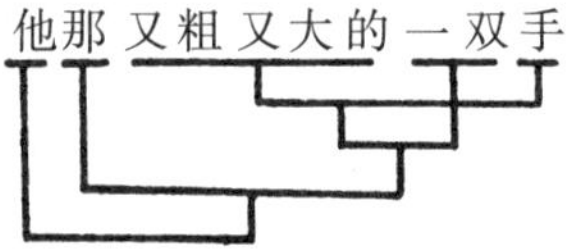

一系列语素在语音上形成一定的段落。结构层次跟语素排列不一致，往往使得它跟语音段落也不一致，而词和短语的划分又往往偏重语音段落，因此会产生层次跨越词的界限的情况。在下面的例子里竖道表示词的界限。

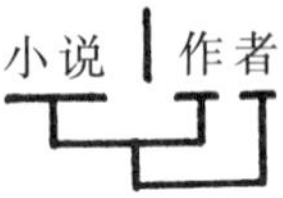

(＝作小说者)

(＝北四川路)

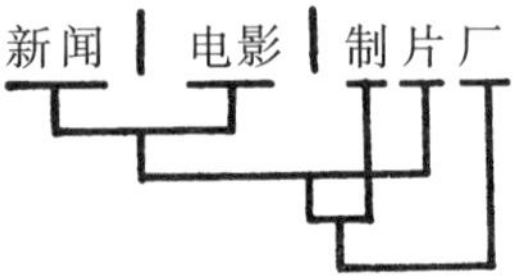

(＝制新闻电影片厂)

上面是语素的排列次序不按结构层次的例子；有时候语素排列跟结构层次一致，但是语音段落跟它们不一致，也会引起对结构的错觉。在下面的例子里，中间的横道表示语音段落。

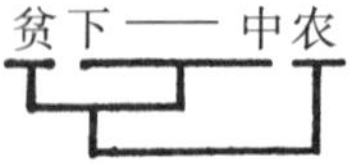

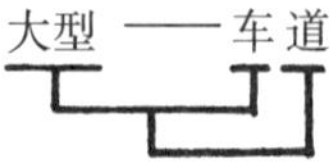

67 分析结构层次，不是没有疑难问题。比如：

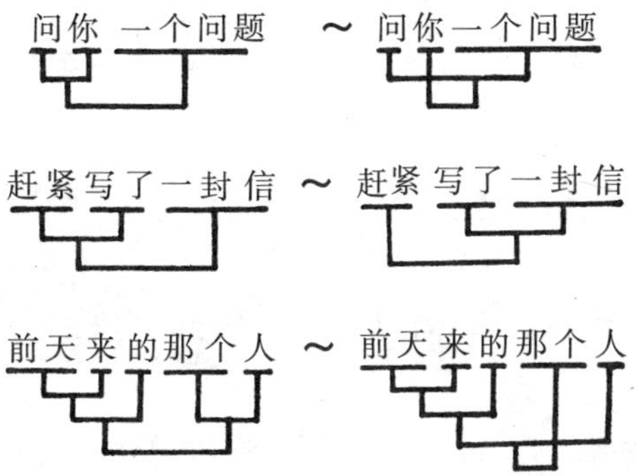

这样的问题不少，而且是看起来两种分析法都有理。既然如此，是不是可以不在这种地方纠缠，只要一本书或一篇文章前后一致就行？

68 **结构关系。**光是分析层次，远远不足以说明某一语言片段的特征。比如‘一朵大红花’和‘小李上夜班’，分析层次都是

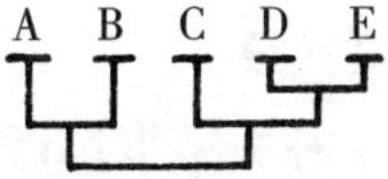

，然而是迥不相同的两个片段。为什么不同？成分之间的结构关系不同：‘一朵’跟‘大红花’之间的关系和‘小李’跟‘上夜班’之间的关系不同，‘大’跟‘红花’之间的关系和‘上’跟‘夜班’之间的关系不同。

结构关系大致可以分四个大类，八个小类。

1.联合关系。成分的功能相同，整体和成分的功能相同。

(1)并列关系。(假定用‘＋’表示。)

(2)连续关系。(假定用‘×’表示。)

(3)复指关系。(假定用‘＝’表示。)

2.主从关系。成分的功能不同，整体的功能和主要成分的功

能相同。

(4)修饰关系。(假定用'＞'表示修饰成分在前,用'＜'表示修饰成分在后。)

(5)补足关系。(假定用'┤'表示补足成分在后,用'├'表示补足成分在前。)

这里讲的修饰关系和补足关系跟一般讲法稍有出入,详见下文。

3.表述关系。成分的功能不同,整体的功能又和任何一个成分不同。

(6)表述关系(主谓关系)。(假定用'∶'表示。)

4.附属关系。

(7)提挈关系。介词和所介名词之间,连词和所连词句之间。(假定用';'表示。)

(8)衬附关系。衬附成分在前:前缀;衬附成分在后:后缀,语助词;衬附成分在中间:中缀,衬字。(假定用','表示。)

这四大类八小类也还都是带点概括性的,每一种关系里边还可能包括一些不同的情况,参看75节。

69 把层次和关系都标出来,一个语言片段的面貌就清楚多了。下面综合举例。

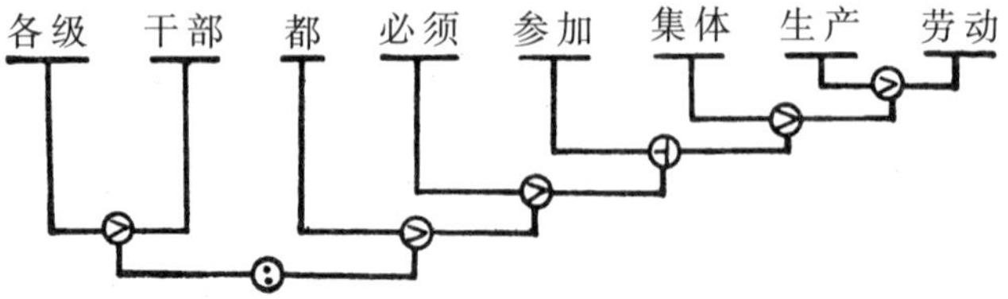

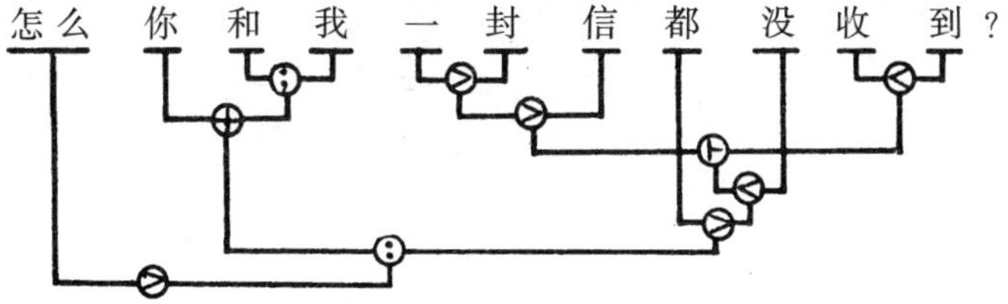

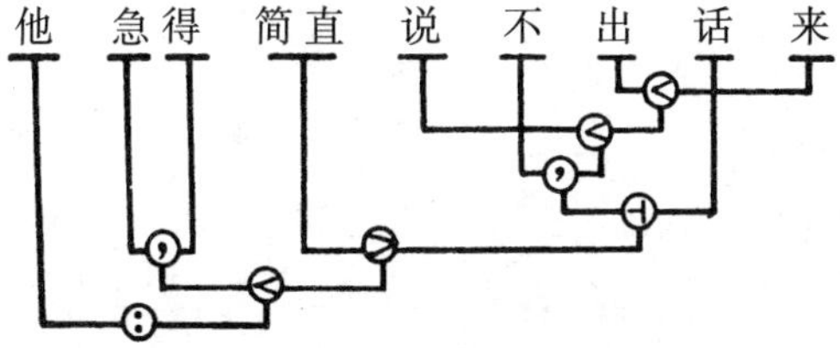

70 也有这种情形：论结构关系，A 应该属于 B，但是在语义上 A 指向 C，例如：(a)‘圆圆的排成一个圈’(圆的圈)|(b)‘走了一大截冤枉路’(走得冤枉)|(c)‘几个大商场我都跑了’(都总括几个)。

71 **句子的结构。**词和短语的结构，弄清楚里边的层次和关系就成了，问题多的是句子的结构。传统语法分析句子是把构成句子的成分分为若干种，然后按照这些成分搭配的情况说明句子的各种‘格局’，或者叫做‘句型’。这种分析法可以叫做**句子成分分析法**。这种分析法有提纲挈领的好处，不仅对于语言教学有用，对于科学地理解一种语言也是不可少的。

句子结构的分析，用传统的术语叫做‘句法’，是现代语法学的中心。这个地位是近百年来取得的。在这以前，讲语法总是以‘词法’(形态)为主，句法不受重视，许多句法现象都放在词法里讲。这是个古老的传统，从古代的希腊语法、拉丁语法就是如此。

希腊语、拉丁语都是形态繁复而语序活动，讲语法以词法为主是很自然的，后来西方的语法著作却一直维持这个传统。直到二十世纪初年，才有些语法学家在论述形态不太繁琐的语言如英语的著作里，开始把句法提到重要的位置上。此后不久，美国的布龙菲尔德学派兴起，又换了个方向，讲语法着重讲层次分析，对句子格局的研究不免草草了事。这个倾向有它的历史原因，这里不必多讲。五十年代后期转换生成语法学派崛起，又把重点移到句法上，可是着重讲句子结构的变化，对于句子的静态分析并没有什么独创之处，也不采用传统语法里各种句子成分的名称。值得注意的是，尽管这些个新学派在语言学界影响很大，但是在中小学语法教学上影响却很有限。学校里的语法教材基本上还是以句子格局的分析为主，不过吸收了层次分析的优点（以及语法的语音背景）。

我国最早的讲汉语语法的书马氏文通是以词类为纲的，十卷里边只有一卷‘论句读’，许多句法问题都分散在各个词类里讲。五四以后出现的语法书，从新著国语文法起，就都以句法为主干。重点的转移不是偶然，是受了国外语法著作的影响。层次分析法的理论也曾经渗入我国语言学界，但是目前通行的语法教材受它的影响还是微小。现在大多数讲汉语语法的著作，尽管在体系上有这样那样的分歧，方向还是一个——句子格局的分析。

72 **句子成分和结构层次。**现在一般都说句子有六大成分：主语，谓语，宾语，补语，定语，状语。问题是这些是否都是句子的直接成分？这问题似乎简单，可并不简单。要按直接成分分析法来看，一个句子首先应该分成两部分：(a)构成句子的词语，和(b)语调；再拿(a)来看，又可以分成(aa)句子本身，和(ab)挂在句子身上的‘零碎’，包括连词和其他关联词语，评注性的词语语助词,以及叹词、呼语等;然后才能就句子本身来分析,分成主语和谓语。这样看来,如果把(b)和(ab)两项撇开,单就句子本身而论,它的直接成分就只有主语和谓语这两样。宾、补、定、状不是句子的成分,只是句子的成分的成分:离开句子没有主语、谓语,离开句子仍然有宾、补、定、状。有名词就可以有定语,有动词就可以有宾语、补语、状语。不正是这样吗?(主谓短语可以看做潜在的句子,也可以看做一种动词短语,即动词带施事补语,参看31,60,91节。)

句子成分分析法也不是不讲层次,但是在手续上颠倒了。它拿过来一个句子,先摘出两个词,说这是主语,那是谓语,然后把这个那个连带成分,这个那个附加成分,一个一个加上去。在这些成分没加上去以前,往往是讲不通的。比如说,'我从前不喜欢喝酒,现在还是不喜欢喝酒,将来大概仍然不喜欢喝酒,'如果先摘出主语和谓语,就变成'我喜欢,喜欢,喜欢,'不是跟原来的意思恰好相反吗?主语、谓语以外同样有这种情形。例如'哭瞎了眼睛',光是一个'哭'不能拿'眼睛'做宾语,必得是'哭瞎';'尽最大的努力',光是'努力'不能做'尽'的宾语,没有人说'尽努力',必得是'尽最大的努力'。这些例子说明,句子成分分析法有必要吸收层次分析法的长处,借以丰富自己。

传统语法以词为造句的单位,因此才不得不把宾、补、定、状都作为句子成分。但是一个句子成分常常是,甚至可以说是更多的是短语,这个事实也没法儿视而不见。结果是一种'双轨制'。比如'各级干部都必须参加集体生产劳动'这个句子,有时候说主语是'干部',谓语是'参加',有时候又说主语是'各级干部',谓语是'都必须参加集体生产劳动';或者说前者是简单主语、简单谓语,后者是完全主语、完全谓语。要是这样'简单'和'完全'并行的话，宾、补、定、状也都可以这样分，例如上面这个句子里，'劳动'是'参加'的简单宾语，'集体生产劳动'是'参加'的完全宾语。(介乎'简单'和'完全'之间的'生产劳动'该怎么说？)这样不免有点混乱。最好还是守住层次的原则，只有那'完全'的才算数，然后再在它的内部划分次一级的成分。

73 我国语法学界目前比较通行的分析法是先把一个句子分成主语和谓语。这主语或谓语如果只有一个词，不需要再分析；如果不止一个词，就说这是一个什么词组(或者什么结构)，再进一步分下去。还拿'干部参加劳动'这个句子做例(参看 69 节的层次图)。主语是'各级干部'，这是一个'偏正词组'，'各级'是'干部'的定语。谓语是'都必须参加集体生产劳动'，也是一个偏正词组，'都'是其余部分的状语，其余部分还是一个偏正词组，'必须'是'参加集体生产劳动'的状语，'参加集体生产劳动'是一个'动宾词组'，'集体生产劳动'是'参加'的宾语，它本身又是一个偏正词组，'集体'是'生产劳动'的定语，'生产'又是'劳动'的定语。这是层次分析法和句子成分分析法的结合：按层次分析，但是不抛弃句子成分；后者反映在词组名称上，'主谓词组'、'动宾词组'这些不用说，'偏正词组'或者是定语和名词的组合，或者是状语和动词(形容词)的组合。

74 传统语法分析句子是从词到句，短语没有正式地位，只在必要的时候用用，例如'介词短语'。要是拿行车来打比，这个办法是直通快车，过站不停。层次分析法是逐层剖分，哪一部分简单，层次就少，哪一部分复杂，层次就多。这个办法好比是有乘客上下就停车，否则就开过去。还可以有一种分析法，就是分阶层，设定短语是句子和词之间的中间层。一个句子可以只有一个短语，例如只有谓语的句子；一个短语可以只有一个词，这样的短语是短语的最小形式。这个办法好比是只停大站，不停小站，小站乘客得到大站去上车，大站不论有没有乘客上下都停。转换生成语法分析句子就是先分成一个名词短语和一个动词短语，二者都有可能只是一个词。这个学派之外也还有些语法学者采用这种阶层分析法，但不一定限于一分为二，也可以是一次分出三个或四个成分。

把短语定为词(或者语素)和句子之间的中间站，对于汉语好象特别合适。西方古代语言有发达的形态变化，借以表达各种语法范畴，形态变化附丽于词，词在句子里的位置比较自由。这样，词就是天然的造句单位。以词为界，把语法分成两部分，讲词的内部情况的是词法，讲词和句之间的情况的是句法。这样划分，对于某些近代西方语言已经不太合适，对于汉语就更不合适了。汉语里语法范畴主要依靠大小语言单位互相结合的次序和层次来表达。从语素到句子，如果说有一个中间站，那决不是一般所说的词，而是一般所说的短语。有一个现象很值得注意：短语内部的次序是不大能改变的，句子内部的次序就比较灵活。句子可以不改变其基本意义而改变其内部次序，短语很少能够这样。例如(a)‘我没有看第一本’，(b)‘第一本我没有看’，(c)‘我第一本没有看’，三句一个意思。可是，‘花纸’和‘纸花’，‘半斤’和‘斤半’，‘后头的小孩’和‘小孩的后头’，‘好商量’和‘商量好’，意思都完全改变了。(‘方言调查’和‘调查方言’是例外，这种例外不多。)

75 **句子成分和结构关系。**句子成分和句子成分之间有一定的结构关系，这不用多说。要注意的是不能满足于说出这是什么成分，那是什么成分；换句话说，不能贴上标签就完事。世界上的事情是复杂的，句子里边一个成分和另一个成分之间的关系，一方面需要用一个名目或者一句简单的话来概括，另一方面又需要作进一步的分析，看它包括哪些具体内容。比如动词谓语句里出现一个或几个名词，它们跟动词的语义联系是多种多样的，这种语义联系决定它们在句子里的活动方式。仅仅把这个标为宾语，把那个标为补语，是不够的，要查考这样的名词同时可以出现几个，各自跟动词发生什么样的语义关系，什么关系的名词和什么关系的名词可以同时出现，各自在什么位置上出现，什么关系的名词和什么关系的名词不能同时出现，如此等等。

比如所谓双宾语，进一步研究就会发现有三种情况。(1)两个宾语可以同时出现，也可以只出现其中的一个，如：'我问你一个问题|我问个问题|我问你。'(2)可以单独出现指人的宾语，不能单独出现指物的宾语，如：'我托他一件事儿|我已经托了他|×我托一件事儿。'(3)可以单独出现指物的宾语，不能单独出现指人的宾语，如：'我借了他十块钱|我借了十块钱|×我借了他。'

又比如一个动词拿另一个动词做它的宾语，有三种情况。(1)两个动词表示的是一个人的动作，如：'他喜欢唱歌|我想回家。'(2)两个动词表示的不是一个人的动作，如：'他命令撤退|我们欢迎批评。'(3)两个动词表示的可以是一个人的动作，也可以是两个人的动作，如：'他要求参加|他要求放他走'(参加是他自己参加；放他走是别人放)。

仍然是动词拿动词做宾语，还有另一种分别。(1)有的动词后边的动词必须带疑问词，如：'研究怎样加快进程|讨论在哪里修大坝。'(2)有的动词后边的动词不能带疑问词，如：'会下围棋|擅长说相声。'(3)有的动词后边的动词可带可不带疑问词，如：'学会[怎么]开汽车|试验[怎样]用针刺麻醉做手术。'

又比如并列成分之间的关系包括加合(A 和 B)和交替(A 或 B)两类,这是语法书上都讲的,可是加合关系里边又可以分为加而不合和加而且合两种,这就很少讲到了。这个分别,比较这两个句子就可以知道:(a)'老张和老李是山东人'(加而不合。=老张是山东人,老李是山东人);(b)'老张和老李是同乡'(加而且合。不能说:'老张是同乡,老李也是同乡,'必须'老张和老李'才是同乡)。同样,交替关系也有互相排斥和不互相排斥两种,后者跟加而不合的加合关系没有实质性的区别。例如:'动词或者形容词都可以做谓语',把或者换成和,不改变全句的意思。比较互相排斥的例子:'重音落在第一个音节或者第二个音节上。'这里,或者前后两项是互相排斥的,或者不能换成和。(从逻辑上看,涉及全体和个别的问题,这里只是就或者的用法说。)

总之,不联系结构关系来研究,光划分句子成分,问题还比较简单;进一步研究结构关系,就大有文章可做。语法研究要取得进展,这应该是重要方面之一。

76 在分别讨论各种句子成分以前,再谈几个一般性的问题。一个问题是**句子成分**和**词类分别**的对应问题。这种对应可能是整齐的,也可能是不整齐的,汉语属于第二种情况。如果要把汉语也说成是属于第一种情况,跟有形态变化的语言一样,就会导致'依句辨品,离句无品'的词类理论,这在前面53节里已经谈过了。

77 另一个问题是如何看待某些句法变化手段的问题,其中最容易引起争论的是省略和倒装。关于**省略**,从前有些语法学家喜欢从逻辑命题出发讲句子结构,不免滥用'省略'说,引起别的语法学家的反感,走向另外一个极端,说是只要说出来的话能让人懂,其中就没有任何省略。要是平心静气来考虑,应该说是有省略，但是有条件：第一，如果一句话离开上下文或者说话的环境意思就不清楚，必须添补一定的词语意思才清楚；第二，经过添补的话是实际上可以有的，并且添补的词语只有一种可能。这样才能说是省略了这个词语。比如，‘稿子写得不好就重写，一次不行写两次，两次不行写三次，’如果没有上下文，‘一次不行’的意思不清楚，抽象的‘一次’，不连上一定的动作，就说不上‘行’和‘不行’而要添补就只能添补写，不能添补别的。又如‘他买了两本画报，我也买了一本，’光有后半句，不知道‘一本’是一本什么，连上前半句就知道省略的是画报。跟这个不同，‘你一言，我一语，’可以在‘一言’和‘一语’前边添补说或者来，但不能限定是说或者是来，并且实际上都不这样说，我们就只能说这里隐含着一个‘说’或‘来’，不能说省略了一个说或来，至多只能说省略了一个动词。同样，在‘他要求参加’和‘他要求放他走’里边，可以说‘参加’前边隐含着‘他’，‘放’前边隐含着‘别人’，但是不能说省略了他和别人，因为实际上这两个词不可能出现。‘隐含’这个概念很有用，‘隐含’不同于‘省略’，必须可以添补才能叫做省略。

78 讲到**倒装**，最好不用这种说法。‘顺装’和‘倒装’，把句子成分的位置绝对化了，而一种句子成分如果有不同的几个位置，大概都有一定的条件，合于哪个条件就出现在哪个位置上，这就无所谓‘顺’和‘倒’了。

79 再谈谈**图解**和**代号**问题。前边谈结构层次和结构关系的时候曾经提到用图形表示的办法，句子的格局同样也是可以用图形来表示的。有一个时期，我国的语法教学中盛行一种图解法，其来源是美国学校课本里流行的里德和凯洛格图解法，它在五四前后流入我国，先用于英语语法教学，后来又被采用于汉语语法教学。这种图解法现在知道的人还很多,这里就不举例了。图解法把抽象的道理形象化,无论在教学上或者在研究上都不失为有用的工具。通行的图解法可能有某些不完善的地方,这是可以改进的;至于由于体系的不同,对原有的画法要作必要的调整,那就更不用说了。除这种用纵横斜直的线条构成的图解法外,还有别种方式,例如用字母和符号组成的。理想的图解法该具备三个条件,一是形象化,二是能保存原有的语序,三是有伸缩性,可繁可简。如果有人把语法分析上曾经利用过或者可能利用的各种图解和符号搜集起来,做一个比较研究,那倒是很有意思的。

讲到符号,首先想到的是那些代替词类名称和句子成分名称的字母,例如:N=名,V=动,S=主,P=谓,O=宾,等等。这些代号在国际上已经通行(除俄语外)。我们有些语法学者,可能因为这些字母有'外来'之嫌吧,还不愿意采用,要改用 M,D,Z,W,B 等等。需要不需要这种考虑?在数学上我们也曾用过'天元、地元'等等,后来还是接受了 X,Y。化学元素的代号也是一个例子。这跟术语的沿用和创新(参看 3 节)还不一样,不涉及涵义的异同,是一个单纯形式问题。

80 有哪些**句子成分**?一般都说句子有六种成分:主,谓,宾,补,定,状。是不是只许有六种?可不可以有七种八种?或者五种四种?这个问题大可讨论,现在姑且不谈。六种成分之说从二十年代起就有,可是名称和内容都有过些变化。名称方面,主语一直是主语,或者叫主词,谓语曾经有过表词、述语等名称,宾语也叫目的格,补语原来叫做补足语,定语和状语都曾经叫做加词或附加语。比名称的分歧更重要的是内容的改变。内容改变比较小的是定语和状语。其次是主语和谓语,主语原先不包括'倒装的宾语’,谓语不能是名词(归入补足语,或者叫做表语),也没有‘主谓谓语’。变化最大的是宾语和补语,宾语在动词后边扩大到包括时量和动量,甚至施事,但同时从动词前撤退,补语则更加‘面目全非’,因为‘补’的基本概念改变了。下面就这六种成分分别讨论。

81 先谈谈**主语**和**宾语**的纠纷。关于这个问题,1955 年有过一次广泛的讨论,持续到 1956 年上半年,先后发表了好几十篇文章,可是没能得出一个一致或者比较一致的意见。

主语宾语问题的症结在哪儿呢?在于位置先后(动词之前,动词之后)和施受关系的矛盾。在名词有变格的那些语言里,哪是主语哪是宾语不成为问题,因为有不同的格做标志。汉语里边,名词没有变格,区别主语和宾语失去主要的依据,只能在位置先后和施受关系上着眼。在多数句子里,代表施事的名词出现在动词之前,代表受事的名词出现在动词之后。把前者定为主语,把后者定为宾语,是没有人不同意的。但是多数句子不等于所有句子,在两项标准不一致的时候就会有不同的意见。优先考虑施受关系的人,遇到施事在后的句子,比如‘门口站着解放军’,就说这是‘主居谓后’,通俗点儿就叫做‘倒装’;遇到受事在前的句子,比如‘这个会我没参加’,就说这是‘宾踞句首’,也是‘倒装’。可是遇到像‘信已经写好了’这样的句子,就贯彻不下去了,不得不妥协一下,说这是‘被动句’,‘信’是受事作主语。

优先考虑位置先后的人,同样遇到这种种情况,可是难不住他。照他的办法,凡是动词之前的名词都是主语,凡是动词之后的名词都是宾语。干脆倒是干脆,只是有一个缺点:‘主语’和‘宾语’成了两个毫无意义的名称。稍微给点意义就要出问题,比如说‘主语是一句话的主题’吧,有些句子的‘主语’就不像个主题。

例如‘前天有人从太原来，’能说这句话的主题是‘前天’吗？‘一会儿又下起雨来，’能说这句话的主题是‘一会儿’吗？

82 要解决这个矛盾，关键在于认清两个事实。第一，从语义方面看，名词和动词之间，也就是事物和动作之间，可以有多种多样的关系，决不限于施事和受事。‘施——动——受’的句子，论数量确实是最多，可是论类别却只是众多种类之一。下面的句子都是‘施——动——受’以外的‘名$_1$——动——名$_2$’句。其中有的是：名$_1$＝施事，名$_2$≠受事；有的是：名$_2$＝受事，名$_1$≠施事；有的是：名$_1$≠施事，名$_2$≠受事。

> 新来的同志都已经分配了工作|这孩子种过牛痘没有？|王冕七岁上死了父亲|从此我们就断了消息|我们明天考语文|我只错了一道题|他大我三岁|棉衣换成单衣|他后悔两件事：……|我送你的电影票你看了没有？|这个问题一直存在两种意见|事情可也不能都怪他|下一步就要看你的了

这些句子里边的名词，除代表施事或受事外，有的代表工具，有的代表原因，有的代表比较的对象，有的代表变化的结果，有的代表受到有利或不利影响的人物，等等。在这些例子面前，主施宾受的理论完全站不住脚了。

83 必须认清的第二点，也是更加重要的一点，那就是：主语和宾语不是互相对待的两种成分。主语是对谓语而言，宾语是对动词而言。主语是就句子格局说，宾语是就事物和动作的关系说。主语和宾语的位置不在一个平面上，也可以说是不在一根轴上，自然不能成为对立的东西。主语和宾语既然不相对立，也就不相排斥。一个名词可以在入句之前做动词的宾语，入句之后成为句子的主语，可是它和动词之间原有的语义关系并不因此而消失。不但是宾语可以分别为施事，受事，当事，工具等等，主语也可以分别为施事，受事，当事，工具等等。在一定程度上，宾语和主语可以互相转化。‘写完了一封信’⇌‘一封信写完了’之类的例子不用说，更能说明问题的是下面这种例子：

西昌通铁路了：铁路通西昌了|这个人没有骑过马：这匹马没有骑过人|窗户已经糊了纸：纸已经糊了窗户|竞争和战争，争霸和称霸，充满了帝国主义的整个历史进程：帝国主义的整个历史进程充满了竞争和战争，争霸和称霸

似乎不妨说，主语只是动词的几个宾语之中提出来放在主题位置上的一个。好比一个委员会里几个委员各有职务，开会的时候可以轮流当主席，不过当主席的次数有人多有人少，有人老轮不上罢了。可以说，凡是动词谓语句里的主语都具有这样的二重性。

84 在对上面所说两点的认识的基础上，可以提出两个问题来讨论。第一个问题：既然不能拿施受关系来分别主语和宾语，可不可以用位置先后做标准呢？这里边包含三个问题。(1)可不可以把谓语动词前边的名词都定为主语？(2)可不可以把谓语动词后头的名词都定为宾语？(3)通常在动词之后的名词，在一定条件下跑到动词前边，是不是由宾语变成主语？我们的想法是：(1)主语得象个主题，那些‘望之不似’的最好不承认它是主语。在没有主语的情况下，也许可以承认它是一种‘假主语’。(2)动词后头的名词性成分大致有表示事物，表示时间、处所，表示数量三类。现在的语法书，有的把这些全归入宾语，有的只承认表示事物的是宾语，其余的是补语，有的说后者是居‘副位’，即作状语(大致如此，细节有出入)。我们觉得全看做一种成分好，但是不赞成叫做宾语(见下)。(3)对这个问题意见分歧最大，这里不能

一一列举。我们的意见简单点说是:如果代表事物的'宾语'跑到原来的主语的前头,就得承认它是主语,原来的主语退居第二(这个句子变成主谓谓语句);不合乎这个条件的,原来是什么还是什么,位置的变动不改变它的身分。

85 **宾语还是补语?** 第二个问题:既然宾语不跟主语相对,有没有必要还管它叫宾语?是不是换个名字好些?不错,'宾语'这个名字已经叫了多年,叫熟了,叫惯了,最好不改。可是从另一方面看,只要你保留'宾语'这个名称,人们就要拿它跟'主语'配对,就要找一个标准来区别它们,或是施受关系,或是位置先后;就不想到它们各有自己的对立面(一个是谓语,一个是动词),各有把自己区别于它的对立面的标准。因为'宾'和'主'相对,正如'阴'和'阳'相对,'负'和'正'相对,已经深入人心,牢不可破,不管你说多少遍'主语和宾语不是对立的东西'也没用。而且,由于历史的原因,要让'宾语'包括受事(以及比较接近受事)以外的事物也有困难;例如对于'施事宾语'就有人摇头。那末,不叫'宾语'叫什么呢?如果没有更好的名称,似乎不妨叫做'补语'。补语这个名称比宾语好,不但是不跟主语配对,而且可以包括某些不便叫做宾语的成分。至于现在通行叫做'补语'的东西怎么办,可以再研究。

不管是叫做宾语还是叫做补语,总之是品种相当多,活动能力相当强,是最值得研究的一种句子成分。这里不打算详细谈,等将来有机会的时候专门写一篇文章来讨论。

86 **补语。** 如果实行把'宾语'改个名字叫'补语',那就跟现在一般所说的'补语'发生冲突了。早先没有'补语'的名称,只有'补足语'。这'补足语'的内容跟后来的'补语'完全不同,相当庞杂:论成分,有是字后边的成分,有不及物动词后边的成分,有宾语后边的成分；论词类，有名词，有形容词，有动词。总起来分为‘主语补足语’和‘宾语补足语’两大类。按现在通行的体系，主语补足语或者归入宾语（名词），或者还叫补语（形容词）；宾语补足语连同它前边的宾语构成所谓兼语式。

现在通行的‘补语’也包括好几种东西。首先指的是‘走不了’的‘了’，‘走出来’的‘出来’，‘提高’的高，‘说清楚’的‘清楚’，‘打扫干净’的‘干净’这一类动词后加成分。我们在前边讲语法单位的时候已经说了，这样的动词短语实质上是一种复合动词，只能作为一个造句单位，构成一个句子成分，不该分成两个成分。其次，‘补语’又指动词后边的表示动量和时量的词语，如‘学一遍’的‘一遍’，‘学三年’的‘三年’。这是有人觉得把它们放在‘宾语’里边不合适，特意提过来放在‘补语’里的。其实只要稍微一琢磨，就会发现，‘学一遍|学三年’跟‘学理论|学手艺’固然不一样，可是跟‘学好|学通|学透’又何尝相近，也许还相去更远。如果要合并，还宁可把‘一遍|三年’合并于‘理论|手艺’，因为同是名词性词语。原先因为都叫做宾语，好象不相容，现在如果按前面的建议都叫做补语，应该可以相安。此外，有的语法书上把插入复合动词里边表示可能性的得和不也叫做补语，这样，‘站不起来’里边的‘站’字后边就有了两个补语，可是得/不有没有词的资格都成问题，即使不认为是语缀，也只能算个助词。在动趋式里，得/不可以和了替换（站不起来～站了起来），如果得/不是补语，岂不是也得承认了是补语？

把上面的几种补语都打发了之后，还剩下两种补语有待处理。一种是动词（以及形容词）加得之后表示结果或程度的词语，如‘好得很’的‘很’，‘等得不耐烦’的‘不耐烦’，‘嚷得嗓子都哑了'的'嗓子都哑了',等等。这一类成分似乎可以划归状语。觉得新鲜吗?不,这是早已有过的,不过那时候不叫做状语而叫做'后附的副词附加语'罢了。当然,这种放在后边的状语跟放在前边的状语的意味有所不同,只有表示结果和程度的可以在后,但这正是所以出现在不同的位置上的原因;尽管位置有先后之分,所用的词语却是往往相似(如'慢慢地说'和'说得慢'),作为同类的成分是没有什么不可以的。

有几位语法学家认为这一类成分是一种谓语,主语是一个主谓短语,这种句子是'主谓谓句'(跟'主主谓句'可以配对儿),这种主谓短语不同于一般的主谓短语在于有一个后缀性的得字。这种看法不为无理。有人更进一步,说这个得就是 de,这里的主语不是主谓短语,而是名词性的 de 字短语,那就有点不合乎实际了。

另一种是动词后边的形容词(可以扩展成短语的),例如:'她不算太胖|他的态度显得很不自然|我去晚了|路走多了|鞋买小了'等等。这些形容词(短语)在早期的语法著作里属于主语补足语,后来的书上有称之为表语的。这一类成分是从来没有人把它收进宾语去的;如果把宾语改称补语,似乎可以容纳这一类成分。要是这样,新的'补语'里边除事物补语、时地补语、数量补语之外,还得包括这一类'性状补语'。这是一种办法。如果要把补语限制在名词性词语的范围之内,这一种成分就只好也归入状语。

有人要说,状语是修饰动词的,这里的'胖|不自然'等等,不修饰前边的动词,而是指向动词前边的主语,怎么能叫做状语呢?那么,我们就得修改状语的定义,说是动词后边的状语可以不描写动词本身而描写动词前边的主语。前面那种位于带得的动词后边的状语也有类似的情况,例如'他的书架收拾得十分整齐',

'整齐'也不是描写'收拾'这个动作而是描写被收拾的'书架'。

上面这两种成分，如果觉得既不好归入新的补语，又不好归入状语，就得另立名目。

87 **状语。** 状语一般指动词前边的修饰性词语。刚才所说的动词（带得和不带得）后边的状语可以叫做后置状语，它的性质也是修饰性的。除修饰性的状语外，还有起关联作用的状语，如'首先|最后|同样|反之|此外|例如|特别是'等。此外还有有的语法书上称之为独立成分的词语，如'奇怪|可惜|幸而|可见|据说|看起来|老实说|俗话说得好'等，也可以归入状语，是评注性质的状语。修饰状语是动词的连带成分，关联状语和评注状语则属于全句，是在划分主谓之前就得先划出去的成分。

88 **介系补语。** 动词前边常常有一个介名短语，这是不是它的状语呢？现代汉语的介词绝大多数是从动词演变来的，至今还或多或少保留着动词的性质，例如不少介名短语可以做谓语：'每次发货，他都按照规定的手续'（参看45节）。有些语法学者强调介词的动词性，甚至认为跟一般动词没有分别，把介名短语作为连动式的一部分。多数语法书则说介名短语在动词前是状语，在动词后是补语。介名短语作为状语，对于别的介词还说得过去，对于把，被，由等有点说不过去，因为这几个介词引进的施事和受事都紧贴着动词，语义贯通，很难说是仅仅起修饰作用的状语。我们认为首先应当研究一下介名短语里边哪是主要成分，是那个介词啊，还是那个名词？无疑是那个名词。那末，最合理的办法是把动词前后的介名短语都当作一种类型的补语，——介系补语。有些有名词变格的语言，有的格前边不能有介词，有的格前边必须有介词，有的格前边可以有介词也可以没有介词，可见介

词的有无不足以把后边的名词区别为截然不同的两种成分。古汉语里最常用的介词是于字,很多地方这个于字可用可不用,这个习惯现在还残留在'宣传群众|忠诚党的教育事业'这些例子里。现代汉语里的在字也有类似的情况,如'坐[在]床上|掉[在]地下'。

89 '六大成分'还有两种没有谈到,谓语和定语。关于定语,没有什么需要特别讨论的,只要记住:定语只是名词短语的一个成分,不是句子的直接成分,一般不影响句子的格局。关于谓语,一向有一个容易引起混乱的问题,就是指大('完全谓语')还是指小('简单谓语')。这在前边已经谈过,一切成分都以指大为妥。此外还有三个与谓语有关的问题:一个是'述语',一个是是字,一个是主谓短语做谓语。

述语? 述语原来是谓语的别名。最早用'谓语'的是英文汉诂(1904),最早用'述语'的是新著国语文法(1924)。过去的语法著作里没有同时用这两个名称的。最近才有既用谓语又用述语而给以不同的定义的:谓语和主语相对,一块儿构成一个主谓结构;述语和宾语相对,一块儿构成一个述宾结构。这是从严格区分词类名称和结构成分名称出发,用意是很好的。但是贯彻起来不无困难。一则名目太多。假定一共区别出六种结构,就要有十二个名称。其中除主谓结构的两部分不能借用词类名称外,其余的都可以用词类名称代替一种结构的两方的一方,如名词和定语,动词和宾语,等等。二则有的结构还非用词类名称不可,例如'数量结构','介词结构'。('并列结构'离不开词类名称,又当别论。)这样,要不要在'谓语'之外再引进'述语',是值得再考虑的。

90 **是字句。** 是字的最常见的用法是放在两个名词(词或短语)中间。前边的名词是句子的主语,没问题。后头的名词呢?

就不一其说了。老一点的说法认为是是系词或同动词，后头的名词是补足语或者叫做表语。后来出来过一种说法，认为是跟一般动词没有什么不同，后头的名词是它的宾语。现在比较通行的说法是这种句子用名词做谓语，是是判断词，一种特殊的动词，判断词加名词构成一个'合成谓语'。

这种种不同的说法，关键在于对是字性质的认识。是字的性质跟一般动词又相同又不相同。侧重相同的一面，就说后边的名词是宾语或补足语；侧重相异的一面，就说是字后边的名词是谓语，是字只是起联系作用。这些都还只是就是字后边是名词的句子说，但是是字后边也常常出现动词或形容词，如'他是不知道，不是故意'；有时候也出现介名短语或者带连词的小句，如'我第一次看见他是在成都|我找你是因为有人托我带东西给你'；有时候是字还会出现在句子头上，如'是我搞错了'。这种句子里边的是跟名词谓语前边的是相同还是不相同？有一种相当流行的看法，认为这个是字的作用是表示强调，是一个副词。然而强调作用和判断作用很难划清。有人说可以用重读不重读来分别，事实上名词谓语句里的是字在必要的时候也可以重读，非名词谓语句里的是字一般也不重读。象上面举的例句，正常的说法，重音分别落在知，意，都，东，错这些字上；强调的时候重音也不一定准落在是字上，如'他'是不知道'不是故意|'是我搞错了～是'我搞错了'（另外两句更不大会重读是字）。副词说既然不大站得住，能不能把是字的用法一元化呢？好象没有什么不可以。是字的基本作用是表示肯定：联系，判断，强调，都无非是肯定，不过轻点儿重点儿罢了。在名词谓语句里，因为用是字为常，不用是例外，它的肯定作用就不显著，好象只有联系的作用；在非名词谓语句里，因为

一般不用是字，是字的肯定作用就比较突出。但是是字的肯定作用的强弱是渐变的，不是顿变的，跟不同句式的相关也只是相对的，不是绝对的。这样看来，完全有可能把是字的用法统一起来。这个统一的是字，它的后头可以是名词，也可以是动词，形容词，或其他词语。这样，要说是字后头的成分是宾语或者表语都有点不合适，还是认为是谓语较好。可是这主谓之间的是字算什么成分呢？有点不大好说。合成谓语说是想滑过去，很多人不满意。我想提议把这个是字叫做'前谓语'，意思是：它是谓语的一部分，但不是谓语的主要部分，是各种谓语类型的句子里都可以出现，而名词谓语句里经常出现的。

91 **主谓短语作谓语。**汉语里边有主谓谓语句，现在已经没有人否认了。可是这种句式的范围有多大，内部结构能复杂到什么程度，看法还不一致。有人认为凡是动词前边的名词都是主语，有几个名词就有几个主语。比如'这事儿我现在脑子里一点印象也没有了'这么一句话，先是'这事儿'，然后是'我'，然后是'现在'，然后是'脑子里'，然后是'一点印象'，前前后后一共五个，挨个儿当主语，而谓语则是从'我现在脑子里一点印象也没有了'逐步缩小，缩到最后一个是'也没有了'。这就大大扩大了主谓谓语句的范围，会不会把一些有用的分别弄模胡了？我们的意见，既然动词之前除主语外还允许出现补语，那么只有不能用'主——补——动'句式来说明的才是主谓谓语句。说得更具体点，(1)主谓谓语句里的小谓语不是动词谓语，(2)小谓语是动词谓语，但主语不能跟这个动词挂钩。这样，下面的句子是主谓谓语句：'这一次分配来的知识青年，上海的最多|[用这种办法来领导，]谁还思想不通呢？|无线电我是门外汉'(以上合乎第一个条

件）；‘这个问题他心里已经有底｜什么事情她都抢在前头｜这个地方我认为比杭州还好’（以上合乎第二个条件）。反之，‘我们一个会也没开｜我三块钱买了一本词典｜他这一回代表没选上，’都不是主谓谓语句。同样，‘[要人，]我第一个报名｜他嘴里不说，心里明白’等等也不是主谓谓语句。比较难于决定的是受事作主语而施事补语在动词之前的句子，例如‘这些书他全看过’。按说这也可以归入‘主——补——动’句式，但是从两点考虑又似乎归入主谓谓语句较好。一，主谓谓语句的作用，说明性多于叙述性，这个例句也是说明性多于叙述性。二，主谓谓语句往往在大主语之后出现停顿，这个例句也是这样。但是这两点都是相对的，不是绝对的，难以作为划分句式的标准。另一方面，如果把这一句归入主谓谓语句，有一系列句子不好决定，因为其中动词前边的名词可以解释为施事补语，也可以解释为工具补语，例如：‘战士们头淋着雨，脚踩着烂泥｜这种人手不能提篮，肩不能担担｜他一只手牵着一个孩子，’等等。这倒是有点两头儿为难。

92 **连动式。**现在来谈谈连动式和兼语式，两个经常引起争论的谓语类型。自从连动式出现在语法著作中以来，一直有人要取消它，也一直没取消得了。要取消它，因为总觉得这里边有两个（或更多）句子成分；取消不了，因为典型的连动式很难从形式上决定其中哪一部分是主体，哪一部分是从属。不少人主张把连动式的前一部分作为状语。不错，很多连动式是前轻后重，例如‘坐车回家｜赶着做活。’可是前重后轻的情况也不少，例如‘买菜去｜写个信[去]试试｜说着玩儿。’还有前后难分轻重的，例如‘躺着不动｜这东西留着有用｜喝酒喝醉了。’看样子连动式怕是要终于赖着不走了。剩下的问题就是要给它划定界限。凡是能从形式上划成别的结构的，就给划出去。留下来的，尽管有的能从意义上分别两部分的主次，还是不妨称为连动式，同时说明意义上的主次。

93 **兼语式。**在‘兼语式’出来之前，语法书上认为这种结构是：动词＋宾语＋宾语补足语。兼语说出来之后，宾补说似乎过时了。然而兼语式也仍然一直有人要取消它，也一直到现在没取消了。兼语式跟连动式一样，有跟别的结构划界的问题。首先是跟主谓短语作补语（宾语）的区别。一个办法是用可能的语音停顿（实际是拉长）来辨别，如：‘我知道——他走了’（主谓作宾），‘你通知他——来开会’（兼语式）。有时候好象两处都能停：‘我看见他——从食堂里出来|我看见——他从食堂里出来。’于是又有一个办法，看能不能改变语序，如：‘他走了，我知道，’行，原句是‘主谓作宾’；‘他来开会，你通知|他从食堂里出来，我看见，’都不自然，原句只能是兼语式。但是这也不完全可靠，例如‘连省里的报纸都在表扬你们创造了新记录，’一般认为是兼语式，然而可以改变为‘你们创造了新记录，连省里的报纸都在表扬。’另一个问题是跟双宾语划界。这本来不难，只要看‘兼语’跟后边的动词有没有主谓关系，但是有人要扩大双宾语的范围，就把问题闹复杂了。例如‘我托你带给他’是兼语式，不必比照‘我托你一件事，’把‘带给他’也作为一个‘宾语’。总的说来，兼语式的划界还不是太难。

94 比较严重的问题是兼语式不适合层次分析。兼语式的定义就是一个动宾结构套上一个主谓结构，画个图就是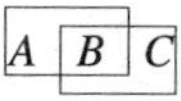

。这怎么适用‘二分法’呢？这倒是主张取消兼语式的一个有力的理由。要是取消兼语式，一个办法是回到宾补说，虽然宾补说如何适应层次分析也是个问题。另一个办法是承认这也是一种主谓短语作补语（宾语）的格式，虽然在语音停顿上跟一般的主谓短语作补语有点不一样。‘你通知他来开会’，‘他来开会’是‘通知’的预期结果，是一种结果补语。（代表具体事物的结果补语如‘写篇文章’的‘文章’，‘修条马路’的‘马路’，在句子里的活动方式跟一般受事补语没什么两样。）‘我爱他老实’，‘他老实’是‘爱’的原因补语（类似‘帮忙’的‘忙’）。这些是兼语式中最重要的两类。

95 还有一类句子通常也包括在兼语式里边：‘她有一个儿子参了军。’这没有问题，可是引起别的问题。兼语式可以用公式‘名$_1$——动$_1$——名$_2$——动$_2$’来表示，其中名$_2$是动$_1$的受事，又是动$_2$的施事，动$_2$跟名$_1$没有关系。有些句子里边，动$_2$不仅跟名$_2$有关系，跟名$_1$也有关系，如‘我有一期画报丢了。’通常说这是连动式，其实跟一般连动式不一样，是连动式兼兼语式，如果我们不把名$_2$对动$_2$的关系限于施事的话。这一句里‘画报’是‘丢’的受事，别的句子里还可以有别的关系，如‘我有办法叫他来’（工具），‘我这儿有人说着话呢’（交与），‘你完全有理由拒绝’（理由），‘我们有时间做，可是没有地方放’（时间、处所）。

96 **动词之后。**兼语式问题实际是动词的后续词语这个总问题的一部分。各种情况大致如下：

(1)他已经写了一篇。（后续名词）

(2)他答应另写一篇。（后续动词，施事同于句子主语）

(3)他允许另写一篇。（后续动词，施事异于句子主语）

(4)他同意另写一篇。（后续动词，施事同或异于句子主语）

(5)他答应我另写一篇。（后续一名一动，动的施事同于句子主语）

(6)他允许我另写一篇。（后续一名一动，动的施事同于名）

(7)他问我一个问题。（后续二名）

(8)他问我[他]可不可以去。（后续一名一主谓语，主语同于句子主语，省）

(9)他问我[我]去不去。(后续一名一主谓语,主语同于名,省)

(10)他问我[我/他]能不能去。(后续一名一主谓语,主语同于名或句子主语,省)('我'后的'能'和'他'后的'能'意思不同。)

(11)他问我你去不去。(后续一名一主谓语,主语不同于名或句子主语)

(12)我找个人教你。(同(6),但可以留名去动)

(13)我找个人问个问题。(后续一名一动,动的施事同于句子主语)

(14)我找个人一块儿去。(后续一名一动,名与主语共为动的施事)

(15)我找本书你看。(后续一名一主谓语,名为主谓语中动词的受事)

(16a)咱们找个地方说说话儿。(后续一名一动,动的施事同于句子主语,名为动的处所补语)

(16b)咱们另找时间谈吧。(同上,名为动的时间补语)

(16c)咱们想个法子通知他。(同上,名为动的工具补语)

这些句子的相互关系如下图:

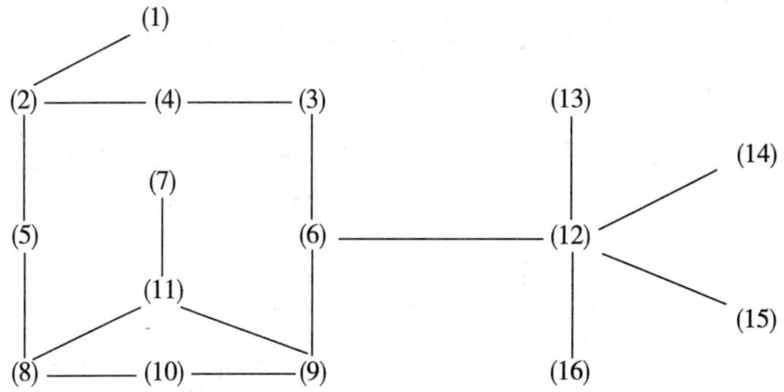

这里边,按现在通行的说法,有的是一个'宾语',有的是'双宾语',(6)和(12)是'兼语式',(9)是否兼语式不明确,(13)(14)(16)是'连动式',同时也该算是'兼语式',因为后续名词跟后续动词不是没有关系。从这些例子可以看出来,光靠'宾语','双宾语','兼语'这几个概念不足以辨别这种种情况。

97 **单句？复句？** 最后谈谈单句复句的问题。单句复句的划分是讲汉语语法叫人挠头的问题之一。1957 年曾经在刊物上展开讨论，最后也没有得出比较一致的意见。区分单句和复句，涉及三个因素：一，只有一个主谓结构，还是有几个主谓结构？二，中间有没有关联词语？三，中间有没有停顿？这三个因素正负交错，能有八种情况，加上有时候主语不好确定，问题就更加复杂了。拿最常见的问题做例子，'她不说话，只顾笑，'有人认为是复合谓语的单句，有人认为是复句，第二个小句的主语承前省略。光就这个句子说，两种主张难分高低。同样格局，换个例子，'他呀，一天到晚写，写，写，'似乎单句说比复句说强。可是，'他就是爱打乒乓球，下了班到处拉人打球，外带能赢不能输，输了一定得再打下去，非赢一盘不罢休，'跟前边的两句一样，也是只有一个主语，却又似乎单句说不如复句说。往往是这样：不能拿一个句子跟另一个句子比较，一比较就叫人为难。比如，'有一个孩子正在横过马路，他赶紧煞车，'和'他看见有一个孩子正在横过马路，赶紧煞车，'用主语是否一贯来分别单句和复句，那末第一句是复句，第二句倒是单句。又比如，'你呀，喜欢就买，不喜欢不买；我呢，便宜才买，不便宜不买。'分号前后两个句子的格局十分相似，可是如果光拿一个还是几个主语做标准，那么，分号前边的一句，主语'你'一直管到底，因而是单句；分号后边的一句，主语'我'只管住'买'和'不买'，'便宜'和'不便宜'另有没露面的主语，因而是复句。西方语言里边，如果两个小句的主语不同，一个也不能省略，汉语却不是如此，后一小句的主语常常借用前一小句的某一成分，甚至无所承接也可以省略。例如：'他十分信服老队长，吩咐他做什么，总是话才出口，抬腿就走|他还说我表扬不得，一

表扬就翘尾巴，净给我吃辣的。'如果承认这样的句子是复句，而对于后一小句的主语同于前一小句因而省略的句子，非咬定它是单句不可，就未免有点不那么公平合理了。

以上是拿主语是一个还是几个这个标准来说。要是拿有没有关联词语这个标准来说，同样有露面不露面的问题。并且这两个标准会闹矛盾，例如两个小句共一个主语，但是中间有连词。拿有无停顿做标准也一样。总之，像汉语这种不爱搞形式主义的语言，要严格区分单句和复句，确实是一件相当困难的事情。下面再举几个句子，看是单句还是复句。

> 十月革命一声炮响，给我们送来了马克思列宁主义|生产资料少一点也可以组织合作社|1977年比1958年，茶园面积扩大了3.3倍|帮助他们学会说话，语言科学工作者是有责任的

98 **句子的复杂化。**要让我说，尽管哪是单句哪是复句的问题还可以继续探讨，却也不妨把眼界放宽些，研究研究句子结构的复杂化和句子格式的多样化。让我们先用一个例子来说明句子是怎样复杂化的。

(1) 闰土的心里有某些事
— (2) 这些事是希奇的
(3) 闰土的心里有些希奇事
— (4) 这些事是无穷无尽的
(5) 闰土的心里有无穷无尽的希奇的事

(6) 我的朋友不知道某些事
— (7) 这些朋友是往常[结交]的
(8) 我往常的朋友不知道某些事
(9) 某些事是我往常的朋友所不知道的

(10) 闰土的心里有无穷无尽的希奇的事，[这些事]都是我往常的朋友所不知道的。

句子的复杂化不外乎三个途径：一，添枝加叶；二，局部发达；三，前后衔接。在上面的例子里，(1－3－5)是主干，(2)(4)是枝叶；同样，(6－8)是主干，(7)是枝叶：这些是添枝加叶的例子。(5)加(9)成(10)，这是前后衔接的例子。局部发达指的是某一个句子成分特别复杂，上面的例子里没有；如果把(10)的前半句里的有改成的，拿前半句代替'[这些事]'做后半句的主语，那就多少有点像。上面例子里从(8)到(9)不是句子复杂化的例子(没有增加什么)，乃是改变句子格式的例子。

上面这个例子所显示的步骤，跟直接成分分析法恰好相反，那里是从整到零，这里是从零到整，那里是分析，这里是综合。跟所谓句本位分析法，先找核心成分然后逐步添加其他成分的办法比较，倒有几分相似。不同的是那种分析法每走一步都得说出一个句子成分的名目，交代一种结构关系，而这里完全免了。这个办法拿来教儿童造句，也许比较容易领会。

99 **句子格式的变化。**句子不光是可以复杂化，还可以多样化。句子的基本格式是有限的，可是实际出现的句子不都是那么一板三眼，按谱填词。(要是那样，说话写文章就太苦了。)下面举几个不那么'循规蹈矩'的句子，供读者研究(还可以参考97节末了的那些例子)。第一句略加说明，作为举例。

(1)看书写文章，他都在晚上。(＜他看书写文章都在晚上＜他看书在晚上，写文章也在晚上＜他[在]晚上看书；他[在]晚上写文章)

(2)你真行，一讲就是三个钟头。

(3)你去太原是明天还是后天？

(4)她家养了一黑一白两只鸡。

(5)他跟赵司机的车，这回还是第一次。

(6) ‘巴扎’是维语,汉语是集市的意思。

(7) 对于工作,他是越多越好,越难越好。

(8) 舒舒服服学不了大庆,轻轻松松改变不了面貌。

(9) 这是当教师的人都有过的经验,不过这个过程有人长有人短罢了。

研究句子的复杂化和多样化,可以说是在静态研究的基础上进行动态的研究,是不仅仅满足于找出一些静止的格式,而是要进一步观察这些格式结合和变化的规律。怎样用有限的格式去说明繁简多方、变化无尽的语句,这应该是语法分析的最终目的,也应该是对于学习的人更为有用的工作。

附　注

(数码指正文内的节次)

[5] 汉语里没有发达的形态变化,可以分三点来说。(1)有形态标志的语法范畴不多,有些重要的语法范畴在汉语里全无表示,例如名词、形容词的‘格’,动词的‘时’和‘人称’。(2)某些可以算做形态标志的东西,不是对于一种语法范畴普遍适用,而是有条件。例如们,可以算做复数的标志,但是(a)只有指人的名词可以带们,指物的就不行;(b)带们的名词只能出现在主语的位置上(社员们都在那里修渠),不能出现在谓语的位置上(在那里修渠的都是社员[×们])。(3)有一定程度的任意性。例如:大院里的孩子[们]都听石爷爷的话|带回来[了]两张参观券。

早先有些外国汉学家爱用西方语法体系来套汉语。拿 de 字做例子,他们说名词和人称代词后边的 de 是‘属格’的标志,形容词后边的 de 是‘形容词词尾’,动词和动词短语后边的 de 是‘关系代词’,

把一个有统一的作用的 de 字搞得四分五裂。绝大多数语言学家是反对用一种类型的语言的语法去讲另一种类型的语言的语法的。不光是不能用西语套汉语，也不能用汉语套西语。例如 O. Jespersen 在语法哲学 39 页的一条脚注里说到他的语法分部理论曾受 Gabelentz 的汉语语法的影响，接着说：'但是汉语全然没有屈折变化，一切都跟我们西方语言不同，语序和"虚"词构成语法的全部，因而 G.的体系不能毫无改变地用到我们的语言上来。'

[7] 著名语言学家 Roman Jakobson 有一句名言：Language without meaning is meaningless（没有意义的语言是不可思议的）。

[9] '语素'和'词素'都是 morpheme 的译名。morpheme 有过三个译名：形素，词素，语素。三个译名都对，因为 morpheme 这个术语先后有过三种意义。(1)最早指一个词里边的形态成分，跟表示实在意义的 semanteme 相对。例如 J. Marouzeau 的语言学名词词典（1951 增订三版）和 J. Vendryes 的语言论（英译本，1925）里边都用的是这个意义。这个意义的 morpheme 译做'形素'最合适。(2)稍后又用来指一个词的组成部分，不管它的意义是虚还是实。例如苏联科学院出版的三卷本俄语语法（1953）里边就用的是这个意义。这个意义的 morpheme 译做'词素'最合适。(3)最后出现、现在最通行的意义是指最小的有音有义的语言单位，不管它是词还是词的部分。这个意义的 morpheme 译做'语素'最合适。(2)和(3)的意义似乎相差不多，实际不然。'词素'是从'词'分解出来的，没有'词'就谈不上'词的组成部分'。'语素'不以'词'为前提。完全可以设想有一种语言只有语素和它的各种组合，在一定条件下形成句子，没有'词'这样的东西。所谓'多重综合语'就接近这种状态。

[16] 参看本书 370 页说‘自由’和‘粘着’。

[18] 这里所说‘词根’跟西方语言里的‘词根’的意义稍有不同，西方语言的构词以派生为主，跟词根相对的是词缀，汉语构词以复合为主，跟词根相对的是‘根词’，即既能单用又能构词的。

[21] ‘词汇的词’和‘语法的词’的矛盾，早就有人说过。例如 Charles Bally 在他的一般语言学和法语学(1944 第二版)466—470 节里就认为法语里 mot(词)这个字的意思太笼统，在他的书里管‘词汇的词’叫 sémantème(这可跟 Morouzeau 和 Vendryes 的 sémantème 不一样)，管‘语法的词’叫 molécule syntaxique(句法分子)。除了词汇的词和语法的词之外，还有书写的词即正字法的词。汉语目前还是用汉字书写，‘字’和‘词’不一致已经到了非用两个不同的名称不可的程度。(用不同的名称是为了避免混淆，但是在对语文问题不怎么注意的人中间，二者还是常常混为一谈的。)即使将来改用拼音文字，能否使书写的词和词汇的词完全一致，也还要等实践来解决。用拼音文字的语言如英语等，正字法的词和词汇的词也还不能完全一致。M. A. K. Halliday 等三人合著的语言科学和语言教学(1964)中就说英语里‘word’这个字有语法上、词汇上、正字法上三种不同的意义，因而在讨论语言时引起混乱(36 页)。

中国语文 1954 年 4 期有一篇彭楚南：两种词儿和三个连写标准，那里边所说的两种词是‘形式词’和‘理论词’，实际上也就指的是正字法的词和语法的词。过去讨论‘词’的问题老是跟拼音连写问题搅在一起，往往是先考虑什么样的一个片段最好连起来写，使用方便，然后想方设法从语法上‘证明’它是一个词。这就难免有时候要强为之说，引起非难。如果认清正字法的词和语法的词不是一回事,连写与否只需要从正字法的角度考虑,不勉强语法理论去为正字法服务,就可以省去许多无谓的笔墨。

[24] 关于单音形容词和名词组合不很自由,可以看朱德熙:现代汉语形容词研究(语言研究,1期,1956)和本书327页,单音形容词用法研究。

[25] 关于有de字和没有de字是两种不同的结构,可以参看范继淹:形名组合间'的'字的语法作用(中国语言,1958年3期)。

[25,26] 如果一种语言里的'词'的结构比较简单,它的'个儿'比较小,那么词和句子之间的距离就很大,把这中间的不同繁简程度的片段都叫做'短语',在运用上是不太方便的,因而有些语法学家就针对这种情况想办法。例如R. Quirk等四人合著的当代英语语法(1972)就根据英语的情况,把名词短语分为基本名词短语和复杂名词短语,又扩大动词的范围,把某种类型的动词加介词、动词加形容词、动词加助词(指别的书上划归副词的up等)全叫做multi-word verbs(多词动词)。

[27] 有少数动名组合,如'注意',有两种用法,既可以说'注点儿意',又可以说'要注意天气变化'。这得承认有两个'注意',一个是动宾短语,一个是单词(及物动词)。

很多动名组合,两个成分或其中的一个不能单用,因而整个组合一般也不拆开用,可以当作一个词看待。但是要拆开也很容易,例如:

> 努力:还要大家努一把力|赌气:你这是赌的哪家子的气?|报名,过期:去年报名过了期,今年报上名就有希望了|谢幕:一连谢了三次幕|裁军:裁军必须首先裁超级大国的军

这一模式在现代口语里占很大优势,许多不是动宾结构的词被人

们当动宾结构来用，例如：

考完试|登个记|我跟他同过三年学|好！我赞你的成！|就这么定了，甭再考什么虑了！

[30,31] 各家对于主谓结构的分类大致有甲、乙、丙三种，如下：

例：(1)我知道他要去。

(2)他要去的地方很远。

(3)他要去就让他去。

(4)他要去，他爱人不想去。

	(1)	(2)	(3)	(4)
甲	小句(名)	小句(形)	小句(副)	小句
乙	子句(名)	子句(形)	从句	分句
丙	主谓短语	主谓短语	分句	分句

甲种分类法是西方语法书中最通行的一种。最近有些书上把小句的范围扩大，包括别的书上的动名词短语、分词短语等等。我国语法学者有把小句改称句子形式而分别'首品'、'次品'、'末品'与'平等'的，实质上跟上面所列甲种分类没有分别。乙种分类法首先分别子句和非子句。前者又分别'名'和'形'，都是作用等于一个词，作为一个句子成分的。后者都是作为句子的一个部分而不是作为一个成分的；没有一个总名，在主从复句内分别主句和从句，在并列复句内都是分句。丙种分类法把(1)(2)和(3)(4)区别开来，跟乙种分类相同，但是把(1)(2)划归短语，跟乙种分类不同。有的语法著作里把(1)(2)(3)(4)都称为主谓结构，但同时认为(3)(4)是分句。

[33] 赵元任在两篇文章里谈到划分单位的问题，立论颇为通

达。(A)‘然而与其说这是一个实质问题，毋宁说这是一个名称问题，因为，如果所有的单音节(除上述例外)都算做词，研究它们的关系都算句法，那末我们就得在句法中再分平面，有的单位是别的单位的组成部分。因而，我们愿意分别称之为(1)粘着语素，词，短语，还是愿意分别称之为(2)词，紧密短语，松散短语，这在一定程度上是一个怎么方便怎么办的问题’。(国语结构不同层次中形态上跟意义上的参差，载历史语言研究所集刊第二十八本)(B)‘我们为什么要在汉语里寻找那些存在于别的语言里的东西呢？进一步研究的更有成效的途径应该是，决定在那些单音字儿和句子之间有哪些类型的中间单位，而把管这些类型的单位叫什么这个问题放在次要地位去考虑。’(中国语文里节奏与结构的观念，载台湾大学考古人类学刊第三十七、三十八期合刊)这两篇都是用英语写的，引文是译文。

关于单语素词的活动受限制，可以参看本书415页现代汉语单双音节问题初探。

[36] 用形态作为分类的根据，例如古代希腊的有名的语法学家Dionysius(公元前第二世纪)在他的书里把古希腊语里的词分为八类：

(1) 名词：有格的变化。

(2) 动词：没有格的变化，而有时、人称、数的变化。

(3) 分词：兼有动词和名词的特点。

(4) 冠词：位于名词之前和之后，有格的变化(此类包括希腊语里边的有定冠词和关系代名词)。

(5) 代名词：用来代替名词。

(6) 前置词：在造句和构词中用于别的词类之前。

(7) 副词：没有格的变化，附属于动词。

(8) 连词:连接思路,填补理解中的缺口。

古代罗马的有名的语法学家 Varro(公元前 116—27)在他的书里把拉丁语的词分为四类:

(1) 有格变的词——名词。

(2) 有时变的词——动词。

(3) 有时变又有格变的词——分词。

(4) 没有格变也没有时变的词——连词和副词。

以上转引自 R. H. Robins,古代和中世纪欧洲语法理论 40 页,54 页。

[50] 金兆梓的主张见国文法之研究,113 节:'第五须声明的,就是介词联词和向来讲文法的所谓介词联词不同。向来所谓介词是单表字与字的主从关系的,联词是表句与句联接的关系包括主从[和]衡分的,而且又包括字与字衡分关系的。这里所列为介词,不论介字或介句,只要是表主从的关系,都叫他介词。……所以我这里的介词联词是主从连合与衡分连合的分别,不是字与句的分别……'

陈承泽在国文法草创介字章注三十八(1957 年重印本 61 页)里说:'有人将与字全认为连字,亦有全认之为介字者,说明上均有不便之处。'后半句当是指马建忠,前半句可能是指金兆梓(国文法之研究出版于 1921 年,国文法草创出版于 1922 年)。

瑞典语言学家 A. Noreen 在他的大著我们的语言(1903—18)中讲到这个问题,认为连词和介词的合理区分应当是把连词限于连接小句的,分为并列连词和主从连词;把连接两个词的连词分出去,和介词合称'傍词'(apudpositions),也分为并列和主从两类,后者即原来的介词。他的连介系统列表如下。(转引自 Rudolf Magnusson,词类理论的研究(1954),63 页。)

	连接词与词	连接小句与小句
总　　　名	apudpositions	conjunctions
连接并列成分	sepositions	objunctions
连接主从成分	prepositions	subjunctions

[53] 关于词类的活用和转变，陈承泽在国文法草创中有很细致的论述。简单点说，他分别四种情况：(1)本用的活用(共九种)，如'白马之白也'的第二个白字；(2)一般的非本用的活用(共九种)，如'晚来天欲雪'的雪；(3)特别的非本用的活用(共四种)，如'彼白而我白之'的第二个白字；(4)变义，如恳由忠实之义变为请求之义。

Rudolf Magnusson 在词类理论的研究中认为从纯动词到纯名词是一个渐变的过程，经过一系列的阶段，摘记以供参考。(作者根据他的理论，从名词出发，逐步接近动词，下面依照他的顺序，见原书 84—87 页。)第一阶段是纯粹的动名词，限于跟形容词和不及物动词相应的，不受副词修饰，不能带施事。第二阶段是跟及物动词相应的动名词，能带不定式或小句作为它的受事。第三阶段以希腊语、德语中的不定式为代表，可以带各种受事和补语、状语，但也可以带定语。第四阶段以拉丁语、哥特语、瑞典语、英语、法语中的不定式为代表，一切与上项相同，但不能带定语，在这一点上与名词的距离又加大一步。第五阶段以英语的动名词(gerund)和西班牙语的不定式为代表，比上项更接近动词在于能带施事，但仍然不能有人称和单复数的变化。第六阶段以葡萄牙语的不定式为代表，已经有复数和第二人称单数的语尾。但作者也承认情况极为复杂,很难安排出一个逻辑上令人满意的表明逐步过渡的系统(88 页)。

O. Jespersen 创立'三品'说,一方面是为了解决词类活用问题,另一方面是为了把短语以及小句的句法功能跟词类的句法功能统一起来。另外有一些语法学家在名词、形容词、副词之外应用名词性成分(nominal),形容词性成分(adjectival),副词性成分(adverbial)等术语,用意与 Jespersen 的三品说相同。但是 Jespersen 把三品的理论扩大到主从关系之外,应用到主谓关系上去,这是三品说招致非难的主要原因。

[60] 主谓短语和动词短语可以相通,参看附注[96]。'省去主语的主谓短语',至少在字面上是自相矛盾的。如果不把里边的'主'叫做'主语',而说它是动词的施事补语,那就可以把'主谓短语'纳入动词短语之内,补语本是可有可无,无所谓省略的。

[68] L.Bloomfield 在语言论中区别结构关系为两大类:(1) endocentric(内中心),整个结构跟它的所有成分或成分之一属于同一个'形式类';(2) exocentric(外中心),整个结构跟它的任何一个成分都不属于同一个'形式类'。前者又分为并列和主从两类。L. Hjelmslev 在语言理论序论中把结构关系分为三类:(1) interdependence(互依),两个成分互以对方为前提,即有甲方有乙,有乙方有甲。(2) determination(偏依),一个成分以另一个成分为前提,但反之则不然,即有甲方有乙(有乙必有甲),但有甲不一定有乙。(3) constellaton(相容),两个成分不以任何一方为另一方的前提,但不相排斥。这两家用来区分结构关系的原则不同,结果却是基本上一样。Hjelmslev 的互依关系相当于 Bloomfield 的外中心结构,H.的偏依关系相当于 B.的内中心结构(主从),H.的相容关系

相当于B.的内中心结构(并列)。

[71] 语法分析的过程,可以从听话人的角度来看,也可以从说话人的角度来看。听话的人接触到一连串的声音,听完了,听懂了这句话的意思,这是一个由形式到意义的过程。说话的人相反,先有一个意思,然后借助于一连串的声音把它说出去,成为一句话,这是一个由意义到形式的过程。无论是说的人还是听的人,都得掌握这种语言的语法体系才能胜利地完成说或是听的过程。(当然还得掌握这种语言的语音体系和词汇,这里只讲语法。)这个语法体系是怎么获得的,有人说是靠无数次的'反复试验'积累起来的,有人说是人类的脑子里有一个先天形成的(遗传的?)抽象的语法体系,儿童接触实际语言就把它具体化了,成为某一种语言的语法体系。持有前一种见解的人大多强调各种语言的语法的殊异性;持有后一种见解的人则强调各种语言的语法的共同性。多数语言学家,特别是结构主义学派,主张前者;转换生成语法学派主张后者。这两种主张分别跟哲学上的经验主义和理性主义相联系。

'反复试验'(trial and error,尝试和错误)是人类以及别的动物的生活中经常运用的手段,说话和听话也不例外。一个人听人说话,听了一个词,根据他的语法和词汇知识预期底下可能是一个(或哪几个里边的一个)什么词,也许猜对了,也许猜错了,一个个词顺次猜下去,猜测的范围逐步缩小,猜对的机会逐步加多,最后全对了,就叫做听懂了。听完了还不完全懂,这种情况也常见,多半由于说话的人说得不周到。说话也经历类似的过程,起头说的时候不一定'成竹在胸',而是一边说一边挑选字眼儿,说完才算数。一句话说了一半另外起头的情形是常有的,甚至一而再,再而三地另外起头,最后还是不成一句完整的话。中间搭上许多嗯,啊,这个…这个…，也是很普通的现象。有时候把一句话想好才说出去(例如做学术讲演的时候)，那也不是没经过‘反复试验’，只是预先在脑子里进行罢了。

人们怎样学会一种语言，以及临时怎样说，怎样听，这些都是心理语言学(从前叫做语言心理学)及其分支神经语言学所要研究的问题。

对于怎样进行语法分析，不同的学派有不同的主张。传统学派的语法学家不怎么在方法论上寻根究底。‘这里有一个句子，咱们来分析。喏！这是主语，这是谓语，等等，等等，完了。’结构主义学派讲究‘发现程序’(discovery procedure)，这跟这个学派的第一、二代学者多从事过陌生语言的调查有关。正宗的结构主义者讲究不求助于意义，理由是：为了了解这句话的意义，才需要做语法分析；要是已经了解这句话的意义，那就无须乎再做分析了。平常人说话听话，多咱做分析来着？这个话有部分理由，但是不全对。人们说话听话的时候，不是不做分析，上面说的‘反复试验’既包括词汇方面，也包括语法方面，只是这种分析做得极快，连自己都不觉得罢了。一般语法书上的分析，不反映分析的过程，只描写分析的结果。但是必须掌握(1)这种语言的语法习惯，或者叫做体系(不是这一家或那一家的‘体系’，是客观存在，不挂术语牌子的体系)，和(2)当前这句话的意义，才能做出正确的分析，这是可以肯定的。(这可以用两种结构外貌相同的例子来证明，例如‘给你，车票和零用的钱，’如果不是从实际环境——拿给的是车票和钱还是没有车票光有钱——了解到这句话的真实意义，怎么能决定是这一种结构而不是那一种结构呢?)

结构主义学派强调‘发现程序’是从听话的角度出发的；转换

生成语法学派与此相反，从说话的角度出发。一句话先有一个‘深层结构’，这个结构由囫囵逐步分裂成若干部分，然后按这种语言的语法习惯调整它的形式（主要是词序和形态），成为‘表层结构’即实际出现的句子。尽管出发点不同，必须掌握上面说过的两个条件（语法习惯和本句意义）是相同的。转换生成语法学派（指正宗派）否认意义的作用，说是可以先把句子的各个成分（抽象形式）调整好，然后让这些抽象的成分具体化，成为一个个有意义的词。这实在令人不解。试问，在具体为若干个有意义的词以前，凭什么把那些抽象的成分安排成这样一种秩序（次序和形态协调）而不是那样一种秩序？不是有点不可思议吗？

结构主义学派强调一句话的结构层次，以及怎样决定这个层次的过程。转换生成语法学者不强调这一点，好象这一个句子的具有这样一个层次是不成问题的。他强调的是秩序的变化，即一个‘深层结构’怎样变成一个‘表层结构’。这两派都不象传统学派那样重视整个语法体系，以及根据这种体系做出来的句子分析。转换生成语法的术语里只有名词，名词语，动词，动词语，等等，没有主语，谓语，等等。结构主义学派不这么极端，用些句子成分的名称，只是不怎么详细探讨。

[77,78] 转换生成语法里有所谓‘换位’（transposition）和‘消去’（deletion），跟传统语法里的‘倒装’和‘省略’有可以相通之处。

[79] Reed-Kellog 图解法，F.W.Householder 在他所编的句法理论甲集（1972）的导言中对它有较详细的介绍。这种图解法的来源是 Stephen W.Clark 的实用语法（1847）。Clark 是在每个词的周围画个圈，然后把它们连起来。A. Reed 和 B. Kellog 在他们讲英语语法和作文的书（1877）里改为在每个词的下面画横线，

在不同的句子成分之间画竖线或斜线。在他们之后出版的课本里采用这种图解法也往往有些小修小改。总的说来,这种图解法在美国中小学里流传很广,时间很长,直到最近有的学校里还在用。这种图解法似乎没有在欧洲形成风气。

这种图解法传入中国大约在1920年前后。除了通过美国出版的课本外,也有在中国编辑出版的,其中流传最广的是D. Lattimore的英文典大全(1923,序言署1921年7月)。

用字母、数码和符号作图解的,可以拿Jespersen的分析句法(1937)做例子:

You	cannot	expect	more,	prices	being
S	Vn		O	3(S_2	P (Y

what they are.

P_2(Pc S_2 V)))

S主语,Vn动词,否定式,O宾语,3三级(=状语),S_2第二主语,P表语,Y分词,P_2第二表语,P_c表语兼连词。

[83] 主语和宾语这两个名称的来源是逻辑学上的主词和宾词,但是宾语所指的对象跟宾词不同了。古代希腊人把语法上的句子和逻辑上的命题混为一谈,共用subject和predicate这两个术语。最早介绍西方的逻辑学进中国的是明末的李之藻,在他所译的名理探(1631)里把subject译为'主',predicate译为'谓'。清末严复译穆勒名学(1905),分别译为'词主'(括注'一曰句主')和'所谓'。更后就被'主词(辞)'和'宾词(辞)'代替了。语法方面,清末马建忠在马氏文通(1898)里分别译为'起词'和'语词',而严复在英文汉诂(1904)里则译为'句主'和'谓语'。到了章士钊的中等国文典(1907)才分别用'主格'和'宾辞',后者与逻辑用语一致,

但仍然指的是谓语而不是后来的宾语。更后的语法著作如刘复的中国文法通论(1920)和金兆梓的国文法之研究(1921)都用的是'主词'和'表词'。

逻辑命题分别主词和宾词两部分就够了(或者在中间加上一个系词,李之藻译为'纽',严复译为'缀系'),宾词内部没有再分割的必要;而语法句子则不然,如果谓语的主体是及物动词,就有一个重要的名词性连带成分。这个连带成分,马建忠称之为'止词',严复称之为'受事(之字)',章士钊称之为'目的格',刘复称之为'受格',都没有管它叫'宾语'。到了金兆梓,才把它叫做'客词',但金氏不用'宾'而用'客',可能是为了避免跟逻辑用语'宾词'冲突。第一个把及物动词后边的连带成分叫做'宾语'因而与逻辑学里的'宾词'分道扬镳的,不知道是不是黎锦熙的新著国语文法(1924);不管怎么样,'宾语'这个名称是通过新著国语文法而得到广泛流传,这是肯定无疑的。让宾语跟主语相对,正如更早的止词跟起词相对,都是着眼于名词跟动词的关系。即事物跟动作的关系。这样就出现了主语的二重性:一方面是主和谓直接相对,是说明和被说明的关系,一方面是主和宾围绕动词相对,是施动和受动的关系。

各种句式之中,只有单纯的主谓关系的是名词谓语句,其次是形容词谓语句。到了不及物动词做谓语,已经可以有两种看法:或者以主语为基点,谓语是加于主语的说明,或者以谓语动词为基点,主语名词代表体现动作的事物。但是不及物动词做谓语的句子,跟名词、形容词谓语句一样,还是'二项式',到了及物动词做谓语的主体,就成了'多项式',动作所赖以体现的事物就不是一个而是两个甚至三个,也就是说有了两个或三个主要的补语了。但是主语只能有一个，或者代表这一个事物，或者代表那一个事物。这时候主语的二重性就更加明显了。西方语法学著作里颇有重视名词句和动词句的分别的，不是没有理由，因为名词句（包括形容词作谓语的）只有单纯的主谓关系，不夹杂动作和施动、受动的关系。也有语法学家强调动作和事物（施动、受动及其他）的关系的重要性，竟不妨说是以动词为句子的中心的，例如 L. Tesnière 结构句法原理(1959)。

[85,86] 英美传统语法里的'补语'也是很杂的，一般分别主语的补语和宾语的补语，也是有名词，有形容词，有动词，基本上跟新著国语文法里的'补足语'相同。也有把宾语也包括进去的，但是 object complement（宾语补语）和 objective complement（宾语的补语）非常容易搞错，所以采用这种说法的不多。法语传统语法里的'补语'包括英语语法里的宾语和一部分补语（名词性的），又包括几乎所有的介名组合。俄语传统语法里的'补语'大致跟法语语法里的补语相同，但介名组合只收进去一部分，大部分归状语。

把得字后头的成分认为是谓语的，先有龙果夫（A. A. Dragunov），见所著现代汉语语法研究（中译本 96—98 页），后有赵元任，见所著中国话的文法，355—358 页（中译本汉语口语语法，178—180 页）。他们二位都认定这里的'得'应该是'的'（从资料上考核，'得'就是'得'，只在一段时期的通俗文学里写成'的'）。王力的语法体系里的递系式有三类，第三类就是这里讲的动词后带得的格式，他说'我来的不巧了'里边，'我来'是主语，'不巧'是谓语。但是他认为'得'是正体，'的'是俗写，有方言为证。见所著中国语法理论，上册 194—196 页，又注四十六。

[90] 这里说是字是'前谓语'，如果用转换生成语法的'深层

结构'理论来说，也可以说是是高一级的谓语。比如说，'他北京人＋是＞他是北京人。'同样，'他不知道＋是＞他是不知道。''我搞错了＋是＞我是搞错了/是我搞错了'(这个例子说明深层结构里的一个内容在表层结构里可以有不止一种形式)。'你搞错了，是不是?'这样的句子可以作为旁证。

由高一级的谓语转成前谓语，这种说法也可以应用于一部分(不是所有的)'助动词'。例如，'他忘了这件事＋会＞他会忘了这件事。''他不知道＋不能＞他不能不知道。'

[91] 赵元任在他的中国话的文法 95 页(中译本 57 页)脚注中说，小句作谓语之说的创始人是陈承泽，他在学艺杂志 1921 年第 2 期里说：'得以句为说明语。'

[96] 从这里所引的一系列句子可以看出：第一，在一定的环境里，有时候难以决定一个名词加一个动词是否构成一个主谓短语，例如(9)'他问我去不去，'可以分析为'他问＋我去不去，'也可以分析为'他问我＋去不去'(本文采取的是后一种分析)。第二，也是更重要的一点，那就是，在一定的环境里，一个动词短语跟一个主谓短语的作用相同。拿(8)，(9)，(10)，(11)四句来比较，(11)'他问我你去不去'里边的'你去不去'是主谓短语形式，而(8)'他问我可不可以去'里边'可不可以去'是动词短语形式，主语'他'没有说出来，(9)'他问我去不去'里边的'去不去'也是动词短语形式，主语'我'没有出现，(10)'他问我能不能去'里边的'能不能去'也是动词短语形式，主语'我'或'他'没有说出来。按汉语的习惯，(8)和(10)里的'他'是可以说也可以不说的，(9)和(10)里的'我'则照例不说出来。(翻译成另一种语言，比如英语，这四句里边都要用主谓短语形式，(8)(9)(10)里的'他'和'我'都得露面。)这么一比

较就看出来，作为这种句子格式的一部分，动词短语跟主谓短语的作用相同。

推而广之，可以说凡是动词短语都有主谓短语的作用，因为只要有动词，就有‘表述’(predication)，这个动作系属于哪个事物，总是可以从上下文推定的，不管有没有代表这个事物的名同(或代词)安在动词的前边。例如(2)(3)(4)(5)(6)的‘另写一篇’，(6)明白说出是‘我’写，(2)(5)隐含一个‘他’，(3)(4)隐含一个‘你’或‘我’或‘他’或人名，(3)的‘他’是主语以外的另一个‘他’，(4)的‘他’是同一个‘他’或另一个‘他’。一个独立的表述是一个句子，那是在一般情况下非有主语不可的。一个不独立的表述，有没有主语就不一定了。西方语言的动词分别限定形式和非限定形式，限定形式的动词必须有主语，非限定形式的动词原则上没有主语，但是事实上有的也有代表施事或受事的名词或代词伴随出现，只是不叫做主语罢了。汉语动词没有限定和非限定的形式分别(马氏文通的‘坐动’和‘散动’只是从位置上分别)，只有有主语和没有主语的分别，前者是主谓短语，后者是动词短语，用法不完全相同，但是作用基本上相同，上面已经说了。

西方的传统语法对限定形式的动词和非限定形式的动词区别很严格，只有前者可以构成句子或小句，后者只能构成短语，即使伴随着类似主语的名词或代词也还是短语。但是也有些语法学家不愿意受这种拘束，把由非限定形式的动词组成的短语也叫做小句。例如 1961 年出版的 Ralpb B. Long 的句子和它的各部分里边就有‘不定式小句’和‘动名词小句’(他的动名词包括分词)。讲得更加全面的是 1972 年出版的 Quirk 等四人合著的当代英语语法，那里边把小句分成三个类型：(1)限定形式［动词]小句,(2)非限定形式[动词]小句,其中包括‘不定式小句’和‘分词小句’(他们的分词包括动名词),(3)无动词小句。比他们更早的 O. Jespersen 在他的语法理论里有很重要的一环就是 nexus 的理论。他彻底破除只有限定形式动词才能实现‘表述’的老规矩,把各种明显的和隐含的‘表述’纳入一个范畴叫 nexus,这里边不仅包括 Quirk 等人的书里的三种小句,还包括带有实际的‘主语’的抽象名词(动作名词和性质名词)。但是 J.氏不把这一切都叫做小句,而让‘小句’保持传统的范围,大概是因为把‘小句’扩大到象 Quirk 等人的书里的范围,在他那个时代已经不太容易,要连以抽象名词为主体的短语也包括进去就更加困难了——别说是他那个时代,就连现在也不成。(Jespersen 的 nexus 理论见于他的各种著作,主要是语法哲学第九、第十章。)

[98] 这里所讲的把若干最简单的句子综合成比较复杂的句子的例子,大体上就是转换生成语法的析句造句法的内容,其实也就是传统语法讲造句的通俗化形式。所不同的(这可是个很大的不同!)是,转换生成语法要把所有的步骤都化成严格的‘规则’,并且把这些规则按严格的先后次序排列成套。要求一切严格化,形式化,必然带来困难。例如排列规则的先后,往往是一种次序适宜于对付一种句式变化,另一种次序适宜于另一种句式变化,可是一种规则系统不能容许有两种次序。搞这种规则系统,可以训练人的逻辑思维,跟计算机打交道更非如此不可。可是如果对方是人而不是机器.也许采取随机指点的方式更容易收效。

‘局部发达’最突出的例子是长而复杂的‘de 字短语’,在翻译文章里最容易遇到。例如:

这就是一切有觉悟的共产主义者的任务,也就是每一个要做共产主义者的青年,明确地认识到加入共产主义青年团之后就负起了帮助党建设共产主义、帮助整个青年一代建设共产主义社会的责任的青年的任务。(列宁)

引书目录

本目以引用例句的书为限，引用论著随文加注，此处不列。经、子、诸史据通行本，此处也不列。所列各书酌以时代分段，一段之内以类相次，不再分先后。

引例较多的书用简称，本目在书名下加浪线为记。例句书名后只有一个数目的，指页数；有两个数目，用点隔开的，指卷数（回数、种数）和页数。合于这个通例的，本目不在书名后注明。有些书分卷或回，但页数通贯，除记出页数外仍记出卷次，以便用别的本子的读者检校。元曲选和西厢记因为用过两种本子，所以改用种（本）、折、曲为记。这些都在本目书名后注明。元曲选和另外几种总集钞列子目，也是为了读者检查的方便。

论文各篇例句后括号内书名不与余文相混，一律省用书名号，附此说明。

唐以前

世说新语 刘义庆	商务印书馆（1917）		
佛所行赞 昙无谶	大正大藏经第四册		
百喻经 求那毗地	金陵刻经处		
庾子山集 庾信	四部丛刊初编（缩印本）	（卷.总页）	
乐府诗集 郭茂倩辑	同上	（卷.总页）	

唐 五 代

李卫公文集	李德裕	四部丛刊初编	
桂苑笔耕集	崔致远	同上	
司空表圣文集	司空图	四部丛刊初编(缩印本)	(卷.总页)
寒山子诗	寒山	同上	(卷.总页)
拾得诗	拾得	上书附录	
神会和尚遗集		亚东图书馆	
临济慧照禅师语录		大正大藏经第四七册	
洞山悟本禅师语录		同上	
云门匡真禅师语录		同上	
沩山灵佑禅师语录		同上	
仰山慧寂禅师语录		同上	
隋唐嘉话	刘𫗧	涵芬楼影印顾氏文房小说	
刘宾客嘉话录	韦绚	同上	
幽闲鼓吹	张固	同上	
本事诗	孟棨	同上	
虬髯客传	杜光庭	同上	
葆光录	陈纂	同上	
开元天宝遗事	王仁裕	同上	
国史补	李肇	津逮秘书	
因话录	赵璘	稗海	
摭言	王定保	四部备要	
北梦琐言	孙光宪	雅雨堂丛书	
游仙窟	张鷟	开明书店古佚小说丛刊	

句道兴搜神记　　敦煌零拾
维摩诘经变文　　世界文库第十一号
敦煌掇琐　刘复辑　　前中央研究院历史语言研究所　　（种.总页）

（3）燕子赋甲　（11）舜子至孝变文　（30）阙名五言白话诗　（31）阙名五言白话诗　（32）王梵志诗

敦煌杂录　许国霖辑　　商务印书馆
太平广记　李昉等辑　　文友堂影印谈刻本

宋

景德传灯录　道原　　四部丛刊三编
汾阳无德禅师语录　　大正大藏经第四七册
黄龙慧南禅师语录　　同上
法演禅师语录　　同上
明觉禅师语录　　同上
河南程氏遗书（程语）
　程颢、程颐　　国学基本丛书
杨龟山集　杨时　　同上
上蔡语录　谢良佐　　正谊堂丛书
李延平集　李侗　　同上
朱子语类辑略　朱熹　　丛书集成据正谊堂丛书
象山先生集（陆语）　陆九渊　四部丛刊初编（缩印本）　　（卷.总页）
击壤集　邵雍　　同上　　（卷.总页）
诚斋集　杨万里　　同上　　（卷.总页）

攻媿集	楼钥	同上	（卷.总页）
文山集	文天祥	同上	（卷.总页）
全宋词	唐圭璋编	前国立编译馆	
乐府雅词	曾慥编	四部丛刊初编（缩印本）	
珠玉词	晏殊	国学基本丛书影印汲古阁宋六十名家词	
六一词	欧阳修	同上	
乐章集	柳永	同上	
东坡词	苏轼	同上	
山谷词	黄庭坚	同上	
片玉词	周邦彦	同上	
淮海词	秦观	同上	
稼轩词	辛弃疾	同上	
惜香乐府	赵长卿	同上	
放翁词	陆游	同上	
竹斋诗余	黄机	同上	
金谷遗音	石孝友	同上	
龙川词	陈亮	同上	
龙洲词	刘过	同上	
克斋词	沈端节	同上	
张子野词	张先	彊村丛书	
樵歌	朱敦儒	同上	
稼轩词补遗	辛弃疾	同上	
后村长短句	刘克庄	同上	
竹斋词	沈瀛	同上	

渭川居士词	吕胜己	同上	
南湖诗余	张镃	同上	
履斋诗余	吴潜	同上	
汉滨诗余	王之望	同上	
彝斋诗余	赵孟坚	同上	
玉蟾诗余	白玉蟾	同上	
鄮峰真隐词	史浩	同上	
冠柳集	王观	赵万里校辑宋金元人词	
庐溪词	王庭珪	同上	
漱玉词	李清照	同上	
顺庵乐府	康与之	同上	
晁元礼词补遗		同上	
沈瀛词补遗		同上	
古今词话	杨偍	同上	
乙卯入国奏请并别录	沈括	续资治通鉴长编引	（长编卷.页）
燕云奉使录	赵良嗣	三朝北盟会编（许刻）引	（会编卷.页）
茆斋自叙	马扩	同上	（会编卷.页）
靖康城下奉使录	郑望之	同上	（会编卷.页）
山西军前和议奉使录	李若水	同上	（会编卷.页）
邓洵武家传		同上	（会编卷.页）
北记	范仲熊	同上	（会编卷.页）
绍兴甲寅通和录	王绘	同上	（会编卷.页）
作邑自箴	李元弼	四部丛刊续编	

梦溪笔谈	沈括	同上
桯史	岳珂	同上
清波杂志	周煇	同上
挥麈录	王明清	同上
鸡肋编	庄季裕	涵芬楼校印
随隐漫录	陈世崇	同上
玉涧杂书	叶梦得	涵芬楼本说郛卷八
同话录	曾三异	涵芬楼本说郛卷十九
朝野遗记		涵芬楼本说郛卷二九
蒙鞑备录	孟珙	涵芬楼本说郛卷五四
道山清话	王□	涵芬楼本说郛卷八二
丁晋公谈录		涵芬楼本说郛卷九八
明道杂志	张耒	涵芬楼影印顾氏文房小说
艾子杂说		同上
洛阳缙绅旧闻记	张齐贤	知不足斋丛书
钓矶立谈	史□	同上
闻见近录	王巩	同上
随手杂录	王巩	同上
默记	王铚	同上
侯鲭录	赵令畤	同上
游宦纪闻	张世南	同上
曲洧旧闻	朱弁	同上
四朝闻见录	叶绍翁	同上
贵耳集	张端义	津逮秘书
湘山野录	文莹	同上

癸辛杂识	周密	同上
东坡志林	苏轼	学津讨原
老学庵笔记	陆游	同上
齐东野语	周密	同上
画墁录	张舜民	稗海
襄阳守城录	赵万年	指海
中兴战功录	李壁	藕香零拾
云麓漫钞	赵彦卫	涉闻梓旧
嬾真子	马永卿	丛书集成据儒学警悟
东原录	龚鼎臣	十万卷楼丛书
黑鞑事略	彭大雅、徐霆	海宁王静安先生遗书

金

刘知远传诸宫调	生活书店世界文库第二号
董解元西厢记	国学基本丛书

宋、元

三国志平话	开明书店古佚小说丛刊
五代史平话	商务印书馆
宣和遗事	商务印书馆(1915)
京本通俗小说	烟画东堂小品

（10）碾玉观音　（11）菩萨蛮　（12）西山一窟鬼　（13）志诚张主管　（14）拗相公　（15）错斩崔宁

清平山堂话本	古今小品书籍印行会

（2）简帖和尚　（7）快嘴李翠莲记　（13）五戒禅师私红莲记　（15）

杨温拦路虎传

雨窗集　　鄞县马氏印

宋、元、明

古今小说　　涵芬楼校印

(36)宋四公大闹禁魂张

警世通言　　生活书店　　(卷.总页)

(13)三现身包龙图断冤　(19)崔衙内白鹞招妖　(24)玉堂春落难逢夫　(27)假神仙大闹华光庙　(28)白娘子永镇雷峰塔

醒世恒言　　生活书店　　(卷.总页)

(14)闹樊楼多情周胜仙　(31)郑节使立功神臂弓

元

山居新语　杨瑀　　知不足斋丛书

雪舟脞语　王仲暉　　涵芬楼本说郛卷五七

元代白话碑　冯承钧辑　　商务印书馆　　(编号)

元典章校补　陈垣　　北京大学研究所

西厢记　王实甫　　暖红室本;开明书店本　　(本、折、曲)①

古今杂剧三十种(元杂)　日本京都帝国大学

(7)诈妮子调风月　(9)萧何追韩信　(10)公孙汗衫记　(12)汉高皇濯足气英布　(13)张千替杀妻　(27)关大王单刀会　(29)闺怨佳人拜月亭

阳春白雪　　国学基本丛书

朝野新声太平乐府　　同上

黎园按试乐府新声　　四部丛刊三编

乐府群玉　　散曲丛刊

元、明

元曲选　　商务印书馆本;世界书局本　　(种、折、曲)②

(1)汉宫秋　(2)金钱记　(3)陈州粜米　(4)鸳鸯被　(5)赚蒯通　(6)玉镜台　(7)杀狗劝夫　(8)合汗衫　(9)谢天香　(10)争报恩　(12)救风尘　(13)东堂老　(14)燕青博鱼　(16)曲江池　(19)薛仁贵　(20)墙头马上　(21)梧桐雨　(24)虎头牌　(27)儿女团圆　(29)铁拐李　(30)小尉迟　(32)秋胡戏妻　(33)神奴儿　(35)谢金吾　(36)岳阳楼　(37)蝴蝶梦　(40)黑旋风　(41)倩女离魂　(43)马陵道　(45)黄粱梦　(46)扬州梦　(48)昊天塔　(50)渔樵记　(51)青衫泪　(52)丽春堂　(54)后庭花　(55)范张鸡黍　(57)赵礼让肥　(58)酷寒亭　(61)忍字记　(64)灰阑记　(65)冤家债主　(72)金线池　(74)气英布　(75)隔江斗智　(76)刘行首　(77)度柳翠　(79)摩合罗　(80)盆儿鬼　(87)李逵负荆　(90)罗李郎　(91)看钱奴　(92)还牢末

明

元朝秘史　　四部丛刊三编

遇恩录　刘仲璟　　四部丛刊初编诚意伯文集卷一

北使录　李实　　丛书集成影印纪录汇编

正统临戎录　哈铭　　同上

北征事迹　袁彬　　同上

尧山堂外纪　蒋一葵　　明刻本

朴通事谚解　　奎章阁丛书

老乞大谚解　　奎章阁丛书

牧斋初学集　钱谦益　　四部丛刊初编(缩印本)　　(卷.总页)

水浒(一百二十回本) 国学基本丛书 (回.分册页)
西游记 吴承恩 亚东图书馆
金瓶梅词话 上海杂志公司 (回.总页)

清

儒林外史 吴敬梓 商务印书馆 (回.总页)
红楼梦 曹雪芹 亚东图书馆据程乙本
儿女英雄传 文康 亚东图书馆
三侠五义 石玉崑 同上
老残游记 刘鹗 同上

近 人

鲁 迅:呐喊 鲁迅三十年集
故事新编 同上
朝华夕拾 同上
叶绍钧:稻草人 开明书店
丁西林:西林独幕剧 新月书店
妙峰山 戏剧春秋月刊社
等太太回来的时候 正中书局
赵元任:最后五分钟 中华书局
冰 心:冰心小说集 开明书店(1947)
别后(219—236) 姑姑(242—249) 第一次宴会(250—261)
分(268—279) 冬儿姑娘(280—286)
男 士:关于女人 开明书店(1945)

老　舍：骆驼祥子　　文化生活出版社(1947)
归去来兮　　作家书屋
面子问题　　正中书局
惶惑　　晨光出版公司
偷生　　同上
微神集　　同上
上任(1—25)　大悲寺外(129—153)　歪毛儿(192—207)
黑白李(239—261)

曹　禺：雷雨　　文化生活出版社(1947)
日出　　同上(1947)
北京人　　同上(1947)
蜕变　　同上(1947)
正在想　　同上(1940)

袁　俊：美国总统号　　同上(1947)
万世师表　　新联出版公司

吴祖光：少年游　　开明书店

白话聊斋　　北京实事白话报连载(1932—34)

(种.段)

(1)胭脂　(2)成仙　(4)花姑子　(6)细侯　(8)颜氏　(10)莲香　(11)二商　(14)宫梦弼　(16)红玉　(17)恒娘　(19)绩女

注：

①② 白随曲为次，第一首前以 0 为记，楔子以 0 为记。

STUDIES IN CHINESE GRAMMAR

The Pronouns nín(您),ăn(俺),zá(咱),zán(喒) and the Plurality Suffix men(们)

In the Chinese translation (c. 1382) of Monγolun niγuča Tobčiyan(Yuáncháo Mìshǐ,元朝秘史) as pointed out by Mr. Wáng Jìngrú in BIHP Vol. V, pt. 4, 您, 俺 and 咱 are used to translate the Mongolian pronouns ta(you, pl.) ba(we, excl.) and bida(we, incl.) respectively. This is at some variance with the current usage, 您 and 俺 being now special forms (the former honorific and the latter dialectal) of the 1st and 2nd person singular and 咱 seldom detached from the suffix 们. These words are at present pronounced nín, ăn, zá(zán) and zán respectively, but the first two and the last one had final -m instead of -n at the time in question.

The aim of this article is, first, to find out how far the above usage is corroborated by the dramas and novels of the 13th and 14th centuries, and, further, to make some inquiry into the etymology of these pronouns. The second part of the task is unavoidably bound up with an investigation of the history of the suffix-word 们 men.

The chief conclusions are:

(1) In the early years of the 9th century, we first met with the plurality suffix 'm—', which was represented by the character 弥

mjiĕ. But the form that was in wide use during the 11th and 12th centuries was muən(>mən), written either as 懑 or as 门, with 满, 瞒 and 们 as later variants. This form has been dominant in Southern Mandarin ever since, always represented by 们. A different form muâi (> mei), written as 每, first made its appearance in Northern Mandarin towards the end of the 12th century, was prevalent in the 13th and 14th centuries, and was finally displaced by the southern 们. Muən and muâi (and mjiĕ) are obviously kindred words, and both may have been derived from 辈 puâi of Classical Chinese.

(2) 您 nim and 俺 am are the contracted forms of 你们 nimuən/muâi and 我们 a(ŋa)-muən/muâi. The use of these contracted forms was limited to Northern Mandarin, to the exclusion of the fuller forms.

(3) 咱 tsa was originally used indifferently for the singular as well as for the plural. The word was most probably a contraction of 自家 (ts(ï)+ (k)a > tsa), which expression was used in the 12th century (and earlier) either in the sense of 'self', or in the sense of 'one' (i.e., you and/or I, and/or anybody). From the first sense was derived the singular 咱, while the plural 咱 (inclusive we) developed from the second sense. The form 喒 tsam was a later development, a contraction of 咱们 tsa-muən (from earlier 自家们). The use of 咱 and 喒 was also limited to the North.

(4) 您 nim and 俺 am were early extended to the singular number, but did not oust 你 and 我. Nor did they seem to have

any other nuance than a close relation to the genitive case. Later, 喒 tsam was also used in the singular, but more sparingly.

(5) When in the latter part of the 14th century the final -m was disappearing even from Northern Mandarin, some of the dialects accepted the newer forms nin, an and tsan without a grumble, and with little disturbance in their usage, i.e., chiefly as plural forms, and only subsidiarily in the singular, still with a close relation to the genitive, but also with a shade of politeness in the case of nin and an and a tint of haughtiness in connection with tsan. (In all these matters local difference is considerable.) Other dialects (among which Běijīng) resuscitated the fuller forms 你们 ni-mən, 我们 now uo-mən, and 咱们 tsa-mən.

The Modal Particles zài(在) and zhuó(着) in the Jǐngdé Chuán Dēng Lù(景德传灯录)

1.

The word zài(在) is used in literary Chinese chiefly as a verb meaning 'exist' or 'be at'. In the modern colloquial it has lost its verbal force and has virtually become a preposition, taking the place of the older preposition yǘ(于) and roughly corresponding to the English prepositions 'in', 'on' and 'at'. But the word is often found in the Jǐngdé Chuán Dēng Lù at the end of a sentence. There it cannot be construed either as a verb or as a preposition, but has rather a modal function not unlike that of the particle ni(呢)in most of the modern Mandarin dialects.

This apparent resemblance is on closer investigation found to be of etymological interest. The older form of ni is lǐ(哩), which is still in current use in some of the Mandarin dialects. The written form of lǐ in the literature before the 14th century was 裹, the only exception being the Popular pínghuà (平话, 'tales'), in which 哩 made its first appearance. Now, whereas 哩 is devoid of any concrete meaning, 裹 ('inside') definitely suggests some spatial relation, just as the word zài does. The clue to the solution of this problem is found in a few quotations (10–12th centuries) in which zài and lǐ appear together. This compound particle is obviously a locative expression in origin, zài-lǐ being an abbreviated form of zài zhè/ nà lǐ (在这/那里, 'here/there') Further abbreviation gives zài and later lǐ singly.

The hypothesis is corroborated by the evidence from the Wu dialects. Most instructive is the Sūzhōu dialect, in which the fuller forms [ləli](=Mand. zài-lǐ) and [təlaŋ](=Mand. zài-shàng 在上) are in current use along with the abbreviated ones [lə] and [to] (probably from [ta]搭, corresponding to Mand. 里).

2.

In the Jǐngdé Chuán Dēng Lù, apart from the verb-auxiliary zhuó (著) that serves to indicate the continuative aspect, we are confronted with another zhuó, a modal particle, which always stands at the end of a sentence and is often separated from the verb by its object or some other post-verbal element. Its function seems to be the expression of the speaker's will, especially in the form of a request or command.

In the literature contemporary with and subsequent to the Jǐngdé Chuán Dēng Lù, we find the character 者 employed in this capacity side by side with 著. With the Yuan dramatists and other writers, the form 咱 appeared as interchangeable with 者, while 著 became rather rare. Another kindred expression 则个, which has long been a puzzle to students of etymoloy, made its appearance somewhat earlier, and was a favourite among the pínghuà writers.

By an examination of their phonetic values, these characters are found to be closely connected, perhaps the variants of one word or of two cognate words.

That the various forms should have been in general use during roughly the same period cannot but attract our attention. While we are still not in a position to explain how the zh-forms (著, 者) continued to flourish after the z-forms (咱, 则个) had been evolved, we have little doubt that the co-existence of the forms with the final -k (著, 则个) and those without (者, 咱) had something to do with dialectal differences, at least during the later part of the period (i.e., during the 13th and 14th centuries), the forms with -k being prevalent forms in the then southern Mandarin, which was more conservative in keeping up final stops.

The Particles of Negation wú(无)and wù(勿)

Wú and wù are both employed in classical Chinese as particles of negation, chiefly indicating forbidding, but also in many places where bù(不), which indicates general negation, is used by later writers. The present article discusses (A) whether there is any distinction between wú and wù, and (B) what the exact nature and usage of these particles of negation are; in other words, how they are to be distinguished from bù.

Regarding the first point, it is found:

(1) Wù is used only before a transitive verb (or a preposition) with its object *understood*, while wú is used before an adjective used predicatively, an intransitive verb, or a transitive verb (or a preposition) with its object *expressed*. Wú may sometimes be used in place of wù, but not *vice versa*.

(2) The above distinction holds for the literature of the classical period in general, with the important exception of the Shū Jīng and also the bronze and oracle-bone inscriptions.

(3) The distinction began to relax in the Han dynasty, and was no longer observed after that period. Both wú and wù have gone out of the modern colloquial and are only employed in the literary style, in which wù is much more frequently met with than wú.

The theoretical implications of the above facts are:

(a) As the distinction between wú and wù is exactly the same as obtains between bù(不) and fú (弗), as pointed out by Mr. Dīng Shēng-shù in the *Studies Presented to Ts'ai Yuan-pei on His 65th Birthday* (Academia Sinica, 1935), these two series of particles must be considered in conjunction. As fú may be said to be roughly equivalent to bù (不) plus a pronominal object zhī (之), so may wù be said to be equivalent to wú plus the same pronominal object.

(b) Phonetically there is also a close parallelism between the two groups, thus,

	Anc.	Arch.			Anc.	Arch.
wú(无)	< mi̯u	< * mi̯uag	:	wù(勿)	< mi̯uət	< * mi̯uət
fǒu(否)	< pi̯əu	< * pi̯uəg(不) :		fú(弗)	< pi̯uət	< * pi̯uət(弗)
				bù(不)	< puət	

(c) Though * mi̯uət contains, so to speak, a pronominal object in itself, it is difficult, in view of (2) above, to maintain that * mi̯uət was in its origin a contraction of * mi̯uag and * ți̯eg(之, Arch.). The same applies to * pi̯uət (cf. Boodberg in HJAS, 1937, No 2, p.337), as it is also very frequent in the Shū Jīng and the bronzes and as often as not in places where * pi̯uəg would be more appropriate. The alternative hypothesis would be that there was originally no grammatical distinction between the -g forms and the -t forms, and it was only when the final -g had been or was on its way of being dropped that the -t forms became specially associated with transitive verbs with their objects understood, and might in that connection considered as 'fusion words'. Before that, the -g forms and the -t ones may have carried in them different degrees of strength and, considering their later fortunes, the -t forms seems to have been the stronger.

(d) When for some reason or other (e.g., the change of word order in negative sentences) the grammatical distinction faded away and left * pi̯uət and * pi̯u(əg) to compete for survival, it was the former that triumphed over the latter. The same tendency may be observed as regards * mi̯uət and * mi̯u(ag), for although both these forms have been discarded from the modern colloquial, it is nearly always wù (<mi̯uət) that is used in the easy wen-li style, which has been much influenced by the colloquial. But with regard to the p-group, the issue was complicated by the fact that the Arch. * pi̯uət yielded two forms, pi̯uət and puət, in Anc Ch., and that the character representing the Arch. * pi̯uət, 弗, is limited to the Anc. pi̯uət, while the character representing the Arch * pi̯uəg, 不, is borrowed to represent the Anc. puət, leaving the Anc. pi̯əu to be represented by 否, originally a variant of 不. It was in the form of puət that the p-t form emerged victorious and it was puət that gave bù, the negation particle *par excellence* of modern times. Similarly, there is very strong suspition that though the book pronunciation of 勿 was mi̯uət, it was the form muət that was employed in the spoken language before the word became obsolete. This presumption is corroborated by the changes in connection with the word expressing the idea of 'having not'. In the literary language it is wú, the same word as the particle wú denoting forbidding. But in the spoken lan-

guage, at least in the Mandarin dialects, it is mò or méi, represented by the character 没, which was in Anc.Ch. muət, and in early per-hua writings we actually find the word represented by 勿, the same character that has represented particle wù from early times to the present.

The second part of this article concerns itself with the nature and scope of the m- particles as distinct from the p- particles. It is found that the m- particles were not limited to forbidding (negative imperative), but were also used in sentences in which the European languages would have the verb in the subjunctive, the optative, the potential, or the infinitive mood. So the traditional definition of wú and wù as particles of forbidding is not comprehensive enough and it seems better to regard them as particles of negation prefixed to verbs (and also predicative adjectives) in non-indicative moods. That these particles should have had the same forms as the words expressing the idea of 'having not' seems to indicate that in Classical Chinese the non-indicative verbs and adjectives were treated as kinds of substantives.

The Pronominal Uses of the Adverb xiāng(相)

The adverb of reciprocity in Chinese, xiāng, denotes that an action is reciprocal between two terms, A and B. By an extension, it is also applied to cases of 'one-way traffic', in which only A does something to B, but not *vice versa*. In these cases, xiāng, deprived of its original meaning, comes to denote that the verb has an object (B) to it, which is now understood. It is then very convenient to take 'xiāng v.' as equivalent to 'v. me', or 'v. you', or 'v. him', as the case may be. Thus we are warranted to regard it as an pronominal adverb if we are not quite ready to acknowledge it as a pronoun.

A step further, it makes its appearance in sentences in which not only is there no reciprocity but the object of the verb is duly expressed. The word xiāng has really no right to be there; it becomes a sort of ornamental prefix to the verb. This particular development has not been incorporated into the literary Chinese, but we have evidence in early colloquial literature. It has disappeared from present-day speech, leaving a remnant in xiāng-xìn (相信).

The Pronomial Uses of jiàn(见)

This article is be read together with the previous one. Here is another of the indicators of the understood object, but this time almost always confined to cases where the understood object is a pronoun of the first person, so that 'jiàn v.' signifies something like 'v. me'.

Also, it proceeds from another source. Jiàn is originally a verb, which, followed by another verb, signifies that the subject is the recipient of a certain action; for convenience' sake, we may regard 'jiàn v.' as the equivalent of the passive constructions in other languages. The agentive complement appears, when it does, after the second verb, introduced by the preposition yú (于).

When the preposition is dispensed with and the agentive complement is shifted to a frontal position, thus setting itself up as the subject of the sentence, the whole outlook is changed: the word jiàn can no longer be considered as helping to make a passive construction, but comes to indicate the omission of the recipient.

Notes on the Etymology of the Particle de(的)

Two points are raised for discussion. First, as this particle was represented by 底 and 地 before the character 的 came into general use, it is interesting to see whether the difference between the two older forms is what some revivalists assume it to be, i.e., 底 following adjectives and 地 adverbs. The evidence of early colloquial literature seems to compel us to draw the boundary-line somewhat differently: 底 follows 'qualitative' adjectives only, while 地 is attached to most adverbs as well as 'descriptive' adjectives (mostly as predicates). Indeed it would be more convenient from this point of view to re-group the parts of speech commonly called verbs, adjectives and adverbs, in Chinese as follows:

(1) Predicants. —These are followed by 底 only when used as adjuncts to nouns, but not when used as adjuncts to other predicants. When they serve as predicates, they are not followed by 底 unless they are pronominal, i.e., with a noun understood.

(2) Descriptives.— These are generally onomatopoeic. They

are invariably followed by 地, whether used as adjuncts to nouns and predicants, or as predicates themselves.

From this it would appear that 底 is primarily a 'joiner' while 地 is more of the nature of a suffix.

The other question concerns the origin of 底. It is generally admitted that the modern particle 底 (dǐ) is derived from the classical particles 之 (* t̂i̯əg) and 者 (* t̂i̯ăg). It remains to be seen whether this is a case of convergent evolution, i.e., whether 之 and 者 are reduced by sound changes to the same form independently, or one of the two earlier forms has been eliminated in favour of the other before the latter becomes 底. The available evidence points to the second alternative as more plausible. While there is scarcely any instance of 之 being employed for 者, there are quite a number of cases the other way round. Besides, 者 is of the same tone as 底, but 之 is not. It is very probable that 者 has annexed 之 before it is itself reduced to dǐ and further changed to de.

Word Order in Connection with the Post-Verbal de(得)

The verb dé, expressing possibility, which precedes other verbs in classical Chinese, comes after them in the modern colloquial; thus a full-fledged verb becomes in the course of time something between an adverb and a mere particle. The relation between the two is somewhat analogous to that exists between the group 'be able to' and the suffix '-able' in English, with this difference: while '-able' does not correspond to 'can', dé may express capability as well as feasibility.

When there is an object to the verb, or an adverbial complement, or both, the present usage is for dé to come immediately after the verb and take precedence over the other elements. But this has not always been the rule. This article gives a full treatment to the various word order found in early colloquial literature in connection with dé, showing it first occupying the hindmost position, being a sort of predicative to what precedes it, and then drawn nearer and nearer to the verb until it takes up its present position.

The Uses of gè(个)as a Classifier, with Remarks Concerning the Dropping of yī(一) before gè and Other Classifiers

As one of the classifiers, gè is applied to nouns denoting persons and to nouns denoting things for which no specific classifiers have been provided. But its use is more extensive than that. Yīgè (一个) is very frequently prefixed in an article-like manner to adjectives, verbs, adverbs, and even phrases and clauses, when they serve as objects or complements to verbs. Furthermore, though theoretically singular and indefinite, it is often employed in connection with plural nouns and nouns that are obviously determinate, including proper names.

The yī in yīgè or before another classifier is very frequently dropped when it occurs immediately after or very near to a stressed word, chiefly a verb, in the same breath-group. This tendency is stronger in the case of yīgè than in the case of yī plus another classifier.

On the Uses of the Pre-Transitive bǎ(把)

Although a full verb in its origin, bǎ has become a 'form word' in modern colloquial Chinese, variously classified as a preposition, an auxiliary verb, a pre-transitive verb, etc. In some cases the construction bǎ— Obj.— V. seems to be synonymous with the ordinary construction V.—Obj.; yet in other cases they are by no means interchangeable.

Père Jos. Mullie, trying to pin down the difference to the nature of the object, concludes that the bǎ-construction is only used with 'the determinate accusative'. On the other hand, Professor Wáng Lì seeks for explanation in the nature of the verb itself and enumerates various situations in which the construction is proscribed, as when the verb represents a mental state, when the activity represented by the verb does not change the state of the object, etc. Though these observations are to a large extent sound and therefore valuable, they suffer from the fact that they do not quite explain why the construction sometimes is and sometimes is not used even when the object is 'determinate' and the verb does represent a very 'active' activity.

The present writer looks at the matter in a different light and tries to reduce the use or non-use of the bǎ-construction to a question of word order. From the study of a fairly large number of examples from modern literature he comes to the conclusion that this construction is used in most cases when there is a post-verbal element other than the ordinary object, that cannot be easily separated from the verb. In a minority of cases the explanation lies in an adverb which is peculiar in that it must be placed at the same time in front of the verb and after the object. He finds that this explanation accounts for more than ninety-five percent of the examples.

Verbs Taking Objects in Sentences Containing bèi(被) and bǎ(把)

It is expected that no noun will be attached to the verb in a sentence containing bèi, because what would have been its object has been made its subject. Similarly, as the object of the verb in a sentence containing bǎ has been transposed to its front, no noun is expected to fill the post-verbal position. But there are numerous cases of verbs in these sentences taking nouns and pronouns in tow and, moreover, they are not limited to the usual 'retained objects'.

The writer makes in passing an observation on the possibilities of and the limits to mutual transformation between a sentence containing bèi, a sentence containing bǎ, and an ordinary S-V-O sentence.

Word Order in Connection with lái(来), duō(多) and bàn(半) Attached to Numerals and Measure Words

The result is summarized in the following formulas, in which all measure words other than standard measures (length, weight, etc.) are lumped together and loosely labelled as 'classifiers'.

$$\cdots 0, \cdots 00, \cdots 000, \cdots 0000 + \left\{\begin{matrix}\underline{\text{lai}} \\ \underline{\text{duo}}\end{matrix}\right\} + \left\{\begin{matrix}\text{classifier} \\ \text{standard m.}\end{matrix}\right\} + \text{noun} \quad \cdots\cdots (a)$$

$$1,2,3,4,5,6,7,8,9,10 + \text{standard m.} + \left\{\begin{matrix}\underline{\text{lai}} \\ \underline{\text{duo}}\end{matrix}\right\} + \text{noun} \quad \cdots\cdots (b_1)$$

$$\cdots 1, \cdots 2, \cdots, \cdots 9 + \text{standard m.} + \left\{\begin{matrix}(\underline{\text{lai}}) \\ \underline{\text{duo}}\end{matrix}\right\} + \text{noun} \quad \cdots\cdots (b_2)$$

$$(\cdots)1, (\cdots)2, \cdots, (\cdots)9, 10 + \left\{\begin{matrix}\text{classifier} \\ \text{standard m.}\end{matrix}\right\} + \underline{\text{ban}} + \text{noun} \quad \cdots\cdots (b_3)$$

$$\left\{\begin{matrix}\cdots 0, \cdots 00, \cdots 000, \cdots 0000 + \underline{\text{lai}}, \underline{\text{duo}} + \text{standard m.} \\ (\cdots)1, (\cdots)2, \cdots\cdots, (\cdots)9, 10 + \text{standard m.} + \underline{\text{lai}}, \underline{\text{duo}}, \underline{\text{ban}}\end{matrix}\right\} + \text{adjective } \{\underline{\text{zhòng}}(\text{heavy}), \underline{\text{cháng}}(\text{long}), \underline{\text{hòu}}(\text{thick}), \text{etc.}\} \quad \cdots\cdots (c)$$

Duō(多) and Shǎo(少) and Their Derivatives

This article is meant to illustrate the difficulty often met with of assigning a word to one of the traditional parts of speech. Syntactically, duō (many, much) and shǎo (few, little) resemble adjectives in some respects and numerals plus measure words in others. Some of their derivatives, such as hǎohuō (好多) and xǔduō(许多), are nearer to numerals plus measure words, while others, such as hěnduō(很多), hěnshǎo(很少), bùduō(不多) and bùshǎo(不少) are more of the nature of adjectives.

Hěn bù…(很不…, very un-)

An attempt is made to explain to some extent,

(1) Why some adjectives can be modified by hěn bù while others cannot;

(2) Why few pairs of antonymous adjectives can both be modified by hěn bù;

(3) Why when only one member of a pair of adjectives can be modified by hěn bù, it is sometimes the 'positive' member (e.g., large, long) and sometimes the 'negative' one (e.g., small, short).

Some Fundamental Issues Concerning the Parts of Speech in Chinese

Can parts of speech be distinguished in Chinese? What criteria are to be used in classifying Chinese words? These are issues of great importance.

Unlike most Indo-European languages, Chinese is deficient in morphological distinctions. For this very reason, some grammarians both at home and abroad declare that Chinese does not distinguish the parts of speech, while those who believe that Chinese does often fail to agree on the classificatory principles as well as on specific problems. The present writer tries to give his views as follows:

(1) Words are classified into parts of speech according to their grammatical behaviour. In Chinese, not all words behave in the same way in connected speech, so Chinese words, including content words, can be classified.

(2) In setting up word classes for Chinese, the goal should be that on the whole each word belongs to a definite class and each class contains certain definite members. Cases of a word having multiple membership may occur, but such words will be limited in number; there should not be too many cases of 'overlapping'. The goal can be achieved by selecting criteria for classification.

(3) Structural relations, 'markers', forms of reduplication, etc.—— all these can be used as criteria for classification. The

problem is how to make these criteria support each other.

(4) Structural relations will be used as the main criterion. By structural relations are meant all the potential structural relations a word can have, not the structural relations actually realized in this or that sentence. If one adopts the latter course, as some grammarians would have us do, one may arrive at the conclusion that a word belongs to several parts of speech in as many sentences, i.e., a Chinese word has no definite class membership, as summed up by the famous slogan: 'The class membership of a word is determined by its occurrence in the sentence; outside the sentence the word is class-free(依句辨品，离句无品).'

(5) The 'conversion' theory is a variant of the theory above. Its typical form is: a class-A word is here used as a class-B word. It sacrifices useful distinctions for the sake of simplicity. For while there are genuine cases of conversion, such as a noun in the role of a verb, there are much more numerous cases of mere extension of function, e.g., when a noun modifies another noun, it need not be classified as an adjective.

A Study of Particles

'Particles' has been set up as a part of speech by Chinese grammarians ever since Mǎ Jiànzhōng (马建忠) published his Wéntōng (文通) in 1898. Yet scholars differ as to which 'words' should be included and which excluded. The 'words' involved fall into the following groups:

Group A:le(了),la(啦),ne(呢),ma(吗),ba(吧),a(啊),etc.

Group B:nándào(难道),yěxǔ(也许),kě(可),yòu(又),etc.

Group C:liǎo～le(了),zhe～zhi(着),de(的,得),suǒ(所),
dì(第),men(们),etc.

Group D:zi(子),er(儿),tou(头),lǎo(老),etc.

Group E:shàng(上),xià(下),lǐ(里),wài(外),shàngtou(上头),
dǐxia(底下),lǐtou(里头),wàibian (外边),etc.

Group F:shàng(上),xià(下),shànglai(上来),xiàqu(下去),
etc.

Group G:gè(个),jiàn(件),zhī(只),tiáo(条),etc.

Group H:shì(是).

Group A words are universally acknowledged as particles. The words of Group B resemble those of Group A in expressing various modal meanings, but differ from them in occupying some pre-verbal position instead of the end of a sentence, and so they are classified as particles by some grammarians and as adverbs by others.

There is a wide divergence of opinion as to what class the 'words' of Group C belong to: they have been classified as particles, prefixes and suffixes, 'markers', etc. They have a feature in common with Group A words in being typical bound forms, though they are bound to words or phrases while the latter are bound to sentences. They also resemble Group A words in having their lexical meaning reduced to a minimum.

Starting from Group A, the class of particles can include

Group B if we take modal meaning as the criterion, or it can include Group C if the emphasis is laid on the boundness of the form. It would be very difficult to include both at the same time.

All other groups are also function words rather than content words, but they are not particles in the strict sense. Group D are affixes. Group E are position words, a subclass of nouns. Group F are verbs frequently attached to other verbs, but not yet reduced to the status of particles. Group G are 'classifiers', syntactically a subclass of measure words. Finally, the sole member of Group H shì is a verb syntactically, though it stands as a subclass by itself.

A Survey of the Use of Localizers

The survey is based on the data extracted from (A) two stories by an old story-teller taken down nearly verbatim and (B) the first eight chapters of Lǎoshě's novel Camel Xiángzi, the two totalling 100,000 characters. The survey is directed at the following questions: (1) Is there any difference in use among the localizers (also called 'postpositions', hereafter LL) denoting different locations? (2) Is there any difference in use between monosyllabic and disyllabic LL denoting the same location? (3) Is there any difference in use among several disyllabic LL denoting the same location?

It is found that (1) shàng (上, up) and lǐ (里, in) are much more frequently used than their opposites xià (下, down) and wài (外, out). The explanation is that shàng and lǐ are used to denote a kind of 'general location'(somewhat like the relation denoted by at in English) as well as the specific locations which are opposite to those denoted by xià and wài.

(2) Monosyllabic LL are more restricted in use than disyllabic ones. Where both are possible, the actual occurrence of the one rather than the other has less to do with the number of syllables of the preceding noun than with the stylistic variety of the text.

(3) Where there are several disyllabic LL denoting the same location, no clear-cut division of labour can be found, but it seems that different preferences are shown in different styles.

An Observation of the Uses of Adjectives

Adjectives have various forms: (A) simple, (B) with de(的) suffixed, (C) reduplicated. And they perform various functions: modifying nouns, standing for nouns, modifying verbs, serving as predicates or complements, etc. In this article, all the adjectives occurring in Yáng Shuò's The Mirage (杨朔:海市) have been extracted and classified according to form and function with the intention to find out how the two are related. There are about 1,300 instances in all, excluding duplicates.

In the following table, numerals stand for various functions, capital letters stand for various forms, Adj.R=reduplicated form.

Patterns			Examples
1	A	Adj.+N	dà yú(大鱼,big fish)
	B	Adj.+de+N	xīnde shēnghuó(新的生活,new life)
	C	Adj.R+N	gāogāode wūdǐng(高高的屋顶,high roof)
2	A	Adj.+V	lǎoshi shuō(老实说,frankly speaking)
	B	Adj.+de+V	gāoxìngde…(高兴地,gladly)
	C	Adj.R+V	xìxì kànzhe(细细看着,closely watching)
3	A	V+Adj.	zhǎng dà(长大,grow up)
4	A	V+de+Adj.	huílai de wǎn(回来得晚,return late)
	C	V+de+Adj.R	xǐ de gāngānjìngjìng(洗得干干净净, cleanly washed)
5	A	N+Adj.	wǒ xiǎo(我小,I am young)
	B	N+Adj.+de	[kànjiàn]Zhāng Déshèng guài héqide([看见]张德胜怪和气的,[to find]zhāng Déshèng quite amiable)
	C	N+Adj.R	tiānkōng yīnchénchénde(天空阴沉沉的,the sky is overcast)
6	A	N+shì+Adj.	huā shì xiāng(花是香,the flowers are really sweet-smelling)
	B	N+shì+Adj.+de	chǎngmiàn shì shífēn dòngrén de(场面是十分动人的,the scene is very moving)
	C	N+shì+Adj.R	wǒde zuòfēng háishì nàme wénzhōuzhōude(我的作风还是那么文绉绉的,my style of doing things remains genteel as it has always been)
7	B	Adj.+de	Wèishénme nǐmen zhuān zhuāng dà yáo,guāng jiào wǒmen zhuāng xiǎode?(为什么你们专装大窑,光叫我们装小的? Why are you concentrating on loading the big kilns,leaving to us the small ones only?)

The following are a few conclusions drawn after a study of the 1,300 instances.

(1)All the instances of 1A,2A and 3 are more of the nature of compounds than ordinary syntactic constructions.

(2)C differs from A and B in that while the presence or absence of de makes for some important difference in function between A and B, it has no bearing in regard to C. Semantically, there is also an obvious difference: while A and B are restrictive, C is purely descriptive.

(3)6A and 6B are diferent from each other in that shì in 6A is superadded while in 6B it is an indispensable part of the pattern.

(4)For patterns 1 and 2, the number of syllables of the adjectives has a bearing on the choice between A and B: while monosyllables tend to appear in the form of A, it is obligatory for multisyllables to take the form of B: disyllables can take either form.

A Study of the Syntax of Monosyllabic Adjectives

An examination is made of the 140 monosyllabic adjectives included in A List of 3,000 Common Words in Putonghua. The syntactic functions of these adjectives are taken up one after another and the 140 members are each examined in regard to these functions.

(1) Susceptibility of being modified by adverbs of degree. Some are modifiable by all adverbs of degree, others by some of

them only, while still others by none of them.

(2) Capability of modifying nouns. Most of them are rather restricted in this respect, but a few are versatile. There are some that do not modify nouns at all. To be able to modify nouns freely, a monosyllabic adjective has to be augmented by one means or another (reduplication, taking some adjunct, or compounding with a synonymous adjective).

(3) Capability of modifying verbs. The situation is similar to that in regard to nouns, that is, there are a small number of monosyllabic adjectives capable of modifying verbs freely (often in a somewhat different sense from that in which they are used to modify nouns), but a greater number are restricted to idiomatic phrases or not used to modify verbs at all.

(4) Capability to serve as a direct complement to verbs, i.e., to combine with a verb to form a causative phrase. Most of these adjectives can be so used, restricted only by semantic considerations.

(5) Capability to serve as a complement by the mediation of the particle de(得). Only a dozen or so can be so used freely. The others must be augmented by one means or another before they can be so used.

(6) Capability to serve as the predicate. They serve alone as the predicate mostly in these cases: (a) as an exclamation, (b) as the answer to a question, (c) in contrast with each other, (d) with the suffix-particle le(了). Otherwise, they must be augmented by one means or another before they can be so used.

(7)Capability of taking an object.Nearly one half of the 140 adjectives can take an object, mostly in a causative sense.

(8)Nominalization.Many of them can be used like a noun (as the object of a verb, etc.), mostly in idiomatic phrases.

(9)With the particle de (的) suffixed. The form adj.-de is used (a) as the modifier of a noun, mostly in some augmented form, rarely alone, (b) as the subject of a sentence or the object of a verb or preposition. In the latter case, adj.-de is equivalent to an English adjective plus the prop-word one.

On Non-predicative Adjectives

There are a great number of words that are characterized syntactically by the following features: (1) capable of modifying a noun directly, (2) capable of modifying a noun with the particle de (的) inserted between, (3) capable of taking the particle de as a suffix, whether following shì(是, copula) or standing in place of a noun, (4) incapable of standing as the subject of a sentence or the object of a verb, (5) incapable of standing alone as the predicate of a sentence; (6) not susceptible of being modified by bù (不, not) or hěn (很, very).

The first three features are shared by them with nouns, verbs and adjectives, but the last three features distinguish them from nouns, verbs, and also adjectives of the ordinary type. If we do not like to set up a new part of speech to accomodate these words, it seems best to set them up as a subclass of adjectives labelled 'non-predicative'.

These non-predicative adjectives are by no means homogeneous in their syntactic behaviour. Some of them fail to fulfil condition (2) mentioned above, i.e., they do not admit the particle de to come between themselves and the nouns they modify. These are marked with a small cross in the examples. Some others fail to fulfil condition(3), i.e., even with the help of the particle de, they can only modify nouns, but cannot stand for nouns, either after shì or otherwise. These are marked with a small circle in the examples.

Most non-predicative adjectives are polysyllabic (mainly disyllabic), but there are a few dozens of monosyllabic ones.

A Brief Account of the Question of 'Word' in Chinese

After a review of the development of the concept of cí(词, syntactic word) in relation to the traditional zì (字, character, graphememorpheme), various criteria for the determination of cí are taken up one by one for examination. They are (a) meaning, (b) substitution by isotopes, (c) freedom of movement, (d) inseparability of constituents, (e) mutual dependence (i.e., co-occurrence) of constituents, (f) stress, (g) neutral tone, (h) tone sandhi, (i) potential pause.

The main conclusions are as follows:

(1) What can be isolated as an utterance by itself is a word,

but not all words can be so isolated.

(2) A word can be used as an item for substitution by isotopes, but not all such items are words.

(3) A word cannot be split, but not all the forms that cannot be split are words, and those that can be split are not necessarily all non-words.

(4) A word does not have two stresses, but this does not mean that an utterance contains just as many words as, and no more than, there are stresses in it.

(5) There may be one or more neutral-toned syllables in a word, but this does not mean that every word has neutral-toned syllables, and still less can it be said that no neutral-toned syllables are words.

(6) There cannot be pauses within a word, but there are cases where a pause cannot occur between two words.

So it is impossible to define the 'word' by means of a single criterion. But if we keep in mind that there are different kinds of words and make a proper use of all the means mentioned above, we can hope to get at some serviceable result.

'Free' and 'Bound' Forms

Most American structuralists accept Bloomfield's definition of the word as 'a minimum free form'. When this definition is applied to Chinese, there arise many difficulties. First, the overwhelming majority of Chinese morphemes are monosyllabic.

And it seems that there are more restrictions on a Chinese monosyllabic form being uttered in isolation than on, say, an English one. So, most Chinese scholars interpret the concept of 'free' not as capable of being uttered in isolation, but as capable of being used as an independent item in a sentence.

Another difficulty is that there are quite a number of morphemes in Chinese which can be uttered alone or used independently under one condition but not under another. Such factors have to be taken account of, as (1) dialectal differences, (2) whether the form concerned occurs in the written or the spoken language, (3) whether it occurs in technical or general literature, (4) whether it occurs in an idiom, (5) in what kind of construction it occurs, (6) in which of its several senses it is used, etc.

It is evident that 'a minimum free form' cannot be used to define the word in Chinese. Still, the concepts of 'free' and 'bound' can help towards a better understanding of quite a number of grammatical points, such as (1) how 'empty words' (function words) are distinguished from 'full words'; (2) like morphemes, combinations of morphemes (words, phrases, clauses) can be distinguished as either free or bound; (3) the form that a bound form is bound to may itself be free or bound.

The Identity of Linguistic Units and Related Matters

This paper is occasioned by Huáng Jǐngxīn's (黄景欣) criticism

of Zhū Déxī's(朱德熙)view of the nature of the structural particle de (的). To a certain extent, there is involved the question whether and how the structuralistic method of linguistic analysis is to be used in this connection. The writer tries to explain in some detail the techniques used in the identification and classification of phonemes, morphemes and morpheme-complexes, as applied to Chinese samples. The conclusion is more or less in favour of Zhū.

Monosyllables and Disyllables in Contemporary Chinese

This article tries to illustrate and explain the predominance of disyllables and quadrisyllables (words and phrases) over monosyllables and trisyllables in contemporary Chinese.

(1) Restriction on free utterance of monosyllables. Compare:

Old Zhāng(老张)vs. Ōuyáng(欧阳)—surnames.

Zhāng Píng(张平)vs.[Zhāng]Zǐpíng([张]子平)—personal names.

Měiguó(美国)vs. Rìběn(日本)—names of countries.

Shí suì(十岁)vs. shíyi[suì](十一[岁])—age.

Yīhào(一号)vs. shíyī[hào](十一[号])—days of month.

(2) Disyllabilization by expansion.

Adding suffixes and quasi-suffixes, such as: zi(子), -r(儿), lèi (类), pǐn(品).

Adding measure words to form mass nouns: shūběn(书本), zhǐzhāng(纸张).

Compounding of synonymous monosyllables: yáchǐ(牙齿),

jiànkāng(健康).

(3)Disyllabilization by compression.

Dropping of the first syllable of a trisyllabic word:[luò] huāshēng([落]花生).

Dropping of the last syllable of a trisyllabic word:chuānbèi [mǔ](川贝[母]).

Dropping of the middle syllable of a trisyllabic word: jī [guān]qiāng(机[关]枪).

Monosyllabilization of a disyllabic word in forming a new disyllabic word:húqín(胡琴)<hú in èrhú(二胡).

(4)Quadrisyllables as a favourite form.

Many a disyllabic word requires the following word to be disyllabic:jìnxíng diàochá(进行调查), wěidà rénwù(伟大人物).

There are synonymous quadrisyllables and disyllables to the exclusion of trisyllables: Yīngguó guówáng(英国国王), Yīng wáng(英王), but not * Yīngguó wáng(*英国王).

Stereotypic quadrisyllables, (a) zhōng-xī yàopǐn(中西药品), cp.zhōngyào xīyào (中药西药); (b) yīmú-yīyàng(一模一样), cp.yīgè múyàng(一个模样)

The predominance of disyllables has many consequences, e.g., the difficulty in defining the 'word'; the abundance of disyllabic abbreviations gradually becoming ordinary words; the convenience offered to verse-makers (witness, e.g., '一个园子十亩地,一亩鱼塘三亩园'), etc.

The Subject and the Object: A Problem in Chinese Syntax

Although grammarians have various definitions of the subject (e.g., 'the person or thing about which something is said'), in practice what is or is not the subject of a sentence is determined in most European languages chiefly by the case-form of the noun or pronoun in question and partly by the inflected form of the verb that is connected with it. The lack of such morphological distinctions compels the analyser of the Chinese language to depend on (a) word order and (b) the actor and acted-upon relation. The current scheme is a compromise between these two principles (tabulated on page 467 as system B). The present article tries to show how the various types of sentence will be analysed if one takes as the sole criterion the actor and acted-upon relation (system A), or word order (system C), or absolute subjectism (system D), i.e., the principle that except in special cases when no noun or pronoun, or no important one, appears in the sentence, there is always a subject, not taking into consideration whether it is in front of or after the verb, nor whether it is the actor or the acted-upon.

The body of this article is devoted to a detailed classification of sentence types. It is hoped that although no cut and dried answer has been offered to the question proposed in the beginning, what is the subject?, the classified examples may be of some use to anyone who cares to carry on the discussion.

Problems in Chinese Syntax

This thesis is a general review of the problems a student of Chinese syntax is confronted with. They are:

I. Syntactic units.

(1) Morphemes.——One morpheme or two morphemes?——Morphemes and characters.——Morphemes free in certain contexts and bound elsewhere.——Morphemes free in some of its senses and bound in others.

(2) Words and phrases.——Various criteria for the distinction between a word and a phrase.——Syntactic word and lexical word.——'Phrase-word'.——Abbreviations and 'woven' phrases.

II. Classes.

(1) General principles.

(2) Classes of words.——Class overlap.

(3) Classes of sub-word morphemes.

(4) Classes of phrases.

(5) Classes of sentences.

III. Structure.

(1) Structural layers (IC analysis) and structural relations.

(2) Analysis by sentence-parts.——Subject and Object.——Complements.——Adjuncts.

(3) Some sentence types.——Sentence with shì(是): copulative and otherwise.——SP predicates.——V-V series.——Pivotal construction.——Review of post-verbal structure.

(4) How sentences become complex and diversified.